改訂版「眞医(じんい)」
陰陽五行四柱推命学
「漢方」と「四柱推命学」で病気を予防する

宮幹 藍后(みやもと あいみ) 著

まえがき

　本書でご紹介したい「眞医(じんい)」とは、人が生まれる瞬間に既に決まる身体のバランスを知って頂き、将来的に病気が発症しないように対策を講じ、予防をすることを目的とするものです。

　皆様の驚く点は、「生まれながらにして、人の身体の弱る臓は決まってしまっている」という点でしょうか。四柱推命学という運命を読み解く学問と漢方や中医学により既に体系づけられている五行学説を組み合わせて、病が発症するときの身体のバランスを見極め法則化致しました。その為、本書「眞医」では「身体のバランスの見立て」を正確に行うことが出来ます。この事は、私の長年の鑑定データ結果と照合しても高い適中率を示しています。身体のバランスの見立てにより、ご自身の弱点を知る事ができ、病気が発症する前に弱りやすい「臓器」や、かかりやすい病気を知る事が出来ますので、将来的に病気が発症しないように対策を講じ、予防をすることが可能となるのです。

「眞医」により、その人の体質や心の状態も正常化の方向へと改善することもできるのです。また身体が壊れてしまうずっと以前、つまり生まれたての赤ちゃんの時から病気にならない為の予防を開始することが可能となります。バランスの悪い身体に生まれたとしても、良いバランスの身体を手に入れることが幼少期に既に可能となります。健康な身体作りは、健康な臓器作りに繋がります。それには、主に「食養」を用いて対処致します。近年、私達の前に現れ進化を続けるウィルスなどは、今後も消滅する事無く私達を脅かし続ける可能性があります。そんな時代を生き抜く上での備えは、外邪の侵入を防ぎ病気そのものを発生させない身体作りが大切な事となります。その事を可能にしている「眞医」は、自分自身で病気を予防することができる素晴らしい学問なのです。本書「眞医」を活用し、ぜひとも健康寿命を長く保って頂きたいと願います。

目次

まえがき ………………………………………………	2
1.「眞医」四柱推命学で病気を予防する …………………	6
2. 陰と陽の考え ………………………………………	8
3. 五行の考え …………………………………………	9
4. 生年月日から弱まる五行（臓）の解る理由 …………	10
5. 病気の特定方法の独特性と正確さ …………………	12
6. 陰陽五行四柱推命学と五臓五腑 季節のかかわり ……	15
7. 四柱推命学の「五臓五腑」・中医学の「六臓六腑」や「五臓六腑」…	17
8. 五行と五臓五腑のかかわり …………………………	18
9. 病気を引き起こす内因・外因・不内外因 ……………	20
10.「五味」「帰経」「食養」で健康な状態に戻す ………	23
11. 病気となる五行（臓器）の見分け方 ………………	25
12. 弱る五行の実例 ……………………………………	28
13. 病気に対する対処法① ………………………………	29
14. 病気に対する対処法② ………………………………	32
15. 食養による治療 ……………………………………	34
16. 帰経と五味 …………………………………………	47

17. 臓が弱っているかどうか?チェックしてみましょう ………… 66
18. 紹月流命式の作成方法 …………………………………… 69
19. 五行の流れ…相生と相剋 ………………………………… 72
20. 生年月日・生れ時間の干支の求め方 …………………… 74
21. 実体験でのバランスのもたらす影響 …………………… 78
22. ダイエット ………………………………………………… 92
23. 十二運という性格の星による病気要因 ………………… 98
24. 五行と十二支と季節のかかわり ………………………… 102
25. 十干と五味のかかわり …………………………………… 104
26. 自分で命式表を作ってみる ……………………………… 105
四柱推命学を学んでみませんか? ………………………… 108
あとがき ……………………………………………………… 110

Column-1　五行とその色 ………………………………… 33
Column-2　古代文字と音 ………………………………… 46
Column-3　パワーストーン ……………………………… 73

1. 「眞医」四柱推命学で病気を予防する

陰陽論と五行理論

　四柱推命学は、古代中国で生まれた占術ですが、わが国において陰陽思想や五行論と結びついて、独自の発達をとげました。人の運命を推察し、そればかりでなく、その人の身体をも解き明かす学問なのです。

　この世に存在する天地万物は全て「陰」と「陽」から成り立ち、その陰と陽とが相互に現れ、両者が対立した形で世界が成り立っているという教えを陰陽論といいます。

　人間の生命は精神と肉体の結合によって成り立っていますが、精神は「天の気」であり、陰陽論では陽の気にあたります。そして肉体は「地の気」であり、陰陽論では陰の気にあたります。ですから、人間は、精神と肉体の結合であり、人間の死というものは、この精神と肉体との分離であるということがわかると思います。このように、生命には陰と陽とが必要なのであり、なければ成立しえないのです。

　この精神と肉体の他に、陰陽の対立を表すものとしては、明暗、天地、表裏、上下、凹凸、男女、左右、内外、善悪、昼夜などがあります。この陰陽の根本原理は、対極図（P8）で表されています。

　これに加えて、五行理論とは、天地万物の全ての物は、突き詰めれば、木・火・土・金・水の五つの「五材」というものに分類されるという考え方です。この五行論は農耕生活の発達に伴って発展してきました。農耕生活では、四季を意識せずには営むことができません。ですから、春夏秋冬をそれぞれ、木・火・金・水に分けて、その季節の変わり目を土（土用）としたのです。

五行で自分の身体のバランスを知る

　こうした四季を意識した農耕生活の中で、自ずと、天の気、つまり広くは宇宙というものの仕組みを知ることとつながり、「五行論」というものが私たちの生活に密着していくこととなったのです。そして、太陽

や月の動きを観察し、予測するようになっていったのです。

　生きていく上で、自然に身についた生活の知恵であるということがわかります。これによって「暦」が開発され、時を示す記号として「干支」が現れました。干支とは、「天干」と「地支」とを組み合わせたものです。干とは空気や気配のことで、支とは地球の状況や姿のことで、また季節や時をも示します。

　四柱推命学では、生まれた年・月・日・時間の四つの要素からその人自身の天の干（天干）と地の支（地支）である「年の干支、月の干支、日の干支、時間の干支」というものが解ります。これを五材「五行」に直して、五行論に当てはめることによりその人の五行のバランスが解き明かされます。

　それによって、その人の身体のバランス（臓のバランス）を知ることができるため、病気になりやすい臓や、弱っている臓、エネルギーのない臓などを知ることができるのです。そして、それらを知ることによって、予防することができるのです。

健康な体作り、臓器作りを目指す

　本書は、読者の皆さんが、自分自身の身体のバランス、即ち臓のバランスを知り、食養（食事）によって病気の治療や予防をしていただくことを目的としています。これは、陰陽五行学・四柱推命学によって自分の身体や臓のバランスを知り、相生と相剋によって臓器のエネルギーの強弱を知り病気への対処法、あるいは予防を解き明かす学問なのです。

これを「眞医」陰陽五行四柱推命学と表現します。

　本書でこれからお話しします身体のバランスと臓器バランスとの関係は私宮幹藍后が10年来四柱推命学で鑑定に関わってきた方々のデータに基づいての照合結果でもあります。ぜひ、ご参考にしていただいて、健康な身体作り、健康な臓器作りをしていただきたいと思います。病気を寄せ付けない精神と肉体のバランスのとれた健康な身体が出来上がりますことをお約束いたします。

2. 陰と陽の考え

体の中の陰と陽のバランスが大切

左の図は対極図とか陰陽魚などと呼ばれています。陰陽学説では、世の中の全ての物は、陰と陽に分けられる陰陽対立という考え方があります。そして陰の中にも陽があり、陽の中にも陰があり、どちらか単一では完成されずに、相反する相手がいて初めて世界が成立するという陰陽互根、お互いの陰と陽の関係は、常に変動している陰陽消長。そして、あるタイミングで陽が陰に陰が陽に転変する事を陰陽転化といいます。陰と陽は、互いに力のバランスを変え、転変、流動しているものだという根本的な考え方を理解しましょう。この考え方は、私たちの生活空間から、人間の身体、病気など身近な問題に関してもすべてに及んでいます。

《陰陽の関係》

	陽	陰
宇宙	太陽	月
1日	昼	夜
空間	天	地
男女	男	女
温度	熱暖	寒涼
明暗	明	暗
静動	動	静
内外	外	内

《身体における陰陽》

		陽	陰
体表		上半身	下半身
		背部	胸部
		皮毛	筋骨
臓腑		［五腑］	［五臓］
		胆・小腸・胃	肺・心・腎
		大腸・膀胱	肝・脾

《病気の陰陽》

	陽 病	陰 病
病	（太陽病）病気の初期 頭・鼻・関節等の体表の病気	（太陰病）熱はほとんど出ず、寒気がする。胃腸病で下痢等
	（陽明病）病気の症状が激しい時期。高熱が出て唸っている。	（少陰病）生命が弱る。腎臓・膀胱が弱る。
	（少陽病）まだ治っていない。微熱などが続く様子。	（厥陰病）生命が尽きようとしている時期。心臓も弱る。手足の先から冷え始め全身に及ぶ。

病気を発症すると

太陽病
⇩

陽明病
⇩

少陽病
⇩

太陰病
⇩

少陰病
⇩

厥陰病

と進むと考えられています。

3. 五行の考え

五行の相生と相剋

万物を「木・火・土・金・水」の五つの要素に当てはめている「五行説」は、人の身体の生理や病気にも当てはまります。

● 五行の相生（そうじょう）
- 互いの助け合う
- 生れる・生み出す
- 応援する

● 五行の相剋（そうこく）
- 互いの抑制する
- 向かう・作用する
- 攻撃する

《五行色体表》

	木	火	土	金	水
五季	春	夏	土用	秋	冬
五気	風	暑	湿	燥	寒
五臓	肝	心	脾	肺	腎
五腑	胆	小腸	胃	大腸	膀胱
五官	目	舌	口	鼻	耳
五志	怒	喜	思	悲（憂）	恐
五色	青	赤	黄	白	黒
五味	酸	苦	甘	辛	鹹

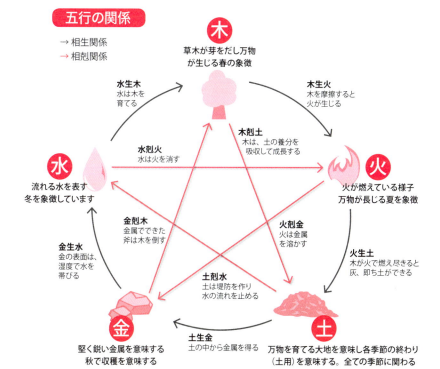

五行の関係

→ 相生関係
→ 相剋関係

木：草木が芽をだし万物が生じる春の象徴

火：火が燃えている様子 万物が長じる夏を象徴

土：万物を育てる大地を意味し各季節の終わり（土用）を意味する。全ての季節に関わる

金：堅く鋭い金属を意味する 秋で収穫を意味する

水：流れる水を表す 冬を象徴しています

- 水生木：水は木を育てる
- 木生火：木を摩擦すると火が生じる
- 火生土：木が火で燃え尽きると灰、即ち土ができる
- 土生金：土の中から金属を得る
- 金生水：金の表面は、湿度で水を帯びる
- 水剋火：水は火を消す
- 木剋土：木は、土の養分を吸収して成長する
- 火剋金：火は金属を溶かす
- 土剋水：土は堤防を作り水の流れを止める
- 金剋木：金属でできた斧は木を倒す

4. 生年月日から弱まる五行（臓）の解る理由

生まれた瞬間に様々なことが決まる

　人がこの世に誕生する時に、同時にその「人間」が決まります。この人間が決まるという意味の中には沢山の意味があります。まず第一に、その人の資質が決まります。第二にその人の人格が決まります。第三にその人の運勢が決まります。第四にその人の身体のバランスが決まります。その他にも、両親や子孫のことなど様々なことが人が誕生した時に決まるのです。

　人が今の世である今世に"うぶ声"をあげた時、初めて直接呼吸というものを開始します。この時初めて、外気——今世においての気、が体内に入ってくるわけですが、この時に人間の一生涯の運気の流れ、身体のバランス、そして性格から才能に至るまでの様々なことが決まってしまうのです。それが生年月日と生れた時間なのですが、人間の人格決定要因には遺伝子（DNA）要因の他に、こうした環境要因が大きくかかわっていることが解っています。どんな環境でこの世に誕生したのか？　生れて初めて吸った空気によって、その人自身の体内や臓器の状態が決定されます。

生年月日時間——時の要因が人の資質を決める！

　四柱推命学では全ての人に"その人の資質"というものがあります。これはその人間の根本となるもので、大きく分けて、木の人、火の人、土の人、金の人、水の人と分類することができますが、これが五行というものです。この、その人の資質の部分の五行がその人の遺伝子（DNA）の様なものであると私は思います。

　本人の先天的要因であるDNAは、今世に誕生する時にDNAが変化し、決定される瞬間なのだと思うのです。ですから、生まれ出る瞬間、今世の環境に適応・変化するために人によってはアレルギーや重度の持病などの様々な問題を抱える場合も出て来るのだと思います。

では何故そうした病気を抱えなければならなかったのかということは、四柱推命学によって解き明かされるのです。

　生年月日時間という時の要因により、その人の資質は今世においての新たな人間を生み出すこととなるのです。時というものが、重要密接に関わり、その人の人格や身体を作っているのです。ですから、その人がどんな時の気配を"吸って"この世に誕生したかを読み解けば、その人間の分析が出来ることとなるのです。

「干支」と「万年暦」から臓器の強弱を解き明かす

　では、これから、生年月日と生れた時間の四要素からの「干支（かんし）」を「万年暦（まんねんれき）」から導き出して身体のバランスを作り、臓器の強弱を解き明かし、病気になりやすい要因を突きとめていきましょう。

年の干支→**年柱**…その年の漂っていた一年の気配を知る。
月の干支→**月柱**…その月の漂っていた月の気配を知る。
日の干支→**日柱**…その日の漂っていた日の気配を知る。
時の干支→**時柱**…一刻に漂っていた刻の気配を知る。

　人間は、誕生した瞬間にこの四要素の「干支」…つまり、空気、時の気配を体内に取り込むことになるのです。そして、どの様なバランスで生れたとしても、少しでも自分の「命（めい）」に適合する環境作りをすることが大切です。そうすることにより、生きやすく、心も身体も元気になります。もちろん身体が元気であれば、自然と心も元気になるのです。心（感情）と体（臓器）は一体なのです。実際、肝臓などの臓器が壊れると精神機能が壊れることになります。臓器と感情も相互に影響し合っているのです。だから、肝臓の治療をすると精神の機能も安定してくるのです。

　その人の「命」を理解するには、天から与えられたもの、つまり遺伝子要因である「天干」という記号の中に詰まっている情報を知り、また、生まれる時という瞬間を示す「地支」という記号の中に詰まっている情報を解き明かすことが大切なのです。この「地支」には、時と季節という情報が入っています。

5. 病気の特定方法の独特性と正確さ

五行で自分の「先天の気」を知る

　よく、人体と宇宙とは同じであると言われますが、人体の五臓五腑も陰陽五行に分類されています。木は肝臓や胆嚢、火は心臓や小腸、土は胃や脾臓、金は肺や大腸、水は腎臓や膀胱です。それぞれ五行の臓のエネルギーなのです。(P.18) 参照

　従って、これらの分類を使用して相生と相剋の法則からも病気の出やすいところや生まれつきの身体的弱点を見つけたり、知ることが出来ます。人が生まれつき親からもらった遺伝的要因を「先天の気」（両親からもらった遺伝的要因）といいますが、これはその先天の気を知ることと同じなのです。

　人が身体の不調を訴えたとき、医者は、問診や触診、あるいは検査・分析などをしてその病気の原因を見つけ出します。しかし、この方法では既に弱っている状態になってから病気が見つかることになってしまいます。当然のことながら、病気になってから初めて、あるいは臓器が壊れてからでないと、自分の病気の要因や生まれつきの身体の弱点を知ることができません。

「眞医」四柱推命学で身体的弱点を見つける

　近頃は健康ブームで、病気にならない身体作りや身体に良い食べ物などの情報が沢山あふれていますが、一度壊れてしまった臓器を元に戻すのは並み大抵のことではありません。気が付いたときには既に手遅れになってしまっていることも多いので、「未病の状態のときにいち早くその症状を自分で感じとって、自分の身体の声を聞いて対処していく」というのが中医学の考え方です。

　ところが、実際にははっきりと「ここが原因です」と、特定できないのが現状です。ましてや、沢山の症状が複合的に現れていたら、もうお手上げになってしまいます。しかし、「眞医」四柱推命学を使えば、

生まれながらにして既に決まってしまっているその人の身体的弱点をピンポイントで見つけ、知ることができます。

病気が発症する前に自分のかかりやすい病気や自分の弱る臓を知ることが出来ますから、これを予防することも可能になってきます。四柱推命学では、病気は回避できるものの一つなのです。これは、新しい予防医学の誕生であるといって良いと思います。

「眞医(じんい)」四柱推命学は予防の医学

もし病気になってしまったとき、病院での治療は薬を投与したり、手術をしたりする対処療法が中心ですが、「眞医」陰陽五行四柱推命学は予防の医学ですから「なんとなく不調」となる以前の段階から対応することが可能です。もし不幸にして不調な状態になってしまったら、その不調にも対応することができます。

身体の不調は、後天の気（食べ物・運動・養生などから得るもの）によって補うことが出来ます。この先天の気と後天の気をバランスよく組み合わせることによって、私たちの生命力は健康に保たれるのです。

例えば、アレルギー性疾患などのような五行のバランスで誕生してしまったらその事自体は変えようのない事実ですが、飲食や養生などで改善する余地はあるのです。

ですから、生れたばかりの赤ちゃんであれば最初から予防することが出来るということになります。年齢が若ければ若いほど、早くに対処することができますので、その分病気を引き起こすことが少なくなるということになります。

身体のバランス（臓器のバランス）が良い状態であれば、外的病気の要因を寄せ付けません。
外的な病気の要因…精神的要因・飲食による好嫌・ウィルス細菌など大きく三つがあります。

季節の移り変わりなどの環境の変化や喜怒哀楽のような人間の心理の微妙な変化は、全身の「気血」（体内の生気と血液のこと。生命力

の源)の流れや「五臓六腑」に影響を与えることは、東洋医学である中医学(陰陽論・五行説・臓腑経絡説・温病学説などを総合したもの)などで明らかにされています。

　私たちの身体に現れてくる症状は、全身を巡る「経絡」やツボに反応して現れてきますが、その現れてきた状態によって、自身の弱点であって先天の気である弱る五行(木火土金水)＝(弱る臓器)がダメージを受けているかどうかをうかがい知ることが出来ます。その部分は必ず、痛かったり、凝っていたり、重かったり、ピリピリしていたり、と様々な症状を出します。これが、いわば身体のSOSの始まりです。

五行のバランスを整えることが大切

　「眞医」陰陽五行四柱推命学でも基本となるのは「陰陽五行学説」です。陰陽五行は、自然界(春夏秋冬)そのものです。人間の臓器・喜怒哀楽などを「木・火・土・金・水」という五つの五材に分けたものが五行です。

　この五行のバランスが崩れますと病気を引き起こすことになってしまいます。崩れてしまったバランスを良い状態に戻すためには、身体に不足しているものを補って、過剰なものは流すという方法をとります。

　「眞医」陰陽五行四柱推命学では、根本のバランスを整えていくことが最も大切なのです。症状だけにとらわれ過ぎずに、五行のバランス(臓器バランス)を整えていきましょう。

　バランスが整えられれば、病いの症状は自然と平癒・治癒の方向へと向って行きます。

陰陽五行四柱推命学と五臓五腑 季節のかかわり

五行と季節・臓器・五味・性質・色

　陰陽五行である四柱推命学から解き明かされる五臓五腑の臓器のエネルギーバランスは、医学的にも符合する理論として学問化されています。

　五行説をもとに、自然界にあるものが五つの要素の相関関係であらわされますが、この五つの要素がバランス良く調和して行くことを目的として、臓腑や感覚器・色や味・性質・自然界（季節を含）を幅広く関連づけ説明しているものです。

　各季節に影響を受けて、私達人間の体の中でも自然界と同様に変化するリズムや営みが存在します。これを理解しますと、定期的に体の毒出しをすることが出来るようになります。

【木】季節…春／臓器…肝臓・胆嚢
　　　五味…酸味(さんみ)／性質…曲直／色…青・緑

　草木の芽生え、しかしまだ伸びずにかがまっている状態。樹木は上に向って伸びようとしている。体の中では「肝」で血を貯蔵し、血液や気(生命エネルギー)を体中にめぐらせる性質(疏泄(そせつ))を持っています。筋肉に栄養を送り、自律神経などにおいて精神活動をスムーズに行ったりしていると考えられています。症状は目に出やすいです。

【火】季節…夏／臓器…心臓・小腸
　　　五味…苦味(くみ)／性質…炎上／色…赤

　陽気の発揚・充溢、火が燃えて温められたり、温度が上昇するなど炎上しているエネルギー(まき)が供給されている様子。体の中では「心」です。活発な循環器のポンプ機能(推動(すいどう))の働きです。他の臓器を温めています。常に休まず動き、火熱を生み出すので、火の臓といわれています。脳に血液を送り、中枢神経や脳に栄養をめぐらせる働きもします。症状は舌にいち早く現れ、呂律(ろれつ)などにも関係します。

【土】季節…土用(各季節の終り)／臓器…脾臓・胃
　　 五味…甘味(かんみ)／性質…稼穡(かしょく)／色…黄

　茂るという意味。繁栄につながり分散を防ぐ統制作用もある。土の中で新しい生命を生み出す作用や死滅したものを受け入れる様子を表しています。人類・生物にとって母なる大地の役割です。体の中では「脾」です。気である生命エネルギーや血液を作り全身へと供給します。食べ物の消化を司る運化の働きをします。また臓器を上に持ち上げる機能があり、臓の下重を起こさないようにしています。また血液が血管の外に漏れないように監視する機能も脾の特性です。その他に、体の肉付きと深く関係しています。

【金】季節…秋／臓器…肺・大腸
　　 五味…辛味(しんみ)／性質…従革(じゅうかく)／色…白

　結実、形成される。そして統制が強化される。金属が変形されるごとに鋭くなる。体の中では「肺」です。外部のきれいな空気を体内に取り込み、不要な物を外に排泄し病原菌などの侵入を防ぐバリア機能が特性です。症状は鼻に出ます。

【水】季節…冬／臓器…腎臓・膀胱
　　 五味…鹹味(かんみ)／性質…潤下／色…黒

　妊に通じて、内に妊(はら)むという意味。また生命の無い残り物を清算して新たな物を待つ。水は上から下に流れ、流れることを主とします。流れが滞れば濁りを生じます。体の中では「腎」です。肺からの気(生命エネルギー)を吸引して、それを体内に蓄える作用があります。また、気化作用により水液の貯留や排泄も行います。生殖機能や成長発育や老化と深い関係があります。症状は耳に出て、耳鳴りや難聴などを起こします。

7. 四柱推命学の「五臓五腑」・中医学の「六臓六腑」や「五臓六腑」

弱りやすい五臓五腑を見つける

　四柱推命学における五臓五腑と五行との関係性は、中医学の考え方に通ずるものがあります。五臓は「肝臓・心臓・脾臓・肺・腎臓」の5つからなり、それぞれの臓に付随する臓腑があります。肝には胆嚢、心には小腸、脾には胃、肺には大腸、腎には膀胱となります。これら5つの要素、五臓五腑が相互に作用しあい互いを補い、抑制し合っています。

　中医学などでは、これに「三焦(さんしょう)」と「心包(しんぽう)」が加わって「六臓六腑」という考え方もありますが、四柱推命学では五臓五腑が健全であれば、三焦や心包も付随して良く活動すると考えていますので、通常五臓五腑で三焦を考えに加えた形で理論づけるのが五行のバランスの判断です。五臓五腑で診断し、食養（五味・帰経(ごみ・きけい)）により身体全体のバランスを整えていきます。内臓系統のどこの臓が強すぎているのか、どこが弱っているところなのかの判別がつきますと、どんな体質でどの部分が弱りやすい人なのかを特定することが出来ます。この判断を眞医四柱推命学における五行説と五臓五腑の組み合わせによって判断します。本人の生まれた年・月・日・生まれた時間の4つの要素から生まれながらにしての、その人の弱りやすい五行が特定され、それによってあなたの弱りやすい五臓五腑が見つけ出されます。五行と五臓五腑は一対なのです。

8. 五行と五臓五腑のかかわり

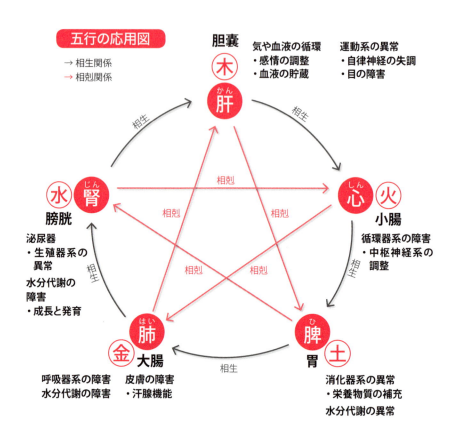

六番目の臓として「心包」、腑として「三焦」があります。どちらも実体のない物ですが、体中をめぐる「気」「血」の通り道で、ツボとツボを結ぶラインとされています。四柱推命学では、五臓五腑がバランスよく活動すれば六番目の臓腑も活動すると考えます。

五行の「五」は、「木」「火」「土」「金」「水」の五元素を指します。自然界の事象を人体に関連付けて、人間の生理機能や病理変化を示すために応用します。

[相生関係]
肝（木）の働きは、心（火）を補い、同様に心（火）は脾（土）を補います。そして脾（土）は肺（金）を補うのです。脾（土）が病むと肺（金）も弱ってしまいます。

[相剋関係]
例えば、肝（木）が強まると、木は土を相剋して脾（土）を弱らせます。脾（土）が弱りますと肺（金）への応援が行かず肺（金）も弱らせます。

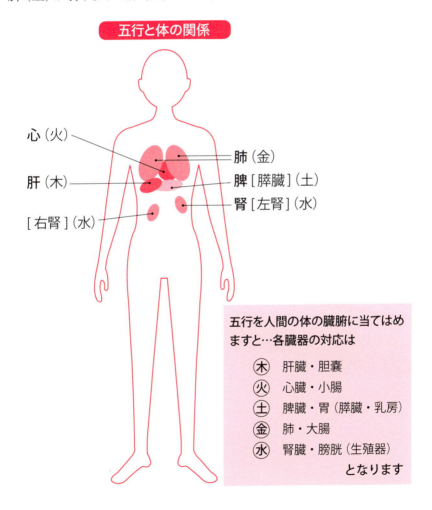

病気を引き起こす内因・外因・不内外因

病気の原因を眞医四柱推命学では、体の体質（バランス）に加えて、環境や本人の性格なども複雑に関係していると考えます。

内的要因

五行と臓器そして精神面は一対であるため、「怒り・喜び・思い悩み・悲しみ・憂い・恐れ・驚き」の七情が大きく体に影響を与えます。

・怒り過ぎると「肝」の臓を痛める…木（逆に肝が弱ると怒りっぽくなる）
・喜び過ぎると「心」の臓を痛める…火（逆に心が弱ると喜び過ぎるようになる）
・思い悩み過ぎると「脾」の臓を痛める…土（逆に脾が弱ると少しのことで思い悩むようになる）
・悲しみや憂い過ぎると「肺」の臓を痛める…金（逆に肺が弱ると少しのことで憂い悲しむ）
・恐れ過ぎたり驚き過ぎると「腎」の臓を痛める…水（逆に腎が弱ると少しのことで恐がったり、驚いたりするようになる。）

内的要因としては、以上のような七情が体に影響を及ぼすと考えています。

外的要因

体の外から入って来るもののことで、環境が主な要因ですが、四季とともに変化しています。外邪と呼ばれ、五行や臓器と深く関係しています。
木は風・火は熱・土は湿・金は燥・水は寒と一対です。
木の風邪は、春の風の強い時に木の臓である「肝」が痛むという意味です（体の中では頭痛・発熱・鼻づまりをおこします）。

また、火の熱邪は、熱い時期に火の臓である「心」が病気になりやすいです（体の中では高熱・手や足や顔のほてり・目の充血・のどの渇き・発汗過多・便秘が起こります）。

　土の湿邪は、土用である各季節の終わり、特に夏の土用の時に土の臓である「脾」が病気になりやすいです（体の中では顔や手や足や体全体が重い・関節痛・口が粘る・軟便が起こります）。

　そして金の燥邪は乾燥の強い時期に金の臓である「肺」を痛めやすいのです（体では、皮膚がカサカサする・口や目が乾く・軟便が起こります）。

　また水の寒邪は、寒い時期に水の臓である「腎」を痛めやすいということの意味です（体では下痢・頻尿・冷え症・熱病を引き起こす（傷寒））。口や鼻、皮膚から侵入してくる外邪に対して、体のバランスが良く精神も安定していれば病気を引き起こすことはありません。

　つまり、外邪が体の抵抗力よりも勝る時に病気は発症するのです。

不内外的要因

　内外的要因に当てはまらないものを不内外的要因といいます。飲食・疲労・性行為過多の他に、外傷（打撲や傷）などが原因で病気となるものです。この中でも特に飲食は大切で、五行のバランス＝臓器のバランスを作るものです。少な過ぎるものは多めに摂り、多過ぎるものは控えめに摂るなどの考慮が必要です。偏食によって過多や減少が起これば、内臓を痛めたりすることとなり、様々な病気を発症することとなります。

性格（十二運）の体に与える影響

　四柱推命学では、さらに本人の性格により、くよくよと考えやすい性格の持ち主や、怒りっぽい性格や思い悩みやすい性格などを、生年月日生まれ時間で、生まれながらにして特定することができるのです。

　例えば、怒りっぽい性格の人は、十二運（性格の星）の沐浴という

星の生まれの人となります。せっかく、生まれた五行のバランスが良好でも、また病気になる五行がなかったとしても、性格的要因から病気を引き起こしてしまう人となってしまいます。この場合「肝」の臓を弱らせます。これは自身が理解することにより自己の感情をコントロールすることにより、改善することができます。

ですから、自分の十二運（性格）の特性を知ることは重要となります。

遺伝的要因・外的要因のまとめ

先天の気

両親による遺伝的要因
生年月日と生まれ時間の4要素に含まれる情報の中にある四柱推命学で読み解くことができる。

先天的遺伝子要因
- ◆ 臓器のバランス
- ◆ 五行のバランス
- ◆ 七情
- ◆ 十二運

生命力

食物
どんなバランスで食物を摂ればよいかが五行説と臓器バランスでわかる。

精神的要因
- ◉ 七情のバランスのくずれを知ることが出来るので感情をコントロールして改善することが出来る。
- ◉ 十二運の性格を知りどんな状態が自分が弱り病気となりやすいかをあらかじめ知り対応する

外部的要因
- ◉ 細菌のウィルス
- ◉ 自然環境
- ◉ 邪気
- ◉ 人工的環境
  （家・冷房・排ガス・農薬）

後天の気

「五味」「帰経」「食養」で健康な状態に戻す

「五味」と「帰経」で健康な状態に戻す

　四柱推命学は、陰陽五行学と結びついて、「陰陽五行四柱推命学」であることは既にお話ししましたが、この、人の運命を推理する学問である四柱推命学を応用して、病気を発症する臓や弱りやすい臓を見つけ出して、病気になるのを防いでいきましょう。

　そのためには、まず、四柱推命学で身体のバランス（五行のバランス）を作ります。それは身体の臓器のバランスを作ることになります。臓器バランスが解るとその人の体質を見立てることができるため、病気になりにくい身体を作るための対処を図ることができます。具体的には、自然界の中の食物から足りないものを補ったり、必要なものを「五味」や「帰経」を使って身体の内側（＝内臓）から健康な状態に戻していきます。

「食養」で病気の治療や予防を図る

　四柱推命学を使っての「人の体質の見立て」は、とても正確なものです。特に、一箇所だけでなく、複合的に悪い症状の現れる方にとっては、病気や症状の根本になっている臓器がどこであるのかをうかがい知ることができます。

　これを、病気の予防という観点から見ると、素晴らしい成果をもたらしてくれる方法であるということが解ります。いわゆる未病といわれる状態も、この方法でいち早く見つけ出して、対処や治療に入ることができます。

　その治療のために必要なものは、私たちが普段食べている「食物」です。私たちの身体を作っているのは食物ですし、私たちを病気にするのも健康にするのも同じ食物なのです。

　自然の恵みによる予防医学である四柱推命学で自分の身体のバラ

ンスを知り、食物の力を借りて自然界の一部である人間の自然治癒力を最大限に高め、バランスの良い身体作り・病気にならない身体作りを目指したいと思います。

身体が元気になることで、心までも元気になるのです。

その状態を作り出すのが、「眞医」陰陽五行四柱推命学なのです。

この、「眞医」陰陽五行四柱推命学の考え方の基本となるのは、陰陽五行学説です。また、症状への対処には、主に食べ物で病気の予防や治療をする「食養」という方法を用いて行きます。

東洋医学と通ずる「眞医」四柱推命学

「眞医」陰陽五行四柱推命学では、化学合成された薬を処方するのとは全く異なり、自然界にある「食物」を主に使いますので、副作用の心配はありません。安心して日常の生活に取り入れることができるものばかりです。

人の身体は、心の状態や体質などの様々な要因によって変化していきますが、そんな心と体の不調を、五行学によって体質別(木の弱る人・火の弱る人・土の弱る人・金の弱る人・水の弱る人)に分類して、その対処法を紹介していきたいと思います。

この「眞医」陰陽五行四柱推命学の方法を使えば、誰でも自分自身で病気を予防することが出来るようになります。そして、誰でもが健康を手に入れることが出来る夢のような法則なのです。さらに、家族や友人など、あなたの身近な人たちの健康を守るためのものでもあります。

自分自身と大切な人たちの幸せな日々のために…この本を、「眞医」陰陽五行四柱推命学を役立てていただきたいと思います。

この「眞医」四柱推命学は、東洋医学と通ずるものがあり、陰陽論(P.8)、五行説(P.9)によって体系づけられています。これは広くは宇宙的自然論となります。このことにより、太陽の動き・月の動き・四季というものが私たちの生活に、より重要な役割を持ち、そして私たちの体に大きな影響を与えていることが解ります。

11. 病気となる五行（臓器）の見分け方

病気となる五行（臓器）の見分け方の法則

①応援をもらえていない五行 → 弱る → 病気になりやすい
②多過ぎる五行 → 弱る → 病気になりやすい
　　土…3個以上ある場合は、病気になりやすい
　　　　4個以上ある場合は、土と木の両方を病気にする（癌になりやすい）
　　木・火・金・水…4個以上ある場合は、病気になりやすい
③2個以上の剋を受けた五行→弱る→病気になりやすい
④エネルギーが0の五行→弱る → 病気になりやすい

　こうした法則をふまえて、自分自身の五行のバランスを作って、病気になりやすい五行を見つけ出しましょう。
まず、本人の五行の相生と相剋の図を作成します。
(P.69〜72、P.74〜77、P.105〜107を参照して下さい)
　次に、実際に私が鑑定した「彩さん」という方の実例を基にして見分け方のポイントを説明していきます。

◆病気となる五行の見分け方のポイント①

―― 彩さんのバランス ――

■応援をもらえていない五行は弱りやすい
この場合水のエネルギーは0個です。水0個にはエネルギーは流れず金は木に向かう攻撃の形（相剋）が発生します。

(例) 彩さん

木は応援を水からもらえていないので弱り、また金剋木と攻撃されることとなり木は弱ります。つまりダブルの要因で病気になりやすくなります。第一に弱る五行は木ということになります。

◆病気となる五行の見分け方のポイント②
■多すぎる五行は弱りやすい

彩さんは、土が4個で、3個以上に該当するので、弱って病気になりやすい状態です。

さらに土が4個以上なので、土ばかりでなく、木も弱らせてしまい、病気になりやすいです。

◆病気となる五行の見分け方のポイント③
■2個以上の相剋を受けた五行は弱りやすい

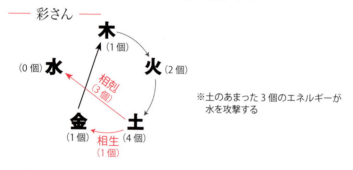

※土のあまった3個のエネルギーが水を攻撃する

彩さんのように、沢山ある五行（臓器）がありますと、余ったエネルギーが生じます。

土（4個）は金（1個）に相生（応援のエネルギー）を出しますが、金は1個のエネルギーしか必要としないので、土（4個）臓器エネルギーの内3個があまってしまい、あまった余分なエネルギー（3個）は攻撃の形の相剋の攻撃エネルギーを生むことになってしまいます。つまり土4個は金に向かう応援1個と水に向かう3個に別れて向かうこととなりますがその3個は攻撃のエネルギー（相剋）となります。

相剋の数が1個程度なら問題はありませんが、2個以上になると相剋（攻撃）された相手は弱ってしまうことになります。

相剋は数が多くなると相手は強く攻撃されることとなりますので、大きく弱ることになってしまいます。

ですから、この彩さんの場合、水は攻撃を受けて弱ることとなります。土から3個の攻撃（相剋）が行きますので、かなり強いダメージを受けることになってしまい、水の臓器は、相当弱ることになります。

相剋の数が1個の場合は、さほど影響はありませんが、2個以上になりますと、相剋を受けた五行はダメージを受けることとなりますので病気が出やすくなってしまいます。さらに3個以上で相剋を受ける場合はとても強いダメージを受けてしまいますので病気が発症されやすいです。

◆病気となる五行の見分け方のポイント④
■エネルギーが0個の五行（臓器）は弱りやすい

五行のいずれかの臓のエネルギーが0個ですと、臓器のエネルギーが生まれながらにしてほとんど無いということですから、一生涯の間、弱りやすい状態にあると言えます。他の五行から相剋（攻撃）を1個でも受けると弱りやすくなります。また、0個のエネルギーの臓があると、エネルギーの伝達が途絶えてしまい、相剋（攻撃）を出す循環を作ってしまいます。

(例) 彩さんは、金剋木の形です。さらに、0個の五行があることにより、応援をもらえない五行（臓）を作ることにつながり、病気になりやすくなります。

したがって、総合的に彩さんの病気の出やすい五行（臓器）は、

土（胃・脾臓・乳房・膵臓）
木（肝臓・胆嚢）
水（腎臓・膀胱・生殖器）

となります。この臓器から発生する病気に注意が必要な人となりますので、かなり複合的に病気の発症をしやすい人となります。

弱る五行の実例

実例1

- 応援をもらえていない、水が弱る
- 金は火から相剋され弱る
- 火は3個…要注意

〈対処法〉
火の食物は控えめにして、足りない金の食物を摂るよう心がけます。また、水の食物を補いましょう。

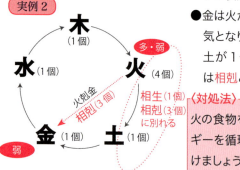

実例2

- 火が4個と多すぎて弱り、病気となりやすい状態です。
- 金は火から3個の相剋を受けて弱り、病気となりやすい状態です。(火4個のうち、土が1個エネルギーを使い、残り3個は相剋となり金に向う)

〈対処法〉
火の食物を控えて土の食物を摂り、エネルギーを循環させましょう。金の食物も心がけましょう。

実例3

- 土は3個と多すぎて病気となりやすい。
- 木は応援をもらえていないため弱り、病気となりやすい。
- 水は土から相剋を受けるので弱り、病気となりやすい。(注)火から金への相剋のエネルギーは出ません。火の3個のエネルギーは土3個に必要とされ全部流れます。

〈対処法〉
金と水の食物を摂りましょう。そして多い状態の火と土の食物を控えましょう。

病気に対する対処法①

1) 本人に足りない食物を食することが大切（足りない五行）

　自分の五行のバランスで０(ゼロ)の五行の部分に分類される食べ物を食べることが大切です。通常私たちは、エネルギー０の五行の食べ物にほとんど興味を示さない傾向があることが、私のデータ（これまでの鑑定で実際に聞いたこと）でわかっています。

　０のエネルギーの五行の食べ物は、ほとんど食していない、あるいは嫌いであるというような人が多いようです。食べていないので五行の流れのバランス的には、相剋の形が実生活においても出来上がります。そのことが病気になりやすい身体を作っているということになるのです。このことが病気を引き起こす一番の原因でしょう。

（例）彩さん

　本人に足りないもの…０の五行のものを"私は食べているわ"、"大好きです"…という方もいらっしゃいます。するとその方は、とても健康です。（例）彩さん、ですと足りない水の食物を食べていると木が攻撃（相剋）を受けませんので、木の病気：肝臓や胆嚢から発生する原因の病気にはならなくなります。

　足りない食物を摂ることは、全体のバランスを良くすることになるのです。病気になる時は、様々な理由が生じて摂らなくなってしまうのです。若い頃には…、以前は…、食べていたのに…、好きだったのに…、最近はあまり食べていなかったわ…などということになり病気を発症する方も多いのです。

私は好きだけれど、家族が誰もその食材を食べないから、あるいは家の中に嫌いな人がいるから…

　夫が病気になり、食べてはいけない食材が増え、ついつい夫に合わせた食事以外は作らなくなってしまい…自分はもう面倒になってしまい、夫と同じ食事にしてしまっている。この場合（病気食になりますね、栄養は偏るでしょう）など本当に様々なことが起こり、病気へと導かれてしまうようになるのです。

2）多すぎる五行の食物を控える（エネルギーを流す）

　例 彩さんは土が多すぎます。土という五行が多いと、土の臓器が弱るばかりではなく、木の臓器である肝臓や胆嚢にまで影響が及びます。土は甘い食物が特効薬ですが、土が沢山ある人は毒となります。ですから、土の多い人は甘い食物は禁物となるのです。土の多い人が甘い食物を摂ると、多くは肥満となります。この場合、糖尿病などの病気の発症となります。また、神経性胃炎や胃下垂になっている人は、激ヤセになってしまいます。土が弱ると、肥満か激ヤセの体型に出るのです。土の多過ぎる彩さんの対処法としては、土を控えるのと同時に土のエネルギーを流すことが大切になりますので、土のエネルギーを流すことのできる金の食物を摂ることが大切です。

例 彩さんの対処法
①水が足りないので、水の食物を摂りバランスをはかる。
②土が多すぎるので、土の食物は控えるようにします。
　（土はとても多いので本当に少量にするのが良いです）
③多すぎる五行…エネルギーを流すことが大切。
　　　木の多い人…火の食物を摂る。
　　　火の多い人…土の食物を摂る。
　●　土の多い人…金の食物を摂る。
　　　金の多い人…水の食物を摂る。
　　　水の多い人…木の食物を摂る。
④攻撃を受けている木の食物を摂り補う。
　（土が多くて弱るところでもあります）

3）足りない五行の体内での状態の考え方

　足りない五行の考え方をお話しさせていただきます。どなたでも足りない五行がありますと、その五行の臓器エネルギーはほとんどないということです。

　彩さんの場合は、０個の五行＝水の臓器エネルギーということになります。水の臓器エネルギーは腎臓と膀胱です。
この臓にエネルギーが生まれながらにして無いということになります。臓のエネルギーが弱いということですから、木の五行の応援をしたり火の五行へ攻撃を出したりという作用は出来ません。
足りない五行の食材を食している人は、臓を補いますので臓を元気にして健康へとつながる人です。

　しかし足りない五行の食材（彩さんの場合は水の五味・帰経）を嫌いであったり、何らかの理由で食していない人は臓のエネルギーがなくなってしまいますので、臓を弱らせることとなります。
足りない五行（０個）に対して相剋を受けますと、少しの攻撃でもすぐに弱ることとなります。

　つまり足りない五行は、目立って病気を発症するところではないのですが、食養により栄養を与えないとジワリジワリと弱っていくところなのです。もちろん相剋を受けますと一発で弱ることとなります。
また、足りない五行がありますと、全体のバランスに相剋（攻撃）の形を生み出すので、他に弱らせる五行が生まれるということです。足りない五行を食養により補うことは重要ポイントとなります。

　生れながらにして不足している臓のエネルギーを補うことにつながり、五行の流れの循環を作ることになります。

14. 病気に対する対処法②

彩さんとは対象的に土の少ないひとみさんを見てみましょう

実例ひとみさん (21才)

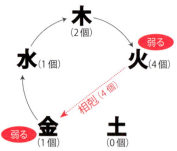

- 応援をもらえていない五行、金が弱る（土が0なので土から応援をもらえず弱ります）
- 多すぎる五行は弱ります
火は4個から病気になりやすい五行です
- 火の多すぎるエネルギー4個が土に流れないので、全て相剋の働きとなり金に向う…金が弱る
金はダブルマイナス効果で弱ります

　ひとみさんの場合、まず最初に火の多すぎるエネルギーを流すために土の食物を摂ることが大切です。

　ひとみさんは、火の心臓・小腸のエネルギーが強すぎて、金の肺と大腸を強く攻撃しています。土の食物を摂らなくてはいけなかったのですが、若い彼女は太ることを気にして土の食物である糖分のあるものや、白米・うどん・パンなどをいっさい摂らなかったのです。彼女は喘息を引き起こしてしまいました。大人になって喘息を発症してしまったのです。ひとみさんの場合、土の食物をきちんと食べていたら火から金への攻撃を止めることができ、五行のバランスを作ることができましたので、喘息にはならずにすんだのです。

　ひとみさんは多すぎる火の食物を減らし、足りない土の食物を摂り、金の食物を補うことが大切となります。喘息が出てしまったということは完全に弱っている状態ですので、金の辛味の食物を補い、肺と大腸の帰経の食材を摂り、弱っている臓に栄養を与えてあげましょう。こうした対処法をとることにより臓は回復し、病いは平癒の方向へと向かいます。

Column-1

五行とその色

　五行のバランスから、足りないものを知ることが出来ましたので、その足りないものを補うことが出来ます。木・火・土・金・水の流れで不足しているエネルギーがわかりました。

　臓と同じで、カラー(色)も五行に分類されます。

　木は青や碧色・火は赤や紫・土は黄や紅・金は白や淡(アイボリー)・水は黒や深緑などです。

《色カラーと五行の流れ》

　エネルギーの足りない五行の所に分類されている色カラーを取り入れることにより、自分自身の足りないものが補填されますのでご自身のバランスが良くなります。このことにより、運勢のバランスや身体のバランスが良くなるのです。

(例) 愛さん

(例)愛さんの場合には、木が０個で足りませんので、この木のエネルギーとなる青や碧の色・カラーを加え補うことにより、身体や運勢のバランスが良好となります。お手軽にご自身のバランスを良い状態に作ることが出来るものですので、積極的に生活に取り入れていただきますと、自然な形で自分自身を元気にする応援や助けとなってくれるものとなります。是非おためし下さい。

五行	木	火	土	金	水
色カラー	青・碧	赤・紫	黄・紅	白・淡アイボリー	黒・深緑

〈陰陽五行研究所　紹月会　色・カラー分類表〉

15. 食養による治療

私たちの体を作っているのは、食事、つまり、食物一つひとつの栄養素です。その食べ物の栄養素で病気の予防や治療をすることを「食養」といい、その「食養」を行うために、「眞医」陰陽五行四柱推命学では、「五味」や「帰経」を使って、体のバランスを整えていきます。

「五味」

木は酸味・渋味、火は苦味、土は甘味・淡味、金は辛味、水は鹹味が各五行に属する臓器に影響を与えています。

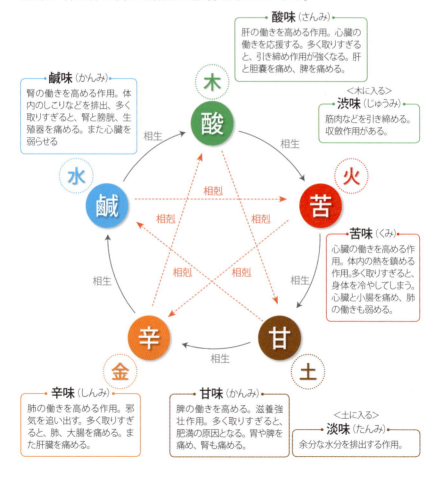

酸味（さんみ）
肝の働きを高める作用。心臓の働きを応援する。多く取りすぎると、引き締め作用が強くなる。肝と胆嚢を痛め、脾を痛める。

＜木に入る＞
渋味（じゅうみ）
筋肉などを引き締める。収斂作用がある。

鹹味（かんみ）
腎の働きを高める作用。体内のしこりなどを排出、多く取りすぎると、腎と膀胱、生殖器を痛める。また心臓を弱らせる。

苦味（くみ）
心臓の働きを高める作用。体内の熱を鎮める作用。多く取りすぎると、身体を冷やしてしまう。心臓と小腸を痛め、肺の働きも弱める。

辛味（しんみ）
肺の働きを高める作用。邪気を追い出す。多く取りすぎると、肺、大腸を痛める。また肝臓を痛める。

甘味（かんみ）
脾の働きを高める。滋養強壮作用。多く取りすぎると、肥満の原因となる。胃や脾を痛め、腎も痛める。

＜土に入る＞
淡味（たんみ）
余分な水分を排出する作用。

五味では、食べ物 (食材) をその味覚によって「酸」「苦」「甘」「辛」「鹹 (塩辛い)」の五つに分類しています。

　木の五行の酸味は肝臓と胆嚢に、火の五行の苦味は心臓と小腸に、土の五行甘味は脾臓と胃に、金の五行の辛味は肺と大腸に、水の五行の鹹味は腎臓と膀胱に影響を与えています。各々不足している五行にとって五味の食材は薬の役割を果たし特効薬となります。しかし、多過ぎる五行にとっては、多過ぎる五行の「五味」の食材は、逆に毒の役割となってしまいます。ひとつの五行が過剰に多くなりすぎてしまいますので、かえって臓をこわすこととなってしまうのです。

　「五味」の臓器に与える影響はとても大きいことなので摂り過ぎは関連する臓器を痛めますが、逆に適度なバランスを作れば症状の改善や関連する臓を治したりできるのです。

「帰経」(きけい)

　帰経とは、生薬や食材が体のどの臓器に作用するかを示したものです。同じ「五味」でも帰経が異なれば、影響する臓器も変わります。「帰経」は主に足りない五行の臓や相剋を受けている五行の臓のエネルギーの補充に用います。

「薬膳」への応用

　食材の「五味」「帰経」を使って体のバランスの調整ができるので、体調や感情も調節することができます。例えば、木の五行が弱っていると、木に属する肝臓や胆嚢の働きが弱まりますが、直接肝に働きかける「帰経」の食材あるいは相生で木の肝を応援する水の五行に属する食材を使って肝の機能を助けます。逆に興奮や怒りなどで肝の働きが過剰になり過ぎている時などは、相剋の関係にある脾が弱りますので、脾を補う甘味の食材を増やして肝の食材である酸味を控えます。

　また、五色の食材を主食・主菜・副菜などの中で食材などで組み合わせることで五臓全体を補って健康を保つ原点となります。次頁からは、木・火・土・金・水の五行それぞれの食養について解説してゆきます。

季節：**春**　五行：**木**　臓器エネルギー：**肝臓**

木　肝・胆・風・怒・酸・筋・目・爪

- 春風が強い時に病気が発症することが多い。（風邪）
- 怒ることで臓器が病み、肝が病むと怒りやすくなる。
- 症状は筋膜や目に現れる。

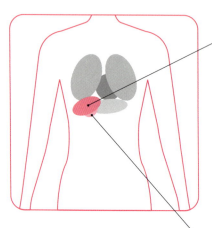

肝臓
働き：肝臓機能の総括／中枢神経への影響

◇血を蓄え、巡らせる
◇気の運行調整

■弱ると出る症状
- イライラする　・目が痛む
- 怒りっぽくなる　・目が充血する
- 眼精疲労　・視力が減退する
- ドライアイ　・猜疑心が強くなる
- 憂うつになる

○肝の血液の不足
- 筋肉が引きつる
- 筋肉が痙攣する
- 知覚が麻痺する

胆嚢
働き：胆汁を貯蔵し分泌して消化を助ける

◇胆汁を貯蔵する⇒消化を助ける
◇決断を司る（勇気）

■弱ると出る症状
- 決断力や実行力の低下
- 恐怖心が強くなる
- 話をしなくなる

○肝の血液の不足
- イライラしやすくなる
- 精神不安　・不眠

- 消化吸収　・運動神経
- 血液循環　・神経機能
- 内分泌と生殖　・抗ストレス

- 肩こり　・目の病気
- 筋肉痛　・手足の痙攣
- ストレス　・高血圧
- 自律神経失調症
- 門脈循環障害（痔）
- 月経症

胆嚢

肝・胆は情緒の安定に深くかかわっている臓で、ストレスの影響をとても受けやすい所です。また、眼や月経のトラブルも出やすいので注意が必要です。

◆臓を補う肉………鶏
◆臓を補う五穀……麦
◆臓を補う五菜……韮（にら）
◆臓を補う五果……李（すもも）
◆臓の精神作用……魂

・肝臓の帰経 ⇨ P.50
・木が攻撃されている人…木の帰経を中心に摂る
・木が不足している人…木の五味・帰経
・木の多い人…摂取の制限をする
　　　　　　　火の五味を摂る

酸（すっぱい）＋渋

[五味] P.50
●肝臓に働きかける　●心臓の働きを応援する
●筋肉を引き締める働きをする　●脾に働きかける（剋）

木が弱るとき
・木が4個で弱る（3個は注意）　・土が4個以上あると弱る
・水が無いと応援をもらえず弱る　・金から2個以上の相剋を受けると弱る
・木が0個で弱る

季節：**夏**　　五行：**火**　　臓器エネルギー：**心臓**

火　心・小腸・熱・喜・苦・血脈・舌・顔

- 暑い時期に病気になりやすい（熱邪）
- 臓が病むとよく喜ぶ症状は顔面および舌に現われる。
- 舌が紅色となる　・巻き舌となる

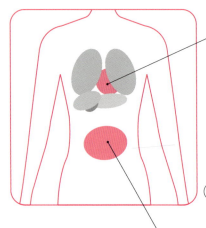

心
働き：循環器系と中枢神経を司るところです

◇血液循環をして全身に栄養を与える
◇精神の統括・充実
◇味覚を正常に保つ
◇五臓六腑を統率

■弱ると出る症状

（多）
- 動悸
- 不眠（夢が多い）
- 不安感
- 胸苦しさ
- 意識の混迷
- 心筋梗塞

（少）
- 呼吸が弱い　　・無力感
- 倦怠感　　　　・少しの動きでの汗
- めまい　　　　・舌が淡白
- 脈が細い

小腸
働き：胃で消化された食べ物をさらに消化し、栄養分と残りカスに分類する

◇消化活動を助ける

■弱ると出る症状
- 軟便　　　　・手足の冷え
- 下痢　　　　・寒がり
- 下腹部の痛み・顔面が青白い
- 尿の出しぶり

- 血液循環
- 精神機能

- 血圧循環障害　・高血圧
- 心臓衰弱　　　・息切れ動悸
- 不整脈　　　　・狭心症
- 心筋梗塞　　　・不眠症
- 健忘　　　　　・神経症

小腸

心臓は血液を循環するポンプ機能と、大脳の動きによる神経や心にも影響を及ぼします。動悸・息切れ・少しの動作での汗・左の肩甲骨の凝りなどのトラブルが出ます。

◆臓を補う肉 ……… 羊
◆臓を補う五穀 …… 黍（きび）
◆臓を補う五菜 …… 薤（らっきょう）
◆臓を補う五果 …… 杏（あんず）
◆臓の精神作用…… 神

・心臓の帰経 ⇨ P.52
・小腸の帰経 ⇨ P.52
・火が攻撃されている人…火の帰経を中心に摂る
・火が不足している人…火の五味・帰経
・火の多い人…摂取の制限をする
　　　　　　　土の五味を摂る

[五味] P.52
●心臓に働きかける　●体内の熱を鎮める
●下痢などの軟便を固める作用　●肺の働きに影響する（剋）
●胃・脾の働きを助ける

火が弱るとき

・火が4個で弱る（3個は注意）
・木が無いと応援をもらえず弱る
・水から2個以上の相剋を受けると弱る
・火が0個で弱る

季節：**土用**　五行：**土**　臓器エネルギー：**脾臓**

土　脾・胃・湿・思・甘・肌肉・口・唇

- 土用…各季節の終わりに臓が痛みやすい。特に湿気に弱い。（湿邪）
- 臓が痛むと思い悩むことが多くなる。
- 病気は口内炎や口角炎などとして症状が現れる。

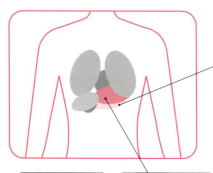

脾臓

働き 胃と小腸で消化吸収されたものから栄養分を作り出す。血液と津液（体液）一緒に各臓器に送る。血管から血液が漏れるのを防止する。

◇血液循環をして全身に栄養を与える
◇精神の統括・充実
◇味覚を正常に保つ　◇膵臓の働き

■弱ると出る症状

- 食欲不振　・味覚失調
- 胃がもたれる　・よだれが出る
- 食後の倦怠感　・めまい
- 軟便（泡状）　・鼻血
- 下痢　・不正出血
- 皮下出血　・生理が止まらない
- 口が粘る（口の中がネバネバ）
- 子宮下垂（習慣性流産）
- みぞおちがしくしく痛む。

働き 昇清機能（気を上に持ち上げる機能）還化作用により得た栄養分により筋肉や皮下組織を養う

甘の摂り過ぎ 口の中が苦い。おりものに粘りがあり黄色く匂いが強い。舌の苔が黄色く厚い

- 消化吸収　・血液循環
- 造血作用

- 食欲不振　・夜尿症
- 胃腸障害　・肥満
- 貧血　・痩せやつれ
- めまい　・むくみ
- 肩こり　・低血圧症候群
- 出血性疾患

胃

働き 初期の消化機能を司り、脾臓に送ります。

◇食物を消化する

■弱ると出る症状

- 上腹部が張る　・口内炎
- 悪心　・口角炎　・胃下垂
- 嘔吐　・しゃっくりが出る
- 食欲不振　・めまい

胃

消化器や胃腸と密接に関係しているのが胃と脾臓です。食欲不振タイプと大食が両極端な特徴があります。体型は激やせ激太りのどちらにもなります。

◆臓を補う肉 ………牛
◆臓を補う五穀 ……稷（高きびと玄米）
◆臓を補う五菜 ……葵（葵菜・冬葵・おかのり）
◆臓を補う五果 ……棗（なつめ）
◆臓の精神作用……意

・脾臓の帰経 ⇒ P.54
・胃の帰経 ⇒ P.55
・土が攻撃されている人…土の帰経を中心に摂る
・土が不足している人…土の五味・帰経
・土の多い人…摂取の制限をする
　　　　　　　金の五味を摂る

[五味] P.54
●脾の働きを高めます
　滋養強壮作用あり疲労回復し、虚弱体質の改善をする
●緊張をゆるめ、痛みを改善する
　頭痛・胃痛の症状改善
●摂り過ぎは腎臓を傷める（剋）

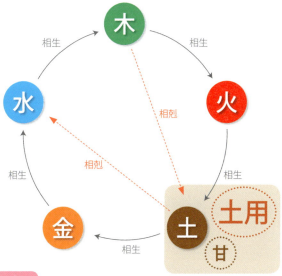

土が弱るとき

・土が3個で弱る
・土が4個で土ばかりでなく木も弱る
・土が0個で弱る
・火が無いと応援をもらえず弱る
・木から2個以上の相剋を受けると弱る

季節：**秋**　五行：**金**　臓器エネルギー：**肺・**

| 金 | 肺・大腸・燥・悲・辛・皮・鼻・毛 |

- 乾燥の強い時期に臓が痛みやすい（燥邪）
- 臓を痛めると悲しみ憂うることが多くなる
- 症状は皮、毛や鼻に現れる

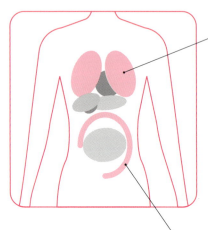

肺

働き：呼吸や全身の気の調整を行っているところです

◇呼吸運動で気をコントロール
◇皮膚や鼻・のど血管・汗腺の運動・神経の働きを担う

■弱ると出る症状

- 疲れやすい
- やる気が出ない
- 皮膚が乾燥する
- 風邪をひきやすい
- 汗が出ない（抵抗力の不足）
- 寝汗をかく
- むくむ
- 皮膚がカサカサしてかゆい
- 寒気がする
- 鼻づまり
- 鼻水
- 嗅覚が鈍る
- 声がかれる
- 咳が出る

- ・呼吸機能　・血液循環
- ・水分代謝　・免疫

- ・呼吸器一般　・皮膚病
- ・喘息　・アレルギー性疾患
- ・蓄膿　・顔など上半身のむくみ
- ・気管支炎
- ・鼻炎

大腸

働き：大便を作り排泄します。残りかすから、水分を吸収して大便に変える

◇残り粕（過剰な脂肪分や糖分）を運搬するパイプの役割

■弱ると出る症状

- 便秘
- 下痢
- 下腹部の痛み

大腸

肺は鼻や喉などの他、皮膚も含めた体全体のバリア機能に関係があり、虚弱体質となりやすい。鼻炎や花粉症などアレルギー疾患・乾燥肌・アトピーなどを抱えやすいです。

- ◆臓を補う肉 ……… 馬
- ◆臓を補う五穀 …… 稲
- ◆臓を補う五菜 …… 葱
- ◆臓を補う五果 …… 桃
- ◆臓の精神作用 …… 魄

- ・肺の帰経 ⇒ P.60
- ・大腸の帰経 ⇒ P.60
- ・金が攻撃されている人…金の帰経を中心に摂る
- ・金が不足している人…金の五味・帰経
- ・金の多い人…摂取の制限をする
　　　　　　　水の五味を摂る

[五味] P.60
- ●肺の働きを高める作用
- ●身体を温め気・血・津液の巡りを活発にする
- ●邪気を追い出す　●肝の働きに影響する(剋)

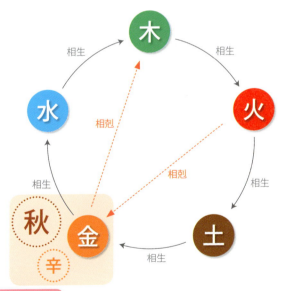

金が弱るとき

- ・金が4個以上で弱る(3個は注意)　・火から2個以上の相剋を受けると弱る
- ・土が無いと応援をもらえず弱る　・金が0個で弱る

季節：**冬**　五行：**水**　臓器エネルギー：**腎臓**

水　腎・膀胱・寒・恐・鹹・骨・耳 / 二陰・髪

・寒い時期に臓が痛みやすい（寒邪）
・物事を恐れ不安になる事が多いと臓を傷める
・症状は髪が抜けたり、白髪になったり耳や性器に現れる

腎

働き
・精（生命エネルギー）を蓄える
・泌尿器、生殖器系の機能を保ちます（精子を作る・生理・性欲・妊娠）

◇生殖・成長の働きを担う
◇骨や脳を作り出す
◇尿を作って排泄する
◇腎臓・副腎・生殖器の統括する働き

■弱ると出る症状

・老化現象　　　　・めまい
・発育の遅れ　　　・頭痛
・尿が出にくい　　・難聴
・尿の量が少ない　・耳鳴り
・むくみ　　　　　・歯が抜ける
・骨がもろくなる　・白髪となる
・腰が曲がる
・生殖機能の低下（不妊・インポテンツ）

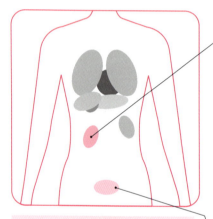

・内分泌 / 生殖
・造血作用　・免疫
・水分代謝

・肩こり　　・健忘
・不眠症　　・脳の老化
・神経痛
・難聴 / 耳鳴り
・頭痛 / めまい
・夜尿 / 頻尿
・貧血　　　・高血圧
・精力減　　・ホルモン失調
・子宮疾患　・不妊
・前立腺肥大　・糖尿病

膀胱

働き
津液を蔵す
尿を溜め排泄します

■弱ると出る症状

・尿の出が悪い
・尿が漏れる
・頻尿になる
・トイレに行く回数が増える

腎・膀胱

腎は生命エネルギーの源です。腎が弱ると生きる力が弱まってしまいます。老廃物の代謝が悪くなる。体を温める機能の低下。臓が弱ると老化につながります。

- ◆臓を補う肉 ………… 豚
- ◆臓を補う五穀 ……… 大豆
- ◆臓を補う五菜 ……… 藿（大豆の葉）
- ◆臓を補う五果 ……… 栗
- ◆臓の精神作用 ……… 志

- ・腎臓の帰経 ⇨ P.64
- ・膀胱の帰経 ⇨ P.64
- ・水が攻撃されている人…水の帰経を中心に摂る
- ・水が不足している人…水の五味・帰経
- ・水の多い人…摂取の制限をする
　　　　　　　　木の五味を摂る

[五味] P.64
- ●腎の働きを高める作用
- ●体内にできたしこりを柔らかくし体外に排出する作用
- ●便秘・リンパの腫れ、イボ・結石の改善に有効
- ●多く摂ると心臓を弱らせる（剋）

水が弱るとき

- ・水が4個以上で弱る（3個は注意）
- ・金が無いと応援をもらえず弱る
- ・土から2個以上の相剋を受けると弱る
- ・水が0個で弱る

Column-2 (コラム)

古代文字と音

アワ歌

アワの歌
（五）　　　（七）
アカハナマ　イキヒニミウク
フヌムエケ　ヘネメオコホノ
モトロソヨ　ヲテレセヱツル
スユンチリ　シヰタラサヤワ

アワの歌　かだかきうちて

（アワ歌・ホツマ文字表記より）

（「ホツマツタヱ」一紋／現代文字表記より）

弾き歌ふ
明らかに
音声わけ（ねこゑ）
四十八声（よそやこゑ）
めぐりよく
永らへて
これを知る

自づと声も
五クラ六ワタを
二十四に通ひ
この身の内の
病あらねば
スミヱの翁

　左の「あわのうた」はホツマツタヱという文献に印されていたもので、文字は「ヲシテ文字」と呼ばれているものです。

　このホツマツタヱは古事記・日本書紀の大元の文献と言われていますが、やまと言葉の基本となるもののようです。古代の人々は、音の一つ一つに霊が宿っていると考えていました。天(宇宙)からエネルギー・気を受け取る音、地からのエネルギー・気を受け取る音を知っていたと考えられています。

　音にそんな力があるのだろうか？とお考えになる方々もいらっしゃると思いますが、世界中でこれを立証する行動を起こされている方々が沢山いらっしゃいます。『水は答えを知っている』の著者であられる江本勝さんは有名です。イタリアのある地方でワイン作りをしている方のお話しなのですが、小さな畑で効率良くワイン作りをするためには、一つの木に沢山のブドウが房をつけることですが、そのために彼らはブドウ畑に毎日一定時間クラシック音楽をスピーカーで流し、畑のブドウの木々に聞かせ続けたのです。すると、不思議に一つの木に沢山のブドウの房を実らせてくれるのだそうです。

　さて、この「あわのうた」は、声に出すと体の中の 24 の流れが良くなると言われています。この 24 というのは経絡の流れであると私は考えています。古代日本では経絡は 24 だったようですので…。また、ここに出て来る「スミヱの翁」は、アワ歌を歌って病気をしなかったと言います。アワ歌は、経絡の流れを良くして身体を元気にする音の流れなのです。是非、声に出して歌って下さい。言霊となり、一つ一つの音が経絡の流れを作り、健康とつながる音です。

16. 帰経と五味

　「眞医」陰陽五行四柱推命学を使い、その人の体質を見立てまして、その人の病気の症状の根本となっている臓がどこであるかが解りましたら、その根本となっている臓にエネルギー源である「食」の栄養を与えて病気の臓を治して行きます。

「帰経」

　帰経は、生薬(漢方)や食材が体のどの臓器に作用するのかを示したものであることはすでに述べましたが、木の臓である肝臓の働きに作用する食物・火の臓である心臓の働きに作用する食物・土の臓である脾臓の働きに作用する食物・金の臓である肺の働きに作用する食物・水の臓である腎臓の働きに作用する食物というように、各臓に働きかける食材があります。

　この、直接臓に働きかける作用により、弱っている臓に強く影響を与えることができます。

「五味」

　五味は、例えば木は酸味で、木に属する臓に影響を与えます。酸・苦・甘・辛・鹹という味が五行と一対となって臓に影響を及ぼすことはすでに述べてきましたが、沢山の摂りすぎは臓を痛めますし、また少なすぎたり、剋を受けたりしても弱ることとなります。

　五行―五味―五臓は一対となり、影響しあっているのです。互いを助け、応援し、補うことが大切になります。このシンプルなバランスを作る作業により五行のバランスは作られ、つまりはこのことが、体のバランスや臓のバランスにつながるのです。

　50頁からは、木・火・土・金・水の「五味」の食材、そして直接臓にかかわり、働きかける「帰経」の食材をご紹介して行きますが、食生活そして食材というものが、私達の体細胞や臓器を正常に保つ一番

大切なものであることは明らかです。また、食物の取り方によっては、毒薬となり細胞を痛め、臓を弱らせることにつながるのもまた事実です。近年、精神的な病いをかかえる若者が増えています。感情や意志もまた、食生活、食材の取り方によって影響を受けています。片寄ったダイエットやバランスを考えない食事を食べ続けている結果であろうと思います。

　そしてこの状態を改善できるのも、やはり食生活であり、食材なのです。私達は病気というものは、その人に課せられたあたかも試練でもあるかの様な感覚でとらえている傾向があります。生れながらにして病気である場合をのぞいて、ほとんどの人は自分自身の食生活によって病気を引き起こしているというサイクルに心から気づかなくてはいけないと思うのです。

　食のバランスつまりは、五行のバランスそれは、臓のバランスを構成し、一つ一つの体細胞を活性化し、新しく生れ変わらせ免疫力が高まり、外部や内部の病原体を防御します。

　体に溜った老廃物を排出し、体の臓が正常に循環し、血液はスムーズに流れ、全身のすみずみまで送り届けられます。そして体温は一定に保たれることとなり、心は穏やかに、そして「生きる」ということに前向きになるのだと思います。

　「生きる」…明るく、元気に健康で生きることなのです。寝たきりや、常に病いをかかえた状態では、人生のうちでの健康寿命はとても短くなってしまいますね。

　皆さんは医療機関において、検査数値をみて「標準値」であれば病気ではないと判断される方が多い様です。それがギリギリの値で標準値に入っていたとしても、本人は、自分は病気ではない…私の臓は弱っていない…大丈夫なのだと、かなり寛容な判断をし、ホッとして自分が異変を感じ検査に行ったことなど忘れてしまう。自分は病気ではない、自分は病気にならないと思いたいのです。

　人により身体のバランスは様々です。一人として同じ状態ではないの

です。身長も体重も持っている臓のエネルギーのバランスも…皆それぞれ違うのです。標準値の目安だけで病気でないと判断するのはあまりにも危険であろうと思います。まずご自身のバランスを知ったら、体調により、今、自分の弱りやすい臓が確かに弱っているのか、病んでいるのかを知らなければいけないと思います。

　それには、これまで述べてきましたが、体を構成している臓の働きを知り、自分の臓のバランスを知り、体を、そして臓を整えて行く必要があるのです。体全体の臓を整えることが根本となり、このシンプルに体を整えることの毎日の食生活が病気を予防し、病気を排除し、病いを改善するのです。

　病気が発生した時に、患部を切除して治しても、根本の病いを治したことにはなりません。実は、毎日の食のバランスが臓を活性化させて病いを治すいちばんの近道なのです。太っている人などは、臓のバランスを作った食生活をするだけでダイエットも自然に出来てしまいます。臓が正常に活動すれば、余分な脂肪をため込んだりせず燃焼させるからです。また、臓が元気ですと生活習慣病や糖尿病・精神の病いなども寄せつけないのです。

　病気の早期発見というよりは、眞の意味で健康を感じ、発病を予防して未病の状態での対処が出来るのです。眞医四柱推命とは、そのことを可能にしてくれる新たな学問であると感じています。五行の流れであるシンプルなバランスをこの食養・帰経により毎日つくり続けて下さい。そのことが健康な明日につながるのです。

　では、各五行の五味と帰経の食材を紹介してゆきます。(P.50〜)

　五味と帰経では、同じ食材でも対応する臓が変わりますが、どちらもそれぞれの臓に働きかけます。不足していたり剋を受けている五行(臓)に用いていきましょう。(但し、多すぎて病気を引き起こしやすい臓には、摂りすぎてはいけない食材となります。)

木の帰経と木の五味

木の帰経：肝臓

食材	木	火	土	金	水
しじみ・牛すじ	○				
べに花	○	○			
山桜子・ウコン（ターメリック）・トマト・しいたけ・はまぐり・豚レバー・ライチ・カリン・酢・黒砂糖・山椒・ウーロン茶・プーアル茶・ビール	○		○		
松の実・ミント・菊花	○			○	
うど・かに・牡蠣・いか・くらげ・ひじき	○				○
緑豆・ジャスミン茶・セージ・ローズマリー・赤ワイン	○	○	○		
アーモンド・くわい	○			○	
フェンネル・オクラ・菜の花・みず菜・セロリ・みつば・桃・ブロッコリー・にんじん・梅・びわ・グレープフルーツ・いちご・ヨーグルト・チーズ・日本酒	○		○	○	
金針菜・八角・にら・よもぎ・かぶ・たら・うなぎ・ほたて貝・えび・昆布・わかめ・みそ	○		○		○
黒ごま・セリ・クコの実	○			○	○
春菊・酒・緑茶・白ワイン	○	○	○	○	
あじ・焼酎・紹興酒	○	○	○		○
アスパラガス	○	○			
キャベツ・バター	○		○	○	

木の五味：酸味の食材

酸の食材は、肝の働きを高める作用があり、心臓の働きも応援します。汗や咳を鎮め、下痢の改善にも効果があります。木の五行が足りない方や弱っている方は以下に掲げる食材を摂るように心がけましょう。

パイナップル・キウイフルーツ：土のページ参照

みそ：水のページ参照

ライチ：脾臓を養う。不足している血液を作る。血液の循環を良くする。消化吸収を高める。肌や髪に張りとツヤを与える。いらだつ気分を鎮める。ストレスが原因の吐き気やげっぷを解消。妊娠初期に必要な葉酸を含む
かりん：咳止め効果。体内の余分な水分を取り除く。肝臓の働きを良くする。イライラを鎮める。煮汁⇒胃腸を丈夫にする。抗酸化作用、抗ガン作用がある。
うめ：唾液の分泌を活発にする。のどの渇きや多汗症を改善。整腸作用があり、下痢のときに有効。消化吸収がよく、水分代謝の正常化をはかる。
あんず：のどの粘膜を潤わせ、痰を除き咳を止める。肌の粘膜にも働きかけて肌のトラブルを改善。腸を潤すので便通をよくする。
びわ：熱をとりのどの渇きを癒す効果がある。乾燥からの咳を止める働きがある。胃の気を降ろす作用があり、しゃっくり・吐き気を止める。
ざくろ：潤いを与えてくれ、喉の渇きによい。肺の機能を高める。女性ホルモンと同じ構造を持つ。
みかん：皮は気の巡りをよくし、胃の働きも活発化させる。果汁は疲労回復に効果があり免疫力を高める。
オレンジ：体に持っている余分な熱をとる。血圧の高い人におすすめ。気を巡らせる作用がある。
グレープフルーツ：気を巡らせて胃の機能を高める。解毒作用・アルコール分解促進・動脈硬化の予防・肝機能を高める働きがある。
ゆず：気の巡りをよくし、胃の不快感を除く。咳を止めたり痰のきれをよくする。
チーズ：水分を補い、肺の機能を助ける。微熱やのどの渇き・空咳・肌のかゆみを鎮め、腸を潤す。
ヨーグルト：胃・腸を潤し、便秘解消の効果がある。肌乾燥を予防し、腸内環境を整える。骨粗しょう症の予防。
酢：血液をきれいにし、消化不良を改善する。
オリーブ油：肺にこもった余分な熱を取り去って潤す。肌乾燥の改善をし、腸の働きをよくする。

火の帰経と火の五味

火の帰経：心臓

	木	火	土	金	水
小豆・豚ハツ		○			
紅花	○	○			
高麗人参・とうがらし・れんこん・もやし・りんご		○	○		
ゆり根・柿・紅茶・コーヒー		○		○	
卵		○			○
緑豆・セージ・ローズマリー・クミン・ジャスミン茶・赤ワイン	○	○			
玉ねぎ・メロン・牛乳・ココア		○	○	○	
あんず		○		○	○

火の帰経：小腸

	木	火	土	金	水
小豆		○			
とうがん		○		○	○

火の五味：苦味の食材

苦味の食材は、心臓の働きを高める作用があり、脾の働きを応援します。体内の熱を鎮める作用があり、精神を安定させる効果があります。火の五行の足りない方は以下に掲げる食材を摂るように心がけましょう。

タイム・セージ・ウコン・オクラ・よもぎ・かぶ・ごぼう：金のページ参照
酢：木のページ参照
高麗人参：気を養う薬草。不老長寿の薬。血行促進。疲労回復。整腸作用。血糖値・コレステロール値を下げる。ストレスにも効用あり。心体を元気にする。

にがうり（ゴーヤ）：体の熱を冷ます性質。夏バテ解消。解毒作用。血糖値を下げる効果。便通の改善。糖尿病の予防。
レタス：体の中の余分な熱を取る。水分代謝を盛んにする。母乳の出を良くする。むくみの改善。ストレスを和らげる。
うど：血液の流れを促す。体のこりや痛みを和らげる。発汗・解毒作用。偏頭痛や冷え症の改善。体の余分な熱と湿気を取り除く。利尿・むくみ効果。
菊花：目の乾、かすみ。結膜の充血や痛み、目のトラブルの解消。眼精疲労からくる頭痛にも効果。目から脳への神経伝達を正常化。肝機能を高めて血液の流れを良くする。肩こり、肌荒れに効果。体内の余分な熱を排出。水分代謝の調節。デトックス効果。便秘。吹き出物。腫れ物。
ゆり根：高脂血症、糖尿病を予防。胃腸の調子を整える。便秘、下痢の改善。コレステロール値の上昇を抑える。肌に潤いを与える。肺と気管を潤す。不足している体液を養う。咳止めや、のどの渇き改善。心臓の熱を鎮める。高ぶった神経を落ち着かせる。不眠、不安感、イライラを和らげる。
ぎんなん：肺の働きを助ける。ぜんそくの改善、血栓の予防。
アーモンド：肌を潤す。老化の防止、血行促進、腸の粘膜を潤す。
コーヒー：心の働きを助ける。
ココア：気を補い、動悸。疲労。眠気障害。動脈硬化予防。整腸作用。
紅茶：体をあたためる作用。冷えの解消。精神安定。血栓の予防。
緑茶：こもった熱を冷ます。頭をすっきりさせる。視力回復。イライラ解消。血圧安定。痰を収める。
ウーロン茶：消化促進。脂肪を溶かす。水分代謝をよくする。
プーアール茶：動物性脂肪を分解。胃の働きを助ける。お腹の張りを解消。

土の帰経と土の五行

土の帰経：脾臓

食材	木	火	土	金	水
なつめ・くず・かぼちゃ・サヤエンドウ・そら豆・鮭・いわし・かれい・牛肉・鶏肉・白砂糖			○		
山楂子・ウコン（ターメリック）・トマト・ライチ・カリン・黒砂糖・山椒・ウーロン茶・ビール	○		○		
高麗人参・とうがらし・ピーマン・れんこん・にがうり・りんご		○	○		
陳皮・パクチー・バジル・にんにく・生姜・しそ・白ごま・ナツメグ・白米・もち米・そば・大豆・納豆・豆腐・なす・きゅうり・えだ豆・こんにゃく・まいたけ・バナナ・みかん・らっかせい・さんま・のり・はちみつ・ごま油			○	○	
黒米・あわ・大麦・黒豆・カリフラワー・さつまいも・さくらんぼ・栗・さば・かつお・豚肉・羊肉・しょうゆ・氷砂糖			○		○
セージ・クミン・ジャスミン茶・キンモクセイ・赤ワイン	○	○	○		
菜の花・みず菜・セロリ・みつ葉・ブロッコリー・にんじん・梅・びわ・グレープフルーツ・チーズ・ヨーグルト		○	○	○	
金針菜・八角・よもぎ・かぶ・たら・うなぎ・あさり・ほたて貝・えび・みそ			○	○	
玉ねぎ・メロン			○	○	
はすの実			○		
丁字（クローブ）・はと麦・山芋・ブルーベリー・葡萄・鴨肉			○		○

土の五味：甘味の食材

甘味の食材は、脾臓の働きを高める作用があり、肺の働きを応援します。疲労を回復し、消化吸収を助け、食欲不振などの改善に働きかけます。摂りすぎると腎の機能を痛めることとなります。土の足りない方、弱っている方は、以下に掲げる食材を摂るように心がけましょう。

チーズ・ヨーグルト・オリーブ油・りんご・いちご・ブルーベリー・らいち・あんず・びわ・ざくろ・みかん・オレンジ・グレープフルーツ・ゆず・もも・山楂子・ヨーグルト：木のページ参照

コーヒー・ココア・紅茶・緑茶・ウーロン茶・ぎんなん・アーモンド・菊花・ゆり根・レタス：火のページ参照

ジャスミン茶・かぶ・里芋・たけのこ・こんにゃく・水菜・セロリ・せり・アスパラガス・シナモン・クミン：金のページ参照

さけ・さば・はまぐり・あさり・しじみ・ほたて貝・かき・えび・豚肉・鴨肉：水のページ参照

土の帰経：胃

食材	木	火	土	金	水
なつめ・くず・サヤエンドウ・そら豆・かぼちゃ・鮭・かれい・牛肉・鶏肉			○		
山楂子・トマト・ライチ・しいたけ・はまぐり・酢・黒砂糖・プーアル茶	○		○		
高麗人参・にがうり・れんこん・もやし・りんご		○	○		
パクチー・バジル・にんにく・生姜・からし・胡椒・ナツメグ・白米・もち米・そば・豆腐・なす・きゅうり・とうもろこし・えだ豆・レタス・白菜・ほうれん草・チンゲン菜・小松菜・ねぎ・らっきょう・大根・じゃがいも・里芋・ごぼう・たけのこ・こんにゃく・黒きくらげ・まいたけ・梨・バナナ・いちじく・みかん・オレンジ・ゆず・さんま・オリーブ油			○	○	
あわ・大麦・カリフラワー・さくらんぼ・パイナップル・栗・キウイフルーツ・さば・豚肉・羊肉・しょうゆ			○		○
緑豆・ローズマリー・キンモクセイ	○	○	○		
セロリ・オクラ・ブロッコリー・いちご・桃	○		○	○	
八角・にら・あさり・ほたて貝・こんぶ・わかめ・みそ	○		○		
玉ねぎ・牛乳・ココア・メロン		○	○	○	
スイカ		○	○		○
丁字（クローブ）・山芋・白きくらげ・鴨肉			○	○	○

バター：木を補う。体に潤いを与える。疲労回復。ストレス解消。

砂糖：黒砂糖……体を温め、食欲不振、疲労、下痢の改善。：氷砂糖……体を冷やす作用。肺の機能を痛める。痰を出しやすくする。 咳を止める。体内の毒素の排出。

はちみつ：肺を潤す。皮膚の乾燥の改善。腸を潤す。脾と胃の働きを補う。

ごま油：大腸を潤す。皮膚も潤す。潰瘍や腫れ物を小さくする作用。黒ゴマ油→白髪の予防効果

麦茶：体にこもった熱を取り、消化を助ける。

さくらんぼ：脾臓の働きを助けて消化吸収を高める。腎臓を養い、体を温める作用。体の湿気を取る働き。

ぶどう：気と血液を養う。水分代謝を促す。むくみ改善。利尿。皮⇒抗酸化作用・抗菌作用。

メロン：熱を取る効果。イライラを鎮める。体液を補う。胃・腸の働きを良くする。粘膜を潤す。むくみ改善。

スイカ：体にこもった熱を冷ます。口内炎、発熱後の水分補給。利尿作用強い。むくみ改善。

バナナ：体内にこもった余分な熱を冷ます。肺を潤す作用。高血圧に効果。腸壁を保護し老廃物を排出。慢性的空咳に効果。体力回復を促す。

パイナップル：体内にこもった余分な熱を取る。気力を高める。体液を補う。胃・腸の機能を高める。便秘に効果的。肉類の消化を助ける。むくみ。二日酔いに効果。

キウイフルーツ：体の余分な熱を取る。イライラ、微熱、高血圧、の改善。利尿作用が高い。胃の調子を整える。

かき：熱を取ってのどを潤す。利尿作用。

いちじく：体を潤す。鼓膜・肌を潤す。口の渇きにもよい。整腸作用。痔の特効薬。

くり：脾の働きを助ける。血の巡りをよくする。

らっかせい：肺を潤す。胃腸を丈夫にする。高血圧や動脈硬化の予防

くるみ：脳の老化防止。腎を温める。

あじ：胃の冷えを取る。胃腸の働きを高める。脳の機能を活性化する。

いわし：骨粗鬆症予防。脳の活性化。

さんま：血中コレステロールが増えるのをコントロールする。脳の活性化。生活習慣病の予防。

かつお：血と気を補う。胃腸を強める。貧血、不眠の改善。動脈硬化、血栓の予防。

うなぎ：肝と腎の働きを助ける。気と血を養う。疲労回復。老化防止。関節痛や手足のむくみも改善。

のり：抗酸化作用。腫瘍などの改善。咳や痰も鎮める。記憶力の向上。

牛肉：体力の回復、抵抗力の向上。胃の働きを補う。貧血の予防。

鶏肉：膵と胃の働きを助け、胃と腸を温める。食欲不振、下痢の改善。気と血を補う。母乳の出をよくする。生殖機能を高める。脂肪肝の予防。

羊肉：体を温める。胃腸の働きを高める。冷え症の改善。母乳の分泌を促す。動悸を鎮める。

卵：体を潤す。血を養う。不眠、めまい、精神不安定などの症状改善。黄身は動脈硬化予防。

牛乳：体を潤す。乾燥肌の改善。骨や歯を丈夫にする。精神を安定させる。動脈硬化の予防。

人参：血液を養い、肝臓の働きを正常化する。貧血、夜盲症を予防。目の疲れ、視力低下の改善。脾臓の働きを高める。

じゃがいも：胃と脾臓の働きを高める。胃腸を丈夫にする。ストレス暖和。動脈硬化の予防。腎臓の機能の働きを改善。血圧を下げる効果。
さつまいも：胃腸を丈夫にする作用。便秘改善に有効。美肌。風邪予防。
山芋（長芋）：脾臓・肺・腎の機能を高める。滋養強壮に有効。肺、胃腸を丈夫にする。生活習慣病予防。
れんこん：体にこもった余分な熱を冷ます。体を潤す。血液を巡らせる作用。皮ごとすりおろしたしぼり汁⇒のどの痛み、咳・痰の暖和。胃腸の粘膜の保護。
しいたけ：気や血液の流れを良くする。胃腸を元気にする。抗ガン作用。コレステロールを減らす。干ししいたけ⇒貧血、高血圧に効果。
黒きくらげ：血液に栄養を与える。吐血、血便、痔などの出血を止める。女性の子宮に関係する病気の改善。
白きくらげ：不老長寿の薬。滋養強壮作用。肌を潤す。免疫力を高める。抗ガン。
まいたけ：免疫機能を高める強い作用。気を補う。血液循環、血糖値、血圧の正常化。高血圧、動脈硬化、糖尿病の予防。
もやし：緑豆もやし⇒熱を取る。
きゅうり：高い利尿作用。血圧を正常に保つ。高血圧の予防。体の余分な熱を取る作用がある。
ピーマン、パプリカ：血液の流れを良くする。風邪の予防。肌トラブルの解消。抗酸化作用。
かぼちゃ：脾臓と胃の働きを助ける。体を温める。疲労の回復。抗酸化作用。美肌。胃痛、便秘の改善。風邪予防に有効。インシュリンの分泌を高めるので糖尿病に良い。
冬瓜：体の余分な熱を取り除く働き。高い利尿効果。むくみ解消。種⇒咳、痰の薬。
とうもろこし：胃の働きを高める。余分な水分を取る。便通促進作用。解毒作用。血液サラサラ効果。
さやえんどう、スナップエンドウ：脾臓と胃の働きを高める。体の中の湿気を取る。むくみ解消。血中コレステロール値の降下。抗うつ作用。
枝豆：気を補う。血液の巡りを良くする。アルコールの分解を促す。肝機能の働きを助ける。

そら豆：脾臓と胃の働きを高める。胃にたまった湿気を取る作用。貧血予防。疲労回復。
キャベツ：胃腸と腎臓の働きを良くする。胃潰瘍や十二指腸潰瘍の予防。
白菜：胃腸を整える。消化促進。酒の毒を解消する作用
大麦：胃腸の機能を高める。消化を促進する。（漢方では外皮のついたものを使い熱を取る）腸内の不要物質の排出。
ハト麦：種子⇒イボを取る生薬。脾臓の働きを助ける。水分、血液の代謝促進効果。尿の出を良くする。むくみ解消。体内老廃物の排出。解毒作用。肌荒れ、シミ、ソバカスに効果。
黒豆：眼精疲労の回復。視力の向上効果。胃腸の機能を高める。体の余分な水分を除く作用。むくみ解消。
小豆：強い利尿作用。解毒作用。肩こり、筋肉痛の改善。脂質の酸化を抑える。血栓や動脈硬化の予防効果。
大豆：脾臓を助ける。腸を整える。血液を作るのを促す。
納豆：血液をサラサラに保つ働き。血行不良による冷えや肩こりを和らげる。美肌効果。脂質の代謝を助ける。
豆腐：体にこもった熱を取る。体を潤す。ストレスの暖和。コレステロール値の低下を促す。脂肪の代謝を高める。
トマト：胃の働きを正常化。食欲回復。体を冷やす。夏バテ解消。肝臓の働きを助ける。解毒作用。老化防止。美肌作りに有効。高い抗酸化作用。
なす：脾臓を元気にする。むくみ改善。
ほうれん草：五臓の働きを助ける。血液の巡りを良くする。貧血に有効。腸を潤す。便通を良くする。
小松菜：腸を潤す作用。優れた解毒作用。抗酸化作用。風邪予防。老化防止。
春菊：気の巡りを良くする。精神を安定させる。胃腸の働きを整える。血液をサラサラにする。咳を鎮める。美肌効果。
ブロッコリー：腎臓の機能を高める。虚弱体質の改善。胃腸を丈夫にする。抗酸化作用。免疫力アップ効果。
カリフラワー：胃の働きを良くする。食欲不振、胃もたれに有効。気の巡りを良くする。老廃物を排出する。

玉ねぎ：気や血液を巡らせる。体を温める。新陳代謝を活発にする。疲労回復を促す。
ミント：胃の働きを助ける。消化促進作用。
米：気を補う。胃腸を丈夫にする。消化吸収機能の回復。イライラを和らげる作用。
玄米：疲労回復。便秘予防。
もち米：体力回復。母乳の出を良くする。脾臓の働きを高める。胃を温める効果。慢性疲労の改善。
黒米：腎臓の働きを助ける。老化の抑制。胃腸を丈夫にする。
そば：体にこもった余分な熱を取る。頭に昇った気を降ろす働き。血圧を下げる作用。抗酸化作用。糖質の代謝を促す。
あわ：脾臓、腎臓の働きを助ける。水分の代謝の調節。体の余分な熱を取る作用。
金針菜：むくみを取り、貧血を防ぐ。体の熱を冷まし、水分代謝も良くする。
朽杞の実：肝臓や腎臓の機能を高める効果が優れている。視力回復。老化防止。血糖値を下げる。血圧を下げる。
蓮の実：不眠解消、脾臓の働きを良くする。精神面への効果あり。安眠効果。・
松の実：体を潤す。免疫力を高める。肌、髪の毛、爪を美しく保つ。
なつめ：滋養強壮（血液と気を補う。）胃と脾臓を丈夫にする働きがある。白血球を増やす。アレルギー反応を抑える。
緑豆：体の余分な熱を取る。夏バテ予防。発熱、口内炎、吹き出物に有効。解毒。むくみ解消。
杏仁：熱を取る作用。血流改善。ホルモンバランスの調整効果。・：咳や腸に効果を示す。血圧降下。抗ガンの薬効。
黒ゴマ：血液を補う。抗酸化作用（若返り）。ポリフェノールが多い。便秘解消。骨の強化。美肌、白髪改善。
白ごま：便秘の改善。ゴマ油⇒体の熱を取る。皮膚を潤す効果。血中コレステロールを減らす。動脈硬化の予防。抗酸化作用。

金の帰経と金の五味

金の帰経：肺

食材	木	火	土	金	水
杏仁・タイム				○	
ミント・菊花	○			○	
ゆり根・柿・紅茶・コーヒー			○	○	
陳皮・にんにく・生姜・しそ・白ごま・パクチー・バジル・からし・白米・もち米・納豆・小松菜・チンゲン菜・ねぎ・らっきょう・大根・ごぼう・こんにゃく・黒くらげ・まいたけ・梨・いちじく・みかん・オレンジ・ゆず・らっかせい・さんま・ごま油・のり・オリーブ油・氷砂糖・ピーナッツ油・はちみつ・わさび・にんにくの芽				○	
ぎんなん・くるみ・みょうが				○	○
オクラ・菜の花・みず菜・セロリ・みつ葉・いちご・桃・梅・びわ・グレープフルーツ・チーズ・ヨーグルト・なたね油	○		○	○	
クコの実・せり	○			○	○
玉ねぎ・メロン・牛乳・ココア			○	○	
丁字（クローブ）・はと麦・山芋・白きくらげ・ブルーベリー・葡萄・鴨肉				○	○

金の帰経：大腸

食材	木	火	土	金	水
杏仁・タイム				○	
柿			○	○	
にんにく・白ごま・ナツメグ・胡椒・そば・大豆・豆腐・小松菜・チンゲン菜・なす・きゅうり・とうもろこし・えだ豆・らっきょう・じゃがいも・里芋・たけのこ・こんにゃく・黒きくらげ・バナナ・いちじく・ごま油・オリーブ油・ピーナッツ油・はちみつ・にんにくの芽				○	
みょうが・ざくろ・くるみ				○	○
アーモンド	○	○			
ブロッコリー・桃・梅・なたね油			○	○	
メロン・ココア			○	○	
とうがん			○	○	

金の五味：辛味の食材

辛味の食材は、肺の働きを高める作用があり、腎の働きも応援します。身体を温めて全身の気や血・津液の巡りを良くする働きがあります。邪気を追い出すので、風邪や花粉などの菌を寄せつけません。金の五行の足りない方は、以下に掲げる食材を摂るように心がけましょう。

くらげ：水のページ参照
コーヒー・うど：火のページ参照
パプリカ・春菊・葛・玉ねぎ：土のページ参照
かぶ：整腸作用に優れる。消化不良。便秘。頭に上った気を降ろす作用。高血圧。のぼせ。イライラ。頭痛。熱を持った腫物の改善。
里芋：胃、腸の気を補う。胃、腸の粘膜を保護し丈夫にする。血中コレステロール値を低下する。肝臓の働きを高める作用。腸内の老廃物の排出。便秘改善。
ごぼう：のどの病気治療薬。解毒。発汗、利尿作用。体の老廃物を取り除く。風邪の予防。整腸作用。便通を良くする。
たけのこ：体の余分な熱を冷ます。痰を取り除く。消化を促す。便通の改善。老化防止効果。
こんにゃく：優れた整腸作用。消化不良、便秘の改善。利尿作用。膀胱炎や尿路結石の治療。腸内の老廃物や毒素を対外排出する。コレステロール値を下げる。
酒：血の巡りをよくする。手足の冷えや関節の痛みを改善。冷えの胃腸障害。
ジャスミン：気の巡りをよくする。イライラ解消。胃の不快感にも有効。目と頭の働きを助ける。集中力を高める。
こしょう：胃の冷え、痛みに効果。冷えを伴った吐き気や下痢に有効。消化や血行を促進。脳を活性化する。
とうがらし：体から湿気を追い出す。体内の悪い気を取り除く。心臓の働きを高める。食欲不振、消化不良の改善。肥満予防。発汗作用。免疫力を高める。
花椒：腸を温める。下痢を止める働き。鎮痛、腹痛の薬効。回虫駆除の薬効。不整脈や狭心症の治療に活用。
ピーマン・オクラ：便秘改善。血糖値の上昇を抑える。タンパク質の吸収を助ける働き。疲労回復。
菜の花：肝機能を高める。免疫力を高める。風邪やガンの予防効果。肌トラブルの解消。
チンゲン菜：体の熱を取る。血液の巡りを良くする作用。産後の女性の血行障害改善。ストレス暖和。骨粗しょう症予防。

水菜：熱を取る作用。体に必要な水分を補い潤す。風邪予防。肌あれ解消。コレステロール値を低下させる。飲酒の時に食べると二日酔いを防ぐ。

セロリ：体の熱を取る。頭に上った気を降ろす働き。頭痛解消。ストレス性血圧上昇の解消。ストレス性不安症や緊張を和らげる。大腸ガンの予防効果。

みつ葉：気の巡りを良くする。神経系機能の正常化。肩こり、肌荒れの改善。高血圧予防効果。

にら：腎臓の働きを高める。体を温める作用。疲労回復に有効。ウィルスの侵入を防ぐ。免疫力を高める作用。肌あれ解消。動脈硬化の予防。

よもぎ：気や血液の巡りを良くする。胃、腸の働きを助ける。体を温める。ホルモンの分泌を促す。内臓機能を強くする作用。殺菌作用。風邪予防効果。食べ物の脂肪分の分解。

せり：体にこもった熱を取る。水分代謝を良くする。血液の正常化。ストレスの暖和。貧血、高血圧の予防。肩や首残りを和らげる。

アスパラガス：消化器系の働きを高める。体の熱を取る。のどの渇きを和らげる。新陳代謝を促す。疲労回復。美肌。免疫力を高める作用。

ねぎ：発汗作用。気や血液の巡り（悪い気を排出）。風邪の初期症状に有効。体を温め、胃腸の働きを整える。解毒作用。冷えの改善。免疫力を高める。動脈硬化予防。

らっきょう：体を温める。発汗を促す。風邪、発熱、冷え症に良い。気を巡らせる。胸の痛みを取る。便秘、下痢の解消。高血圧、動脈硬化予防に有効。

大根：胃腸の調子を整える。体内の余分な熱を取る。肺を潤す。風邪の熱、のどの痛み、咳、痰の改善効果。利尿作用。お腹の張り、むくみに効果。

ミント：気の巡りを良くする。解毒、解熱作用。のどの腫れ痛みの改善。

バジル：胃の働きを助ける。消化促進作用。

フェンネル：冷えを取る。胃の調子を整える。気の巡りを良くする。腹部の冷えを取り痛みを暖和する。

タイム：強力な抗菌作用。食あたり予防。咳や痙攣を鎮める働き。気を養う。胃腸の調子を整える。胃のむかつきやもたれの解消。入浴⇒リュウマチ、痛風、神経痛に良い。

セージ：殺菌力に優れる。のどの痛み、口内炎の暖和。イライラを鎮める。やる気を出す効果。頭をスッキリさせる。集中力を高める。更年期障害の薬効。

ローズマリー：記憶力や集中力アップ効果。関節の炎症を抑える。血流改善。胃、腸の働きを助ける。ローズマリーを浸した茶⇒花粉症を暖和する。
ナツメグ：体を温める。胃と脾臓を温めて発汗を促す。デトックス効果。整腸作用。便秘、下痢の両方の改善。
シナモン：末梢血管を拡張する。強い体を温める作用。五臓の働きを活発にする。心を鎮める。スタミナをつける。
スターアニス（八角）：脱腸の特効薬。腰痛、腹痛の改善。胃弱による吐き気や脚気強力な抗ウィルス作用（タミフル（インフルエンザの薬）の原料）。食欲不振、血行障害の治療。
クローブ（丁字）：香性健胃薬。抗菌。軽い麻酔作用。
ターメリック（ウコン）：肝臓を強くする働き。二日酔いの改善。
クミン：鎮痛剤。胃腸薬。消化を助ける。腹痛や胃痛、下痢などへの効用。腸内ガスの排出。肝機能の向上。
からし（マスタード）：痰を取り、咳を抑える薬効。抗菌作用。食中毒予防。
陳皮：咳、痰に効果がある。胃、腸の働きも助ける。
べにばな：血液の浄化。血液循環を良くする。月経不順や月経痛、更年期障害のトラブルに有効。血流を良くする。べにばな油⇒高血圧、動脈硬化予防効果。
ジャスミン：胃痛、腹痛や下痢に効果あり。右脳を刺激して自律神経に働きかける。憂鬱を取り除く。
にんにく：五臓（肝臓、心臓、胃、肺、腎臓）の機能。腫ものの改善。風邪の予防。解毒。殺菌作用。活性化する。疲労回復。脳の活性化。血液をサラサラにする。動脈硬化予防。血糖値の改善。
しょうが：体の温め効果。発汗を促す。熱を体外に出す。風邪の寒気、節々の痛みに有効。解熱作用。免疫力アップ。ガン予防。老化防止。
みょうが：血行を良くする。発汗を促す。食欲増進。消化を助ける。生理不順。生理痛。解毒作用。風邪、口内炎予防。体内の塩分を排出する。高血圧予防。・
しそ：体を温める。熱を下げる効果あり。胃液の分泌を促す。食欲増進。吐き気を防ぐ。活性酸素の除去。ガン予防。
パクチー、コリアンダー：胃の働きを助ける。消化を促す。血液の浄化。気の巡りの改善。香菜（中国パセリ）発汗作用（発疹を改善）。食あたりを防ぐ。強力な抗酸化作用。老化防止。種⇒整腸、滋養強壮作用。

水の帰経と水の五味

水の帰経：腎臓

食材	木	火	土	金	水
うど・牡蠣・かに・いか・くらげ・ひじき	○				○
卵		○			○
花椒・黒米・あわ・カリフラワー・さつま芋・栗・羊肉・豚肉・さくらんぼ・キウイフルーツ・さば・かつお				○	○
ざくろ・ぎんなん・くるみ				○	○
金針菜・八角・にら・よもぎ・かぶ・たら・うなぎ・あさり・ほたて貝・えび・こんぶ・わかめ・みそ	○		○		○
クコの実、黒ごま	○				○
蓮の実			○	○	○
あんず			○	○	○
丁字（クローブ）・はと麦・山芋・白きくらげ・ブルーベリー・葡萄・鴨肉			○	○	○
あじ・焼酎・紹興酒		○	○		○
塩			○	○	○

水の帰経：膀胱

食材	木	火	土	金	水
うど	○				○
パイナップル			○		○
みょうが				○	○
せり	○				○
とうがん			○		○

水の五味：鹹味の食材

鹹の食材は、腎の働きを高める作用があり、肝臓の働きも応援します。体内にできたしこりを柔らかく体外に排出する作用が強い骨や脳を作り出し、生殖にも深くかかわるところですのでホルモンバランスを良くしてくれます。生命のエネルギーを蓄えるところです。水の五行の足りない方は、以下に掲げる食材を摂るように心がけましょう。

緑豆・あわ・大麦・のり：土のページ参照

鴨肉：気を補い、余分な熱を取り去る。腎の働きを補って利尿作用を高める。むくみの改善。脳や神経、心臓などの働きを正常に保つ。

しょうゆ：体にこもった余分な熱を冷ます。解毒作用。食中毒の予防。

塩：吐き気、膨満感の改善。体にこもった熱を冷ます。ねばついた痰を溶かす作用。

みそ：余分な水分の排出。むくみに有効。熱を冷ます。のぼせ、イライラ解消。

さけ：胃を温める。胃腸の働きを助ける。水分代謝、むくみの改善。血のめぐりを良くする。

さば：胃を元気にする。血の巡りをよくする。イライラ感の解消。コレステロール値を下げる。

たら：気と血を補う。動悸・息切れの改善。肝機能を良くする。

はまぐり：体にたまった毒素の排出。貧血予防。肝機能を高める。

あさり：体の余分な熱を取る。疲労回復。胃酸の中和。血を補い、イライラ解消。

しじみ：解毒作用・尿の出の改善。肝機能を高める。アルコール分解作用。血を補う。

ほたて貝：脾と胃の働きを助ける。各臓の機能を高める。めまい・のぼせの改善。視力回復。

かき：体を潤し、血を補う。精神を落ち着かせる。肝機能を高める。解毒を促す。

えび：腎の働きを高める。体を温める。抗酸化作用。

かに：肝にこもった熱を取る。血の巡りを良くする。血圧低下。うっ血性心不全の予防。

いか：血を養う。肝の働きを助ける。動脈硬化の予防。

たこ：気を養う。血を補う。頭痛やめまい、生理不順に効果的。

くらげ：熱を取る。ねばり気のある痰や咳を鎮める。高血圧に有効。毛細血管を広げる。二日酔い・むくみにも良い。

こんぶ：しこりを小さくする。むくみ改善。熱を冷ます。余分な水分の排出。高血圧予防。血管の硬化。甲状腺機能低下症の改善。

わかめ：体にこもった熱と余分な水を排出。気を巡らせる。甲状腺のトラブルの改善。男性の性機能や女性のおりものを正常に保つ。ガン細胞の増殖を抑える。

ひじき：血を補い、貧血、抜け毛、乾燥肌の予防。血行を良くし、水分代謝を高める。しびれ、むくみの解消。骨粗鬆症予防。

豚肉：腎を養う。精力を高める。虚弱体質の改善。体を潤す作用。空咳や肌の乾燥、のどの渇きの改善。母乳の分泌不足の改善。

臓が弱っているかどうか？チェックしてみましょう

プチ不調を見つける

木タイプ

肝・胆：ストレスの影響を受けやすい

気の巡りに関係する（生命エネルギーの循環）

◆弱っていると出てくる症状

- □イライラおこりやすい
- □視力が衰える
- □目が乾燥する（ドライアイ）
- □脚がよくつる（こむら返り）
- □爪がもろく欠けやすい
- □月経痛がひどい
- □顔色が青い
- □脇腹や胸が張る…苦しい感じがする
- □目が疲れやすい
- □肩こりがひどい
- □便秘や下痢になったりする
- □月経不順
- □月経が近づくとイライラする

火タイプ

心・小腸：血液循環や脳が影響される

◆弱っていると出てくる症状

- □動悸・息切れがする
- □眠りが浅く、途中何度も起きる
- □不安感がある。イライラして胸が苦しい
- □肩や肩甲骨の下が凝る
- □口内炎ができやすい
- □舌の先が炎痛する
- □少しの運動ですぐ顔が赤くなる
- □寝つきが悪い
- □夢をたくさん見る
- □物忘れしやすい
- □口が渇く
- □ろれつが回らない
- □足がむくむ

土タイプ

脾・胃：胃腸系、消化機能が影響を受ける
気が下がる（臓器の下垂）血管から血液が漏れる等が起きる

◆弱っていると出てくる症状

□食欲不振　　　　　　　　　□食後に倦怠感がある
□胃がもたれる　　　　　　　□食後の強い眠気
□下痢を良くする　　　　　　□胃が下垂する（胃下垂）
□体が痩せる　　　　　　　　□身体が太る（水太り）
□内出血斑（はん）ができやすい　□月経が長く続く
□皮膚の色が黄色っぽいおりものも黄色っぽい
□口が粘る（口の中がネバネバする）
□よだれが出る　　　　　　　□口の中が苦い
□みぞおちがシクシク痛む　　□味覚が失調

金タイプ

肺・大腸：呼吸器系が弱る
それにより気のコントロールがうまくいかなくなる　体を守るバリア
機能の低下　排泄機能の低下

◆弱っていると出てくる症状

□疲れやすい　　　　　　　　□風邪を引きやすい
□やる気が出ない　　　　　　□皮膚が弱くなりアトピーなどを発症する
□アレルギー性の疾患にかかりやすい
□咳や痰が出やすい　　　　　□呼吸が苦しい
□のどが張れる、痛む　　　　□肌の色が白い
□声がかれる　　　　　　　　□嗅覚が鈍る、鼻水、鼻づまり
□寒気がする　　　　　　　　□汗が出ない
□寝汗をかく

水タイプ

腎・膀胱：老化症状が出てくる
冷え症、新陳代謝の衰え
生殖・成長ホルモンの低下排泄に支障をきたす

◆弱っていると出てくる症状

□むくみ
□精力減退《インポテンツ》
□歯が悪くなる、歯が抜ける
□聴力の低下
□肌の色が黒ずんでいる
□尿が出にくい（量が少ない）
□骨がもろくなる（骨折）
□白髪となる
□足腰がだるくなる
□骨の発育が悪い（発育不良）
□不妊
□耳鳴り
□めまいや頭痛
□尿漏れ、頻尿
□腰が曲がる

　この中に、一つでも思い当たる症状があればその臓が弱っているということになります。当てはまる数が増えれば増えるほど、その臓はとても弱っているのです。
　複合的に弱りやすい、あるいは病気になりやすい臓がある方は、今現在、どの臓に注意をする必要があるかがわかってきます。
　各タイプ5個以上チェックが当てはまると要注意ゾーンとなります。8〜10個のチェック項目が当てはまると、医療検査で数値として現れてきます。手術などの他、薬の投与など医療処置が必要となってきます。チェック項目が少ない、あるいは、当てはまらない段階での早期の対処が必要です。

18. 紹月流命式の作成方法

" 彩さん " をモデルに命式表を作成する

　それではここで具体的な命式表の作成方法を学んでみます。「眞医」四柱推命学では、私の考案した「紹月流」の命式の方法を用います。
　彩さんをモデルに命式表を作成してみましょう。

1968年5月19日20時8分　誕生
以下、彩さんの命式で解説いたします。

年柱 … 干支 ┐
月柱 … 干支 ├ 万年暦を参照して出します。
日柱 … 干支 ┘ 万年歴は、当書末に収録されておりますので、ご活用ください。

時柱 … 干支 … 本書 P.105 の「生まれた時間干支表」を参照して出します。

命式表の作成
①万年暦の見方
詳しい命式表の出し方はP.74～77、P.106～107を参照して下さい。
・万年暦では、一年の始まりは2月4日頃の「立春」の日が始まりとなります。それ以前に生まれている人は、前年の年柱干支を使用することとなりますので注意して下さい。
・また、月柱干支もその月の始まりは、節入りからになります。誕生日が2月4日頃の節入り以前の方は前の月の干支を使用しますので注意して命式表を作成して下さい。

＜彩さんの命式表＞…各柱の干支は以下の様になります。

	天干	地支
1968年	戊	申	⇒年の干支
5月	丁	季節 巳	⇒月の干支
19日	日柱天干 己	丑	⇒日の干支
20時	甲	戌	⇒時間の干支

②命式表に五行を入れる

彩さんの出生時の状況は、上記の干支の中に表されているのですが、これを解説していきましょう。

自分自身の資質は、日柱の天干という場所に表されます。

その資質は10種類に分類されます。これが十干というものです。

⇒ P.105 参照　十干を五行にした表

さらに地支とは、十二支を表します。

これも大まかに木・火・土・金・水の5つの要素に分類します。

⇒ P.105 参照　十二支を五行にした表

≪彩さんの命式表は以下のようになります≫

年・月・日・時	天干	地支
1968年	㊀戊 土	㊀申 金
5月	㊀丁 火	㊀巳 火
19日	㊀己 土	㊀丑 土
20時8分	㊀甲 木	㊀戌 土

全体で五行は
天干…4個
地支…4個
合計8個となります。この8個でバランスを作ります。

◎生まれ時間の不明な方は生まれ日までの全体で6個でバランスを作ります。

◎本書末 (P.107) に空の命式表がありますのでそちらを使い自分の命式表を完成させましょう。

③命式の五行でバランスを作る

上記の木・火・土・金・水の数を以下の五行のバランスを表した表に記入していきます。ご自分の命式表の各五行の数を数えて記入していきます。

彩さんの場合は以下のようになります。

（　）内に木・火・土・金・水の数を入れる。

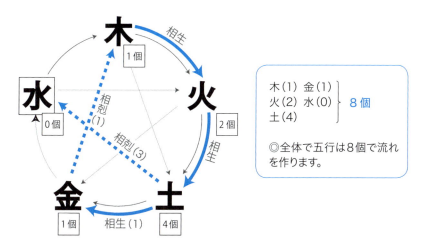

④命式に五行の流れを入れる

⟶ 相生　┄┄► 相剋

水が0なのでエネルギーが流れることができません。この場合、金から木への相剋（1）の流れとなります。

また、土が4、金が1なので金へは1つのエネルギーしか流れることができず、土から水へ相剋（3）の流れとなります

この五行のバランスで自分自身の身体のバランス・運のバランス・多いもの・足りないもの・攻撃されているものが解ります。本書では、身体のことを中心にお話ししていますが、四柱推命学ではこのバランスより、運のバランス・身体のバランスが解ります。このバランスに五行説という理論を加えていきますと五行の流れの相生と相剋（P.72参照）が解ります。五行の流れには、相生と相剋という二つの流れがあります。

五行の流れには、相生と相剋があります。(P.9) 五行の考えを参照してください。(五行の流れは矢印の方向にしか流れないことを理解して下さい)

[相生]
・生れる形
・生み出す形
・応援する形

矢印の一方向に流れます
(時計回りです)

[相剋]
・相手を攻撃する
・相手を押さえる
・相手に作用する

矢印の方向に攻撃します

[相生]と[相剋]を組み合わせると、五行の相生と相剋の働きが解ります。

Column-3

パワーストーン

　パワーストーンが近年注目されています。財運・金運の石、魔除けの石、愛情面の充実をもたらす石など…石の意味は沢山ありますね。財運が欲しいから財運の石を持つ、愛が欲しいから愛の石を持つ、それはそれで良いと思いますが、自分自身に不足の…足りないものを身につけることにより石のパワーが本人に不足しているエネルギーを補ってくれますので、より強力な効果をもたらすこととなります。

　足りない不足のパワーがストーンによって補われることにより、全体が循環しますので本人の全体のエネルギーパワーをより大きく引き出すことが出来るのです。このことにより運勢パワー全開となりますのでどんどん開運体質となります。もちろん身体も元気となりますよ。

五行	石（ストーン）…（五行の気を持つ石）	
木	・コーラル（珊瑚） ・アベンチュリン（グリーン） ・ブルートパーズ ・アンバー（琥珀）（金と木の気質）	・ターコイズ ・カーネリアン（木と火の気質）
火	・エメラルド ・ルビー ・ガーネット ・ピンクトルマリン ・カーネリアン（木と火の気質）	・ルチルクオーツ ・オパール
土	・スモーキィクオーツ ・ダイアモンド（金と土の気質） ・サードニックス（オレンジ縞模様） ・ジェード（グリーン）	
金	・タイガーアイ（寅目石） ・アンバー（琥珀）（金と木の気質） ・ペリドット ・ダイアモンド（金と土の気質）	・シトリン ・インペリアルトパーズ ・タンザナイト ・キャッツアイ
水	・オニキス ・アクアマリン ・クリスタル（水晶） ・ピンクサファイア ・淡水パール	・アイオライト ・ローズクオーツ ・ムーンストーン

〈陰陽五行研究所　紹月会ストーン分類表〉

（例）ひろみさん

木 (2)　水 (2)　火 (0) ⇒ 不足のエネルギー　金 (2)　土 (2)

（例）ひろみさんの場合、不足しているエネルギーは火です。火のエネルギーを補うことにより全体が強く循環して可動することとなります。火のエネルギーのストーンは、ルチルクオーツ(針水晶)・オパール・エメラルド・ルビー・ガーネット・ピンクトルマリン・カーネリアンなどがあります。

　石・ストーンの分類は各五行の「気」をもつ石・ストーンで分類されています。この分類は、ストーン研究家でもあります、私、宮幹藍后の分類によるものです。運を上昇させるストーンの選び方は、私の教室の入門クラスで伝授しています。興味のある方は受講してみて下さい。今回は、不足のエネルギーを補う見方を中心にお話しさせていただいています。こちらも是非、生活の中に取り入れていただきまして、開運体質になっていただきたいと思います。

生年月日・生れ時間の干支の求め方

≪1≫ 命式：生年(うまれどし)の干支の求め方
(巻末付録の万年暦から求めます)

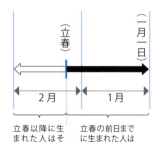

立春

2月の節入り日（およそ2月3日頃）立春を境にして、年の変わり目となります。

その年の1月1日から、立春の前日までに生まれた人は前年の干支の生まれの人となるのです。

年の干支

（例） 平成 25 年（2013 年）1 月生まれ

この方は、立春前の生まれ日なので、前年の平成 24 年（2012 年）の干支 壬辰 の人となります。

前年の干支……つまり H24 年の干支を使います

年の干支

（例） 平成 25 年（2013 年）3 月生まれ

この方の場合は、立春後の生まれ日ですから、その年の中に入っていますので、平成 25 年の干支 癸巳 の人となります。

H25年……その年の干支を使います

≪2≫ 命式：生月の干支の求め方
（巻末付録の万年暦から求めます）

平成 25 年癸巳

	24年 壬辰		
	2月	1月	
2月の干支 →	甲寅	癸丑	月干支
2月の節入りは4日 →	4日 1:14	5日 13:34	節入日
前月(1)の干支 癸丑	戊戌	丁卯	1日
	己亥	戊辰	2日
	庚子	己巳	3日
節入日 2月の始まり この日以降の 生まれ日の人 2月の干支 甲寅	辛丑	庚午	4日
	壬寅	辛未	5日
	癸卯	壬辰	6日
	甲辰	壬申	7日

万年暦では、その月の節入日を月の変わり目とします。

節入日の前日までに生まれた人は、前月の干支の人となります。

節入日以後に生まれた人は、その月の干支の人となります。

(例) 平成25年（2013年）2月3日生まれの人

この方は、この年の月の始まり、節入りは4日からになっていますが、本人が生まれたのは3日です。節入り日の前日までに生まれた人ですから、月の干支は1月の干支を使用します。したがって、1月癸丑の人となります。

※2月4日以降から3月の節入り日の前日までに生まれた人は、2月の干支**甲寅**となります

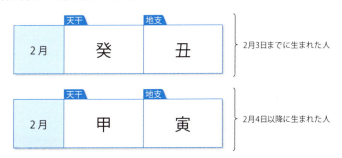

≪3≫ 命式：生日(うまれび)の干支の求め方
(巻末付録の万年暦から求めます)

(例) 平成 25 年 6 月 4 日生まれ

日の干支は、節入り日の前後を考えずに、生まれたその日を万年暦で求めます。

節入りの前後を問わず、生まれた月である 6 月の中にある 4 日をみて、万年暦から求めます。この人の、生まれ日の干支は辛丑となります。では、例の方を年柱、月柱、日柱 (辛丑) も求めて表 (命式表) にしてみましょう。

◆次の表の干支の人となります

命式表(めいしきひょう)

	天干	地支	
平成25年 年柱	癸 (みずのと)	巳 (み)	年の干支
6月 月柱	丁 (ひのと)	巳 (み)	月の干支
4日 日柱	辛 (かのと)	丑 (うし)	日の干支

◎年の干支は、6 月は立春後の生まれですので、平成 25 年 (2013 年) の干支癸巳となります。

◎月の干支は、生まれ日が節入り前ですので、前の月つまり 5 月の干支丁巳となります。

◎日の干支は、生まれ日を使用しますので、平成 25 年 6 月 4 日のところを見ると辛丑となります。

● 命式の左側を天干(てんかん)といいます。全部で 10 種類あります。

甲(きのえ) 乙(きのと) 丙(ひのえ) 丁(ひのと) 戊(つちのえ) 己(つちのと) 庚(かのえ) 辛(かのと) 壬(みずのえ) 癸(みずのと)

の 10 種類です。

● 命式の右側を地支といいます。ここには十二支というものが入ります。全部で 12 種類です。

子(ね) 丑(うし) 寅(とら) 卯(う) 辰(たつ) 巳(み) 午(うま) 未(ひつじ) 申(さる) 酉(とり) 戌(いぬ) 亥(い)

の 12 種類です。

≪4≫ 命式：生まれ時間の干支の求め方

生まれ時の干支の求め方は以下の「生まれた時間干支表」を用います。
（例）平成25年6月4日6時59分生まれ

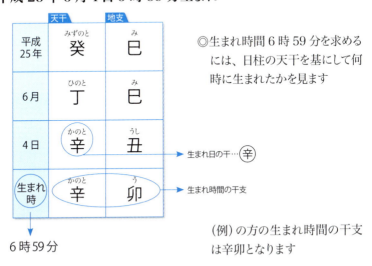

◎生まれ時間6時59分を求めるには、日柱の天干を基にして何時に生まれたかを見ます

→ 生まれ日の干…㊛

→ 生まれ時間の干支

（例）の方の生まれ時間の干支は辛卯となります

生まれた時間干支表

生まれ時間 \ 生れた日の干	甲	乙	丙	丁	戊	己	庚	辛	壬	癸
AM0時～AM0時59分	甲子	丙子	戊子	庚子	壬子	甲子	丙子	戊子	庚子	壬子
AM1時～AM2時59分	乙丑	丁丑	己丑	辛丑	癸丑	乙丑	丁丑	己丑	辛丑	癸丑
AM3時～AM4時59分	丙寅	戊寅	庚寅	壬寅	甲寅	丙寅	戊寅	庚寅	壬寅	甲寅
AM5時～AM6時59分	丁卯	己卯	辛卯	癸卯	乙卯	丁卯	己卯	辛卯	癸卯	乙卯
AM7時～AM8時59分	戊辰	庚辰	壬辰	甲辰	丙辰	戊辰	庚辰	壬辰	甲辰	丙辰
AM9時～AM10時59分	己巳	辛巳	癸巳	乙巳	丁巳	己巳	辛巳	癸巳	乙巳	丁巳
AM11時～PM12時59分	庚午	壬午	甲午	丙午	戊午	庚午	壬午	甲午	丙午	戊午
PM1時～PM2時59分	辛未	癸未	乙未	丁未	己未	辛未	癸未	乙未	丁未	己未
PM3時～PM4時59分	壬申	甲申	丙申	戊申	庚申	壬申	甲申	丙申	戊申	庚申
PM5時～PM6時59分	癸酉	乙酉	丁酉	己酉	辛酉	癸酉	乙酉	丁酉	己酉	辛酉
PM7時～PM8時59分	甲戌	丙戌	戊戌	庚戌	壬戌	甲戌	丙戌	戊戌	庚戌	壬戌
PM9時～PM10時59分	乙亥	丁亥	己亥	辛亥	癸亥	乙亥	丁亥	己亥	辛亥	癸亥
PM11時～PM11時59分	丙子	戊子	庚子	壬子	甲子	丙子	戊子	庚子	壬子	甲子

21. 実体験でのバランスのもたらす影響

弱る五行、足りない五行を見つける

　私自身の実体験に基づいて身体のバランスのもたらす影響をお話しさせていただきたいと思います。（例）の彩さんも同じようなバランスなのですが、いちばん病気が複合的にあらわれやすい例となります。

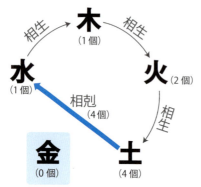

■身体のバランスから本人の弱る五行を見つける。(見つけ方P.25～)
①多すぎて弱る五行
・土の五行…4個と多すぎて弱りやすいです。
・土が4個以上の人は、木の五行も弱ります。

②応援をもらえていない五行
・水の五行は、金から応援をもらえていないので弱ります。
③攻撃を受けている五行

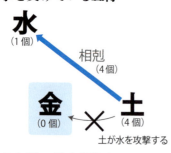

　金の五行が0個とエネルギーを必要としていないので土4個のエネルギーすべてが水の攻撃に向かいます。したがって水の五行は土から強い攻撃を受け、弱ることとなります。
④エネルギーが0個となっている五行
　つまり金の五行を補うことが大切です。ここはエネルギーが不足してますので条件により弱ります。まず、自分自身の弱る五行を知ります。
　どこをポイントに補っていったらよいのかを、私の実体験に基づいてお話しさせて頂きたいと思います。

どなたでもまず多すぎる五行がありましたら注目してください。多すぎる五行は、その五行自体が弱るばかりでなく攻撃のエネルギー、相剋というエネルギーを出します。多すぎる五行の他に剋を受けた五行が弱ることとなるのです。(P.9 参照)

多すぎて弱る五行 (私、宮幹藍后の場合)

多すぎて弱る五行は、土の五行4個で土が弱ります。土の五行の臓器エネルギーは、胃と脾臓 (女性は乳房また膵臓の働き) です。

消化吸収 **血液循環** **増血作用** **水分代謝** **運動や免疫**

に関係する所です。

この臓器は土の五行が多くても、又木の五行から攻撃されていても弱ることとなります。症状としては、肩こり (左) 貧血、めまい、低血圧症候群、胃腸障害 などが出ます。更に土の五行が攻撃されて (相剋) を受けて弱る人は食欲不振や胃下垂などの症状が出ますので、激ヤセになりやすいです。それに比べて、私は土の五行が多くて弱りやすい人でしたので、この場合は肥満という形で症状が出やすいのです。

土の五行の弱る人は、激ヤセや激太りと極端な正反対の症状が出やすい五行となります。

実際に私は、激太りという形で症状が出ました。

ある時たったの1ヶ月で、体重が10kgも増えたのです。あわてて2kg戻しましたが、その後少しずつ体重が8kg増えていき、最終的に体重が16kgも増えてしまいました。糖尿病になりやすい状態。まさに予備群であったろうと思います。

その他に土の五行が弱りますと、むくみ、夜尿症、出血性の疾患などの症状が出てきますが、私は肩こり、貧血やめまい。低血圧症候群という形で慢性的に悩ませられていましたが、体重16kg増加に伴い、むくみが強く出るようになりました。運動は全くする気持ちになれず、楽に…楽に…歩くということもあまりしませんでした…歩くと疲れてしまいますし、むくみも強くなったように思います。

「食養」によって足りない五行を補う

　次に土の五行から、水の五行に対する相剋（攻撃の形）が発生しているバランスですので、水の五行の場合は、金の五行から応援をもらえず、更に土の五行より強い攻撃を受け、ダブルの効果で弱る事となったのです。ですから水の臓器エネルギーは常に非常に弱りやすい状態です。この水の臓器エネルギーを元気にするためには、水の五行を補うか、応援を水の臓器にくれるはずの金の五行を元気にすることです。応援をくれるはずの金の五行が０個で不足しているため、これを自然界から補う必要があるのです。これを食養といいます。(P.34 参照)人は０個の五行のものには、あまり興味がなく、その五行の食材を食していない人がほとんどです。

　私の場合は、金の食材（五味・帰経）のうち、「五味」の辛い物ですがあまり興味、関心がなく、ほとんど食していませんでした。金の食材では好みでないものが多く、どちらかといえば、嫌いなものに入ります。子供のころから辛い物が苦手でした。ワサビなども嫌いで、まったく食した事がなかったのです。

　０個のものの五行の食材を食べている、又は好きです、という人はバランスがとれているので健康な人なわけです。

　私の場合は、これでは土の五行（４個）の多すぎるエネルギーは流れることができず、すべてが水の五行に対する攻撃に回ってしまいます。まして、金の五行のエネルギーは０個ですから水に対する応援のエネルギーの供給は断たれた状態となってしまっているわけです。

　そのため、金の臓器エネルギーが大切となってきます。ですから金の食材（五味）と（帰経）を心がけて摂取するように対処することが重要となります。

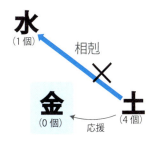

不足している金のエネルギーを取ると多過ぎる五行土（4個）の攻撃のエネルギーが直接水の五行への攻撃に行かず、金の五行への応援に回ることとなりますので、水への相剋（攻撃）の働きが弱まることとなるのです。更に金の食材（五味・帰経）は水を助ける役割をはたします。水の五行を応援することにつながるのです。

　水の臓器エネルギーが弱まりますと、腎臓・膀胱（生殖器）の臓器エネルギーが弱ります。

消化吸収　水分代謝　運動や免疫　増血作用

に関係します。

　ここまでは、土の五行が弱っても同じに症状が出てきます。加えて 内分泌 と 生殖 が弱ってしまうのです。

症状の現れ方は、肩こり（両肩）、耳鳴りや難聴、ホルモンバランスやホルモンの失調、子宮や前立腺の疾患、脳の老化（健忘）精力減退、頭痛、めまい、貧血、高血圧、不眠症、不妊症 などの症状を引き起こすこととなります。

水の五行の不足で体調不良に…

　ある時、いきなり体重がたったの1ヶ月間で10kg増えてしまった直後から耳鳴りがするようになりました。耳の中でカチカチと、私の場合するのです。（人によって音は様々のようです）これは、水の五行が弱った症状です。私は、頭がおかしくなったのかと思い、脳外科に行きMRIや脳波を取って頂き検査致しました。しかし、異常は何も見つかりません。とのことでした。同じ頃に強い眠気を感じるようになっていました。昼間から眠くて、眠くて仕方がないのです。少しでも時間が

あれば、横になりたく眠ってしまいます。この症状は、血糖値が急上昇した症状です。土の五行が多すぎる人が糖質を取り過ぎた時に出る症状です。特に夕食の後は、起きていることができず、すぐ寝てしまうようになりました。食事をとった後、血糖値が急上昇していたのですね。加えて体重も少しずつ増えていったのです。ダイエットもいろいろとチャレンジしてみました。まったくどれも効果がなく、かえって太ってしまったり、リバウンドしたりと散々なものでした。

そういえば、高校1年生の時に1ヶ月間でやはり10kg体重が増えた時があったのですが…思い返してみますと、1ヶ月間夏休みだったのですが毎日レーズンクッキーやバタークッキーなどお菓子を1日一袋位ずつ食べていましたね…おまけに毎日、夏休みでしたので運動もせず部屋で詩を書いたり、絵を描いたり、刺繍をしたりと好きなこと三昧のインドア生活でした。

なぜ激太りしたのか？　という疑問に答えが正確に出せてすっきり気分です。

この後、10日間で10kgはもとにもどりました。野菜サラダだけの10日間でしたが、やはり糖質を抜いてもとにもどったのです。

同じ食養でも過剰量摂取は避ける

　四柱推命学における五行のバランスを知り、学び、深めていくうちに自分自身の弱る五行に相当する臓器は、確かに…とても弱りやすいとわかりました。なぜなら、症状がピタリと一致しているからです。

　体重の増加は、私の弱る五行である土の五行である臓器　胃・脾臓（女性は乳房）の臓器エネルギーが多すぎて弱ったことが原因で起こったことです。

　また、そればかりではなく、水の五行の臓器エネルギーである腎臓・膀胱にまでダメージが及んだからであると思います。きっかけは、閉経によるホルモンバランスの崩れが原因であると思います。それまで私の中で保たれていた均衡が一気に崩れ、様々な症状がSOSとなり体

に現れてきたのだと思います。

　体重の増加などもある意味、身体の中の防御の現れなのだそうです。いっときでしたが、物忘れも気になる時もありました。やはりこれも水の五行が攻撃されて起こる症状ですね。健忘という症状は水の臓が悪くなると出てきます。

　いきなり10kg太る以前、まだ元気でした、若かりし頃は、水の五行の食材（五味・帰経）を好んで食べていましたが、仕事の忙しさなどから…簡単な食事が多くなり、食事をとる時間もあまり取れず…夜までおにぎり(1・2個)などという毎日が続いていたのです。夕食の時には、もうお腹はペコペコです。トンカツ・エビフライ・ステーキ（ポーク・牛・チキン）など、こってりとボリュームのある食事を夕食時には毎日食べていました。たいして昼間食べていないという不満足から、夕食の時にはいっきに満足したいというストレスが働き、ボリュームのある食事が欲しくなるのですね。

　良く考えてみますと、昼間食事らしい食事はとっていませんでしたが、甘い物、ケーキやら、おまんじゅうなどおやつ類は良く食べていました。

　もともと甘いものが好物、というわけではなく、甘いものにひかれる人ではなかったのですが、そのころは毎日のように食べる環境にあり、又お腹がすくのでちょっとつまんでおこうという感覚で良く食べていましたね。この辺は自分では、食事をしているという感覚はまったくありませんでしたね。

　私のバランスで土の五行(4個)と多すぎる五行は「甘い物」が薬にもなるし、毒にもなるところです。私の「甘い物」＝土の五行のエネルギーは多すぎるくらいですから過剰の摂り過ぎは、私にとって毒の役割となってしまいます。臓器をこわす役割になってしまうのです。

一日の食生活で朝はほとんどとらず、昼間おにぎり（1・2個）この食材は土の五行で甘い物です。ケーキやおまんじゅうも土の五行で甘いものです。夜も白米が大好きで、2膳は食べていました。白米は土の五行の食材で甘いものです。私は1日の食事のほとんどを土の五行のものしか食べていなかったのです。これではもともと土の五行の多い人のバランスなのにそんなに必要としていない五行の食材を取り過ぎていたのだという事に気付かされたのです。

　ある意味栄養が偏っている状態。栄養失調の状態であったろうと思います。

　必要としていない、すでに生まれながらにして充分に持っている土の五行の食材を、私は毎日とり続けていたのです。しかも大量にです。ですから、水の五行への攻撃はさらに増し、水の臓器は強く弱る事態となり、水の臓器の弱った時に現れるホルモンバランスや、ホルモンの失調などが強く出てきたのだと思います。

　体のSOSは、激太り、むくみ、耳鳴り、肩こり、胃腸障害、乳腺症などとして現れました。私の場合、土の臓器である胃と脾臓（女性は乳房）が弱ってしまったのと水の臓器である腎臓・膀胱（生殖器）が弱るのと、複合的に症状が現れていたのです。

　さらに、土の五行の多い人は木の五行も弱らせるので、実を言いますとトリプル的に症状が出ている人となるのです。

　どの臓器がどんな症状を引き起こしているのか、基本的なことを知ったうえで対処していくことが大切です。

◎各臓器が弱った時に現れる症状はP.36〜45参照して下さい。

自然な形に戻すための「食養」

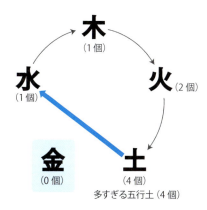

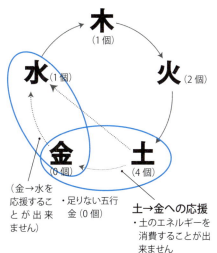

　私自身を自然な形に戻すには、まず多すぎる五行土の五行の食材（五味・帰経）の摂取する量を減らす事、制限することが最も大切な事となります。

　次に、足りない五行０個の五行の食材を心がけて摂取する事が大切です。

　私の場合、金の五行が０個です。この金の五行の役割は多すぎる土（４個）のエネルギーを消費する役割と同時に水の五行への応援の役割も持っているのです。ですから金の臓器エネルギーが補充されることは重要ポイントになりますね。

　ここで足りない五行「金」の考え方をお話しさせていただきます。

　どなたでも足りない五行がありますと、その五行の臓器エネルギーは、ほとんどないということです。

　私の場合は、０個の五行＝金の臓器エネルギーということになります。金の臓器エネルギーは肺と大腸です。この臓にエネルギーが生まれながらにして無いということになります。臓の力が弱いということです。ですから水の五行への応援をしたり、木の五行へ攻撃を出したりという

作用は出来ません。

　足りない五行の食材を食している人は、臓を補っていますので臓を元気にして、健康へとつながる人です。

しかし、足りない五行の食材（私の場合は金の五味・帰経）を私のように嫌いであったり、何らかの理由で食していない人は臓のエネルギーがなくなってしまいますので、臓を弱らせることとなります。

　足りない五行（0個）に対して、相剋を受けますと少しの攻撃でもすぐに弱ることとなります。

　つまり、足りない五行は目立って病気を発症するところではないのですが、食養により栄養を与えないと、ジワリジワリと弱っていくところなのです。もちろん相剋を受けますと、一発で弱る事となります。

また足りない五行がありますと、全体のバランスに相剋（攻撃）の形を生み出すので、他に弱らせる五行が生まれるということです。足りない五行を食養により補うことは重要ポイントとなります。

攻撃（相剋）のエネルギーが多いとダメージも大きくなる

　次に重要なのは、水の五行です。

　私の場合、土の五行（4個）が沢山ありますので、水に対する攻撃が強い攻撃です。

　多すぎる五行の攻撃＝相剋（見方はP.9参照）は、相剋が2個のエネルギー以上でダメージを受ける場合は、その場所も弱りやすいと判断します。

　攻撃（相剋）のエネルギーの数が多いほどダメージは大きくなるのです。私の場合、土（4個）から攻撃のダメージを受けるのが水の五行の場所です。…水の五行は応援を金の五行からもらえず弱り、土から攻撃（相剋）を受けるというダブル効果でダメージを受けることとなるのです。ここは、多めに摂取したい五行ということになります。

　土の五行は、特別な場所で土の五行の多すぎる人だけは、木の五行も弱る人となります。

木の臓器エネルギーは、肝臓と胆嚢です。**内分泌と生殖**、**消化吸収**、**血液循環**、**神経機能**、**運動**、そして**抗ストレス**に関わります。

症状としては、肩こり（右）、目の病気、ストレス、高血圧、手や足の痙攣、アレルギー性諸疾患、門脈循環障害（痔）、不眠症、胃腸疾患、神経症 などが現れます。

この場合は、木の五行を補う食材（五味・帰経）を取ると良いこととなります。

五臓と感情のつながりを実感する

総合的に自分を見ると、土の五行（4個）、土の五行の多い人の与える影響は、水の五行に対する攻撃の強さ、木の五行を弱らせる働き、そして土の五行自体が悪化するということになるのです。ですから、まず第一に土の食材（五味・帰経）を取り過ぎてはいけないことが重要であるということが解ります。次に足りない金の五行の食材（五味・帰経）を取り入れます。その次に多すぎる土の影響で弱りやすい木の食材（五味・帰経）の順に自分自身のバランスを整えると決めて、開始することに決めました。ここで重要なのは、多いものを減らすばかりでなく、足りないものを補うことです。

すると開始しまして、3週間ほどで体重が3kg落ちたのです。目に見える形で成果が表れますと、わかりやすく一つの目安になります。

どんなことをしても、まったく体重計の針はピタリとも動かず、太ることはしても減ることは絶対になかった体重が毎日1gとか2gとか行ったり来たりと針を動かしながら減っていくのです。何か…少し楽しくなりました。

16kg太ったうちのたったの3kgなのですが…身体が軽くなりました。同時に、同じくらい気持ちも軽くなった気がしたのは不思議な感覚でした。五臓と感情とはつながっているので当然のことなのですが、実感した瞬間です。

毎朝、体重計に乗るのが楽しみになりました。ダイエットが目的で

開始したつもりはなかったのですが、健康体のバランスのとれた体には余分な脂肪はいらない副産物ですよね。

いらない副産物は、取り除かれる。身体の臓器エネルギーがバランスの取れた状態に戻されたので、五臓六腑の臓器エネルギーが伸び伸びと活動している状態が開始になったわけです。

開始から40日目の時には、体重は4kg減となりました。それから10日間で0.5kg減…50日間で－4.5kgです。徐々にゆるやかなスピードで…しかし確実に体重は減ってきています。

摂取カロリーを極端に制限したり、激しく運動をしたりとかは全くしていません。自身の五行のバランスが循環するよう考えて食材を選び、食べているだけなのです。

土の五行が多いと糖尿病になりやすい

土の五行の五味は甘いものです。甘いもの＝糖質です。弱る五行が土・金・水の人は糖尿病になりやすい人となります。中でも土が多い人が一番糖尿病になりやすいようです。土が多いと水の五行を攻撃して水が弱ります。私の場合、弱る五行の土も水の五行も糖尿病に関係するところですので、糖尿病になりやすい人となってしまいます。糖尿病となることが怖いのです。私は糖尿病の予備群であると思います。糖尿病は様々な合併症を引き起こすことで知られていますが、それらの症状は次のようなものです。

■糖尿病の合併症
・目の病気、網膜症があげられます。次に腎症（腎臓の病気）そして神経障害、比較的初期の段階から起こりやすいそうです。

目の病気は、土の五行が多いと、木の五行を弱らせることとなり、木の臓器エネルギーである肝臓、胆嚢が弱ると出てくる症状です。

腎症は土の五行が多いと、水の五行に対する攻撃（相剋）が強く出て、水の五行を弱らせることとなり、出てくる症状です。

水の臓器エネルギーは、腎臓・膀胱です。まさにここの腎臓機能が

弱ったのですね。

　神経障害も土が多すぎることにより、木の臓器エネルギーを弱らせて出てくる症状です。この神経障害は体の先端にある末梢神経に伝達する機能に異常が起こったり、知恵や運動にも障害が起こり、手足のしびれや痙攣、痛み…熱さ、冷たさの感覚が鈍くなる、こむら返りなどの症状が現れてきます。

　実際、私は体重が極端に10kg増える前にいきなり視力が低下しましたし胆嚢にポリープが見つかりました。0.4mmの大きさで、胆嚢の中でのポリープは、ガンに、悪性になりにくいということで経過を見ましょうとのことでした。1cmを超える様であれば、摘出しましょうとの事です。現在8mm位に成長してしまっています。

　こむら返りにより、夜中何度も起きることがあります。足の先端にしびれを感じたりすることも多々あったのです。

　土の五行の食材の特性は「甘い物」ですので、特に糖質の極端に多い食材に特化して摂取する事を制限したり、取らないようにしてみることにしました。

　糖質の代表的な食材なのが、白米・ビーフン・パン類・麺類・小麦粉・ケーキ類・菓子類などです。主食とされているものは、ほとんど砂糖のように糖質である甘いものである事を知り、びっくりさせられました。

　主食＝ケーキ・菓子類と同じくらいの糖質量だったのです。この代表的な物は自分にとっては、すでに身体の五行のバランスで多く持っているので私の身体はあまり必要としていません。

　この部分の臓器エネルギーは多く持ちすぎてパンク状態です。植物でいえば、根腐れ状態です。ほとんど摂取しなくて良い状態です。
これ以外は、土の五行に分類される食材の中でも（P.54参照）あまり気にせず、制限しませんでした。とても少量ですし、全くとらないのは良くないだろうと考えたからです。実際とらないのは良くないです。様々な弊害が生じます。

　そして私にとって不足している金の五行の食材（P.60参照）である、

たけのこ、こんにゃく、菜の花、チンゲン菜、水菜、にら、アスパラガス、らっきょう、大根 などを食べるようにして、お茶では、ジャスミン茶やしょうが tea などを飲むようにいたしました。それから、魚介類なども積極的にとりました。

　内分泌機能が少しずつ戻ってきているように感じます。便秘が解消されたり、少しずつ身体の重さが取れ体が軽く感じるようになりました。この場合、体重というよりも体のだるさなどの重さです。

　行動なども気持ち的におっくうに感じ、動きが悪かったのですが、フットワークが軽くなり何事も苦に感じなくなってきたのです。

　特にトイレは1日1回くらいだったのですが、水分を取った後はきちんとトイレに行くようになりました。今考えると、1日1回はとても恐ろしく感じます。

　そのおかげで身体の"むくみ"が取れてきたのです。以前は足のくるぶしが良くわからないほどむくみが出ていましたが、くるぶしが確認できるようになり、足のすねなども確認できるようになってきたのです。

　歩いていて、足の重たさが違いますし、軽快です。疲れ方が違います。10分程歩くと疲れてしまったり、階段を上るのに本当にしんどくかなり荒い息遣いとなり、家族から心配されていました。それが随分と軽減されてきたのです。階段を軽やかに上れるようになってきたのです。私にとっては画期的なことでした。

健康になって、「食」の大切さを知る

　体重の減少ばかりでなく、身体全体が若返っていると実感しています。食事の後、急激な眠りにおそわれ、すぐに眠ってしまっていたことも解消されました。

　自分自身の年齢よりもかなり年寄りになってしまっていた感じでおりましたが、身体が軽くなると同時に気持ちも若返り、元気になって行く自分を実感しています。

　肌もツヤツヤと元気になってきました。自分のバランスを整える作戦

開始の時、老化した皮膚がポロポロと沢山でました。これも驚いたことの一つです。

1ヶ月目位から落ち着いてきたのですが、顔から体から沢山老化した皮膚が落ちて、みるみる入れ替わっているようでした。

確かに私の中の内臓たちが元気に機能し始めている証であると感じました。

自然治癒力が力強くよみがえり活動しているのだと思います。

木・火・土・金・水の臓器エネルギーが相生（生み出す、応援する）という形で循環し、活動し始めたのです。

今、毎日体重計に乗るのも楽しみなのですが、何といっても自宅のクローゼットの中に眠っているサイズの合わなくなってしまった洋服の山です。一つ一つに袖を通し、もうすぐこのお気に入りのワンピースが着られるかと思うとわくわくしてきます。

そして以前は、私にとって食事は食べておかないと動けなくなってしまうから、ただ食べておこうと思い口に入れていたものから自分自身の健康や精神の安定をもたらしてくれるエネルギー源という見方に変化したのです。

「食」という大切さ

「食材」というものが持っている深い意味に対する感心。

まるで私の中での受け止め方が変わったのです。

1つ1つの食材に「帰経」…役割があります。直接各臓器に働きかける役割は、人により、人のバランスにより薬にも毒にもなるのです。

まず、自分自身の五行（五臓のエネルギー）のバランスを知り臓器エネルギーを整えていきましょう。それが、私のように結果的にダイエットにつながったりもします。もちろん、その人のベストな状態に近づいて行くということですね。おどろいたことに、以前は太りやすい身体でしたが、今は太りにくい身体であると実感しています。開始から3ヶ月、体重はマイナス6.5〜7kgをキープ中です。

22. ダイエット

基本的にダイエットというものは、ある一定のものを極端に沢山食するとか、片寄った状態に食することですので、あまりお薦めできることではありませんが、近年、沢山のダイエット法がある中で、人によっては危険なものもあります。また、その逆で、良い効果をもたらすダイエットもあります。すべては、その人のバランスによるのです。

本人が多く持っている臓のエネルギーのものを沢山とってしまうダイエットはすぐに臓をこわす役割となってしまいます。

逆に少ない臓のエネルギーのものを積極的にとるダイエットは良い効果をもたらすと言えますが、しかし、沢山やみくもにとりすぎを続けることは過剰になり、やはりその臓をこわすこととなります。

良い効果をもたらすダイエットでも沢山のとりすぎは、すべて臓をこわす役割となってしまうのです。

その点には充分に注意をしてダイエットをする必要がありますし、自分のバランスにより、自分に合ったダイエットを選ばなくてはいけません。今ブームになっている塩麹ダイエット…塩麹が痩せるなどと話題になっています。「こうじ」は水の五行の特効薬でもあり、劇薬でもあります。水の少ない、または不足している方には特効薬です。しかし、水が多すぎる人が身体に良いからと、沢山摂ってしまったら、すぐに劇薬となり病気を発症することとなってしまいます。その場合、腎臓、膀胱をこわすこととなるのです。

彩さんそして私宮幹も土の多い人でした。甘い食物を控えることにより、自然と身体を元気にするのと同時に、ダイエットにもつながることとなるのです。身体が元気＝心も元気＝健康な肉体となるのです。外的な病気の要因（精神的要因・飲食の好嫌・ウィルス細菌）を寄せ付けない人となるのです。

身体の臓のエネルギーのバランスを作ることが結果的には自然とダイエットにつながることとなります。このことについては、私の体験談でお話しさせていただいています。

ダイエット [DIET]

 肝臓：胆嚢／酸味・渋味

木の多い人

肝臓・胆嚢の臓のエネルギーの強すぎる人

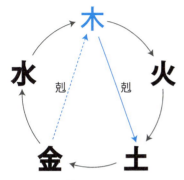

《マイナス効果のダイエット》

木の臓のエネルギーの多い人にとって、酸味を沢山とってしまうグレープフルーツダイエットは、してはいけないダイエットとなります。木の臓の肝臓・胆嚢の働きを強くしてしまい、かえって肝臓・胆嚢をこわしてしまうこととなります。症状は、目や精神的ストレス、うつなどに出ます。

また、胃の働きを悪くすることとなり、下痢や便秘をひき起すこととなります。

《プラス効果のダイエット》

木の多い人にとってコーヒーダイエットは、良い効果をもたらします。木の臓である肝臓・胆嚢のエネルギーを循環させてくれる働きをします。火の臓である心臓に働きかける食材のコーヒーは、木の臓の多すぎるエネルギーを消費する役割を持っているのです。

※ 但し、火のエネルギーの多い人は、マイナス効果となります。
㊟ 良い働きでも過剰な取りすぎは臓をこわします。

木の剋されている人　　**木の少ない人**

肝臓・胆嚢の臓のエネルギーの少ない人、または弱っている人

- ■グレープフルーツダイエットとは、とても効果のあるダイエットとなります。木の臓のエネルギーのない人に、木の臓である肝臓・胆嚢のエネルギーを補う食材であるグレープフルーツを食べることは肝臓・胆嚢を元気にしますので、自然と良い結果をもたらします。
- ■きのこダイエットもやはり木の臓に働きかけてくれますので、良い効果をもたらしてくれます。
- ■塩麹ダイエットは水の臓を元気にするので肝臓・胆嚢に応援のエネルギーを送ります。但し、水の多い人は向いていません。

心臓：小腸／苦味

火の多い人

心臓・小腸の臓のエネルギーの強すぎる人

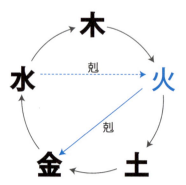

《マイナス効果のダイエット》

火の多い人にとって、火の臓のエネルギーを元気にしてしまうコーヒーダイエットは向いていません。心臓・小腸をこわしてしまうこととなります。その影響は肺や大腸にも及びます。血液の循環を悪くし、動悸や息切れに現れてきます。鼻炎や花粉症・アレルギー・アトピーなどをひき起こすこととなってしまいますので、注意して下さい。りんご酢ダイエットも木のエネルギーを活発にし、火を応援してしまうので、火の臓のエネルギーの多い人には向いてないダイエットとなります。

《プラス効果のダイエット》

黒豆ダイエット、キャベツダイエット、豆腐ダイエット、うどん・そうめんダイエット、山芋ダイエット、果物ダイエット。これらは全て火の臓の多すぎるエネルギーを土に流してくれる効果のあるダイエットです。多いエネルギーを奪い、消費する役割をになうので、良い効果をもたらします。

㊟但し、土の臓のエネルギーの多い人は向いていません。また、良い効果をもたらすからといって、摂りすぎは良くありません。

火の剋されている人　　火の少ない人

心臓・小腸の臓のエネルギーの少ない人、または弱っている人

- ■火の臓のエネルギーを補ってくれるコーヒーダイエットは、向いている効果の上がるダイエットといえます。火の臓である心臓・小腸を元気にして血流の循環を良好にしてくれます。
- ■木の臓に働きかけるりんご酢ダイエットは、火を応援してくれることとなりますので、弱っている火の臓を元気にしてくれて、火の剋されている人や火の臓のエネルギーのない人には向いているダイエットとなります。但し、木の多い人には向いていません。

ダイエット [DIET]

胃：脾臓／甘味・淡味

土の多い人

胃・脾臓の臓のエネルギーの強すぎる人

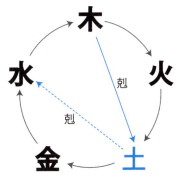

《マイナス効果のダイエット》

土の多い人にとって、果物・バナナダイエット、麺類のダイエットは向いていません。多い土のエネルギーである胃と脾臓の働きを活発にするものを沢山摂りますと、痛めることとなります。さらに水への攻撃を生じますので、腎の働きを弱めることとなりますので、耳鳴りやむくみをひき起こすこととなります。芋系のダイエットもこれに入ります。これにより胃腸障害が出ます。

《プラス効果のダイエット》

炭水化物抜きダイエット、糖質制限ダイエット、おかゆダイエットなどは、多すぎる甘味(糖質)を制限したり減らしたりするものなので、良い働きとなりますし、大きく効果を上げてくれるでしょう。しょうがや紅茶、こんにゃくダイエットは多すぎる土を金に流してくれる役割を持っています。また水に対する攻撃を出させないというすぐれた効果をもたらしてくれるでしょう。また、グレープフルーツダイエットも土の多い人の弱りやすい腎の機能を高めてくれるので良いでしょう。

※良い効果をもたらすものでもとりすぎは良くありません。

土の剋されている人　　土の少ない人

胃・腎臓の臓のエネルギーの少ない人、または弱っている人

- 土の臓のエネルギーを補う働きがあるので、果物ダイエット、うどん・そうめんダイエット、バナナダイエット、黒豆ダイエット、豆腐ダイエット、おろし納豆ダイエット、おからダイエット、山芋ダイエット、キャベツダイエットなどは効果のあるダイエットとなります。
- しいたけダイエットなどは、胃や腸を元気にしてくれますし、生活習慣病の予防に効果がありますので、土の臓のエネルギーの少ない人には良い働きをするダイエットといえるでしょう。

肺：大腸／辛味

金の多い人

肺・大腸の臓のエネルギーの強すぎる人

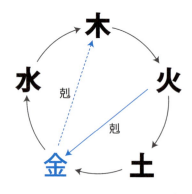

《マイナス効果のダイエット》

金のエネルギーの多い人にとって、キムチダイエットなどは辛い食材なので、沢山とりすぎてしまいますと肺の臓をこわすこととなるため、向いてないダイエットとなります。気管を悪くしたり、便秘や下痢をひき起こしたりします。アレルギー体質を引き起こし花粉症などの症状も出やすくなります。

《プラス効果のダイエット》

塩麹ダイエットは多すぎる金の臓である肺と大腸のエネルギーを流してくれる良い働きをしてくれます。塩麹は腎臓・膀胱を活発化させ、金の多すぎる臓のエネルギーを循環させる役割を果たします。但し、水の多い人は向いていません。
㊟良い働きをするからといって、沢山とりすぎるのは良くありません。

金の剋されている人　**金の少ない人**

肺・大腸の臓のエネルギーの少ない人、または弱っている人

- 足りない金の臓のエネルギー、肺と大腸を補う役割を果たすのは、しょうが紅茶ダイエット、こんにゃくダイエット、納豆・キムチダイエットです。肺と大臓に強く働きかけて体を温め、気や血の巡りを良くしてくれます。
- 金の臓を元気にしてくれると同じに、通常、金の五行が攻撃してしまう木の臓に直接働きかけることの出来る帰経の性質を持つグレープフルーツダイエットやヨーグルトダイエットなどは、とてもバランスのとれたダイエットとなります。また、朝カレーダイエットなども同じ効果があるでしょう。

ダイエット [DIET]

腎臓：膀胱／鹹味

水の多い人

腎臓・膀胱の臓のエネルギーの強すぎる人

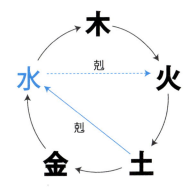

《マイナス効果のダイエット》

水のエネルギーである腎臓の機能を高めすぎてしまう塩鹹ダイエットは、水の多い人にとって劇薬の役割となってしまいますので、すぐに腎臓や膀胱をこわしてしまうこととなってしまうので要注意です。この場合症状は、むくみや頭痛・めまいなどの症状が現れます。塩分をひかえなければいけない人などは塩分を摂りすぎてしまいますので要注意です。

《プラス効果のダイエット》

きのこダイエット、りんご酢ダイエット、トマト酢ドリンクダイエットなどは、木の肝の機能を高めて、水の余分なエネルギーを奪ってくれて循環させてくれるので、効果の上がるダイエットでしょう。

また、トマトダイエットなどは木と土に働きかけて、多すぎる水に対し循環と抑制の働きを持っていますので、良い効果をもたらしてくれるでしょう。

㊟良い効果があるからといって、沢山のとりすぎは良くありません。

水の剋されている人　　水の少ない人

腎臓・膀胱の臓のエネルギーの少ない人、または弱っている人

■水のない人にとって塩麹ダイエットは、まさに足りない水の臓のエネルギーである腎や膀胱のエネルギーを補いますので、向いているダイエットとなります。剋されている人は、症状により塩分がとれない状態の方もいらっしゃいますので、腎臓や膀胱の臓に応援のエネルギーとなるしょうが紅茶ダイエットやこんにゃくダイエット、ヨーグルトダイエット（木の多い人は不向きです）、グレープフルーツダイエット（木の多い人は不向きです）などが良いでしょう。

十二運という性格の星による病気要因

　四柱推命学では、十二運という性格の星がありますが、その人の性格により体調にひびく病気の引き金となる性格部分があります。この場合は、例えば、五行のバランスが良好で何の問題もない命の人だったとしても自分自身の性格により病気を引き起こすこととなるでしょう。生まれながらにして本人の持っている先天的要因で運気や季節により出て来ることとなります。

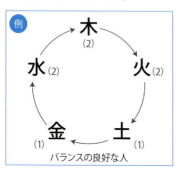

　左記の例の人などは、バランス良好、五行の流れのとても良い人です。身体的、臓器エネルギーもとても良好ですので、この場合は病気にはなりにくい人です。あとは本人が身体を痛めない性格であれば、人生長生きの人となります。

　もしこの良好バランスの方が性格の重要部分、日柱内面の性格（自分自身のお腹の中で考えていること）・月柱外面の性格（人と接する時に出てくる性格）などに次のような性格の星を持っていますと病気を自分自身で発生しやすいこととなります。

病 …物事を悪く考えがちなマイナス思考タイプです。ストレスをためやすいので、本人の環境が人間関係が複雑な場合は病気となります。

絶 …精神面が傷つきやすく、病気になりやすい。数が多いとかなり強く出ます。

沐浴 …怒っていることが多いので、怒りによって病気を生み出します。

◎十二運の性格には、それぞれ良いところ、悪いところがありますが、ここでは病気の要因となる部分の特性を記していきます。

十二運…性格の星の出し方

(例) 彩さんの場合　●日柱地支をもとにして、地支全体をみて、月柱と日柱をだします。

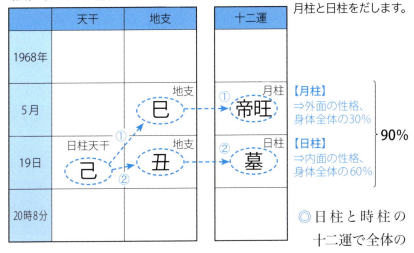

【月柱】
⇒外面の性格、身体全体の30%

【日柱】
⇒内面の性格、身体全体の60%

} 90%

◎日柱と時柱の十二運で全体の90%の性格を占めていますのでこの二柱の十二運で本人を判断します。したがって病気の要因もこの月柱と日柱で判断いたします。

■十二運表（性格の星を出す）

(日柱天干)

十二支＼日干	寅	卯	辰	巳	午	未	申	酉	戌	亥	子	丑
甲	建禄	帝旺	衰	病	死	墓	絶	胎	養	長生	沐浴	冠帯
乙	帝旺	建禄	冠帯	沐浴	長生	養	胎	絶	墓	死	病	衰
丙	長生	沐浴	冠帯	建禄	帝旺	衰	病	死	墓	絶	胎	養
丁	死	病	衰	帝旺	建禄	冠帯	沐浴	長生	養	胎	絶	墓
戊	長生	沐浴	冠帯	建禄	帝旺	衰	病	死	墓	絶	胎	養
己	死	病	衰	帝旺	建禄	冠帯	沐浴	長生	養	胎	絶	墓
庚	絶	胎	養	長生	沐浴	冠帯	建禄	帝旺	衰	病	死	墓
辛	胎	絶	墓	死	病	衰	帝旺	建禄	冠帯	沐浴	長生	養
壬	病	死	墓	絶	胎	養	長生	沐浴	冠帯	建禄	帝旺	衰
癸	沐浴	長生	養	胎	絶	墓	死	病	衰	帝旺	建禄	冠帯

十二運の特性（病気要因となる特性）

	特　性
胎	・他人より干渉されると苦手（特に私生活）弱る。 ・1日のうち考える時間や休息を取って、整理する時間が取れないと弱る。 ・人間関係が崩れると弱る。
養	・不安を感じると弱る。 ・自分の存在が無視されたり、孤独感を味わうと弱る。 ・新しい環境に慣れるまで弱りやすい。 ・相手から嫌いだといわれると極端に弱る。 ・迷うと相当に落ち込み弱る。
長生	・自分自身の置かれている状況が不安定だと必要以上に不安感を抱き弱りやすい。 ・No.1 の立場に立つとプレッシャーから病気になりやすい。
沐浴	・目的が決まらない状態になると悩む事となり弱る。 ・自分の言動や行動が行き過ぎて後悔して弱る事あり。 ・攻撃性があるので、ケンカを引き起こしトラブル処理で弱る。
冠帯	・辱めを受けると激しく怒るので、怒りによって弱る。 ・地味で裏方的な仕事、又は汗まみれになって働くことはストレスを感じ病気になる。 ・世間体、周囲を気にしすぎて病気になる。

	特　性
建禄	・差別されるのが苦手で弱る。 ・自分の活躍の場がないと極端に弱くなり病気になる。
帝旺	・突発的に事件が起こると、やたら神経質となりいっきにマイナス思考となるので弱る。
衰	・苛烈な競争をさせられるとかなり弱り、病気になりやすい。
病	・人間関係のドロドロしたものが苦手です。人間関係の複雑で、足の引っ張り合いの所にいると病気になります。 ・神経質で心配性なので、ストレスを溜めやすく病気になりやすい。 ・すぐお腹を壊す特性がある。（下痢をする）
死	・お節介や世話を焼かれるとストレスを感じ弱る。 ・内にこもり、意固地になると体調を悪くする。
墓	・相手に合わせすぎて、自分のやりたい事ができない状態になるとストレスを感じ弱る。 ・不審なものに出会うと頭から離れず、やはりストレスを感じ弱る。 ・経済状態が悪いと極端に不安を感じ弱る。
絶	・他人から拘束されると弱る。 （自分の行動を拘束されると特に弱る。） ・精神面が弱くすぐに傷つきやすいので、弱り病気になりやすい。

五行と十二支と季節のかかわり

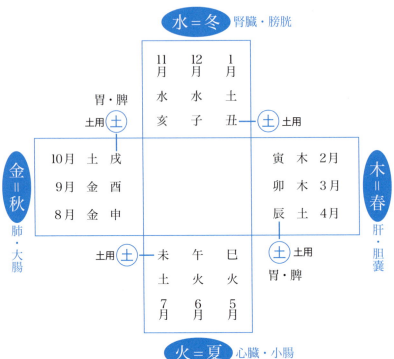

肝の帰経　P.50

寅(2月)、卯(3月)、辰(4月)の季節は春であり、木をあらわします。この時期に採れる季節の食材は、木に働きかけます。つまり、木の臓器、肝臓・胆嚢を元気にする食材となるのです。(春の毒出し)

> **春の季節の食材**
> ●肝(腎を補う食材)
> 陽の気が高まり、血行が促される時期ですが体がまだ目覚めずにいる状態です。肝機能を高める食材が必要です。貝類、豆類、タンポポや菜の花・山菜などのほろ苦味のある食材は体を目覚めさせます。
> ◎寅卯辰の日は、肝・胆の「帰経」がより効果的です。(辰は胃・脾の帰経も可)

心臓の帰経　P.52
小腸の帰経　P.52

巳（5月）、午（6月）、未（7月）の季節は夏であり、火をあらわします。この時期に採れる季節の食材は、火に働きかけます。つまり、火の臓器、心臓・小腸を元気にする食材となるのです。（夏の毒出し）

夏の季節の食材
●心の臓を補う食材
体に熱のこもる夏、汗を良く出し水分の代謝を促すことが大切です。心臓機能を高める食材が大切ですが、ハトムギ・杏仁・なすやきゅうり・シソ・おくら・キャベツが効果的です。消化の良い麺類も良いでしょう。
◎巳牛未の日は、心・小腸の「帰経」がより効果的です。（未は胃・脾の帰経も可）

肺の帰経　P.60
大腸の帰経　P.60

申（8月）、酉（9月）、戌（10月）の季節は秋であり、金をあらわします。この時期に採れる季節の食材は、金に働きかけます。つまり、金の臓器、肺・大腸を元気にする食材となるのです。（秋の毒出し）

秋の季節の食材
●肺の臓を補う食材
秋は空気が乾燥してきますので呼吸器に負担がかかります。肺や呼吸器を潤す百合根（ゆりね）など最適です。なす・さつまいも・ナツメ・菊花
◎申西戌の日は、肺・大腸の「帰経」がより効果的です。（戌は胃・脾の帰経も可）

腎臓の帰経　P.64
膀胱の帰経　P.64

亥（11月）、子（12月）、丑（1月）の季節は冬であり、水をあらわします。この時期に採れる季節の食材は、水に働きかけます。つまり、水の臓器、腎臓・膀胱を元気にする食材となるのです。（冬の毒出し）

冬の季節の食材
●腎の臓を補う食材
冬は寒さで血行が悪くなり、手足の冷えが強くなります。体を温め、強壮作用、造血作用の高い食材を摂りましょう。肉や魚、根菜類、抗菌作用のあるねぎ、しょうが、にんにくなどで風を防ぎましょう。
◎亥子丑の日は、腎・膀胱の「帰経」がより効果的です。（丑は胃・脾の帰経も可）

十干と五味のかかわり

　甲・乙の日には、酸味の食材を摂ると、木に強く働きかける日となります。より効果的に、本人の身体に作用する事となるのです。木の足りない人や攻撃を受けている人にとっては、強い効果がもたらされ、木の臓器（肝臓・胆嚢）を元気にします。

　以下、丙・丁の日は、苦味のある食材が、火の臓器（心臓・小腸・乳房）を元気にします。

　戊・己の日は、甘みのある食材が、土の臓器（胃・脾臓）を元気にします。

　また、庚・辛の日は、辛みの食材が、金の臓器（肺・大腸）を元気にします。

　壬・癸の日は、こうじ（塩味）の食材が、水の臓器（腎臓・膀胱また生殖器）を元気にします。

㊟多い五行の物は、エネルギーを流す事が、大切なので…木が多かったら、相生する火の「食材」「五味・気経」をお勧め致します。とどこおっているエネルギーが循環する事となり、木に良い働きとなります。

自分で命式表を作ってみる

　さて、実際に自分で命式表を作ってみましょう。下の表はそのためのいくつかの資料です。この資料と巻末の「万年暦」を使って作りましょう。次項の見開きに、命式表を作成するためのフォーマットがありますのでこれをコピーして、家族や友人・同僚などの命式表を作ることができます。

■十干を五行にした表

十干	五行
甲	木
乙	木
丙	火
丁	火
戊	土
己	土
庚	金
辛	金
壬	水
癸	水

■十二支を五行にした表

十二支	五行
亥	水
子	水
丑	土
寅	木
卯	木
辰	土
巳	火
午	火
未	土
申	金
酉	金
戌	土

■生まれた時間干支表

生まれた日の干 / 生まれ時間	甲	乙	丙	丁	戊	己	庚	辛	壬	癸
AM0時～AM0時59分	甲子	丙子	戊子	庚子	壬子	甲子	丙子	戊子	庚子	壬子
AM1時～AM2時59分	乙丑	丁丑	己丑	辛丑	癸丑	乙丑	丁丑	己丑	辛丑	癸丑
AM3時～AM4時59分	丙寅	戊寅	庚寅	壬寅	甲寅	丙寅	戊寅	庚寅	壬寅	甲寅
AM3時～AM6時59分	丁卯	己卯	辛卯	癸卯	乙卯	丁卯	己卯	辛卯	癸卯	乙卯
AM7時～AM8時59分	戊辰	庚辰	壬辰	甲辰	丙辰	戊辰	庚辰	壬辰	甲辰	丙辰
AM9時～AM10時59分	己巳	辛巳	癸巳	乙巳	丁巳	己巳	辛巳	癸巳	乙巳	丁巳
AM11時～PM12時59分	庚午	壬午	甲午	丙午	戊午	庚午	壬午	甲午	丙午	戊午
PM1時～PM2時59分	辛未	癸未	乙未	丁未	己未	辛未	癸未	乙未	丁未	己未
PM3時～PM4時59分	壬申	甲申	丙申	戊申	庚申	壬申	甲申	丙申	戊申	庚申
PM5時～PM6時59分	癸酉	乙酉	丁酉	己酉	辛酉	癸酉	乙酉	丁酉	己酉	辛酉
PM7時～PM8時59分	甲戌	丙戌	戊戌	庚戌	壬戌	甲戌	丙戌	戊戌	庚戌	壬戌
PM9時～PM10時59分	乙亥	丁亥	己亥	辛亥	癸亥	乙亥	丁亥	己亥	辛亥	癸亥
PM11時～PM11時59分	丙子	戊子	庚子	壬子	甲子	丙子	戊子	庚子	壬子	甲子

■ 命式表 ■

(このサンプルを参考にして右ページの命式表をコピーしてお使い下さい。)

| H25年 | 2月 | 5日 | AM2時 |

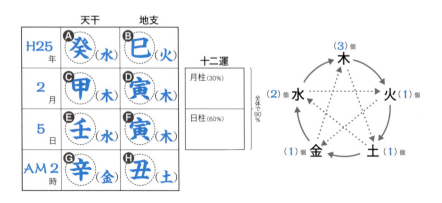

	天干	地支
H25年	Ⓐ癸(水)	Ⓑ巳(火)
2月	Ⓒ甲(木)	Ⓓ寅(木)
5日	Ⓔ壬(水)	Ⓕ寅(木)
AM2時	Ⓖ辛(金)	Ⓗ丑(土)

十二運
月柱(30%)
日柱(60%)
全体で90%

木(3)個 火(1)個 土(1)個 金(1)個 水(2)個

2013年　平成 25年　Ⓐ癸Ⓑ巳

	1月	2月	3月	4月	5月	6月	7月	8月	9月	10月	11月	12月	24年 壬辰
月干支	癸丑	Ⓒ甲Ⓓ寅	乙卯	丙辰	丁巳	戊午	己未	庚申	辛酉	壬戌	癸亥	甲子	
節入日	5日 13:34	4日 1:14	5日 19:35	5日 0:02	5日 17:18	5日 21:23	7日 7:35	7日 17:20	7日 20:16	8日 11:59	7日 15:14	7日 8:09	
1日	乙卯	戊戌	丙寅	丁酉	丁卯	戊戌	戊辰	己亥	庚午	庚子	辛未	辛丑	
2日	戊辰	己亥	丁卯	戊戌	戊辰	己亥	己巳	庚子	辛未	辛丑	壬申	壬寅	
3日	己巳	庚子	戊辰	己亥	己巳	庚子	庚午	辛丑	壬申	壬寅	癸酉	癸卯	
4日	庚午	Ⓔ辛Ⓕ丑	己巳	庚子	庚午	辛丑	辛未	壬寅	癸酉	癸卯	甲戌	甲辰	
5日	辛未	壬寅	庚午	辛丑	辛未	壬寅	壬申	癸卯	甲戌	甲辰	乙亥	乙巳	

生まれた日の干 生まれ時間	甲	乙	丙	丁	戊	己	庚	辛	壬	癸
AM0時〜AM0時59分	甲子	丙子	戊子	庚子	壬子	甲子	丙子	戊子	庚子	壬子
AM1時〜AM2時59分	乙丑	丁丑	己丑	辛丑	癸丑	乙丑	丁丑	己丑	Ⓖ辛Ⓗ丑	癸丑
AM3時〜AM4時59分	丙寅	戊寅	庚寅	壬寅	甲寅	丙寅	戊寅	庚寅	壬寅	甲寅
AM3時〜AM6時59分	丁卯	己卯	辛卯	癸卯	乙卯	丁卯	己卯	辛卯	癸卯	乙卯
AM7時〜AM8時59分	戊辰	庚辰	壬辰	甲辰	丙辰	戊辰	庚辰	壬辰	甲辰	丙辰
AM9時〜AM10時59分	己巳	辛巳	癸巳	乙巳	丁巳	己巳	辛巳	癸巳	乙巳	丁巳
AM11時〜PM12時59分	庚午	壬午	甲午	丙午	戊午	庚午	壬午	甲午	丙午	戊午

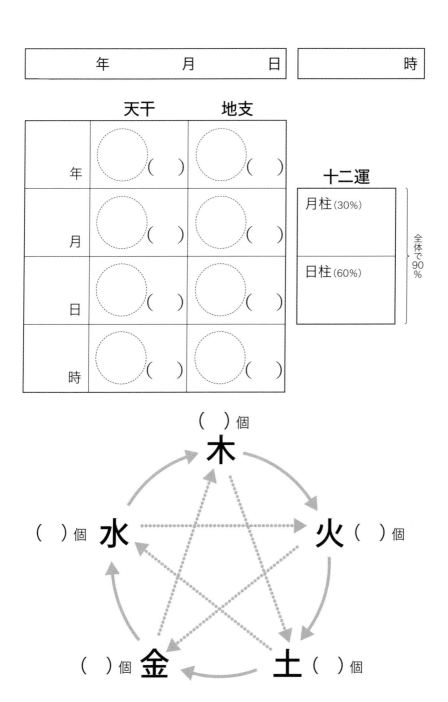

四柱推命学を教室で学んでみませんか？

Thank you for reading.

『「眞医」陰陽五行四柱推命学』を読んで、四柱推命そのものや、ご自分の運勢、開運などさらに興味を持たれたら・・・

四柱推命学との出会いは、「人生」という見えない道に道標を示し、困難に対する対策をもたらし、回避の準備ができる先人より受け継いだすばらしい学問であり、大切な宝物であると、私、宮幹は感じております。
また、医療や科学が発展しているのと同様に、この四柱推命に携わる方々が新たな気づきと発想を生み出して行くべきだとも感じています。
その一つの試みとして「眞医（じんい）」という分野を考案しました。これは四柱推命学という命理鑑定と漢方、食養とを融合し病気が発症する時の五行のバランスの状態を見極め法則化したものです。そしてこの眞医を基に生まれたのが、「眞医命学」になります。

四柱推命学とは「未来を予測し、命を読み解く学問」です。
その人の人格、職業の適性や方向性、結婚相手、金銭面、健康状態、吉方位、年齢別の運命を予測し、人生のバイオリズムを知ることができます。私の主宰する紹月会（あきづきかい）の鑑定方法は、「個」を重視しており、個々の変化を見逃さない運命の読み解き法はとても正確なものとなっています。
未来において起こり得る要素を知ることはとても重要で有益なことが沢山あります。例えば、事故、病気、夫婦間のトラブルの予測、より大きなテーマとしては国の動向、株価や不動産の動きを知ることができます。
これらはほんの一例ですが、事前に悪運勢、運命兆候を察知していたら、破産や病気に見舞われずに対策を講じ、回避することができるのです。

また、時代「時」に合わない商品は売れず、合わない政治は失脚し消えて行きますが、「時」に合致すれば注目され、人気が上がり、世間に認められヒット商品が誕生します。このように、正しい決断のできる時、良い物件・家・土地・会社に巡りあう時、幸せにしてくれる相手に出会う時、財を得る時など「時」を知り活用しなければ、たとえ同じ生年月日に生まれたとしても人生において大きな隔たりが生じてしまうのです。

私の考案する四柱推命学から解き明かされる「時」のタイミングを活用して、人生を吉のタイミングに合わせて下さい。
そうすれば、その後の人生の歯車が吉方向へ回転することとなり、この出会いが人生の根本を改善変化させるものとなるでしょう。

宮幹藍后

四柱推命占い教室のご案内
uranai school

◉ 授業クラス

入門クラスでは、性格・相性分析・病気の傾向や対策など、四柱推命の基礎に加え、生活で役立つ知識が満載です。授業料は1回あたり6,000円（税抜）。入門クラス修了後は、鑑定士を養成するクラスもございます。

教室風景

使用教材

教室風景

四柱推命鑑定のご案内
uranai menu

◉ 個人鑑定（30分/60分/90分）

・近年の運気
・現在10年間毎に訪れているベースの運気
・ご相談の内容に対する明確なお答え
　├転職の時期、タイミング
　├吉凶方位、引っ越し時期、タイミング
　├結婚の時期、異性との出会い
　├子供の授かる時期
　└体調注意な時期とどの臓器が弱りやすいか、対処法　など

◉ 相性鑑定（60分/90分）

・お二人の相性
・結婚の決まる時期など近年のお二人の運気
・子供の授かる時期
・現在の10年毎に訪れているお二人のベースの運気　など

四柱推命 **AKIZUKI.**
https://akizuki.or.jp

☎ 0422-49-2384
または 080-3501-5554 へ

ホームページは　占い akizuki　で検索

［営業時間］10:30～19:30

〒180-0003　東京都武蔵野市吉祥寺南町1-4-1 井の頭ビル703・1003号室

あとがき

　私たちの健康は、日々の食生活と心地良い環境によりもたらされていると、私は思います。食のバランスが私たちの体の臓のバランスを構成して細胞を活性化させてくれます。「眞医」陰陽五行四柱推命学によって、自分自身の五臓間の相互関係を知ることにより、自分がどの臓の食材を摂ったほうが良いかが解りました。難しいと感じる方が多いと思いますが、理解してしまいますと自分の体の状態を自分でとらえることが出来るようになり、また、自分で治すことが出来たり、修正することが可能となるすばらしいものです。

　薬の副作用に苦しむこともなく、自身の自然治癒力を活性化させて生命の根源である「心」と「身体」を元気にすることができます。明るく元気に健康で「生きる」を実現できる…その方法はシンプルな五臓のバランスなのです。

　"食べる"という、人間としてはあたりまえの単純な行為なのです。この単純な"食べる"という行為を怠った私は沢山の大病のシグナルを発する身体となってしまいました。私の父、親類の方々、友達が病に苦しむ姿を沢山見てきました。まだまだ元気でいきられるはずであろう私の大切な人達が亡くなられ…残念で心の整理がなかなかつきませんでした。家族の懸命な介護、本人ばかりでなく、回りの家族をも巻き込む病い。いったいなぜ…運命で決まっているのだろうか？

　確かに先天的にある程度の病気の発症する要素は決まっています。しかし、「眞医」陰陽五行四柱推命学では、病気は回避出来るものの一つです。これまでお伝えしてきましたように、確かに回避出来るとお解かり頂けると思います。

この世に誕生する瞬間の時を通過して運悪く臓のバランスが悪い状態で生れたとしても、体の環境を食物により整えることで補うことが出来ます。そのことにいち早く対処してのぞむためには、自分を知るということでしたね。自分の臓や感情のバランスを知り、基本的な臓の役割や働きを理解して対処して頂きたいと思います。それが、健康の第一歩であり、すべてであると思います。予防の医学である「眞医」陰陽五行四柱推命学を最大限に活用して頂きたいと思います。

　私、宮幹も日々身体のバランス作りを続けて行きたいと思います。壊れかけていた臓の修復は、なかなかすぐにとは行きませんが、日々元気になって行く自分を実感しています。人間の持っている自然治癒力という大きな力を最大限に引き出すことのできる「眞医」陰陽五行四柱推命学は、健康な寿命期間を伸ばしてくれます。"笑顔で楽しく生きる"そんな時間を沢山作って下さい。そして経験して下さい。マラソン・散歩・神社巡り・山登り・温泉巡り・絵や書など、またボランティア活動など。

　音の響きの与える影響と同じで、健康な人の笑顔や心の波動は生れたばかりの赤ちゃんと同じです。そしてそのステキな波動は人から人へと伝わって行きます。そんな良いエネルギー波動が伝わって行くことを心より祈願しております。

　本書を是非、日々の生活にお役立て頂きたいと存じます。また、最後まで本書をお読み頂きましてほんとうにありがとうございます。

　心より感謝申し上げます。この出会いに感謝申し上げます。

著者　宮幹（みやもと）　藍后（あいみ）

改訂版「眞医（じんい）」
陰陽五行四柱推命学
「漢方」と「四柱推命学」で病気を予防する

2019年8月 8日　初版発行
2025年7月11日　第3刷発行

著者	宮幹藍后
編集	清水茂雄　本城佳奈
写真	佐藤匠
カバーデザイン	松本佳奈
本文デザイン	大高広

発行人	長嶋うつぎ
発行所	株式会社オークラ出版
	〒153-0051　東京都目黒区上目黒1-18-6NMビル
	電話　03-3792-2411（営業部）
	03-3793-4939（編集部）
	https://oakla.com/
印刷・製本	中央精版印刷株式会社

落丁・乱丁本の場合は小社営業部までお送りください。送料は小社負担にてお取替えいたします。
本誌掲載の記事、写真などの無断複写（コピー）を禁じます。インターネット、モバイル等の電子メディアにおける無断転載ならびに第三者によるスキャンやデジタル化もこれに準じます。

©2019 Aimi Miyamoto
©2019 Oakla Publishing Co., Ltd.
Printed in Japan
ISBN 978-4-7755-2888-4

巻末に収録されている万年歴は、最終ページから始まります。

2037年　令和 19年　丁巳

	1月	2月	3月	4月	5月	6月	7月	8月	9月	10月	11月	12月	
月干支	辛丑	壬寅	癸卯	甲辰	乙巳	丙午	丁未	戊申	己酉	庚戌	辛亥	壬子	(18年 丙辰)
節入日	5日	3日	5日	4日	5日	5日	7日	7日	7日	8日	7日	7日	
	9:34	21:11	15:06	19:44	12:49	16:46	2:55	12:43	15:45	7:39	11:04	4:07	
1日	癸酉	甲申	壬申	癸卯	癸酉	甲辰	甲戌	乙巳	丙子	丙午	丁丑	丁未
2日	甲戌	乙酉	癸酉	甲辰	甲戌	乙巳	乙亥	丙午	丁丑	丁未	戊寅	戊申
3日	乙亥	丙戌	甲戌	乙巳	乙亥	丙午	丙子	丁未	戊寅	戊申	己卯	己酉
4日	丙子	丁亥	乙亥	丙午	丙子	丁未	丁丑	戊申	己卯	己酉	庚辰	庚戌
5日	丁丑	戊申	丙子	丁未	丁丑	戊申	戊寅	己酉	庚辰	庚戌	辛巳	辛亥
6日	戊寅	己酉	丁丑	戊申	戊寅	己酉	己卯	庚戌	辛巳	辛亥	壬午	壬子
7日	己卯	庚戌	戊寅	己酉	己卯	庚戌	庚辰	辛亥	壬午	壬子	癸未	癸丑
8日	庚辰	辛亥	己卯	庚戌	庚辰	辛亥	辛巳	壬子	癸未	癸丑	甲申	甲寅
9日	辛巳	壬子	庚辰	辛亥	辛巳	壬子	壬午	癸丑	甲申	甲寅	乙酉	乙卯
10日	壬午	癸丑	辛巳	壬子	壬午	癸丑	癸未	甲寅	乙酉	乙卯	丙戌	丙辰
11日	癸未	甲寅	壬午	癸丑	癸未	甲寅	甲申	乙卯	丙戌	丙辰	丁亥	丁巳
12日	甲申	乙卯	癸未	甲寅	甲申	乙卯	乙酉	丙辰	丁亥	丁巳	戊子	戊午
13日	乙酉	丙辰	甲申	乙卯	乙酉	丙辰	丙戌	丁巳	戊子	戊午	己丑	己未
14日	丙戌	丁巳	乙酉	丙辰	丙戌	丁巳	丁亥	戊午	己丑	己未	庚寅	庚申
15日	丁亥	戊午	丙戌	丁巳	丁亥	戊午	戊子	己未	庚寅	庚申	辛卯	辛酉
16日	戊子	己未	丁亥	戊午	戊子	己未	己丑	庚申	辛卯	辛酉	壬辰	壬戌
17日	己丑	庚申	戊子	己未	己丑	庚申	庚寅	辛酉	壬辰	壬戌	癸巳	癸亥
18日	庚寅	辛酉	己丑	庚申	庚寅	辛酉	辛卯	壬戌	癸巳	癸亥	甲午	甲子
19日	辛卯	壬戌	庚寅	辛酉	辛卯	壬戌	壬辰	癸亥	甲午	甲子	乙未	乙丑
20日	壬辰	癸亥	辛卯	壬戌	壬辰	癸亥	癸巳	甲子	乙未	乙丑	丙申	丙寅
21日	癸巳	甲子	壬辰	癸亥	癸巳	甲子	甲午	乙丑	丙申	丙寅	丁酉	丁卯
22日	甲午	乙丑	癸巳	甲子	甲午	乙丑	乙未	丙寅	丁酉	丁卯	戊戌	戊辰
23日	乙未	丙寅	甲午	乙丑	乙未	丙寅	丙申	丁卯	戊戌	戊辰	己亥	己巳
24日	丙申	丁卯	乙未	丙寅	丙申	丁卯	丁酉	戊辰	己亥	己巳	庚子	庚午
25日	丁酉	戊辰	丙申	丁卯	丁酉	戊辰	戊戌	己巳	庚子	庚午	辛丑	辛未
26日	戊戌	己巳	丁酉	戊辰	戊戌	己巳	己亥	庚午	辛丑	辛未	壬寅	壬申
27日	己亥	庚午	戊戌	己巳	己亥	庚午	庚子	辛未	壬寅	壬申	癸卯	癸酉
28日	庚子	辛未	己亥	庚午	庚子	辛未	辛丑	壬申	癸卯	癸酉	甲辰	甲戌
29日	辛丑		庚子	辛未	辛丑	壬申	壬寅	癸酉	甲辰	甲戌	乙巳	乙亥
30日	壬寅		辛丑	壬申	壬寅	癸酉	癸卯	甲戌	乙巳	乙亥	丙午	丙子
31日	癸卯		壬寅		癸卯		甲辰	乙亥		丙子		丁丑

2036年　令和 18年　丙辰

	12月	11月	10月	9月	8月	7月	6月	5月	4月	3月	2月	1月	
	庚子	己亥	戊戌	丁酉	丙申	乙未	甲午	癸巳	壬辰	辛卯	庚寅	己丑	月干支
	6日	7日	8日	7日	7日	6日	5日	5日	4日	5日	4日	6日	節入日
	22:16	5:14	1:50	9:55	6:49	20:57	10:47	6:49	13:43	9:11	15:20	3:43	
1	壬寅	壬申	辛丑	辛未	庚子	己巳	己亥	戊辰	戊戌	丁卯	戊戌	丁卯	1日
	癸卯	癸酉	壬寅	壬申	辛丑	庚午	庚子	己巳	己亥	戊辰	己亥	戊辰	2日
	甲辰	甲戌	癸卯	癸酉	壬寅	辛未	辛丑	庚午	庚子	己巳	庚子	己巳	3日
	乙巳	乙亥	甲辰	甲戌	癸卯	壬申	壬寅	辛未	辛丑	庚午	辛丑	庚午	4日
5	丙午	丙子	乙巳	乙亥	甲辰	癸酉	癸卯	壬申	壬寅	辛未	壬寅	辛未	5日
	丁未	丁丑	丙午	丙子	乙巳	甲戌	甲辰	癸酉	癸卯	壬申	癸卯	壬申	6日
	戊申	戊寅	丁未	丁丑	丙午	乙亥	乙巳	甲戌	甲辰	癸酉	甲辰	癸酉	7日
	己酉	己卯	戊申	戊寅	丁未	丙子	丙午	乙亥	乙巳	甲戌	乙巳	甲戌	8日
	庚戌	庚辰	己酉	己卯	戊申	丁丑	丁未	丙子	丙午	乙亥	丙午	乙亥	9日
10	辛亥	辛巳	庚戌	庚辰	己酉	戊寅	戊申	丁丑	丁未	丙子	丁未	丙子	10日
	壬子	壬午	辛亥	辛巳	庚戌	己卯	己酉	戊寅	戊申	丁丑	戊申	丁丑	11日
	癸丑	癸未	壬子	壬午	辛亥	庚辰	庚戌	己卯	己酉	戊寅	己酉	戊寅	12日
	甲寅	甲申	癸丑	癸未	壬子	辛巳	辛亥	庚辰	庚戌	己卯	庚戌	己卯	13日
	乙卯	乙酉	甲寅	甲申	癸丑	壬午	壬子	辛巳	辛亥	庚辰	辛亥	庚辰	14日
15	丙辰	丙戌	乙卯	乙酉	甲寅	癸未	癸丑	壬午	壬子	辛巳	壬子	辛巳	15日
	丁巳	丁亥	丙辰	丙戌	乙卯	甲申	甲寅	癸未	癸丑	壬午	癸丑	壬午	16日
	戊午	戊子	丁巳	丁亥	丙辰	乙酉	乙卯	甲申	甲寅	癸未	甲寅	癸未	17日
	己未	己丑	戊午	戊子	丁巳	丙戌	丙辰	乙酉	乙卯	甲申	乙卯	甲申	18日
	庚申	庚寅	己未	己丑	戊午	丁亥	丁巳	丙戌	丙辰	乙酉	丙辰	乙酉	19日
20	辛酉	辛卯	庚申	庚寅	己未	戊子	戊午	丁亥	丁巳	丙戌	丁巳	丙戌	20日
	壬戌	壬辰	辛酉	辛卯	庚申	己丑	己未	戊子	戊午	丁亥	戊午	丁亥	21日
	癸亥	癸巳	壬戌	壬辰	辛酉	庚寅	庚申	己丑	己未	戊子	己未	戊子	22日
	甲子	甲午	癸亥	癸巳	壬戌	辛卯	辛酉	庚寅	庚申	己丑	庚申	己丑	23日
	乙丑	乙未	甲子	甲午	癸亥	壬辰	壬戌	辛卯	辛酉	庚寅	辛酉	庚寅	24日
25	丙寅	丙申	乙丑	乙未	甲子	癸巳	癸亥	壬辰	壬戌	辛卯	壬戌	辛卯	25日
	丁卯	丁酉	丙寅	丙申	乙丑	甲午	甲子	癸巳	癸亥	壬辰	癸亥	壬辰	26日
	戊辰	戊戌	丁卯	丁酉	丙寅	乙未	乙丑	甲午	甲子	癸巳	甲子	癸巳	27日
	己巳	己亥	戊辰	戊戌	丁卯	丙申	丙寅	乙未	乙丑	甲午	乙丑	甲午	28日
	庚午	庚子	己巳	己亥	戊辰	丁酉	丁卯	丙申	丙寅	乙未	丙寅	乙未	29日
30	辛未	辛丑	庚午	庚子	己巳	戊戌	戊辰	丁酉	丁卯	丙申		丙申	30日
	壬申		辛未		庚午	己亥		戊戌		丁酉		丁酉	31日

17年 乙卯

2035年　令和 17年　乙卯

12月	11月	10月	9月	8月	7月	6月	5月	4月	3月	2月	1月 16年甲寅	
戊子	丁亥	丙戌	乙酉	甲申	癸未	壬午	辛巳	庚辰	己卯	戊寅	丁丑	月干支
7日 16:25	7日 23:23	8日 19:57	8日 4:02	8日 0:54	7日 15:01	6日 4:50	6日 0:55	5日 7:55	6日 3:19	4日 9:31	5日 21:55	節入日
丙申	丙寅	乙未	乙丑	甲午	癸亥	癸巳	壬戌	壬辰	辛酉	癸巳	壬戌	1日
丁酉	丁卯	丙申	丙寅	乙未	甲子	甲午	癸亥	癸巳	壬戌	甲午	癸亥	2日
戊戌	戊辰	丁酉	丁卯	丙申	乙丑	乙未	甲子	甲午	癸亥	乙未	甲子	3日
己亥	己巳	戊戌	戊辰	丁酉	丙寅	丙申	乙丑	乙未	甲子	丙申	乙丑	4日
庚子	庚午	己亥	己巳	戊戌	丁卯	丁酉	丙寅	丙申	乙丑	丁酉	丙寅	5日
辛丑	辛未	庚子	庚午	己亥	戊辰	戊戌	丁卯	丁酉	丙寅	戊戌	丁卯	6日
壬寅	壬申	辛丑	辛未	庚子	己巳	己亥	戊辰	戊戌	丁卯	己亥	戊辰	7日
癸卯	癸酉	壬寅	壬申	辛丑	庚午	庚子	己巳	己亥	戊辰	庚子	己巳	8日
甲辰	甲戌	癸卯	癸酉	壬寅	辛未	辛丑	庚午	庚子	己巳	辛丑	庚午	9日
乙巳	乙亥	甲辰	甲戌	癸卯	壬申	壬寅	辛未	辛丑	庚午	壬寅	辛未	10日
丙午	丙子	乙巳	乙亥	甲辰	癸酉	癸卯	壬申	壬寅	辛未	癸卯	壬申	11日
丁未	丁丑	丙午	丙子	乙巳	甲戌	甲辰	癸酉	癸卯	壬申	甲辰	癸酉	12日
戊申	戊寅	丁未	丁丑	丙午	乙亥	乙巳	甲戌	甲辰	癸酉	乙巳	甲戌	13日
己酉	己卯	戊申	戊寅	丁未	丙子	丙午	乙亥	乙巳	甲戌	丙午	乙亥	14日
庚戌	庚辰	己酉	己卯	戊申	丁丑	丁未	丙子	丙午	乙亥	丁未	丙子	15日
辛亥	辛巳	庚戌	庚辰	己酉	戊寅	戊申	丁丑	丁未	丙子	戊申	丁丑	16日
壬子	壬午	辛亥	辛巳	庚戌	己卯	己酉	戊寅	戊申	丁丑	己酉	戊寅	17日
癸丑	癸未	壬子	壬午	辛亥	庚辰	庚戌	己卯	己酉	戊寅	庚戌	己卯	18日
甲寅	甲申	癸丑	癸未	壬子	辛巳	辛亥	庚辰	庚戌	己卯	辛亥	庚辰	19日
乙卯	乙酉	甲寅	甲申	癸丑	壬午	壬子	辛巳	辛亥	庚辰	壬子	辛巳	20日
丙辰	丙戌	乙卯	乙酉	甲寅	癸未	癸丑	壬午	壬子	辛巳	癸丑	壬午	21日
丁巳	丁亥	丙辰	丙戌	乙卯	甲申	甲寅	癸未	癸丑	壬午	甲寅	癸未	22日
戊午	戊子	丁巳	丁亥	丙辰	乙酉	乙卯	甲申	甲寅	癸未	乙卯	甲申	23日
己未	己丑	戊午	戊子	丁巳	丙戌	丙辰	乙酉	乙卯	甲申	丙辰	乙酉	24日
庚申	庚寅	己未	己丑	戊午	丁亥	丁巳	丙戌	丙辰	乙酉	丁巳	丙戌	25日
辛酉	辛卯	庚申	庚寅	己未	戊子	戊午	丁亥	丁巳	丙戌	戊午	丁亥	26日
壬戌	壬辰	辛酉	辛卯	庚申	己丑	己未	戊子	戊午	丁亥	己未	戊子	27日
癸亥	癸巳	壬戌	壬辰	辛酉	庚寅	庚申	己丑	己未	戊子	庚申	己丑	28日
甲子	甲午	癸亥	癸巳	壬戌	辛卯	辛酉	庚寅	庚申	己丑		庚寅	29日
乙丑	乙未	甲子	甲午	癸亥	壬辰	壬戌	辛卯	辛酉	庚寅		辛卯	30日
丙寅		乙丑		甲子	癸巳		壬辰		辛卯		壬辰	31日

2034年　令和 16年　甲寅

12月	11月	10月	9月	8月	7月	6月	5月	4月	3月	2月	15年癸丑 1月	月干支
丙子	乙亥	甲戌	癸酉	壬申	辛未	庚午	己巳	戊辰	丁卯	丙寅	乙丑	月干支
7日	7日	8日	7日	7日	7日	5日	5日	5日	5日	4日	5日	節入日
10:36	17:33	14:07	22:14	19:09	9:17	23:06	19:09	2:07	21:32	3:41	16:04	
辛卯	辛酉	庚寅	庚申	己丑	戊午	戊子	丁巳	丁亥	丙辰	戊子	丁巳	1日
壬辰	壬戌	辛卯	辛酉	庚寅	己未	己丑	戊午	戊子	丁巳	己丑	戊午	2日
癸巳	癸亥	壬辰	壬戌	辛卯	庚申	庚寅	己未	己丑	戊午	庚寅	己未	3日
甲午	甲子	癸巳	癸亥	壬辰	辛酉	辛卯	庚申	庚寅	己未	辛卯	庚申	4日
乙未	乙丑	甲午	甲子	癸巳	壬戌	壬辰	辛酉	辛卯	庚申	壬辰	辛酉	5日
丙申	丙寅	乙未	乙丑	甲午	癸亥	癸巳	壬戌	壬辰	辛酉	癸巳	壬戌	6日
丁酉	丁卯	丙申	丙寅	乙未	甲子	甲午	癸亥	癸巳	壬戌	甲午	癸亥	7日
戊戌	戊辰	丁酉	丁卯	丙申	乙丑	乙未	甲子	甲午	癸亥	乙未	甲子	8日
己亥	己巳	戊戌	戊辰	丁酉	丙寅	丙申	乙丑	乙未	甲子	丙申	乙丑	9日
庚子	庚午	己亥	己巳	戊戌	丁卯	丁酉	丙寅	丙申	乙丑	丁酉	丙寅	10日
辛丑	辛未	庚子	庚午	己亥	戊辰	戊戌	丁卯	丁酉	丙寅	戊戌	丁卯	11日
壬寅	壬申	辛丑	辛未	庚子	己巳	己亥	戊辰	戊戌	丁卯	己亥	戊辰	12日
癸卯	癸酉	壬寅	壬申	辛丑	庚午	庚子	己巳	己亥	戊辰	庚子	己巳	13日
甲辰	甲戌	癸卯	癸酉	壬寅	辛未	辛丑	庚午	庚子	己巳	辛丑	庚午	14日
乙巳	乙亥	甲辰	甲戌	癸卯	壬申	壬寅	辛未	辛丑	庚午	壬寅	辛未	15日
丙午	丙子	乙巳	乙亥	甲辰	癸酉	癸卯	壬申	壬寅	辛未	癸卯	壬申	16日
丁未	丁丑	丙午	丙子	乙巳	甲戌	甲辰	癸酉	癸卯	壬申	甲辰	癸酉	17日
戊申	戊寅	丁未	丁丑	丙午	乙亥	乙巳	甲戌	甲辰	癸酉	乙巳	甲戌	18日
己酉	己卯	戊申	戊寅	丁未	丙子	丙午	乙亥	乙巳	甲戌	丙午	乙亥	19日
庚戌	庚辰	己酉	己卯	戊申	丁丑	丁未	丙子	丙午	乙亥	丁未	丙子	20日
辛亥	辛巳	庚戌	庚辰	己酉	戊寅	戊申	丁丑	丁未	丙子	戊申	丁丑	21日
壬子	壬午	辛亥	辛巳	庚戌	己卯	己酉	戊寅	戊申	丁丑	己酉	戊寅	22日
癸丑	癸未	壬子	壬午	辛亥	庚辰	庚戌	己卯	己酉	戊寅	庚戌	己卯	23日
甲寅	甲申	癸丑	癸未	壬子	辛巳	辛亥	庚辰	庚戌	己卯	辛亥	庚辰	24日
乙卯	乙酉	甲寅	甲申	癸丑	壬午	壬子	辛巳	辛亥	庚辰	壬子	辛巳	25日
丙辰	丙戌	乙卯	乙酉	甲寅	癸未	癸丑	壬午	壬子	辛巳	癸丑	壬午	26日
丁巳	丁亥	丙辰	丙戌	乙卯	甲申	甲寅	癸未	癸丑	壬午	甲寅	癸未	27日
戊午	戊子	丁巳	丁亥	丙辰	乙酉	乙卯	甲申	甲寅	癸未	乙卯	甲申	28日
己未	己丑	戊午	戊子	丁巳	丙戌	丙辰	乙酉	乙卯	甲申		乙酉	29日
庚申	庚寅	己未	己丑	戊午	丁亥	丁巳	丙戌	丙辰	乙酉		丙戌	30日
辛酉		庚申		己未	戊子		丁亥		丙戌		丁亥	31日

2033年　　令和 15年　　癸丑

12月	11月	10月	9月	8月	7月	6月	5月	4月	3月	2月	1月	14年壬子
甲子	癸亥	壬戌	辛酉	庚申	己未	戊午	丁巳	丙辰	乙卯	甲寅	癸丑	月干支
7日	7日	8日	7日	7日	7日	5日	5日	4日	5日	3日	5日	節入日
4:45	11:41	8:14	16:20	13:15	3:25	17:13	13:13	20:08	15:32	21:41	10:08	
丙戌	丙辰	乙酉	乙卯	甲申	癸丑	癸未	壬子	壬午	辛亥	癸未	壬子	1日
丁亥	丁巳	丙戌	丙辰	乙酉	甲寅	甲申	癸丑	癸未	壬子	甲申	癸丑	2日
戊子	戊午	丁亥	丁巳	丙戌	乙卯	乙酉	甲寅	甲申	癸丑	乙酉	甲寅	3日
己丑	己未	戊子	戊午	丁亥	丙辰	丙戌	乙卯	乙酉	甲寅	丙戌	乙卯	4日
庚寅	庚申	己丑	己未	戊子	丁巳	丁亥	丙辰	丙戌	乙卯	丁亥	丙辰	5日
辛卯	辛酉	庚寅	庚申	己丑	戊午	戊子	丁巳	丁亥	丙辰	戊子	丁巳	6日
壬辰	壬戌	辛卯	辛酉	庚寅	己未	己丑	戊午	戊子	丁巳	己丑	戊午	7日
癸巳	癸亥	壬辰	壬戌	辛卯	庚申	庚寅	己未	己丑	戊午	庚寅	己未	8日
甲午	甲子	癸巳	癸亥	壬辰	辛酉	辛卯	庚申	庚寅	己未	辛卯	庚申	9日
乙未	乙丑	甲午	甲子	癸巳	壬戌	壬辰	辛酉	辛卯	庚申	壬辰	辛酉	10日
丙申	丙寅	乙未	乙丑	甲午	癸亥	癸巳	壬戌	壬辰	辛酉	癸巳	壬戌	11日
丁酉	丁卯	丙申	丙寅	乙未	甲子	甲午	癸亥	癸巳	壬戌	甲午	癸亥	12日
戊戌	戊辰	丁酉	丁卯	丙申	乙丑	乙未	甲子	甲午	癸亥	乙未	甲子	13日
己亥	己巳	戊戌	戊辰	丁酉	丙寅	丙申	乙丑	乙未	甲子	丙申	乙丑	14日
庚子	庚午	己亥	己巳	戊戌	丁卯	丁酉	丙寅	丙申	乙丑	丁酉	丙寅	15日
辛丑	辛未	庚子	庚午	己亥	戊辰	戊戌	丁卯	丁酉	丙寅	戊戌	丁卯	16日
壬寅	壬申	辛丑	辛未	庚子	己巳	己亥	戊辰	戊戌	丁卯	己亥	戊辰	17日
癸卯	癸酉	壬寅	壬申	辛丑	庚午	庚子	己巳	己亥	戊辰	庚子	己巳	18日
甲辰	甲戌	癸卯	癸酉	壬寅	辛未	辛丑	庚午	庚子	己巳	辛丑	庚午	19日
乙巳	乙亥	甲辰	甲戌	癸卯	壬申	壬寅	辛未	辛丑	庚午	壬寅	辛未	20日
丙午	丙子	乙巳	乙亥	甲辰	癸酉	癸卯	壬申	壬寅	辛未	癸卯	壬申	21日
丁未	丁丑	丙午	丙子	乙巳	甲戌	甲辰	癸酉	癸卯	壬申	甲辰	癸酉	22日
戊申	戊寅	丁未	丁丑	丙午	乙亥	乙巳	甲戌	甲辰	癸酉	乙巳	甲戌	23日
己酉	己卯	戊申	戊寅	丁未	丙子	丙午	乙亥	乙巳	甲戌	丙午	乙亥	24日
庚戌	庚辰	己酉	己卯	戊申	丁丑	丁未	丙子	丙午	乙亥	丁未	丙子	25日
辛亥	辛巳	庚戌	庚辰	己酉	戊寅	戊申	丁丑	丁未	丙子	戊申	丁丑	26日
壬子	壬午	辛亥	辛巳	庚戌	己卯	己酉	戊寅	戊申	丁丑	己酉	戊寅	27日
癸丑	癸未	壬子	壬午	辛亥	庚辰	庚戌	己卯	己酉	戊寅	庚戌	己卯	28日
甲寅	甲申	癸丑	癸未	壬子	辛巳	辛亥	庚辰	庚戌	己卯		庚辰	29日
乙卯	乙酉	甲寅	甲申	癸丑	壬午	壬子	辛巳	辛亥	庚辰		辛巳	30日
丙辰		乙卯		甲寅	癸未		壬午		辛巳		壬午	31日

2032年　令和 14年　壬子

	12月	11月	10月	9月	8月	7月	6月	5月	4月	3月	2月	1月 13年辛亥	月干支
	壬子	辛亥	庚戌	己酉	戊申	丁未	丙午	乙巳	甲辰	癸卯	壬寅	辛丑	節入日
	6日 22:53	7日 5:54	8日 2:30	7日 10:37	7日 7:32	6日 21:41	5日 11:28	5日 7:25	4日 14:17	5日 9:40	4日 15:49	6日 4:16	
1	辛巳	辛亥	庚辰	庚戌	己卯	戊申	戊寅	丁未	丁丑	丙午	丁丑	丙午	1日
2	壬午	壬子	辛巳	辛亥	庚辰	己酉	己卯	戊申	戊寅	丁未	戊寅	丁未	2日
3	癸未	癸丑	壬午	壬子	辛巳	庚戌	庚辰	己酉	己卯	戊申	己卯	戊申	3日
4	甲申	甲寅	癸未	癸丑	壬午	辛亥	辛巳	庚戌	庚辰	己酉	庚辰	己酉	4日
5	乙酉	乙卯	甲申	甲寅	癸未	壬子	壬午	辛亥	辛巳	庚戌	辛巳	庚戌	5日
6	丙戌	丙辰	乙酉	乙卯	甲申	癸丑	癸未	壬子	壬午	辛亥	壬午	辛亥	6日
7	丁亥	丁巳	丙戌	丙辰	乙酉	甲寅	甲申	癸丑	癸未	壬子	癸未	壬子	7日
8	戊子	戊午	丁亥	丁巳	丙戌	乙卯	乙酉	甲寅	甲申	癸丑	甲申	癸丑	8日
9	己丑	己未	戊子	戊午	丁亥	丙辰	丙戌	乙卯	乙酉	甲寅	乙酉	甲寅	9日
10	庚寅	庚申	己丑	己未	戊子	丁巳	丁亥	丙辰	丙戌	乙卯	丙戌	乙卯	10日
11	辛卯	辛酉	庚寅	庚申	己丑	戊午	戊子	丁巳	丁亥	丙辰	丁亥	丙辰	11日
12	壬辰	壬戌	辛卯	辛酉	庚寅	己未	己丑	戊午	戊子	丁巳	戊子	丁巳	12日
13	癸巳	癸亥	壬辰	壬戌	辛卯	庚申	庚寅	己未	己丑	戊午	己丑	戊午	13日
14	甲午	甲子	癸巳	癸亥	壬辰	辛酉	辛卯	庚申	庚寅	己未	庚寅	己未	14日
15	乙未	乙丑	甲午	甲子	癸巳	壬戌	壬辰	辛酉	辛卯	庚申	辛卯	庚申	15日
16	丙申	丙寅	乙未	乙丑	甲午	癸亥	癸巳	壬戌	壬辰	辛酉	壬辰	辛酉	16日
17	丁酉	丁卯	丙申	丙寅	乙未	甲子	甲午	癸亥	癸巳	壬戌	癸巳	壬戌	17日
18	戊戌	戊辰	丁酉	丁卯	丙申	乙丑	乙未	甲子	甲午	癸亥	甲午	癸亥	18日
19	己亥	己巳	戊戌	戊辰	丁酉	丙寅	丙申	乙丑	乙未	甲子	乙未	甲子	19日
20	庚子	庚午	己亥	己巳	戊戌	丁卯	丁酉	丙寅	丙申	乙丑	丙申	乙丑	20日
21	辛丑	辛未	庚子	庚午	己亥	戊辰	戊戌	丁卯	丁酉	丙寅	丁酉	丙寅	21日
22	壬寅	壬申	辛丑	辛未	庚子	己巳	己亥	戊辰	戊戌	丁卯	戊戌	丁卯	22日
23	癸卯	癸酉	壬寅	壬申	辛丑	庚午	庚子	己巳	己亥	戊辰	己亥	戊辰	23日
24	甲辰	甲戌	癸卯	癸酉	壬寅	辛未	辛丑	庚午	庚子	己巳	庚子	己巳	24日
25	乙巳	乙亥	甲辰	甲戌	癸卯	壬申	壬寅	辛未	辛丑	庚午	辛丑	庚午	25日
26	丙午	丙子	乙巳	乙亥	甲辰	癸酉	癸卯	壬申	壬寅	辛未	壬寅	辛未	26日
27	丁未	丁丑	丙午	丙子	乙巳	甲戌	甲辰	癸酉	癸卯	壬申	癸卯	壬申	27日
28	戊申	戊寅	丁未	丁丑	丙午	乙亥	乙巳	甲戌	甲辰	癸酉	甲辰	癸酉	28日
29	己酉	己卯	戊申	戊寅	丁未	丙子	丙午	乙亥	乙巳	甲戌		甲戌	29日
30	庚戌	庚辰	己酉	己卯	戊申	丁丑	丁未	丙子	丙午	乙亥		乙亥	30日
31	辛亥		庚戌		己酉	戊寅		丁丑		丙子		丙子	31日

2031年　　令和 13年　　辛亥

	12月	11月	10月	9月	8月	7月	6月	5月	4月	3月	2月	1月	12年庚戌
月干支	庚子	己亥	戊戌	丁酉	丙申	乙未	甲午	癸巳	壬辰	辛卯	庚寅	己丑	
節入日	7日 17:03	8日 0:05	8日 20:45	8日 4:49	8日 1:43	7日 15:48	6日 5:35	6日 1:33	5日 8:28	6日 3:51	4日 9:58	5日 22:23	
1日	乙亥	乙巳	甲戌	甲辰	癸酉	壬寅	壬申	辛丑	辛未	庚子	壬申	辛丑	
2日	丙子	丙午	乙亥	乙巳	甲戌	癸卯	癸酉	壬寅	壬申	辛丑	癸酉	壬寅	
3日	丁丑	丁未	丙子	丙午	乙亥	甲辰	甲戌	癸卯	癸酉	壬寅	甲戌	癸卯	
4日	戊寅	戊申	丁丑	丁未	丙子	乙巳	乙亥	甲辰	甲戌	癸卯	乙亥	甲辰	
5日	己卯	己酉	戊寅	戊申	丁丑	丙午	丙子	乙巳	乙亥	甲辰	丙子	乙巳	
6日	庚辰	庚戌	己卯	己酉	戊寅	丁未	丁丑	丙午	丙子	乙巳	丁丑	丙午	
7日	辛巳	辛亥	庚辰	庚戌	己卯	戊申	戊寅	丁未	丁丑	丙午	戊寅	丁未	
8日	壬午	壬子	辛巳	辛亥	庚辰	己酉	己卯	戊申	戊寅	丁未	己卯	戊申	
9日	癸未	癸丑	壬午	壬子	辛巳	庚戌	庚辰	己酉	己卯	戊申	庚辰	己酉	
10日	甲申	甲寅	癸未	癸丑	壬午	辛亥	辛巳	庚戌	庚辰	己酉	辛巳	庚戌	
11日	乙酉	乙卯	甲申	甲寅	癸未	壬子	壬午	辛亥	辛巳	庚戌	壬午	辛亥	
12日	丙戌	丙辰	乙酉	乙卯	甲申	癸丑	癸未	壬子	壬午	辛亥	癸未	壬子	
13日	丁亥	丁巳	丙戌	丙辰	乙酉	甲寅	甲申	癸丑	癸未	壬子	甲申	癸丑	
14日	戊子	戊午	丁亥	丁巳	丙戌	乙卯	乙酉	甲寅	甲申	癸丑	乙酉	甲寅	
15日	己丑	己未	戊子	戊午	丁亥	丙辰	丙戌	乙卯	乙酉	甲寅	丙戌	乙卯	
16日	庚寅	庚申	己丑	己未	戊子	丁巳	丁亥	丙辰	丙戌	乙卯	丁亥	丙辰	
17日	辛卯	辛酉	庚寅	庚申	己丑	戊午	戊子	丁巳	丁亥	丙辰	戊子	丁巳	
18日	壬辰	壬戌	辛卯	辛酉	庚寅	己未	己丑	戊午	戊子	丁巳	己丑	戊午	
19日	癸巳	癸亥	壬辰	壬戌	辛卯	庚申	庚寅	己未	己丑	戊午	庚寅	己未	
20日	甲午	甲子	癸巳	癸亥	壬辰	辛酉	辛卯	庚申	庚寅	己未	辛卯	庚申	
21日	乙未	乙丑	甲午	甲子	癸巳	壬戌	壬辰	辛酉	辛卯	庚申	壬辰	辛酉	
22日	丙申	丙寅	乙未	乙丑	甲午	癸亥	癸巳	壬戌	壬辰	辛酉	癸巳	壬戌	
23日	丁酉	丁卯	丙申	丙寅	乙未	甲子	甲午	癸亥	癸巳	壬戌	甲午	癸亥	
24日	戊戌	戊辰	丁酉	丁卯	丙申	乙丑	乙未	甲子	甲午	癸亥	乙未	甲子	
25日	己亥	己巳	戊戌	戊辰	丁酉	丙寅	丙申	乙丑	乙未	甲子	丙申	乙丑	
26日	庚子	庚午	己亥	己巳	戊戌	丁卯	丁酉	丙寅	丙申	乙丑	丁酉	丙寅	
27日	辛丑	辛未	庚子	庚午	己亥	戊辰	戊戌	丁卯	丁酉	丙寅	戊戌	丁卯	
28日	壬寅	壬申	辛丑	辛未	庚子	己巳	己亥	戊辰	戊戌	丁卯	己亥	戊辰	
29日	癸卯	癸酉	壬寅	壬申	辛丑	庚午	庚子	己巳	己亥	戊辰		己巳	
30日	甲辰	甲戌	癸卯	癸酉	壬寅	辛未	辛丑	庚午	庚子	己巳		庚午	
31日	乙巳		甲辰		癸卯	壬申		辛未		庚午		辛未	

2030年　令和 12年　庚戌

	12月	11月	10月	9月	8月	7月	6月	5月	4月	3月	2月	1月	
	戊子	丁亥	丙戌	乙酉	甲申	癸未	壬午	辛巳	庚辰	己卯	戊寅	丁丑	月干支
	7日	7日	8日	7日	7日	7日	5日	5日	5日	5日	4日	5日	節入日
	11:07	18:08	14:45	22:52	19:47	9:55	23:44	19:46	2:41	22:03	4:08	16:30	
1	庚午	庚子	己巳	己亥	戊辰	丁酉	丁卯	丙申	丙寅	乙未	丁卯	丙申	1日
	辛未	辛丑	庚午	庚子	己巳	戊戌	戊辰	丁酉	丁卯	丙申	戊辰	丁酉	2日
	壬申	壬寅	辛未	辛丑	庚午	己亥	己巳	戊戌	戊辰	丁酉	己巳	戊戌	3日
	癸酉	癸卯	壬申	壬寅	辛未	庚子	庚午	己亥	己巳	戊戌	庚午	己亥	4日
5	甲戌	甲辰	癸酉	癸卯	壬申	辛丑	辛未	庚子	庚午	己亥	辛未	庚子	5日
	乙亥	乙巳	甲戌	甲辰	癸酉	壬寅	壬申	辛丑	辛未	庚子	壬申	辛丑	6日
	丙子	丙午	乙亥	乙巳	甲戌	癸卯	癸酉	壬寅	壬申	辛丑	癸酉	壬寅	7日
	丁丑	丁未	丙子	丙午	乙亥	甲辰	甲戌	癸卯	癸酉	壬寅	甲戌	癸卯	8日
	戊寅	戊申	丁丑	丁未	丙子	乙巳	乙亥	甲辰	甲戌	癸卯	乙亥	甲辰	9日
10	己卯	己酉	戊寅	戊申	丁丑	丙午	丙子	乙巳	乙亥	甲辰	丙子	乙巳	10日
	庚辰	庚戌	己卯	己酉	戊寅	丁未	丁丑	丙午	丙子	乙巳	丁丑	丙午	11日
	辛巳	辛亥	庚辰	庚戌	己卯	戊申	戊寅	丁未	丁丑	丙午	戊寅	丁未	12日
	壬午	壬子	辛巳	辛亥	庚辰	己酉	己卯	戊申	戊寅	丁未	己卯	戊申	13日
	癸未	癸丑	壬午	壬子	辛巳	庚戌	庚辰	己酉	己卯	戊申	庚辰	己酉	14日
15	甲申	甲寅	癸未	癸丑	壬午	辛亥	辛巳	庚戌	庚辰	己酉	辛巳	庚戌	15日
	乙酉	乙卯	甲申	甲寅	癸未	壬子	壬午	辛亥	辛巳	庚戌	壬午	辛亥	16日
	丙戌	丙辰	乙酉	乙卯	甲申	癸丑	癸未	壬子	壬午	辛亥	癸未	壬子	17日
	丁亥	丁巳	丙戌	丙辰	乙酉	甲寅	甲申	癸丑	癸未	壬子	甲申	癸丑	18日
	戊子	戊午	丁亥	丁巳	丙戌	乙卯	乙酉	甲寅	甲申	癸丑	乙酉	甲寅	19日
20	己丑	己未	戊子	戊午	丁亥	丙辰	丙戌	乙卯	乙酉	甲寅	丙戌	乙卯	20日
	庚寅	庚申	己丑	己未	戊子	丁巳	丁亥	丙辰	丙戌	乙卯	丁亥	丙辰	21日
	辛卯	辛酉	庚寅	庚申	己丑	戊午	戊子	丁巳	丁亥	丙辰	戊子	丁巳	22日
	壬辰	壬戌	辛卯	辛酉	庚寅	己未	己丑	戊午	戊子	丁巳	己丑	戊午	23日
	癸巳	癸亥	壬辰	壬戌	辛卯	庚申	庚寅	己未	己丑	戊午	庚寅	己未	24日
25	甲午	甲子	癸巳	癸亥	壬辰	辛酉	辛卯	庚申	庚寅	己未	辛卯	庚申	25日
	乙未	乙丑	甲午	甲子	癸巳	壬戌	壬辰	辛酉	辛卯	庚申	壬辰	辛酉	26日
	丙申	丙寅	乙未	乙丑	甲午	癸亥	癸巳	壬戌	壬辰	辛酉	癸巳	壬戌	27日
	丁酉	丁卯	丙申	丙寅	乙未	甲子	甲午	癸亥	癸巳	壬戌	甲午	癸亥	28日
	戊戌	戊辰	丁酉	丁卯	丙申	乙丑	乙未	甲子	甲午	癸亥		甲子	29日
30	己亥	己巳	戊戌	戊辰	丁酉	丙寅	丙申	乙丑	乙未	甲子		乙丑	30日
	庚子		己亥		戊戌	丁卯		丙寅		乙丑		丙寅	31日

11年 己酉

2029年　　令和 11年　　己酉

	12月	11月	10月	9月	8月	7月	6月	5月	4月	3月	2月	1月	10年 戊申
月干支	丙子	乙亥	甲戌	癸酉	壬申	辛未	庚午	己巳	戊辰	丁卯	丙寅	乙丑	
節入日	7日 5:13	7日 12:16	8日 8:58	7日 17:12	7日 14:11	7日 4:22	5日 18:10	5日 14:07	4日 20:58	5日 16:17	3日 22:20	5日 10:42	
1日	乙丑	乙未	甲子	甲午	癸亥	壬辰	壬戌	辛卯	辛酉	庚寅	壬戌	辛卯	
2日	丙寅	丙申	乙丑	乙未	甲子	癸巳	癸亥	壬辰	壬戌	辛卯	癸亥	壬辰	
3日	丁卯	丁酉	丙寅	丙申	乙丑	甲午	甲子	癸巳	癸亥	壬辰	甲子	癸巳	
4日	戊辰	戊戌	丁卯	丁酉	丙寅	乙未	乙丑	甲午	甲子	癸巳	乙丑	甲午	
5日	己巳	己亥	戊辰	戊戌	丁卯	丙申	丙寅	乙未	乙丑	甲午	丙寅	乙未	
6日	庚午	庚子	己巳	己亥	戊辰	丁酉	丁卯	丙申	丙寅	乙未	丁卯	丙申	
7日	辛未	辛丑	庚午	庚子	己巳	戊戌	戊辰	丁酉	丁卯	丙申	戊辰	丁酉	
8日	壬申	壬寅	辛未	辛丑	庚午	己亥	己巳	戊戌	戊辰	丁酉	己巳	戊戌	
9日	癸酉	癸卯	壬申	壬寅	辛未	庚子	庚午	己亥	己巳	戊戌	庚午	己亥	
10日	甲戌	甲辰	癸酉	癸卯	壬申	辛丑	辛未	庚子	庚午	己亥	辛未	庚子	
11日	乙亥	乙巳	甲戌	甲辰	癸酉	壬寅	壬申	辛丑	辛未	庚子	壬申	辛丑	
12日	丙子	丙午	乙亥	乙巳	甲戌	癸卯	癸酉	壬寅	壬申	辛丑	癸酉	壬寅	
13日	丁丑	丁未	丙子	丙午	乙亥	甲辰	甲戌	癸卯	癸酉	壬寅	甲戌	癸卯	
14日	戊寅	戊申	丁丑	丁未	丙子	乙巳	乙亥	甲辰	甲戌	癸卯	乙亥	甲辰	
15日	己卯	己酉	戊寅	戊申	丁丑	丙午	丙子	乙巳	乙亥	甲辰	丙子	乙巳	
16日	庚辰	庚戌	己卯	己酉	戊寅	丁未	丁丑	丙午	丙子	乙巳	丁丑	丙午	
17日	辛巳	辛亥	庚辰	庚戌	己卯	戊申	戊寅	丁未	丁丑	丙午	戊寅	丁未	
18日	壬午	壬子	辛巳	辛亥	庚辰	己酉	己卯	戊申	戊寅	丁未	己卯	戊申	
19日	癸未	癸丑	壬午	壬子	辛巳	庚戌	庚辰	己酉	己卯	戊申	庚辰	己酉	
20日	甲申	甲寅	癸未	癸丑	壬午	辛亥	辛巳	庚戌	庚辰	己酉	辛巳	庚戌	
21日	乙酉	乙卯	甲申	甲寅	癸未	壬子	壬午	辛亥	辛巳	庚戌	壬午	辛亥	
22日	丙戌	丙辰	乙酉	乙卯	甲申	癸丑	癸未	壬子	壬午	辛亥	癸未	壬子	
23日	丁亥	丁巳	丙戌	丙辰	乙酉	甲寅	甲申	癸丑	癸未	壬子	甲申	癸丑	
24日	戊子	戊午	丁亥	丁巳	丙戌	乙卯	乙酉	甲寅	甲申	癸丑	乙酉	甲寅	
25日	己丑	己未	戊子	戊午	丁亥	丙辰	丙戌	乙卯	乙酉	甲寅	丙戌	乙卯	
26日	庚寅	庚申	己丑	己未	戊子	丁巳	丁亥	丙辰	丙戌	乙卯	丁亥	丙辰	
27日	辛卯	辛酉	庚寅	庚申	己丑	戊午	戊子	丁巳	丁亥	丙辰	戊子	丁巳	
28日	壬辰	壬戌	辛卯	辛酉	庚寅	己未	己丑	戊午	戊子	丁巳		戊午	
29日	癸巳	癸亥	壬辰	壬戌	辛卯	庚申	庚寅	己未	己丑	戊午		己未	
30日	甲午	甲子	癸巳	癸亥	壬辰	辛酉	辛卯	庚申	庚寅	己未		庚申	
31日	乙未		甲午		癸巳	壬戌		辛酉		庚申		辛酉	

2028年　　令和 10年　　戊申

12月	11月	10月	9月	8月	7月	6月	5月	4月	3月	2月	1月 (9年 丁未)	
甲子	癸亥	壬戌	辛酉	庚申	己未	戊午	丁巳	丙辰	乙卯	甲寅	癸丑	月干支
6日	7日	8日	7日	7日	6日	5日	5日	4日	5日	4日	6日	節入日
23:24	6:27	3:08	11:24	8:21	22:30	12:13	8:10	15:03	10:24	16:31	4:54	
庚申	庚寅	己未	己丑	戊午	丁亥	丁巳	丙戌	丙辰	乙酉	丙戌	乙酉	1日
辛酉	辛卯	庚申	庚寅	己未	戊子	戊午	丁亥	丁巳	丙戌	丁亥	丙戌	2日
壬戌	壬辰	辛酉	辛卯	庚申	己丑	己未	戊子	戊午	丁亥	戊子	丁亥	3日
癸亥	癸巳	壬戌	壬辰	辛酉	庚寅	庚申	己丑	己未	戊子	己未	戊子	4日
甲子	甲午	癸亥	癸巳	壬戌	辛卯	辛酉	庚寅	庚申	己丑	庚申	己丑	5日
乙丑	乙未	甲子	甲午	癸亥	壬辰	壬戌	辛卯	辛酉	庚寅	辛酉	庚寅	6日
丙寅	丙申	乙丑	乙未	甲子	癸巳	癸亥	壬辰	壬戌	辛卯	壬戌	辛卯	7日
丁卯	丁酉	丙寅	丙申	乙丑	甲午	甲子	癸巳	癸亥	壬辰	癸亥	壬辰	8日
戊辰	戊戌	丁卯	丁酉	丙寅	乙未	乙丑	甲午	甲子	癸巳	甲子	癸巳	9日
己巳	己亥	戊辰	戊戌	丁卯	丙申	丙寅	乙未	乙丑	甲午	乙丑	甲午	10日
庚午	庚子	己巳	己亥	戊辰	丁酉	丁卯	丙申	丙寅	乙未	丙寅	乙未	11日
辛未	辛丑	庚午	庚子	己巳	戊戌	戊辰	丁酉	丁卯	丙申	丁卯	丙申	12日
壬申	壬寅	辛未	辛丑	庚午	己亥	己巳	戊戌	戊辰	丁酉	戊辰	丁酉	13日
癸酉	癸卯	壬申	壬寅	辛未	庚子	庚午	己亥	己巳	戊戌	己巳	戊戌	14日
甲戌	甲辰	癸酉	癸卯	壬申	辛丑	辛未	庚子	庚午	己亥	庚午	己亥	15日
乙亥	乙巳	甲戌	甲辰	癸酉	壬寅	壬申	辛丑	辛未	庚子	辛未	庚子	16日
丙子	丙午	乙亥	乙巳	甲戌	癸卯	癸酉	壬寅	壬申	辛丑	壬申	辛丑	17日
丁丑	丁未	丙子	丙午	乙亥	甲辰	甲戌	癸卯	癸酉	壬寅	癸酉	壬寅	18日
戊寅	戊申	丁丑	丁未	丙子	乙巳	乙亥	甲辰	甲戌	癸卯	甲戌	癸卯	19日
己卯	己酉	戊寅	戊申	丁丑	丙午	丙子	乙巳	乙亥	甲辰	乙亥	甲辰	20日
庚辰	庚戌	己卯	己酉	戊寅	丁未	丁丑	丙午	丙子	乙巳	丙子	乙巳	21日
辛巳	辛亥	庚辰	庚戌	己卯	戊申	戊寅	丁未	丁丑	丙午	丁丑	丙午	22日
壬午	壬子	辛巳	辛亥	庚辰	己酉	己卯	戊申	戊寅	丁未	戊寅	丁未	23日
癸未	癸丑	壬午	壬子	辛巳	庚戌	庚辰	己酉	己卯	戊申	己卯	戊申	24日
甲申	甲寅	癸未	癸丑	壬午	辛亥	辛巳	庚戌	庚辰	己酉	庚辰	己酉	25日
乙酉	乙卯	甲申	甲寅	癸未	壬子	壬午	辛亥	辛巳	庚戌	辛巳	庚戌	26日
丙戌	丙辰	乙酉	乙卯	甲申	癸丑	癸未	壬子	壬午	辛亥	壬午	辛亥	27日
丁亥	丁巳	丙戌	丙辰	乙酉	甲寅	甲申	癸丑	癸未	壬子	癸未	壬子	28日
戊子	戊午	丁亥	丁巳	丙戌	乙卯	乙酉	甲寅	甲申	癸丑	甲申	癸丑	29日
己丑	己未	戊子	戊午	丁亥	丙辰	丙戌	乙卯	乙酉	甲寅		甲寅	30日
庚寅		己丑		戊子	丁巳		丙辰		乙卯		乙卯	31日

2027年　令和 9年　丁未

	12月	11月	10月	9月	8月	7月	6月	5月	4月	3月	2月	1月	8年丙午
	壬子	辛亥	庚戌	己酉	戊申	丁未	丙午	乙巳	甲辰	癸卯	壬寅	辛丑	月干支
	7日	8日	8日	8日	8日	7日	6日	6日	5日	6日	4日	5日	節入日
	17:37	0:38	21:17	5:28	2:23	16:37	6:25	2:22	9:17	4:39	10:46	23:10	
1	甲寅	甲申	癸丑	癸未	壬子	辛巳	辛亥	庚辰	庚戌	己卯	辛亥	庚辰	1日
2	乙卯	乙酉	甲寅	甲申	癸丑	壬午	壬子	辛巳	辛亥	庚辰	壬子	辛巳	2日
3	丙辰	丙戌	乙卯	乙酉	甲寅	癸未	癸丑	壬午	壬子	辛巳	癸丑	壬午	3日
4	丁巳	丁亥	丙辰	丙戌	乙卯	甲申	甲寅	癸未	癸丑	壬午	甲寅	癸未	4日
5	戊午	戊子	丁巳	丁亥	丙辰	乙酉	乙卯	甲申	甲寅	癸未	乙卯	甲申	5日
6	己未	己丑	戊午	戊子	丁巳	丙戌	丙辰	乙酉	乙卯	甲申	丙辰	乙酉	6日
7	庚申	庚寅	己未	己丑	戊午	丁亥	丁巳	丙戌	丙辰	乙酉	丁巳	丙戌	7日
8	辛酉	辛卯	庚申	庚寅	己未	戊子	戊午	丁亥	丁巳	丙戌	戊午	丁亥	8日
9	壬戌	壬辰	辛酉	辛卯	庚申	己丑	己未	戊子	戊午	丁亥	己未	戊子	9日
10	癸亥	癸巳	壬戌	壬辰	辛酉	庚寅	庚申	己丑	己未	戊子	庚申	己丑	10日
11	甲子	甲午	癸亥	癸巳	壬戌	辛卯	辛酉	庚寅	庚申	己丑	辛酉	庚寅	11日
12	乙丑	乙未	甲子	甲午	癸亥	壬辰	壬戌	辛卯	辛酉	庚寅	壬戌	辛卯	12日
13	丙寅	丙申	乙丑	乙未	甲子	癸巳	癸亥	壬辰	壬戌	辛卯	癸亥	壬辰	13日
14	丁卯	丁酉	丙寅	丙申	乙丑	甲午	甲子	癸巳	癸亥	壬辰	甲子	癸巳	14日
15	戊辰	戊戌	丁卯	丁酉	丙寅	乙未	乙丑	甲午	甲子	癸巳	乙丑	甲午	15日
16	己巳	己亥	戊辰	戊戌	丁卯	丙申	丙寅	乙未	乙丑	甲午	丙寅	乙未	16日
17	庚午	庚子	己巳	己亥	戊辰	丁酉	丁卯	丙申	丙寅	乙未	丁卯	丙申	17日
18	辛未	辛丑	庚午	庚子	己巳	戊戌	戊辰	丁酉	丁卯	丙申	戊辰	丁酉	18日
19	壬申	壬寅	辛未	辛丑	庚午	己亥	己巳	戊戌	戊辰	丁酉	己巳	戊戌	19日
20	癸酉	癸卯	壬申	壬寅	辛未	庚子	庚午	己亥	己巳	戊戌	庚午	己亥	20日
21	甲戌	甲辰	癸酉	癸卯	壬申	辛丑	辛未	庚子	庚午	己亥	辛未	庚子	21日
22	乙亥	乙巳	甲戌	甲辰	癸酉	壬寅	壬申	辛丑	辛未	庚子	壬申	辛丑	22日
23	丙子	丙午	乙亥	乙巳	甲戌	癸卯	癸酉	壬寅	壬申	辛丑	癸酉	壬寅	23日
24	丁丑	丁未	丙子	丙午	乙亥	甲辰	甲戌	癸卯	癸酉	壬寅	甲戌	癸卯	24日
25	戊寅	戊申	丁丑	丁未	丙子	乙巳	乙亥	甲辰	甲戌	癸卯	乙亥	甲辰	25日
26	己卯	己酉	戊寅	戊申	丁丑	丙午	丙子	乙巳	乙亥	甲辰	丙子	乙巳	26日
27	庚辰	庚戌	己卯	己酉	戊寅	丁未	丁丑	丙午	丙子	乙巳	丁丑	丙午	27日
28	辛巳	辛亥	庚辰	庚戌	己卯	戊申	戊寅	丁未	丁丑	丙午	戊寅	丁未	28日
29	壬午	壬子	辛巳	辛亥	庚辰	己酉	己卯	戊申	戊寅	丁未		戊申	29日
30	癸未	癸丑	壬午	壬子	辛巳	庚戌	庚辰	己酉	己卯	戊申		己酉	30日
	甲申		癸未		壬午	辛亥		庚戌		己酉		庚戌	31日

2026年　　　令和 8年　　　丙午

	12月	11月	10月	9月	8月	7月	6月	5月	4月	3月	2月	7年乙巳 1月	月干支
	庚子	己亥	戊戌	丁酉	丙申	乙未	甲午	癸巳	壬辰	辛卯	庚寅	己丑	節入日
	7日	7日	8日	7日	7日	7日	6日	5日	5日	5日	4日	5日	
	11:52	18:52	15:29	23:41	20:42	10:57	0:48	20:48	3:39	22:58	5:02	17:23	
1	己酉	己卯	戊申	戊寅	丁未	丙子	丙午	乙亥	乙巳	甲戌	丙午	乙亥	1日
2	庚戌	庚辰	己酉	己卯	戊申	丁丑	丁未	丙子	丙午	乙亥	丁未	丙子	2日
3	辛亥	辛巳	庚戌	庚辰	己酉	戊寅	戊申	丁丑	丁未	丙子	戊申	丁丑	3日
4	壬子	壬午	辛亥	辛巳	庚戌	己卯	己酉	戊寅	戊申	丁丑	己酉	戊寅	4日
5	癸丑	癸未	壬子	壬午	辛亥	庚辰	庚戌	己卯	己酉	戊寅	庚戌	己卯	5日
6	甲寅	甲申	癸丑	癸未	壬子	辛巳	辛亥	庚辰	庚戌	己卯	辛亥	庚辰	6日
7	乙卯	乙酉	甲寅	甲申	癸丑	壬午	壬子	辛巳	辛亥	庚辰	壬子	辛巳	7日
8	丙辰	丙戌	乙卯	乙酉	甲寅	癸未	癸丑	壬午	壬子	辛巳	癸丑	壬午	8日
9	丁巳	丁亥	丙辰	丙戌	乙卯	甲申	甲寅	癸未	癸丑	壬午	甲寅	癸未	9日
10	戊午	戊子	丁巳	丁亥	丙辰	乙酉	乙卯	甲申	甲寅	癸未	乙卯	甲申	10日
11	己未	己丑	戊午	戊子	丁巳	丙戌	丙辰	乙酉	乙卯	甲申	丙辰	乙酉	11日
12	庚申	庚寅	己未	己丑	戊午	丁亥	丁巳	丙戌	丙辰	乙酉	丁巳	丙戌	12日
13	辛酉	辛卯	庚申	庚寅	己未	戊子	戊午	丁亥	丁巳	丙戌	戊午	丁亥	13日
14	壬戌	壬辰	辛酉	辛卯	庚申	己丑	己未	戊子	戊午	丁亥	己未	戊子	14日
15	癸亥	癸巳	壬戌	壬辰	辛酉	庚寅	庚申	己丑	己未	戊子	庚申	己丑	15日
16	甲子	甲午	癸亥	癸巳	壬戌	辛卯	辛酉	庚寅	庚申	己丑	辛酉	庚寅	16日
17	乙丑	乙未	甲子	甲午	癸亥	壬辰	壬戌	辛卯	辛酉	庚寅	壬戌	辛卯	17日
18	丙寅	丙申	乙丑	乙未	甲子	癸巳	癸亥	壬辰	壬戌	辛卯	癸亥	壬辰	18日
19	丁卯	丁酉	丙寅	丙申	乙丑	甲午	甲子	癸巳	癸亥	壬辰	甲子	癸巳	19日
20	戊辰	戊戌	丁卯	丁酉	丙寅	乙未	乙丑	甲午	甲子	癸巳	乙丑	甲午	20日
21	己巳	己亥	戊辰	戊戌	丁卯	丙申	丙寅	乙未	乙丑	甲午	丙寅	乙未	21日
22	庚午	庚子	己巳	己亥	戊辰	丁酉	丁卯	丙申	丙寅	乙未	丁卯	丙申	22日
23	辛未	辛丑	庚午	庚子	己巳	戊戌	戊辰	丁酉	丁卯	丙申	戊辰	丁酉	23日
24	壬申	壬寅	辛未	辛丑	庚午	己亥	己巳	戊戌	戊辰	丁酉	己巳	戊戌	24日
25	癸酉	癸卯	壬申	壬寅	辛未	庚子	庚午	己亥	己巳	戊戌	庚午	己亥	25日
26	甲戌	甲辰	癸酉	癸卯	壬申	辛丑	辛未	庚子	庚午	己亥	辛未	庚子	26日
27	乙亥	乙巳	甲戌	甲辰	癸酉	壬寅	壬申	辛丑	辛未	庚子	壬申	辛丑	27日
28	丙子	丙午	乙亥	乙巳	甲戌	癸卯	癸酉	壬寅	壬申	辛丑	癸酉	壬寅	28日
29	丁丑	丁未	丙子	丙午	乙亥	甲辰	甲戌	癸卯	癸酉	壬寅		癸卯	29日
30	戊寅	戊申	丁丑	丁未	丙子	乙巳	乙亥	甲辰	甲戌	癸卯		甲辰	30日
31	己卯		戊寅		丁丑	丙午		乙巳		甲辰		乙巳	31日

2025年　令和 7年　乙巳

	12月	11月	10月	9月	8月	7月	6月	5月	4月	3月	2月	1月 (6年 甲辰)	月干支
	戊子	丁亥	丙戌	乙酉	甲申	癸未	壬午	辛巳	庚辰	己卯	戊寅	丁丑	節入日
	7日 6:04	7日 13:04	8日 9:41	7日 17:52	7日 14:48	7日 5:05	5日 18:56	5日 14:57	4日 21:50	5日 17:08	3日 23:10	5日 11:32	
1	甲辰	甲戌	癸卯	癸酉	壬寅	辛未	辛丑	庚午	己亥	己巳	辛丑	庚午	1日
2	乙巳	乙亥	甲辰	甲戌	癸卯	壬申	壬寅	辛未	庚子	庚午	壬寅	辛未	2日
3	丙午	丙子	乙巳	乙亥	甲辰	癸酉	癸卯	壬申	辛丑	辛未	癸卯	壬申	3日
4	丁未	丁丑	丙午	丙子	乙巳	甲戌	甲辰	癸酉	壬寅	壬申	甲辰	癸酉	4日
5	戊申	戊寅	丁未	丁丑	丙午	乙亥	乙巳	甲戌	癸卯	癸酉	乙巳	甲戌	5日
6	己酉	己卯	戊申	戊寅	丁未	丙子	丙午	乙亥	甲辰	甲戌	丙午	乙亥	6日
7	庚戌	庚辰	己酉	己卯	戊申	丁丑	丁未	丙子	乙巳	乙亥	丁未	丙子	7日
8	辛亥	辛巳	庚戌	庚辰	己酉	戊寅	戊申	丁丑	丙午	丙子	戊申	丁丑	8日
9	壬子	壬午	辛亥	辛巳	庚戌	己卯	己酉	戊寅	丁未	丁丑	己酉	戊寅	9日
10	癸丑	癸未	壬子	壬午	辛亥	庚辰	庚戌	己卯	戊申	戊寅	庚戌	己卯	10日
11	甲寅	甲申	癸丑	癸未	壬子	辛巳	辛亥	庚辰	己酉	己卯	辛亥	庚辰	11日
12	乙卯	乙酉	甲寅	甲申	癸丑	壬午	壬子	辛巳	庚戌	庚辰	壬子	辛巳	12日
13	丙辰	丙戌	乙卯	乙酉	甲寅	癸未	癸丑	壬午	辛亥	辛巳	癸丑	壬午	13日
14	丁巳	丁亥	丙辰	丙戌	乙卯	甲申	甲寅	癸未	壬子	壬午	甲寅	癸未	14日
15	戊午	戊子	丁巳	丁亥	丙辰	乙酉	乙卯	甲申	癸丑	癸未	乙卯	甲申	15日
16	己未	己丑	戊午	戊子	丁巳	丙戌	丙辰	乙酉	甲寅	甲申	丙辰	乙酉	16日
17	庚申	庚寅	己未	己丑	戊午	丁亥	丁巳	丙戌	乙卯	乙酉	丁巳	丙戌	17日
18	辛酉	辛卯	庚申	庚寅	己未	戊子	戊午	丁亥	丙辰	丙戌	戊午	丁亥	18日
19	壬戌	壬辰	辛酉	辛卯	庚申	己丑	己未	戊子	丁巳	丁亥	己未	戊子	19日
20	癸亥	癸巳	壬戌	壬辰	辛酉	庚寅	庚申	己丑	戊午	戊子	庚申	己丑	20日
21	甲子	甲午	癸亥	癸巳	壬戌	辛卯	辛酉	庚寅	己未	己丑	辛酉	庚寅	21日
22	乙丑	乙未	甲子	甲午	癸亥	壬辰	壬戌	辛卯	庚申	庚寅	壬戌	辛卯	22日
23	丙寅	丙申	乙丑	乙未	甲子	癸巳	癸亥	壬辰	辛酉	辛卯	癸亥	壬辰	23日
24	丁卯	丁酉	丙寅	丙申	乙丑	甲午	甲子	癸巳	癸亥	壬辰	甲子	癸巳	24日
25	戊辰	戊戌	丁卯	丁酉	丙寅	乙未	乙丑	甲午	甲子	癸巳	乙丑	甲午	25日
26	己巳	己亥	戊辰	戊戌	丁卯	丙申	丙寅	乙未	乙丑	甲午	丙寅	乙未	26日
27	庚午	庚子	己巳	己亥	戊辰	丁酉	丁卯	丙申	丙寅	乙未	丁卯	丙申	27日
28	辛未	辛丑	庚午	庚子	己巳	戊戌	戊辰	丁酉	丁卯	丙申	戊辰	丁酉	28日
29	壬申	壬寅	辛未	辛丑	庚午	己亥	己巳	戊戌	戊辰	丁酉		戊戌	29日
30	癸酉	癸卯	壬申	壬寅	辛未	庚子	庚午	己亥	己巳	戊戌		己亥	30日
	甲戌		癸酉		壬申	辛丑		庚子		己亥		庚子	31日

2024年　　令和 6年　　甲辰

12月	11月	10月	9月	8月	7月	6月	5月	4月	3月	2月	1月	5年癸卯
丙子	乙亥	甲戌	癸酉	壬申	辛未	庚午	己巳	戊辰	丁卯	丙寅	乙丑	月干支
7日	7日	8日	7日	7日	6日	5日	5日	4日	5日	4日	6日	節入日
0:17	7:20	4:03	12:10	9:09	23:20	13:10	9:10	16:01	11:23	17:27	5:49	
己亥	己巳	戊戌	戊辰	丁酉	丙寅	丙申	乙丑	乙未	甲子	乙未	甲子	1日
庚子	庚午	己亥	己巳	戊戌	丁卯	丁酉	丙寅	丙申	乙丑	丙申	乙丑	2日
辛丑	辛未	庚子	庚午	己亥	戊辰	戊戌	丁卯	丁酉	丙寅	丁酉	丙寅	3日
壬寅	壬申	辛丑	辛未	庚子	己巳	己亥	戊辰	戊戌	丁卯	戊戌	丁卯	4日
癸卯	癸酉	壬寅	壬申	辛丑	庚午	庚子	己巳	己亥	戊辰	己亥	戊辰	5日
甲辰	甲戌	癸卯	癸酉	壬寅	辛未	辛丑	庚午	庚子	己巳	庚子	己巳	6日
乙巳	乙亥	甲辰	甲戌	癸卯	壬申	壬寅	辛未	辛丑	庚午	辛丑	庚午	7日
丙午	丙子	乙巳	乙亥	甲辰	癸酉	癸卯	壬申	壬寅	辛未	壬寅	辛未	8日
丁未	丁丑	丙午	丙子	乙巳	甲戌	甲辰	癸酉	癸卯	壬申	癸卯	壬申	9日
戊申	戊寅	丁未	丁丑	丙午	乙亥	乙巳	甲戌	甲辰	癸酉	甲辰	癸酉	10日
己酉	己卯	戊申	戊寅	丁未	丙子	丙午	乙亥	乙巳	甲戌	乙巳	甲戌	11日
庚戌	庚辰	己酉	己卯	戊申	丁丑	丁未	丙子	丙午	乙亥	丙午	乙亥	12日
辛亥	辛巳	庚戌	庚辰	己酉	戊寅	戊申	丁丑	丁未	丙子	丁未	丙子	13日
壬子	壬午	辛亥	辛巳	庚戌	己卯	己酉	戊寅	戊申	丁丑	戊申	丁丑	14日
癸丑	癸未	壬子	壬午	辛亥	庚辰	庚戌	己卯	己酉	戊寅	己酉	戊寅	15日
甲寅	甲申	癸丑	癸未	壬子	辛巳	辛亥	庚辰	庚戌	己卯	庚戌	己卯	16日
乙卯	乙酉	甲寅	甲申	癸丑	壬午	壬子	辛巳	辛亥	庚辰	辛亥	庚辰	17日
丙辰	丙戌	乙卯	乙酉	甲寅	癸未	癸丑	壬午	壬子	辛巳	壬子	辛巳	18日
丁巳	丁亥	丙辰	丙戌	乙卯	甲申	甲寅	癸未	癸丑	壬午	癸丑	壬午	19日
戊午	戊子	丁巳	丁亥	丙辰	乙酉	乙卯	甲申	甲寅	癸未	甲寅	癸未	20日
己未	己丑	戊午	戊子	丁巳	丙戌	丙辰	乙酉	乙卯	甲申	乙卯	甲申	21日
庚申	庚寅	己未	己丑	戊午	丁亥	丁巳	丙戌	丙辰	乙酉	丙辰	乙酉	22日
辛酉	辛卯	庚申	庚寅	己未	戊子	戊午	丁亥	丁巳	丙戌	丁巳	丙戌	23日
壬戌	壬辰	辛酉	辛卯	庚申	己丑	己未	戊子	戊午	丁亥	戊午	丁亥	24日
癸亥	癸巳	壬戌	壬辰	辛酉	庚寅	庚申	己丑	己未	戊子	己未	戊子	25日
甲子	甲午	癸亥	癸巳	壬戌	辛卯	辛酉	庚寅	庚申	己丑	庚申	己丑	26日
乙丑	乙未	甲子	甲午	癸亥	壬辰	壬戌	辛卯	辛酉	庚寅	辛酉	庚寅	27日
丙寅	丙申	乙丑	乙未	甲子	癸巳	癸亥	壬辰	壬戌	辛卯	壬戌	辛卯	28日
丁卯	丁酉	丙寅	丙申	乙丑	甲午	甲子	癸巳	癸亥	壬辰	癸亥	壬辰	29日
戊辰	戊戌	丁卯	丁酉	丙寅	乙未	乙丑	甲午	甲子	癸巳		癸巳	30日
己巳		戊辰		丁卯	丙申		乙未		甲午		甲午	31日

2023年　　　令和 5年　　　癸卯

	12月	11月	10月	9月	8月	7月	6月	5月	4月	3月	2月	4年壬寅 1月	
	甲子	癸亥	壬戌	辛酉	庚申	己未	戊午	丁巳	丙辰	乙卯	甲寅	癸丑	月干支
	7日	8日	8日	8日	8日	7日	6日	6日	5日	6日	4日	6日	節入日
	18:36	1:37	22:14	6:26	3:23	17:30	7:16	3:19	10:12	5:36	11:42	0:04	
1	癸巳	癸亥	壬辰	壬戌	辛卯	庚申	庚寅	己未	己丑	戊午	庚寅	己未	1日
	甲午	甲子	癸巳	癸亥	壬辰	辛酉	辛卯	庚申	庚寅	己未	辛卯	庚申	2日
	乙未	乙丑	甲午	甲子	癸巳	壬戌	壬辰	辛酉	辛卯	庚申	壬辰	辛酉	3日
	丙申	丙寅	乙未	乙丑	甲午	癸亥	癸巳	壬戌	壬辰	辛酉	癸巳	壬戌	4日
5	丁酉	丁卯	丙申	丙寅	乙未	甲子	甲午	癸亥	癸巳	壬戌	甲午	癸亥	5日
	戊戌	戊辰	丁酉	丁卯	丙申	乙丑	乙未	甲子	甲午	癸亥	乙未	甲子	6日
	己亥	己巳	戊戌	戊辰	丁酉	丙寅	丙申	乙丑	乙未	甲子	丙申	乙丑	7日
	庚子	庚午	己亥	己巳	戊戌	丁卯	丁酉	丙寅	丙申	乙丑	丁酉	丙寅	8日
	辛丑	辛未	庚子	庚午	己亥	戊辰	戊戌	丁卯	丁酉	丙寅	戊戌	丁卯	9日
10	壬寅	壬申	辛丑	辛未	庚子	己巳	己亥	戊辰	戊戌	丁卯	己亥	戊辰	10日
	癸卯	癸酉	壬寅	壬申	辛丑	庚午	庚子	己巳	己亥	戊辰	庚子	己巳	11日
	甲辰	甲戌	癸卯	癸酉	壬寅	辛未	辛丑	庚午	庚子	己巳	辛丑	庚午	12日
	乙巳	乙亥	甲辰	甲戌	癸卯	壬申	壬寅	辛未	辛丑	庚午	壬寅	辛未	13日
	丙午	丙子	乙巳	乙亥	甲辰	癸酉	癸卯	壬申	壬寅	辛未	癸卯	壬申	14日
15	丁未	丁丑	丙午	丙子	乙巳	甲戌	甲辰	癸酉	癸卯	壬申	甲辰	癸酉	15日
	戊申	戊寅	丁未	丁丑	丙午	乙亥	乙巳	甲戌	甲辰	癸酉	乙巳	甲戌	16日
	己酉	己卯	戊申	戊寅	丁未	丙子	丙午	乙亥	乙巳	甲戌	丙午	乙亥	17日
	庚戌	庚辰	己酉	己卯	戊申	丁丑	丁未	丙子	丙午	乙亥	丁未	丙子	18日
	辛亥	辛巳	庚戌	庚辰	己酉	戊寅	戊申	丁丑	丁未	丙子	戊申	丁丑	19日
20	壬子	壬午	辛亥	辛巳	庚戌	己卯	己酉	戊寅	戊申	丁丑	己酉	戊寅	20日
	癸丑	癸未	壬子	壬午	辛亥	庚辰	庚戌	己卯	己酉	戊寅	庚戌	己卯	21日
	甲寅	甲申	癸丑	癸未	壬子	辛巳	辛亥	庚辰	庚戌	己卯	辛亥	庚辰	22日
	乙卯	乙酉	甲寅	甲申	癸丑	壬午	壬子	辛巳	辛亥	庚辰	壬子	辛巳	23日
	丙辰	丙戌	乙卯	乙酉	甲寅	癸未	癸丑	壬午	壬子	辛巳	癸丑	壬午	24日
25	丁巳	丁亥	丙辰	丙戌	乙卯	甲申	甲寅	癸未	癸丑	壬午	甲寅	癸未	25日
	戊午	戊子	丁巳	丁亥	丙辰	乙酉	乙卯	甲申	甲寅	癸未	乙卯	甲申	26日
	己未	己丑	戊午	戊子	丁巳	丙戌	丙辰	乙酉	乙卯	甲申	丙辰	乙酉	27日
	庚申	庚寅	己未	己丑	戊午	丁亥	丁巳	丙戌	丙辰	乙酉	丁巳	丙戌	28日
	辛酉	辛卯	庚申	庚寅	己未	戊子	戊午	丁亥	丁巳	丙戌		丁亥	29日
30	壬戌	壬辰	辛酉	辛卯	庚申	己丑	己未	戊子	戊午	丁亥		戊子	30日
	癸亥		壬戌		辛酉	庚寅		己丑		戊子		己丑	31日

2022年　令和 4年　壬寅

	12月	11月	10月	9月	8月	7月	6月	5月	4月	3月	2月	3年 辛丑 1月	月干支
	壬子	辛亥	庚戌	己酉	戊申	丁未	丙午	乙巳	甲辰	癸卯	壬寅	辛丑	
	7 日	7 日	8 日	8 日	7 日	7 日	6 日	5 日	5 日	5 日	4 日	5 日	節入日
	12:46	19:47	16:25	0:33	21:29	11:35	1:29	21:25	4:21	23:44	5:51	18:12	
1	戊子	戊午	丁亥	丁巳	丙戌	乙卯	乙酉	甲寅	甲申	癸丑	乙酉	甲寅	1 日
	己丑	己未	戊子	戊午	丁亥	丙辰	丙戌	乙卯	乙酉	甲寅	丙戌	乙卯	2 日
	庚寅	庚申	己丑	己未	戊子	丁巳	丁亥	丙辰	丙戌	乙卯	丁亥	丙辰	3 日
	辛卯	辛酉	庚寅	庚申	己丑	戊午	戊子	丁巳	丁亥	丙辰	戊子	丁巳	4 日
5	壬辰	壬戌	辛卯	辛酉	庚寅	己未	己丑	戊午	戊子	丁巳	己丑	戊午	5 日
	癸巳	癸亥	壬辰	壬戌	辛卯	庚申	庚寅	己未	己丑	戊午	庚寅	己未	6 日
	甲午	甲子	癸巳	癸亥	壬辰	辛酉	辛卯	庚申	庚寅	己未	辛卯	庚申	7 日
	乙未	乙丑	甲午	甲子	癸巳	壬戌	壬辰	辛酉	辛卯	庚申	壬辰	辛酉	8 日
	丙申	丙寅	乙未	乙丑	甲午	癸亥	癸巳	壬戌	壬辰	辛酉	癸巳	壬戌	9 日
10	丁酉	丁卯	丙申	丙寅	乙未	甲子	甲午	癸亥	癸巳	壬戌	甲午	癸亥	10 日
	戊戌	戊辰	丁酉	丁卯	丙申	乙丑	乙未	甲子	甲午	癸亥	乙未	甲子	11 日
	己亥	己巳	戊戌	戊辰	丁酉	丙寅	丙申	乙丑	乙未	甲子	丙申	乙丑	12 日
	庚子	庚午	己亥	己巳	戊戌	丁卯	丁酉	丙寅	丙申	乙丑	丁酉	丙寅	13 日
	辛丑	辛未	庚子	庚午	己亥	戊辰	戊戌	丁卯	丁酉	丙寅	戊戌	丁卯	14 日
15	壬寅	壬申	辛丑	辛未	庚子	己巳	己亥	戊辰	戊戌	丁卯	己亥	戊辰	15 日
	癸卯	癸酉	壬寅	壬申	辛丑	庚午	庚子	己巳	己亥	戊辰	庚子	己巳	16 日
	甲辰	甲戌	癸卯	癸酉	壬寅	辛未	辛丑	庚午	庚子	己巳	辛丑	庚午	17 日
	乙巳	乙亥	甲辰	甲戌	癸卯	壬申	壬寅	辛未	辛丑	庚午	壬寅	辛未	18 日
	丙午	丙子	乙巳	乙亥	甲辰	癸酉	癸卯	壬申	壬寅	辛未	癸卯	壬申	19 日
20	丁未	丁丑	丙午	丙子	乙巳	甲戌	甲辰	癸酉	癸卯	壬申	甲辰	癸酉	20 日
	戊申	戊寅	丁未	丁丑	丙午	乙亥	乙巳	甲戌	甲辰	癸酉	乙巳	甲戌	21 日
	己酉	己卯	戊申	戊寅	丁未	丙子	丙午	乙亥	乙巳	甲戌	丙午	乙亥	22 日
	庚戌	庚辰	己酉	己卯	戊申	丁丑	丁未	丙子	丙午	乙亥	丁未	丙子	23 日
	辛亥	辛巳	庚戌	庚辰	己酉	戊寅	戊申	丁丑	丁未	丙子	戊申	丁丑	24 日
25	壬子	壬午	辛亥	辛巳	庚戌	己卯	己酉	戊寅	戊申	丁丑	己酉	戊寅	25 日
	癸丑	癸未	壬子	壬午	辛亥	庚辰	庚戌	己卯	己酉	戊寅	庚戌	己卯	26 日
	甲寅	甲申	癸丑	癸未	壬子	辛巳	辛亥	庚辰	庚戌	己卯	辛亥	庚辰	27 日
	乙卯	乙酉	甲寅	甲申	癸丑	壬午	壬子	辛巳	辛亥	庚辰	壬子	辛巳	28 日
	丙辰	丙戌	乙卯	乙酉	甲寅	癸未	癸丑	壬午	壬子	辛巳		壬午	29 日
30	丁巳	丁亥	丙辰	丙戌	乙卯	甲申	甲寅	癸未	癸丑	壬午		癸未	30 日
	戊午		丁巳		丙辰	乙酉		甲申		癸未		甲申	31 日

2021年　　　令和 3年　　　辛丑

12月	11月	10月	9月	8月	7月	6月	5月	4月	3月	2月	2年庚子 1月	月干支
庚子	己亥	戊戌	丁酉	丙申	乙未	甲午	癸巳	壬辰	辛卯	庚寅	己丑	月干支
7日	7日	8日	7日	7日	7日	5日	5日	4日	5日	3日	5日	節入日
6:56	13:57	10:36	18:53	15:54	6:05	19:52	15:47	22:35	17:52	23:59	12:22	
癸未	癸丑	壬午	壬子	辛巳	庚戌	庚辰	己酉	己卯	戊申	庚辰	己酉	1日
甲申	甲寅	癸未	癸丑	壬午	辛亥	辛巳	庚戌	庚辰	己酉	辛巳	庚戌	2日
乙酉	乙卯	甲申	甲寅	癸未	壬子	壬午	辛亥	辛巳	庚戌	壬午	辛亥	3日
丙戌	丙辰	乙酉	乙卯	甲申	癸丑	癸未	壬子	壬午	辛亥	癸未	壬子	4日
丁亥	丁巳	丙戌	丙辰	乙酉	甲寅	甲申	癸丑	癸未	壬子	甲申	癸丑	5日
戊子	戊午	丁亥	丁巳	丙戌	乙卯	乙酉	甲寅	甲申	癸丑	乙酉	甲寅	6日
己丑	己未	戊子	戊午	丁亥	丙辰	丙戌	乙卯	乙酉	甲寅	丙戌	乙卯	7日
庚寅	庚申	己丑	己未	戊子	丁巳	丁亥	丙辰	丙戌	乙卯	丁亥	丙辰	8日
辛卯	辛酉	庚寅	庚申	己丑	戊午	戊子	丁巳	丁亥	丙辰	戊子	丁巳	9日
壬辰	壬戌	辛卯	辛酉	庚寅	己未	己丑	戊午	戊子	丁巳	己丑	戊午	10日
癸巳	癸亥	壬辰	壬戌	辛卯	庚申	庚寅	己未	己丑	戊午	庚寅	己未	11日
甲午	甲子	癸巳	癸亥	壬辰	辛酉	辛卯	庚申	庚寅	己未	辛卯	庚申	12日
乙未	乙丑	甲午	甲子	癸巳	壬戌	壬辰	辛酉	辛卯	庚申	壬辰	辛酉	13日
丙申	丙寅	乙未	乙丑	甲午	癸亥	癸巳	壬戌	壬辰	辛酉	癸巳	壬戌	14日
丁酉	丁卯	丙申	丙寅	乙未	甲子	甲午	癸亥	癸巳	壬戌	甲午	癸亥	15日
戊戌	戊辰	丁酉	丁卯	丙申	乙丑	乙未	甲子	甲午	癸亥	乙未	甲子	16日
己亥	己巳	戊戌	戊辰	丁酉	丙寅	丙申	乙丑	乙未	甲子	丙申	乙丑	17日
庚子	庚午	己亥	己巳	戊戌	丁卯	丁酉	丙寅	丙申	乙丑	丁酉	丙寅	18日
辛丑	辛未	庚子	庚午	己亥	戊辰	戊戌	丁卯	丁酉	丙寅	戊戌	丁卯	19日
壬寅	壬申	辛丑	辛未	庚子	己巳	己亥	戊辰	戊戌	丁卯	己亥	戊辰	20日
癸卯	癸酉	壬寅	壬申	辛丑	庚午	庚子	己巳	己亥	戊辰	庚子	己巳	21日
甲辰	甲戌	癸卯	癸酉	壬寅	辛未	辛丑	庚午	庚子	己巳	辛丑	庚午	22日
乙巳	乙亥	甲辰	甲戌	癸卯	壬申	壬寅	辛未	辛丑	庚午	壬寅	辛未	23日
丙午	丙子	乙巳	乙亥	甲辰	癸酉	癸卯	壬申	壬寅	辛未	癸卯	壬申	24日
丁未	丁丑	丙午	丙子	乙巳	甲戌	甲辰	癸酉	癸卯	壬申	甲辰	癸酉	25日
戊申	戊寅	丁未	丁丑	丙午	乙亥	乙巳	甲戌	甲辰	癸酉	乙巳	甲戌	26日
己酉	己卯	戊申	戊寅	丁未	丙子	丙午	乙亥	乙巳	甲戌	丙午	乙亥	27日
庚戌	庚辰	己酉	己卯	戊申	丁丑	丁未	丙子	丙午	乙亥	丁未	丙子	28日
辛亥	辛巳	庚戌	庚辰	己酉	戊寅	戊申	丁丑	丁未	丙子		丁丑	29日
壬子	壬午	辛亥	辛巳	庚戌	己卯	己酉	戊寅	戊申	丁丑		戊寅	30日
癸丑		壬子		辛亥	庚辰		己卯		戊寅		己卯	31日

2020年　　令和 2年　　庚子

12月	11月	10月	9月	8月	7月	6月	5月	4月	3月	2月	1月 (元年 己亥)	月干支
戊子	丁亥	丙戌	乙酉	甲申	癸未	壬午	辛巳	庚辰	己卯	戊寅	丁丑	月干支
7日	7日	8日	7日	7日	7日	5日	5日	4日	5日	4日	6日	節入日
1:07	8:14	4:55	13:08	10:06	0:14	13:58	9:51	16:38	11:57	18:03	6:30	
戊寅	戊申	丁丑	丁未	丙子	乙巳	乙亥	甲辰	甲戌	癸卯	甲戌	癸卯	1日
己卯	己酉	戊寅	戊申	丁丑	丙午	丙子	乙巳	乙亥	甲辰	乙亥	甲辰	2日
庚辰	庚戌	己卯	己酉	戊寅	丁未	丁丑	丙午	丙子	乙巳	丙子	乙巳	3日
辛巳	辛亥	庚辰	庚戌	己卯	戊申	戊寅	丁未	丁丑	丙午	丁丑	丙午	4日
壬午	壬子	辛巳	辛亥	庚辰	己酉	己卯	戊申	戊寅	丁未	戊寅	丁未	5日
癸未	癸丑	壬午	壬子	辛巳	庚戌	庚辰	己酉	己卯	戊申	己卯	戊申	6日
甲申	甲寅	癸未	癸丑	壬午	辛亥	辛巳	庚戌	庚辰	己酉	庚辰	己酉	7日
乙酉	乙卯	甲申	甲寅	癸未	壬子	壬午	辛亥	辛巳	庚戌	辛巳	庚戌	8日
丙戌	丙辰	乙酉	乙卯	甲申	癸丑	癸未	壬子	壬午	辛亥	壬午	辛亥	9日
丁亥	丁巳	丙戌	丙辰	乙酉	甲寅	甲申	癸丑	癸未	壬子	癸未	壬子	10日
戊子	戊午	丁亥	丁巳	丙戌	乙卯	乙酉	甲寅	甲申	癸丑	甲申	癸丑	11日
己丑	己未	戊子	戊午	丁亥	丙辰	丙戌	乙卯	乙酉	甲寅	乙酉	甲寅	12日
庚寅	庚申	己丑	己未	戊子	丁巳	丁亥	丙辰	丙戌	乙卯	丙戌	乙卯	13日
辛卯	辛酉	庚寅	庚申	己丑	戊午	戊子	丁巳	丁亥	丙辰	丁亥	丙辰	14日
壬辰	壬戌	辛卯	辛酉	庚寅	己未	己丑	戊午	戊子	丁巳	戊子	丁巳	15日
癸巳	癸亥	壬辰	壬戌	辛卯	庚申	庚寅	己未	己丑	戊午	己丑	戊午	16日
甲午	甲子	癸巳	癸亥	壬辰	辛酉	辛卯	庚申	庚寅	己未	庚寅	己未	17日
乙未	乙丑	甲午	甲子	癸巳	壬戌	壬辰	辛酉	辛卯	庚申	辛卯	庚申	18日
丙申	丙寅	乙未	乙丑	甲午	癸亥	癸巳	壬戌	壬辰	辛酉	壬辰	辛酉	19日
丁酉	丁卯	丙申	丙寅	乙未	甲子	甲午	癸亥	癸巳	壬戌	癸巳	壬戌	20日
戊戌	戊辰	丁酉	丁卯	丙申	乙丑	乙未	甲子	甲午	癸亥	甲午	癸亥	21日
己亥	己巳	戊戌	戊辰	丁酉	丙寅	丙申	乙丑	乙未	甲子	乙未	甲子	22日
庚子	庚午	己亥	己巳	戊戌	丁卯	丁酉	丙寅	丙申	乙丑	丙申	乙丑	23日
辛丑	辛未	庚子	庚午	己亥	戊辰	戊戌	丁卯	丁酉	丙寅	丁酉	丙寅	24日
壬寅	壬申	辛丑	辛未	庚子	己巳	己亥	戊辰	戊戌	丁卯	戊戌	丁卯	25日
癸卯	癸酉	壬寅	壬申	辛丑	庚午	庚子	己巳	己亥	戊辰	己亥	戊辰	26日
甲辰	甲戌	癸卯	癸酉	壬寅	辛未	辛丑	庚午	庚子	己巳	庚子	己巳	27日
乙巳	乙亥	甲辰	甲戌	癸卯	壬申	壬寅	辛未	辛丑	庚午	辛丑	庚午	28日
丙午	丙子	乙巳	乙亥	甲辰	癸酉	癸卯	壬申	壬寅	辛未	壬寅	辛未	29日
丁未	丁丑	丙午	丙子	乙巳	甲戌	甲辰	癸酉	癸卯	壬申		壬申	30日
戊申		丁未		丙午	乙亥		甲戌		癸酉		癸酉	31日

2019年　令和 元年　己亥

12月	11月	10月	9月	8月	7月	6月	5月	4月	3月	2月	1月	30年戊戌
丙子	乙亥	甲戌	癸酉	壬申	辛未	庚午	己巳	戊辰	丁卯	丙寅	乙丑	月干支
7日 19:18	8日 2:24	8日 23:05	8日 7:17	8日 4:13	7日 18:20	6日 8:06	6日 4:03	5日 10:51	6日 6:10	4日 12:14	6日 0:39	節入日
壬申	壬寅	辛未	辛丑	庚午	己亥	己巳	戊戌	戊辰	丁酉	己巳	戊戌	1日
癸酉	癸卯	壬申	壬寅	辛未	庚子	庚午	己亥	己巳	戊戌	庚午	己亥	2日
甲戌	甲辰	癸酉	癸卯	壬申	辛丑	辛未	庚子	庚午	己亥	辛未	庚子	3日
乙亥	乙巳	甲戌	甲辰	癸酉	壬寅	壬申	辛丑	辛未	庚子	壬申	辛丑	4日
丙子	丙午	乙亥	乙巳	甲戌	癸卯	癸酉	壬寅	壬申	辛丑	癸酉	壬寅	5日
丁丑	丁未	丙子	丙午	乙亥	甲辰	甲戌	癸卯	癸酉	壬寅	甲戌	癸卯	6日
戊寅	戊申	丁丑	丁未	丙子	乙巳	乙亥	甲辰	甲戌	癸卯	乙亥	甲辰	7日
己卯	己酉	戊寅	戊申	丁丑	丙午	丙子	乙巳	乙亥	甲辰	丙子	乙巳	8日
庚辰	庚戌	己卯	己酉	戊寅	丁未	丁丑	丙午	丙子	乙巳	丁丑	丙午	9日
辛巳	辛亥	庚辰	庚戌	己卯	戊申	戊寅	丁未	丁丑	丙午	戊寅	丁未	10日
壬午	壬子	辛巳	辛亥	庚辰	己酉	己卯	戊申	戊寅	丁未	己卯	戊申	11日
癸未	癸丑	壬午	壬子	辛巳	庚戌	庚辰	己酉	己卯	戊申	庚辰	己酉	12日
甲申	甲寅	癸未	癸丑	壬午	辛亥	辛巳	庚戌	庚辰	己酉	辛巳	庚戌	13日
乙酉	乙卯	甲申	甲寅	癸未	壬子	壬午	辛亥	辛巳	庚戌	壬午	辛亥	14日
丙戌	丙辰	乙酉	乙卯	甲申	癸丑	癸未	壬子	壬午	辛亥	癸未	壬子	15日
丁亥	丁巳	丙戌	丙辰	乙酉	甲寅	甲申	癸丑	癸未	壬子	甲申	癸丑	16日
戊子	戊午	丁亥	丁巳	丙戌	乙卯	乙酉	甲寅	甲申	癸丑	乙酉	甲寅	17日
己丑	己未	戊子	戊午	丁亥	丙辰	丙戌	乙卯	乙酉	甲寅	丙戌	乙卯	18日
庚寅	庚申	己丑	己未	戊子	丁巳	丁亥	丙辰	丙戌	乙卯	丁亥	丙辰	19日
辛卯	辛酉	庚寅	庚申	己丑	戊午	戊子	丁巳	丁亥	丙辰	戊子	丁巳	20日
壬辰	壬戌	辛卯	辛酉	庚寅	己未	己丑	戊午	戊子	丁巳	己丑	戊午	21日
癸巳	癸亥	壬辰	壬戌	辛卯	庚申	庚寅	己未	己丑	戊午	庚寅	己未	22日
甲午	甲子	癸巳	癸亥	壬辰	辛酉	辛卯	庚申	庚寅	己未	辛卯	庚申	23日
乙未	乙丑	甲午	甲子	癸巳	壬戌	壬辰	辛酉	辛卯	庚申	壬辰	辛酉	24日
丙申	丙寅	乙未	乙丑	甲午	癸亥	癸巳	壬戌	壬辰	辛酉	癸巳	壬戌	25日
丁酉	丁卯	丙申	丙寅	乙未	甲子	甲午	癸亥	癸巳	壬戌	甲午	癸亥	26日
戊戌	戊辰	丁酉	丁卯	丙申	乙丑	乙未	甲子	甲午	癸亥	乙未	甲子	27日
己亥	己巳	戊戌	戊辰	丁酉	丙寅	丙申	乙丑	乙未	甲子	丙申	乙丑	28日
庚子	庚午	己亥	己巳	戊戌	丁卯	丁酉	丙寅	丙申	乙丑		丙寅	29日
辛丑	辛未	庚子	庚午	己亥	戊辰	戊戌	丁卯	丁酉	丙寅		丁卯	30日
壬寅		辛丑		庚子	己巳		戊辰		丁卯		戊辰	31日

2018年　平成 30年　戊戌

12月	11月	10月	9月	8月	7月	6月	5月	4月	3月	2月	1月 (29年 丁酉)	
甲子	癸亥	壬戌	辛酉	庚申	己未	戊午	丁巳	丙辰	乙卯	甲寅	癸丑	月干支
7日	7日	8日	8日	7日	7日	6日	5日	5日	6日	4日	5日	節入日
13:26	20:30	17:14	1:30	22:30	12:42	2:29	22:25	5:13	0:28	6:28	18:49	
丁卯	丁酉	丙寅	丙申	乙丑	甲午	甲子	癸巳	癸亥	壬辰	甲子	癸未	1日
戊辰	戊戌	丁卯	丁酉	丙寅	乙未	乙丑	甲午	甲子	癸巳	乙丑	甲申	2日
己巳	己亥	戊辰	戊戌	丁卯	丙申	丙寅	乙未	乙丑	甲午	丙寅	乙未	3日
庚午	庚子	己巳	己亥	戊辰	丁酉	丁卯	丙申	丙寅	乙未	丁卯	丙申	4日
辛未	辛丑	庚午	庚子	己巳	戊戌	戊辰	丁酉	丁卯	丙申	戊辰	丁酉	5日
壬申	壬寅	辛未	辛丑	庚午	己亥	己巳	戊戌	戊辰	丁酉	己巳	戊戌	6日
癸酉	癸卯	壬申	壬寅	辛未	庚子	庚午	己亥	己巳	戊戌	庚午	己亥	7日
甲戌	甲辰	癸酉	癸卯	壬申	辛丑	辛未	庚子	庚午	己亥	辛未	庚子	8日
乙亥	乙巳	甲戌	甲辰	癸酉	壬寅	壬申	辛丑	辛未	庚子	壬申	辛丑	9日
丙子	丙午	乙亥	乙巳	甲戌	癸卯	癸酉	壬寅	壬申	辛丑	癸酉	壬寅	10日
丁丑	丁未	丙子	丙午	乙亥	甲辰	甲戌	癸卯	癸酉	壬寅	甲戌	癸卯	11日
戊寅	戊申	丁丑	丁未	丙子	乙巳	乙亥	甲辰	甲戌	癸卯	乙亥	甲辰	12日
己卯	己酉	戊寅	戊申	丁丑	丙午	丙子	乙巳	乙亥	甲辰	丙子	乙巳	13日
庚辰	庚戌	己卯	己酉	戊寅	丁未	丁丑	丙午	丙子	乙巳	丁丑	丙午	14日
辛巳	辛亥	庚辰	庚戌	己卯	戊申	戊寅	丁未	丁丑	丙午	戊寅	丁未	15日
壬午	壬子	辛巳	辛亥	庚辰	己酉	己卯	戊申	戊寅	丁未	己卯	戊申	16日
癸未	癸丑	壬午	壬子	辛巳	庚戌	庚辰	己酉	己卯	戊申	庚辰	己酉	17日
甲申	甲寅	癸未	癸丑	壬午	辛亥	辛巳	庚戌	庚辰	己酉	辛巳	庚戌	18日
乙酉	乙卯	甲申	甲寅	癸未	壬子	壬午	辛亥	辛巳	庚戌	壬午	辛亥	19日
丙戌	丙辰	乙酉	乙卯	甲申	癸丑	癸未	壬子	壬午	辛亥	癸未	壬子	20日
丁亥	丁巳	丙戌	丙辰	乙酉	甲寅	甲申	癸丑	癸未	壬子	甲申	癸丑	21日
戊子	戊午	丁亥	丁巳	丙戌	乙卯	乙酉	甲寅	甲申	癸丑	乙酉	甲寅	22日
己丑	己未	戊子	戊午	丁亥	丙辰	丙戌	乙卯	乙酉	甲寅	丙戌	乙卯	23日
庚寅	庚申	己丑	己未	戊子	丁巳	丁亥	丙辰	丙戌	乙卯	丁亥	丙辰	24日
辛卯	辛酉	庚寅	庚申	己丑	戊午	戊子	丁巳	丁亥	丙辰	戊子	丁巳	25日
壬辰	壬戌	辛卯	辛酉	庚寅	己未	己丑	戊午	戊子	丁巳	己丑	戊午	26日
癸巳	癸亥	壬辰	壬戌	辛卯	庚申	庚寅	己未	己丑	戊午	庚寅	己未	27日
甲午	甲子	癸巳	癸亥	壬辰	辛酉	辛卯	庚申	庚寅	己未	辛卯	庚申	28日
乙未	乙丑	甲午	甲子	癸巳	壬戌	壬辰	辛酉	辛卯	庚申		辛酉	29日
丙申	丙寅	乙未	乙丑	甲午	癸亥	癸巳	壬戌	壬辰	辛酉		壬戌	30日
丁酉		丙申		乙未	甲子		癸亥		壬戌		癸亥	31日

2017年　平成 29年　丁酉

12月	11月	10月	9月	8月	7月	6月	5月	4月	3月	2月	1月 (28年丙申)	月干支
壬子	辛亥	庚戌	己酉	戊申	丁未	丙午	乙巳	甲辰	癸卯	壬寅	辛丑	月干支
7日	7日	8日	7日	7日	7日	5日	5日	4日	5日	4日	5日	節入日
7:32	14:38	11:24	19:35	16:40	6:51	20:36	16:31	23:17	18:33	0:34	12:56	

	12月	11月	10月	9月	8月	7月	6月	5月	4月	3月	2月	1月	日
1	壬戌	壬辰	辛酉	辛卯	庚申	己丑	己未	戊子	戊午	丁亥	己未	戊子	1日
	癸亥	癸巳	壬戌	壬辰	辛酉	庚寅	庚申	己丑	己未	戊子	庚申	己丑	2日
	甲子	甲午	癸亥	癸巳	壬戌	辛卯	辛酉	庚寅	庚申	己丑	辛酉	庚寅	3日
	乙丑	乙未	甲子	甲午	癸亥	壬辰	壬戌	辛卯	辛酉	庚寅	壬戌	辛卯	4日
5	丙寅	丙申	乙丑	乙未	甲子	癸巳	癸亥	壬辰	壬戌	辛卯	癸亥	壬辰	5日
	丁卯	丁酉	丙寅	丙申	乙丑	甲午	甲子	癸巳	癸亥	壬辰	甲子	癸巳	6日
	戊辰	戊戌	丁卯	丁酉	丙寅	乙未	乙丑	甲午	甲子	癸巳	乙丑	甲午	7日
	己巳	己亥	戊辰	戊戌	丁卯	丙申	丙寅	乙未	乙丑	甲午	丙寅	乙未	8日
	庚午	庚子	己巳	己亥	戊辰	丁酉	丁卯	丙申	丙寅	乙未	丁卯	丙申	9日
10	辛未	辛丑	庚午	庚子	己巳	戊戌	戊辰	丁酉	丁卯	丙申	戊辰	丁酉	10日
	壬申	壬寅	辛未	辛丑	庚午	己亥	己巳	戊戌	戊辰	丁酉	己巳	戊戌	11日
	癸酉	癸卯	壬申	壬寅	辛未	庚子	庚午	己亥	己巳	戊戌	庚午	己亥	12日
	甲戌	甲辰	癸酉	癸卯	壬申	辛丑	辛未	庚子	庚午	己亥	辛未	庚子	13日
	乙亥	乙巳	甲戌	甲辰	癸酉	壬寅	壬申	辛丑	辛未	庚子	壬申	辛丑	14日
15	丙子	丙午	乙亥	乙巳	甲戌	癸卯	癸酉	壬寅	壬申	辛丑	癸酉	壬寅	15日
	丁丑	丁未	丙子	丙午	乙亥	甲辰	甲戌	癸卯	癸酉	壬寅	甲戌	癸卯	16日
	戊寅	戊申	丁丑	丁未	丙子	乙巳	乙亥	甲辰	甲戌	癸卯	乙亥	甲辰	17日
	己卯	己酉	戊寅	戊申	丁丑	丙午	丙子	乙巳	乙亥	甲辰	丙子	乙巳	18日
	庚辰	庚戌	己卯	己酉	戊寅	丁未	丁丑	丙午	丙子	乙巳	丁丑	丙午	19日
20	辛巳	辛亥	庚辰	庚戌	己卯	戊申	戊寅	丁未	丁丑	丙午	戊寅	丁未	20日
	壬午	壬子	辛巳	辛亥	庚辰	己酉	己卯	戊申	戊寅	丁未	己卯	戊申	21日
	癸未	癸丑	壬午	壬子	辛巳	庚戌	庚辰	己酉	己卯	戊申	庚辰	己酉	22日
	甲申	甲寅	癸未	癸丑	壬午	辛亥	辛巳	庚戌	庚辰	己酉	辛巳	庚戌	23日
	乙酉	乙卯	甲申	甲寅	癸未	壬子	壬午	辛亥	辛巳	庚戌	壬午	辛亥	24日
25	丙戌	丙辰	乙酉	乙卯	甲申	癸丑	癸未	壬子	壬午	辛亥	癸未	壬子	25日
	丁亥	丁巳	丙戌	丙辰	乙酉	甲寅	甲申	癸丑	癸未	壬子	甲申	癸丑	26日
	戊子	戊午	丁亥	丁巳	丙戌	乙卯	乙酉	甲寅	甲申	癸丑	乙酉	甲寅	27日
	己丑	己未	戊子	戊午	丁亥	丙辰	丙戌	乙卯	乙酉	甲寅	丙戌	乙卯	28日
	庚寅	庚申	己丑	己未	戊子	丁巳	丁亥	丙辰	丙戌	乙卯		丙辰	29日
30	辛卯	辛酉	庚寅	庚申	己丑	戊午	戊子	丁巳	丁亥	丙辰		丁巳	30日
	壬辰		辛卯		庚寅	己未		戊午		丁巳		戊午	31日

2016年　　平成 28年　　丙申

	12月	11月	10月	9月	8月	7月	6月	5月	4月	3月	2月	27年己未 1月	
月干支	庚子	己亥	戊戌	丁酉	丙申	乙未	甲午	癸巳	壬辰	辛卯	庚寅	己丑	
節入日	7日 1:41	7日 8:48	8日 5:36	7日 13:51	7日 10:53	7日 1:03	5日 14:48	5日 10:42	4日 17:27	5日 12:43	4日 18:46	6日 7:08	
1	丁巳	丁亥	丙辰	丙戌	乙卯	甲申	甲寅	癸未	癸丑	壬午	癸丑	壬午	1日
2	戊午	戊子	丁巳	丁亥	丙辰	乙酉	乙卯	甲申	甲寅	癸未	甲寅	癸未	2日
3	己未	己丑	戊午	戊子	丁巳	丙戌	丙辰	乙酉	乙卯	甲申	乙卯	甲申	3日
4	庚申	庚寅	己未	己丑	戊午	丁亥	丁巳	丙戌	丙辰	乙酉	丙辰	乙酉	4日
5	辛酉	辛卯	庚申	庚寅	己未	戊子	戊午	丁亥	丁巳	丙戌	丁巳	丙戌	5日
6	壬戌	壬辰	辛酉	辛卯	庚申	己丑	己未	戊子	戊午	丁亥	戊午	丁亥	6日
7	癸亥	癸巳	壬戌	壬辰	辛酉	庚寅	庚申	己丑	己未	戊子	己未	戊子	7日
8	甲子	甲午	癸亥	癸巳	壬戌	辛卯	辛酉	庚寅	庚申	己丑	庚申	己丑	8日
9	乙丑	乙未	甲子	甲午	癸亥	壬辰	壬戌	辛卯	辛酉	庚寅	辛酉	庚寅	9日
10	丙寅	丙申	乙丑	乙未	甲子	癸巳	癸亥	壬辰	壬戌	辛卯	壬戌	辛卯	10日
11	丁卯	丁酉	丙寅	丙申	乙丑	甲午	甲子	癸巳	癸亥	壬辰	癸亥	壬辰	11日
12	戊辰	戊戌	丁卯	丁酉	丙寅	乙未	乙丑	甲午	甲子	癸巳	甲子	癸巳	12日
13	己巳	己亥	戊辰	戊戌	丁卯	丙申	丙寅	乙未	乙丑	甲午	乙丑	甲午	13日
14	庚午	庚子	己巳	己亥	戊辰	丁酉	丁卯	丙申	丙寅	乙未	丙寅	乙未	14日
15	辛未	辛丑	庚午	庚子	己巳	戊戌	戊辰	丁酉	丁卯	丙申	丁卯	丙申	15日
16	壬申	壬寅	辛未	辛丑	庚午	己亥	己巳	戊戌	戊辰	丁酉	戊辰	丁酉	16日
17	癸酉	癸卯	壬申	壬寅	辛未	庚子	庚午	己亥	己巳	戊戌	己巳	戊戌	17日
18	甲戌	甲辰	癸酉	癸卯	壬申	辛丑	辛未	庚子	庚午	己亥	庚午	己亥	18日
19	乙亥	乙巳	甲戌	甲辰	癸酉	壬寅	壬申	辛丑	辛未	庚子	辛未	庚子	19日
20	丙子	丙午	乙亥	乙巳	甲戌	癸卯	癸酉	壬寅	壬申	辛丑	壬申	辛丑	20日
21	丁丑	丁未	丙子	丙午	乙亥	甲辰	甲戌	癸卯	癸酉	壬寅	癸酉	壬寅	21日
22	戊寅	戊申	丁丑	丁未	丙子	乙巳	乙亥	甲辰	甲戌	癸卯	甲戌	癸卯	22日
23	己卯	己酉	戊寅	戊申	丁丑	丙午	丙子	乙巳	乙亥	甲辰	乙亥	甲辰	23日
24	庚辰	庚戌	己卯	己酉	戊寅	丁未	丁丑	丙午	丙子	乙巳	丙子	乙巳	24日
25	辛巳	辛亥	庚辰	庚戌	己卯	戊申	戊寅	丁未	丁丑	丙午	丁丑	丙午	25日
26	壬午	壬子	辛巳	辛亥	庚辰	己酉	己卯	戊申	戊寅	丁未	戊寅	丁未	26日
27	癸未	癸丑	壬午	壬子	辛巳	庚戌	庚辰	己酉	己卯	戊申	己卯	戊申	27日
28	甲申	甲寅	癸未	癸丑	壬午	辛亥	辛巳	庚戌	庚辰	己酉	庚辰	己酉	28日
29	乙酉	乙卯	甲申	甲寅	癸未	壬子	壬午	辛亥	辛巳	庚戌	辛巳	庚戌	29日
30	丙戌	丙辰	乙酉	乙卯	甲申	癸丑	癸未	壬子	壬午	辛亥		辛亥	30日
	丁亥		丙戌		乙酉	甲寅		癸丑		壬子		壬子	31日

2015年　平成 27年　乙未

	12月	11月	10月	9月	8月	7月	6月	5月	4月	3月	2月	1月	26年 甲午
月干支	戊子	丁亥	丙戌	乙酉	甲申	癸未	壬午	辛巳	庚辰	己卯	戊寅	丁丑	
節入日	7日 19:53	8日 2:58	8日 23:43	8日 8:00	8日 5:01	7日 19:12	6日 8:58	6日 4:52	5日 11:39	6日 6:58	4日 12:58	6日 1:20	
1日	辛亥	辛巳	庚戌	庚辰	己酉	戊寅	戊申	丁丑	丁未	丙子	戊申	丁丑	1日
2日	壬子	壬午	辛亥	辛巳	庚戌	己卯	己酉	戊寅	戊申	丁丑	己酉	戊寅	2日
3日	癸丑	癸未	壬子	壬午	辛亥	庚辰	庚戌	己卯	己酉	戊寅	庚戌	己卯	3日
4日	甲寅	甲申	癸丑	癸未	壬子	辛巳	辛亥	庚辰	庚戌	己卯	辛亥	庚辰	4日
5日	乙卯	乙酉	甲寅	甲申	癸丑	壬午	壬子	辛巳	辛亥	庚辰	壬子	辛巳	5日
6日	丙辰	丙戌	乙卯	乙酉	甲寅	癸未	癸丑	壬午	壬子	辛巳	癸丑	壬午	6日
7日	丁巳	丁亥	丙辰	丙戌	乙卯	甲申	甲寅	癸未	癸丑	壬午	甲寅	癸未	7日
8日	戊午	戊子	丁巳	丁亥	丙辰	乙酉	乙卯	甲申	甲寅	癸未	乙卯	甲申	8日
9日	己未	己丑	戊午	戊子	丁巳	丙戌	丙辰	乙酉	乙卯	甲申	丙辰	乙酉	9日
10日	庚申	庚寅	己未	己丑	戊午	丁亥	丁巳	丙戌	丙辰	乙酉	丁巳	丙戌	10日
11日	辛酉	辛卯	庚申	庚寅	己未	戊子	戊午	丁亥	丁巳	丙戌	戊午	丁亥	11日
12日	壬戌	壬辰	辛酉	辛卯	庚申	己丑	己未	戊子	戊午	丁亥	己未	戊子	12日
13日	癸亥	癸巳	壬戌	壬辰	辛酉	庚寅	庚申	己丑	己未	戊子	庚申	己丑	13日
14日	甲子	甲午	癸亥	癸巳	壬戌	辛卯	辛酉	庚寅	庚申	己丑	辛酉	庚寅	14日
15日	乙丑	乙未	甲子	甲午	癸亥	壬辰	壬戌	辛卯	辛酉	庚寅	壬戌	辛卯	15日
16日	丙寅	丙申	乙丑	乙未	甲子	癸巳	癸亥	壬辰	壬戌	辛卯	癸亥	壬辰	16日
17日	丁卯	丁酉	丙寅	丙申	乙丑	甲午	甲子	癸巳	癸亥	壬辰	甲子	癸巳	17日
18日	戊辰	戊戌	丁卯	丁酉	丙寅	乙未	乙丑	甲午	甲子	癸巳	乙丑	甲午	18日
19日	己巳	己亥	戊辰	戊戌	丁卯	丙申	丙寅	乙未	乙丑	甲午	丙寅	乙未	19日
20日	庚午	庚子	己巳	己亥	戊辰	丁酉	丁卯	丙申	丙寅	乙未	丁卯	丙申	20日
21日	辛未	辛丑	庚午	庚子	己巳	戊戌	戊辰	丁酉	丁卯	丙申	戊辰	丁酉	21日
22日	壬申	壬寅	辛未	辛丑	庚午	己亥	己巳	戊戌	戊辰	丁酉	己巳	戊戌	22日
23日	癸酉	癸卯	壬申	壬寅	辛未	庚子	庚午	己亥	己巳	戊戌	庚午	己亥	23日
24日	甲戌	甲辰	癸酉	癸卯	壬申	辛丑	辛未	庚子	庚午	己亥	辛未	庚子	24日
25日	乙亥	乙巳	甲戌	甲辰	癸酉	壬寅	壬申	辛丑	辛未	庚子	壬申	辛丑	25日
26日	丙子	丙午	乙亥	乙巳	甲戌	癸卯	癸酉	壬寅	壬申	辛丑	癸酉	壬寅	26日
27日	丁丑	丁未	丙子	丙午	乙亥	甲辰	甲戌	癸卯	癸酉	壬寅	甲戌	癸卯	27日
28日	戊寅	戊申	丁丑	丁未	丙子	乙巳	乙亥	甲辰	甲戌	癸卯	乙亥	甲辰	28日
29日	己卯	己酉	戊寅	戊申	丁丑	丙午	丙子	乙巳	乙亥	甲辰		乙巳	29日
30日	庚辰	庚戌	己卯	己酉	戊寅	丁未	丁丑	丙午	丙子	乙巳		丙午	30日
31日	辛巳		庚辰		己卯	戊申		丁未		丙午		丁未	31日

2014年　　　平成 26年　　　甲午

	12月	11月	10月	9月	8月	7月	6月	5月	4月	3月	2月	1月 25年癸巳	月干支
	丙子	乙亥	甲戌	癸酉	壬申	辛未	庚午	己巳	戊辰	丁卯	丙寅	乙丑	
	7日 14:04	7日 21:07	8日 17:47	8日 2:01	7日 23:02	7日 13:15	6日 3:03	5日 22:59	5日 5:47	6日 1:02	4日 7:03	5日 19:24	節入日
1	丙午	丙子	乙巳	乙亥	甲辰	癸酉	癸卯	壬申	壬寅	辛未	癸卯	壬申	1日
	丁未	丁丑	丙午	丙子	乙巳	甲戌	甲辰	癸酉	癸卯	壬申	甲辰	癸酉	2日
	戊申	戊寅	丁未	丁丑	丙午	乙亥	乙巳	甲戌	甲辰	癸酉	乙巳	甲戌	3日
	己酉	己卯	戊申	戊寅	丁未	丙子	丙午	乙亥	乙巳	甲戌	丙午	乙亥	4日
5	庚戌	庚辰	己酉	己卯	戊申	丁丑	丁未	丙子	丙午	乙亥	丁未	丙子	5日
	辛亥	辛巳	庚戌	庚辰	己酉	戊寅	戊申	丁丑	丁未	丙子	戊申	丁丑	6日
	壬子	壬午	辛亥	辛巳	庚戌	己卯	己酉	戊寅	戊申	丁丑	己酉	戊寅	7日
	癸丑	癸未	壬子	壬午	辛亥	庚辰	庚戌	己卯	己酉	戊寅	庚戌	己卯	8日
	甲寅	甲申	癸丑	癸未	壬子	辛巳	辛亥	庚辰	庚戌	己卯	辛亥	庚辰	9日
10	乙卯	乙酉	甲寅	甲申	癸丑	壬午	壬子	辛巳	辛亥	庚辰	壬子	辛巳	10日
	丙辰	丙戌	乙卯	乙酉	甲寅	癸未	癸丑	壬午	壬子	辛巳	癸丑	壬午	11日
	丁巳	丁亥	丙辰	丙戌	乙卯	甲申	甲寅	癸未	癸丑	壬午	甲寅	癸未	12日
	戊午	戊子	丁巳	丁亥	丙辰	乙酉	乙卯	甲申	甲寅	癸未	乙卯	甲申	13日
	己未	己丑	戊午	戊子	丁巳	丙戌	丙辰	乙酉	乙卯	甲申	丙辰	乙酉	14日
15	庚申	庚寅	己未	己丑	戊午	丁亥	丁巳	丙戌	丙辰	乙酉	丁巳	丙戌	15日
	辛酉	辛卯	庚申	庚寅	己未	戊子	戊午	丁亥	丁巳	丙戌	戊午	丁亥	16日
	壬戌	壬辰	辛酉	辛卯	庚申	己丑	己未	戊子	戊午	丁亥	己未	戊子	17日
	癸亥	癸巳	壬戌	壬辰	辛酉	庚寅	庚申	己丑	己未	戊子	庚申	己丑	18日
	甲子	甲午	癸亥	癸巳	壬戌	辛卯	辛酉	庚寅	庚申	己丑	辛酉	庚寅	19日
20	乙丑	乙未	甲子	甲午	癸亥	壬辰	壬戌	辛卯	辛酉	庚寅	壬戌	辛卯	20日
	丙寅	丙申	乙丑	乙未	甲子	癸巳	癸亥	壬辰	壬戌	辛卯	癸亥	壬辰	21日
	丁卯	丁酉	丙寅	丙申	乙丑	甲午	甲子	癸巳	癸亥	壬辰	甲子	癸巳	22日
	戊辰	戊戌	丁卯	丁酉	丙寅	乙未	乙丑	甲午	甲子	癸巳	乙丑	甲午	23日
	己巳	己亥	戊辰	戊戌	丁卯	丙申	丙寅	乙未	乙丑	甲午	丙寅	乙未	24日
25	庚午	庚子	己巳	己亥	戊辰	丁酉	丁卯	丙申	丙寅	乙未	丁卯	丙申	25日
	辛未	辛丑	庚午	庚子	己巳	戊戌	戊辰	丁酉	丁卯	丙申	戊辰	丁酉	26日
	壬申	壬寅	辛未	辛丑	庚午	己亥	己巳	戊戌	戊辰	丁酉	己巳	戊戌	27日
	癸酉	癸卯	壬申	壬寅	辛未	庚子	庚午	己亥	己巳	戊戌	庚午	己亥	28日
	甲戌	甲辰	癸酉	癸卯	壬申	辛丑	辛未	庚子	庚午	己亥		庚子	29日
30	乙亥	乙巳	甲戌	甲辰	癸酉	壬寅	壬申	辛丑	辛未	庚子		辛丑	30日
	丙子		乙亥		甲戌	癸卯		壬寅		辛丑		壬寅	31日

2013年　平成 25年　癸巳

	12月	11月	10月	9月	8月	7月	6月	5月	4月	3月	2月	1月 (24年 壬辰)	
	甲子	癸亥	壬戌	辛酉	庚申	己未	戊午	丁巳	丙辰	乙卯	甲寅	癸丑	月干支
	7日 8:09	7日 15:14	8日 11:59	7日 20:16	7日 17:20	7日 7:35	5日 21:23	5日 17:18	5日 0:02	5日 19:15	4日 1:14	5日 13:34	節入日
1	辛丑	辛未	庚子	庚午	己亥	戊辰	戊戌	丁卯	丁酉	丙寅	戊戌	丁卯	1日
	壬寅	壬申	辛丑	辛未	庚子	己巳	己亥	戊辰	戊戌	丁卯	己亥	戊辰	2日
	癸卯	癸酉	壬寅	壬申	辛丑	庚午	庚子	己巳	己亥	戊辰	庚子	己巳	3日
	甲辰	甲戌	癸卯	癸酉	壬寅	辛未	辛丑	庚午	庚子	己巳	辛丑	庚午	4日
5	乙巳	乙亥	甲辰	甲戌	癸卯	壬申	壬寅	辛未	辛丑	庚午	壬寅	辛未	5日
	丙午	丙子	乙巳	乙亥	甲辰	癸酉	癸卯	壬申	壬寅	辛未	癸卯	壬申	6日
	丁未	丁丑	丙午	丙子	乙巳	甲戌	甲辰	癸酉	癸卯	壬申	甲辰	癸酉	7日
	戊申	戊寅	丁未	丁丑	丙午	乙亥	乙巳	甲戌	甲辰	癸酉	乙巳	甲戌	8日
	己酉	己卯	戊申	戊寅	丁未	丙子	丙午	乙亥	乙巳	甲戌	丙午	乙亥	9日
10	庚戌	庚辰	己酉	己卯	戊申	丁丑	丁未	丙子	丙午	乙亥	丁未	丙子	10日
	辛亥	辛巳	庚戌	庚辰	己酉	戊寅	戊申	丁丑	丁未	丙子	戊申	丁丑	11日
	壬子	壬午	辛亥	辛巳	庚戌	己卯	己酉	戊寅	戊申	丁丑	己酉	戊寅	12日
	癸丑	癸未	壬子	壬午	辛亥	庚辰	庚戌	己卯	己酉	戊寅	庚戌	己卯	13日
	甲寅	甲申	癸丑	癸未	壬子	辛巳	辛亥	庚辰	庚戌	己卯	辛亥	庚辰	14日
15	乙卯	乙酉	甲寅	甲申	癸丑	壬午	壬子	辛巳	辛亥	庚辰	壬子	辛巳	15日
	丙辰	丙戌	乙卯	乙酉	甲寅	癸未	癸丑	壬午	壬子	辛巳	癸丑	壬午	16日
	丁巳	丁亥	丙辰	丙戌	乙卯	甲申	甲寅	癸未	癸丑	壬午	甲寅	癸未	17日
	戊午	戊子	丁巳	丁亥	丙辰	乙酉	乙卯	甲申	甲寅	癸未	乙卯	甲申	18日
	己未	己丑	戊午	戊子	丁巳	丙戌	丙辰	乙酉	乙卯	甲申	丙辰	乙酉	19日
20	庚申	庚寅	己未	己丑	戊午	丁亥	丁巳	丙戌	丙辰	乙酉	丁巳	丙戌	20日
	辛酉	辛卯	庚申	庚寅	己未	戊子	戊午	丁亥	丁巳	丙戌	戊午	丁亥	21日
	壬戌	壬辰	辛酉	辛卯	庚申	己丑	己未	戊子	戊午	丁亥	己未	戊子	22日
	癸亥	癸巳	壬戌	壬辰	辛酉	庚寅	庚申	己丑	己未	戊子	庚申	己丑	23日
	甲子	甲午	癸亥	癸巳	壬戌	辛卯	辛酉	庚寅	庚申	己丑	辛酉	庚寅	24日
25	乙丑	乙未	甲子	甲午	癸亥	壬辰	壬戌	辛卯	辛酉	庚寅	壬戌	辛卯	25日
	丙寅	丙申	乙丑	乙未	甲子	癸巳	癸亥	壬辰	壬戌	辛卯	癸亥	壬辰	26日
	丁卯	丁酉	丙寅	丙申	乙丑	甲午	甲子	癸巳	癸亥	壬辰	甲子	癸巳	27日
	戊辰	戊戌	丁卯	丁酉	丙寅	乙未	乙丑	甲午	甲子	癸巳	乙丑	甲午	28日
	己巳	己亥	戊辰	戊戌	丁卯	丙申	丙寅	乙未	乙丑	甲午		乙未	29日
30	庚午	庚子	己巳	己亥	戊辰	丁酉	丁卯	丙申	丙寅	乙未		丙申	30日
	辛未		庚午		己巳	戊戌		丁酉		丙申		丁酉	31日

2012年　平成 24年　壬辰

12月	11月	10月	9月	8月	7月	6月	5月	4月	3月	2月	1月(23年辛卯)	月干支
壬子	辛亥	庚戌	己酉	戊申	丁未	丙午	乙巳	甲辰	癸卯	壬寅	辛丑	月干支
7日 2:19	7日 9:26	8日 6:12	7日 14:29	7日 11:30	7日 1:41	5日 15:26	5日 11:20	4日 18:05	5日 13:21	4日 19:23	6日 7:44	節入日
丙申	丙寅	乙未	乙丑	甲午	癸亥	癸巳	壬戌	壬辰	辛酉	壬辰	辛酉	1日
丁酉	丁卯	丙申	丙寅	乙未	甲子	甲午	癸亥	癸巳	壬戌	癸巳	壬戌	2日
戊戌	戊辰	丁酉	丁卯	丙申	乙丑	乙未	甲子	甲午	癸亥	甲午	癸亥	3日
己亥	己巳	戊戌	戊辰	丁酉	丙寅	丙申	乙丑	乙未	甲子	乙未	甲子	4日
庚子	庚午	己亥	己巳	戊戌	丁卯	丁酉	丙寅	丙申	乙丑	丙申	乙丑	5日
辛丑	辛未	庚子	庚午	己亥	戊辰	戊戌	丁卯	丁酉	丙寅	丁酉	丙寅	6日
壬寅	壬申	辛丑	辛未	庚子	己巳	己亥	戊辰	戊戌	丁卯	戊戌	丁卯	7日
癸卯	癸酉	壬寅	壬申	辛丑	庚午	庚子	己巳	己亥	戊辰	己亥	戊辰	8日
甲辰	甲戌	癸卯	癸酉	壬寅	辛未	辛丑	庚午	庚子	己巳	庚子	己巳	9日
乙巳	乙亥	甲辰	甲戌	癸卯	壬申	壬寅	辛未	辛丑	庚午	辛丑	庚午	10日
丙午	丙子	乙巳	乙亥	甲辰	癸酉	癸卯	壬申	壬寅	辛未	壬寅	辛未	11日
丁未	丁丑	丙午	丙子	乙巳	甲戌	甲辰	癸酉	癸卯	壬申	癸卯	壬申	12日
戊申	戊寅	丁未	丁丑	丙午	乙亥	乙巳	甲戌	甲辰	癸酉	甲辰	癸酉	13日
己酉	己卯	戊申	戊寅	丁未	丙子	丙午	乙亥	乙巳	甲戌	乙巳	甲戌	14日
庚戌	庚辰	己酉	己卯	戊申	丁丑	丁未	丙子	丙午	乙亥	丙午	乙亥	15日
辛亥	辛巳	庚戌	庚辰	己酉	戊寅	戊申	丁丑	丁未	丙子	丁未	丙子	16日
壬子	壬午	辛亥	辛巳	庚戌	己卯	己酉	戊寅	戊申	丁丑	戊申	丁丑	17日
癸丑	癸未	壬子	壬午	辛亥	庚辰	庚戌	己卯	己酉	戊寅	己酉	戊寅	18日
甲寅	甲申	癸丑	癸未	壬子	辛巳	辛亥	庚辰	庚戌	己卯	庚戌	己卯	19日
乙卯	乙酉	甲寅	甲申	癸丑	壬午	壬子	辛巳	辛亥	庚辰	辛亥	庚辰	20日
丙辰	丙戌	乙卯	乙酉	甲寅	癸未	癸丑	壬午	壬子	辛巳	壬子	辛巳	21日
丁巳	丁亥	丙辰	丙戌	乙卯	甲申	甲寅	癸未	癸丑	壬午	癸丑	壬午	22日
戊午	戊子	丁巳	丁亥	丙辰	乙酉	乙卯	甲申	甲寅	癸未	甲寅	癸未	23日
己未	己丑	戊午	戊子	丁巳	丙戌	丙辰	乙酉	乙卯	甲申	乙卯	甲申	24日
庚申	庚寅	己未	己丑	戊午	丁亥	丁巳	丙戌	丙辰	乙酉	丙辰	乙酉	25日
辛酉	辛卯	庚申	庚寅	己未	戊子	戊午	丁亥	丁巳	丙戌	丁巳	丙戌	26日
壬戌	壬辰	辛酉	辛卯	庚申	己丑	己未	戊子	戊午	丁亥	戊午	丁亥	27日
癸亥	癸巳	壬戌	壬辰	辛酉	庚寅	庚申	己丑	己未	戊子	己未	戊子	28日
甲子	甲午	癸亥	癸巳	壬戌	辛卯	辛酉	庚寅	庚申	己丑		己丑	29日
乙丑	乙未	甲子	甲午	癸亥	壬辰	壬戌	辛卯	辛酉	庚寅		庚寅	30日
丙寅		乙丑		甲子	癸巳		壬辰		辛卯		辛卯	31日

2011年　平成 23年　辛卯

	12月	11月	10月	9月	8月	7月	6月	5月	4月	3月	2月	1月	22年 庚寅
月干支	庚子	己亥	戊戌	丁酉	丙申	乙未	甲午	癸巳	壬辰	辛卯	庚寅	己丑	
節入日	7日 20:29	8日 3:35	9日 0:19	8日 8:34	8日 5:33	7日 19:42	6日 9:27	6日 5:23	5日 12:12	6日 7:30	4日 13:33	6日 1:55	
1日	庚寅	庚申	己丑	己未	戊子	丁巳	丁亥	丙辰	丙戌	乙卯	丁亥	丙辰	
2日	辛卯	辛酉	庚寅	庚申	己丑	戊午	戊子	丁巳	丁亥	丙辰	戊子	丁巳	
3日	壬辰	壬戌	辛卯	辛酉	庚寅	己未	己丑	戊午	戊子	丁巳	己丑	戊午	
4日	癸巳	癸亥	壬辰	壬戌	辛卯	庚申	庚寅	己未	己丑	戊午	庚寅	己未	
5日	甲午	甲子	癸巳	癸亥	壬辰	辛酉	辛卯	庚申	庚寅	己未	辛卯	庚申	
6日	乙未	乙丑	甲午	甲子	癸巳	壬戌	壬辰	辛酉	辛卯	庚申	壬辰	辛酉	
7日	丙申	丙寅	乙未	乙丑	甲午	癸亥	癸巳	壬戌	壬辰	辛酉	癸巳	壬戌	
8日	丁酉	丁卯	丙申	丙寅	乙未	甲子	甲午	癸亥	癸巳	壬戌	甲午	癸亥	
9日	戊戌	戊辰	丁酉	丁卯	丙申	乙丑	乙未	甲子	甲午	癸亥	乙未	甲子	
10日	己亥	己巳	戊戌	戊辰	丁酉	丙寅	丙申	乙丑	乙未	甲子	丙申	乙丑	
11日	庚子	庚午	己亥	己巳	戊戌	丁卯	丁酉	丙寅	丙申	乙丑	丁酉	丙寅	
12日	辛丑	辛未	庚子	庚午	己亥	戊辰	戊戌	丁卯	丁酉	丙寅	戊戌	丁卯	
13日	壬寅	壬申	辛丑	辛未	庚子	己巳	己亥	戊辰	戊戌	丁卯	己亥	戊辰	
14日	癸卯	癸酉	壬寅	壬申	辛丑	庚午	庚子	己巳	己亥	戊辰	庚子	己巳	
15日	甲辰	甲戌	癸卯	癸酉	壬寅	辛未	辛丑	庚午	庚子	己巳	辛丑	庚午	
16日	乙巳	乙亥	甲辰	甲戌	癸卯	壬申	壬寅	辛未	辛丑	庚午	壬寅	辛未	
17日	丙午	丙子	乙巳	乙亥	甲辰	癸酉	癸卯	壬申	壬寅	辛未	癸卯	壬申	
18日	丁未	丁丑	丙午	丙子	乙巳	甲戌	甲辰	癸酉	癸卯	壬申	甲辰	癸酉	
19日	戊申	戊寅	丁未	丁丑	丙午	乙亥	乙巳	甲戌	甲辰	癸酉	乙巳	甲戌	
20日	己酉	己卯	戊申	戊寅	丁未	丙子	丙午	乙亥	乙巳	甲戌	丙午	乙亥	
21日	庚戌	庚辰	己酉	己卯	戊申	丁丑	丁未	丙子	丙午	乙亥	丁未	丙子	
22日	辛亥	辛巳	庚戌	庚辰	己酉	戊寅	戊申	丁丑	丁未	丙子	戊申	丁丑	
23日	壬子	壬午	辛亥	辛巳	庚戌	己卯	己酉	戊寅	戊申	丁丑	己酉	戊寅	
24日	癸丑	癸未	壬子	壬午	辛亥	庚辰	庚戌	己卯	己酉	戊寅	庚戌	己卯	
25日	甲寅	甲申	癸丑	癸未	壬子	辛巳	辛亥	庚辰	庚戌	己卯	辛亥	庚辰	
26日	乙卯	乙酉	甲寅	甲申	癸丑	壬午	壬子	辛巳	辛亥	庚辰	壬子	辛巳	
27日	丙辰	丙戌	乙卯	乙酉	甲寅	癸未	癸丑	壬午	壬子	辛巳	癸丑	壬午	
28日	丁巳	丁亥	丙辰	丙戌	乙卯	甲申	甲寅	癸未	癸丑	壬午	甲寅	癸未	
29日	戊午	戊子	丁巳	丁亥	丙辰	乙酉	乙卯	甲申	甲寅	癸未		甲申	
30日	己未	己丑	戊午	戊子	丁巳	丙戌	丙辰	乙酉	乙卯	甲申		乙酉	
31日	庚申		己未		戊午	丁亥		丙戌		乙酉		丙戌	

2010年　　平成 22年　　庚寅

12月	11月	10月	9月	8月	7月	6月	5月	4月	3月	2月	1月	月干支		21年 己丑
戊子	丁亥	丙戌	乙酉	甲申	癸未	壬午	辛巳	庚辰	己卯	戊寅	丁丑	月干支		
7日	7日	8日	8日	7日	7日	6日	5日	5日	6日	4日	5日	節入日		
14:38	21:42	18:26	2:45	23:49	14:02	3:49	23:44	6:30	1:46	7:48	20:09			
乙酉	乙卯	甲申	甲寅	癸未	壬子	壬午	辛亥	辛巳	庚戌	壬午	辛亥	1日		
丙戌	丙辰	乙酉	乙卯	甲申	癸丑	癸未	壬子	壬午	辛亥	癸未	壬子	2日		
丁亥	丁巳	丙戌	丙辰	乙酉	甲寅	甲申	癸丑	癸未	壬子	甲申	癸丑	3日		
戊子	戊午	丁亥	丁巳	丙戌	乙卯	乙酉	甲寅	甲申	癸丑	乙酉	甲寅	4日		
己丑	己未	戊子	戊午	丁亥	丙辰	丙戌	乙卯	乙酉	甲寅	丙戌	乙卯	5日		
庚寅	庚申	己丑	己未	戊子	丁巳	丁亥	丙辰	丙戌	乙卯	丁亥	丙辰	6日		
辛卯	辛酉	庚寅	庚申	己丑	戊午	戊子	丁巳	丁亥	丙辰	戊子	丁巳	7日		
壬辰	壬戌	辛卯	辛酉	庚寅	己未	己丑	戊午	戊子	丁巳	己丑	戊午	8日		
癸巳	癸亥	壬辰	壬戌	辛卯	庚申	庚寅	己未	己丑	戊午	庚寅	己未	9日		
甲午	甲子	癸巳	癸亥	壬辰	辛酉	辛卯	庚申	庚寅	己未	辛卯	庚申	10日		
乙未	乙丑	甲午	甲子	癸巳	壬戌	壬辰	辛酉	辛卯	庚申	壬辰	辛酉	11日		
丙申	丙寅	乙未	乙丑	甲午	癸亥	癸巳	壬戌	壬辰	辛酉	癸巳	壬戌	12日		
丁酉	丁卯	丙申	丙寅	乙未	甲子	甲午	癸亥	癸巳	壬戌	甲午	癸亥	13日		
戊戌	戊辰	丁酉	丁卯	丙申	乙丑	乙未	甲子	甲午	癸亥	乙未	甲子	14日		
己亥	己巳	戊戌	戊辰	丁酉	丙寅	丙申	乙丑	乙未	甲子	丙申	乙丑	15日		
庚子	庚午	己亥	己巳	戊戌	丁卯	丁酉	丙寅	丙申	乙丑	丁酉	丙寅	16日		
辛丑	辛未	庚子	庚午	己亥	戊辰	戊戌	丁卯	丁酉	丙寅	戊戌	丁卯	17日		
壬寅	壬申	辛丑	辛未	庚子	己巳	己亥	戊辰	戊戌	丁卯	己亥	戊辰	18日		
癸卯	癸酉	壬寅	壬申	辛丑	庚午	庚子	己巳	己亥	戊辰	庚子	己巳	19日		
甲辰	甲戌	癸卯	癸酉	壬寅	辛未	辛丑	庚午	庚子	己巳	辛丑	庚午	20日		
乙巳	乙亥	甲辰	甲戌	癸卯	壬申	壬寅	辛未	辛丑	庚午	壬寅	辛未	21日		
丙午	丙子	乙巳	乙亥	甲辰	癸酉	癸卯	壬申	壬寅	辛未	癸卯	壬申	22日		
丁未	丁丑	丙午	丙子	乙巳	甲戌	甲辰	癸酉	癸卯	壬申	甲辰	癸酉	23日		
戊申	戊寅	丁未	丁丑	丙午	乙亥	乙巳	甲戌	甲辰	癸酉	乙巳	甲戌	24日		
己酉	己卯	戊申	戊寅	丁未	丙子	丙午	乙亥	乙巳	甲戌	丙午	乙亥	25日		
庚戌	庚辰	己酉	己卯	戊申	丁丑	丁未	丙子	丙午	乙亥	丁未	丙子	26日		
辛亥	辛巳	庚戌	庚辰	己酉	戊寅	戊申	丁丑	丁未	丙子	戊申	丁丑	27日		
壬子	壬午	辛亥	辛巳	庚戌	己卯	己酉	戊寅	戊申	丁丑	己酉	戊寅	28日		
癸丑	癸未	壬子	壬午	辛亥	庚辰	庚戌	己卯	己酉	戊寅		己卯	29日		
甲寅	甲申	癸丑	癸未	壬子	辛巳	辛亥	庚辰	庚戌	己卯		庚辰	30日		
乙卯		甲寅		癸丑	壬午		辛巳		庚辰		辛巳	31日		

2009年　平成 21年　己丑

	12月	11月	10月	9月	8月	7月	6月	5月	4月	3月	2月	1月(20年戊子)	月干支
	丙子	乙亥	甲戌	癸酉	壬申	辛未	庚午	己巳	戊辰	丁卯	丙寅	乙丑	節入日
	7日 8:52	7日 15:56	8日 12:40	7日 20:58	7日 18:01	7日 8:13	5日 21:59	5日 17:51	5日 0:34	5日 19:48	4日 1:50	5日 14:14	
1	庚辰	庚戌	己卯	己酉	戊寅	丁未	丁丑	丙午	丙子	乙巳	丁丑	丙午	1日
	辛巳	辛亥	庚辰	庚戌	己卯	戊申	戊寅	丁未	丁丑	丙午	戊寅	丁未	2日
	壬午	壬子	辛巳	辛亥	庚辰	己酉	己卯	戊申	戊寅	丁未	己卯	戊申	3日
	癸未	癸丑	壬午	壬子	辛巳	庚戌	庚辰	己酉	己卯	戊申	庚辰	己酉	4日
5	甲申	甲寅	癸未	癸丑	壬午	辛亥	辛巳	庚戌	庚辰	己酉	辛巳	庚戌	5日
	乙酉	乙卯	甲申	甲寅	癸未	壬子	壬午	辛亥	辛巳	庚戌	壬午	辛亥	6日
	丙戌	丙辰	乙酉	乙卯	甲申	癸丑	癸未	壬子	壬午	辛亥	癸未	壬子	7日
	丁亥	丁巳	丙戌	丙辰	乙酉	甲寅	甲申	癸丑	癸未	壬子	甲申	癸丑	8日
	戊子	戊午	丁亥	丁巳	丙戌	乙卯	乙酉	甲寅	甲申	癸丑	乙酉	甲寅	9日
10	己丑	己未	戊子	戊午	丁亥	丙辰	丙戌	乙卯	乙酉	甲寅	丙戌	乙卯	10日
	庚寅	庚申	己丑	己未	戊子	丁巳	丁亥	丙辰	丙戌	乙卯	丁亥	丙辰	11日
	辛卯	辛酉	庚寅	庚申	己丑	戊午	戊子	丁巳	丁亥	丙辰	戊子	丁巳	12日
	壬辰	壬戌	辛卯	辛酉	庚寅	己未	己丑	戊午	戊子	丁巳	己丑	戊午	13日
	癸巳	癸亥	壬辰	壬戌	辛卯	庚申	庚寅	己未	己丑	戊午	庚寅	己未	14日
15	甲午	甲子	癸巳	癸亥	壬辰	辛酉	辛卯	庚申	庚寅	己未	辛卯	庚申	15日
	乙未	乙丑	甲午	甲子	癸巳	壬戌	壬辰	辛酉	辛卯	庚申	壬辰	辛酉	16日
	丙申	丙寅	乙未	乙丑	甲午	癸亥	癸巳	壬戌	壬辰	辛酉	癸巳	壬戌	17日
	丁酉	丁卯	丙申	丙寅	乙未	甲子	甲午	癸亥	癸巳	壬戌	甲午	癸亥	18日
	戊戌	戊辰	丁酉	丁卯	丙申	乙丑	乙未	甲子	甲午	癸亥	乙未	甲子	19日
20	己亥	己巳	戊戌	戊辰	丁酉	丙寅	丙申	乙丑	乙未	甲子	丙申	乙丑	20日
	庚子	庚午	己亥	己巳	戊戌	丁卯	丁酉	丙寅	丙申	乙丑	丁酉	丙寅	21日
	辛丑	辛未	庚子	庚午	己亥	戊辰	戊戌	丁卯	丁酉	丙寅	戊戌	丁卯	22日
	壬寅	壬申	辛丑	辛未	庚子	己巳	己亥	戊辰	戊戌	丁卯	己亥	戊辰	23日
	癸卯	癸酉	壬寅	壬申	辛丑	庚午	庚子	己巳	己亥	戊辰	庚子	己巳	24日
25	甲辰	甲戌	癸卯	癸酉	壬寅	辛未	辛丑	庚午	庚子	己巳	辛丑	庚午	25日
	乙巳	乙亥	甲辰	甲戌	癸卯	壬申	壬寅	辛未	辛丑	庚午	壬寅	辛未	26日
	丙午	丙子	乙巳	乙亥	甲辰	癸酉	癸卯	壬申	壬寅	辛未	癸卯	壬申	27日
	丁未	丁丑	丙午	丙子	乙巳	甲戌	甲辰	癸酉	癸卯	壬申	甲辰	癸酉	28日
	戊申	戊寅	丁未	丁丑	丙午	乙亥	乙巳	甲戌	甲辰	癸酉		甲戌	29日
30	己酉	己卯	戊申	戊寅	丁未	丙子	丙午	乙亥	乙巳	甲戌		乙亥	30日
	庚戌		己酉		戊申	丁丑		丙子		乙亥		丙子	31日

2008年　　平成 20年　　戊子

12月	11月	10月	9月	8月	7月	6月	5月	4月	3月	2月	19年 丁亥 1月	
甲子	癸亥	壬戌	辛酉	庚申	己未	戊午	丁巳	丙辰	乙卯	甲寅	癸丑	月干支
7日	7日	8日	7日	7日	7日	5日	5日	4日	5日	4日	6日	節入日
3:02	10:11	6:57	15:14	12:16	2:27	16:12	12:03	18:46	13:59	20:00	8:25	
乙亥	乙巳	甲戌	甲辰	癸酉	壬寅	壬申	辛丑	辛未	庚子	辛未	庚子	1日
丙子	丙午	乙亥	乙巳	甲戌	癸卯	癸酉	壬寅	壬申	辛丑	壬申	辛丑	2日
丁丑	丁未	丙子	丙午	乙亥	甲辰	甲戌	癸卯	癸酉	壬寅	癸酉	壬寅	3日
戊寅	戊申	丁丑	丁未	丙子	乙巳	乙亥	甲辰	甲戌	癸卯	甲戌	癸卯	4日
己卯	己酉	戊寅	戊申	丁丑	丙午	丙子	乙巳	乙亥	甲辰	乙亥	甲辰	5日
庚辰	庚戌	己卯	己酉	戊寅	丁未	丁丑	丙午	丙子	乙巳	丙子	乙巳	6日
辛巳	辛亥	庚辰	庚戌	己卯	戊申	戊寅	丁未	丁丑	丙午	丁丑	丙午	7日
壬午	壬子	辛巳	辛亥	庚辰	己酉	己卯	戊申	戊寅	丁未	戊寅	丁未	8日
癸未	癸丑	壬午	壬子	辛巳	庚戌	庚辰	己酉	己卯	戊申	己卯	戊申	9日
甲申	甲寅	癸未	癸丑	壬午	辛亥	辛巳	庚戌	庚辰	己酉	庚辰	己酉	10日
乙酉	乙卯	甲申	甲寅	癸未	壬子	壬午	辛亥	辛巳	庚戌	辛巳	庚戌	11日
丙戌	丙辰	乙酉	乙卯	甲申	癸丑	癸未	壬子	壬午	辛亥	壬午	辛亥	12日
丁亥	丁巳	丙戌	丙辰	乙酉	甲寅	甲申	癸丑	癸未	壬子	癸未	壬子	13日
戊子	戊午	丁亥	丁巳	丙戌	乙卯	乙酉	甲寅	甲申	癸丑	甲申	癸丑	14日
己丑	己未	戊子	戊午	丁亥	丙辰	丙戌	乙卯	乙酉	甲寅	乙酉	甲寅	15日
庚寅	庚申	己丑	己未	戊子	丁巳	丁亥	丙辰	丙戌	乙卯	丙戌	乙卯	16日
辛卯	辛酉	庚寅	庚申	己丑	戊午	戊子	丁巳	丁亥	丙辰	丁亥	丙辰	17日
壬辰	壬戌	辛卯	辛酉	庚寅	己未	己丑	戊午	戊子	丁巳	戊子	丁巳	18日
癸巳	癸亥	壬辰	壬戌	辛卯	庚申	庚寅	己未	己丑	戊午	己丑	戊午	19日
甲午	甲子	癸巳	癸亥	壬辰	辛酉	辛卯	庚申	庚寅	己未	庚寅	己未	20日
乙未	乙丑	甲午	甲子	癸巳	壬戌	壬辰	辛酉	辛卯	庚申	辛卯	庚申	21日
丙申	丙寅	乙未	乙丑	甲午	癸亥	癸巳	壬戌	壬辰	辛酉	壬辰	辛酉	22日
丁酉	丁卯	丙申	丙寅	乙未	甲子	甲午	癸亥	癸巳	壬戌	癸巳	壬戌	23日
戊戌	戊辰	丁酉	丁卯	丙申	乙丑	乙未	甲子	甲午	癸亥	甲午	癸亥	24日
己亥	己巳	戊戌	戊辰	丁酉	丙寅	丙申	乙丑	乙未	甲子	乙未	甲子	25日
庚子	庚午	己亥	己巳	戊戌	丁卯	丁酉	丙寅	丙申	乙丑	丙申	乙丑	26日
辛丑	辛未	庚子	庚午	己亥	戊辰	戊戌	丁卯	丁酉	丙寅	丁酉	丙寅	27日
壬寅	壬申	辛丑	辛未	庚子	己巳	己亥	戊辰	戊戌	丁卯	戊戌	丁卯	28日
癸卯	癸酉	壬寅	壬申	辛丑	庚午	庚子	己巳	己亥	戊辰	己亥	戊辰	29日
甲辰	甲戌	癸卯	癸酉	壬寅	辛未	辛丑	庚午	庚子	己巳		己巳	30日
乙巳		甲辰		癸卯	壬申		辛未		庚午		庚午	31日

2007年　　平成 19年　　丁亥

	12月	11月	10月	9月	8月	7月	6月	5月	4月	3月	2月	1月	18年 丙戌
	壬子	辛亥	庚戌	己酉	戊申	丁未	丙午	乙巳	甲辰	癸卯	壬寅	辛丑	月干支
	7日	8日	9日	8日	8日	7日	6日	6日	5日	6日	4日	6日	節入日
	21:14	4:24	1:12	9:29	6:31	20:42	10:27	6:20	13:05	8:18	14:18	2:40	
1	己巳	己亥	戊辰	戊戌	丁卯	丙申	丙寅	乙未	乙丑	甲午	丙寅	乙未	1日
2	庚午	庚子	己巳	己亥	戊辰	丁酉	丁卯	丙申	丙寅	乙未	丁卯	丙申	2日
3	辛未	辛丑	庚午	庚子	己巳	戊戌	戊辰	丁酉	丁卯	丙申	戊辰	丁酉	3日
4	壬申	壬寅	辛未	辛丑	庚午	己亥	己巳	戊戌	戊辰	丁酉	己巳	戊戌	4日
5	癸酉	癸卯	壬申	壬寅	辛未	庚子	庚午	己亥	己巳	戊戌	庚午	己亥	5日
6	甲戌	甲辰	癸酉	癸卯	壬申	辛丑	辛未	庚子	庚午	己亥	辛未	庚子	6日
7	乙亥	乙巳	甲戌	甲辰	癸酉	壬寅	壬申	辛丑	辛未	庚子	壬申	辛丑	7日
8	丙子	丙午	乙亥	乙巳	甲戌	癸卯	癸酉	壬寅	壬申	辛丑	癸酉	壬寅	8日
9	丁丑	丁未	丙子	丙午	乙亥	甲辰	甲戌	癸卯	癸酉	壬寅	甲戌	癸卯	9日
10	戊寅	戊申	丁丑	丁未	丙子	乙巳	乙亥	甲辰	甲戌	癸卯	乙亥	甲辰	10日
11	己卯	己酉	戊寅	戊申	丁丑	丙午	丙子	乙巳	乙亥	甲辰	丙子	乙巳	11日
12	庚辰	庚戌	己卯	己酉	戊寅	丁未	丁丑	丙午	丙子	乙巳	丁丑	丙午	12日
13	辛巳	辛亥	庚辰	庚戌	己卯	戊申	戊寅	丁未	丁丑	丙午	戊寅	丁未	13日
14	壬午	壬子	辛巳	辛亥	庚辰	己酉	己卯	戊申	戊寅	丁未	己卯	戊申	14日
15	癸未	癸丑	壬午	壬子	辛巳	庚戌	庚辰	己酉	己卯	戊申	庚辰	己酉	15日
16	甲申	甲寅	癸未	癸丑	壬午	辛亥	辛巳	庚戌	庚辰	己酉	辛巳	庚戌	16日
17	乙酉	乙卯	甲申	甲寅	癸未	壬子	壬午	辛亥	辛巳	庚戌	壬午	辛亥	17日
18	丙戌	丙辰	乙酉	乙卯	甲申	癸丑	癸未	壬子	壬午	辛亥	癸未	壬子	18日
19	丁亥	丁巳	丙戌	丙辰	乙酉	甲寅	甲申	癸丑	癸未	壬子	甲申	癸丑	19日
20	戊子	戊午	丁亥	丁巳	丙戌	乙卯	乙酉	甲寅	甲申	癸丑	乙酉	甲寅	20日
21	己丑	己未	戊子	戊午	丁亥	丙辰	丙戌	乙卯	乙酉	甲寅	丙戌	乙卯	21日
22	庚寅	庚申	己丑	己未	戊子	丁巳	丁亥	丙辰	丙戌	乙卯	丁亥	丙辰	22日
23	辛卯	辛酉	庚寅	庚申	己丑	戊午	戊子	丁巳	丁亥	丙辰	戊子	丁巳	23日
24	壬辰	壬戌	辛卯	辛酉	庚寅	己未	己丑	戊午	戊子	丁巳	己丑	戊午	24日
25	癸巳	癸亥	壬辰	壬戌	辛卯	庚申	庚寅	己未	己丑	戊午	庚寅	己未	25日
26	甲午	甲子	癸巳	癸亥	壬辰	辛酉	辛卯	庚申	庚寅	己未	辛卯	庚申	26日
27	乙未	乙丑	甲午	甲子	癸巳	壬戌	壬辰	辛酉	辛卯	庚申	壬辰	辛酉	27日
28	丙申	丙寅	乙未	乙丑	甲午	癸亥	癸巳	壬戌	壬辰	辛酉	癸巳	壬戌	28日
29	丁酉	丁卯	丙申	丙寅	乙未	甲子	甲午	癸亥	癸巳	壬戌		癸亥	29日
30	戊戌	戊辰	丁酉	丁卯	丙申	乙丑	乙未	甲子	甲午	癸亥		甲子	30日
31	己亥		戊戌		丁酉	丙寅		乙丑		甲子		乙丑	31日

2006年　　平成 18年　　丙戌

12月	11月	10月	9月	8月	7月	6月	5月	4月	3月	2月	1月	17年乙酉
庚子	己亥	戊戌	丁酉	丙申	乙未	甲午	癸巳	壬辰	辛卯	庚寅	己丑	月干支
7日	7日	8日	8日	8日	7日	6日	6日	5日	6日	4日	5日	節入日
15:27	22:35	19:21	3:39	0:41	14:51	4:37	0:31	7:15	2:29	8:27	20:47	
甲子	甲午	癸亥	癸巳	壬戌	辛卯	辛酉	庚寅	庚申	己丑	辛酉	庚寅	1日
乙丑	乙未	甲子	甲午	癸亥	壬辰	壬戌	辛卯	辛酉	庚寅	壬戌	辛卯	2日
丙寅	丙申	乙丑	乙未	甲子	癸巳	癸亥	壬辰	壬戌	辛卯	癸亥	壬辰	3日
丁卯	丁酉	丙寅	丙申	乙丑	甲午	甲子	癸巳	癸亥	壬辰	甲子	癸巳	4日
戊辰	戊戌	丁卯	丁酉	丙寅	乙未	乙丑	甲午	甲子	癸巳	乙丑	甲午	5日
己巳	己亥	戊辰	戊戌	丁卯	丙申	丙寅	乙未	乙丑	甲午	丙寅	乙未	6日
庚午	庚子	己巳	己亥	戊辰	丁酉	丁卯	丙申	丙寅	乙未	丁卯	丙申	7日
辛未	辛丑	庚午	庚子	己巳	戊戌	戊辰	丁酉	丁卯	丙申	戊辰	丁酉	8日
壬申	壬寅	辛未	辛丑	庚午	己亥	己巳	戊戌	戊辰	丁酉	己巳	戊戌	9日
癸酉	癸卯	壬申	壬寅	辛未	庚子	庚午	己亥	己巳	戊戌	庚午	己亥	10日
甲戌	甲辰	癸酉	癸卯	壬申	辛丑	辛未	庚子	庚午	己亥	辛未	庚子	11日
乙亥	乙巳	甲戌	甲辰	癸酉	壬寅	壬申	辛丑	辛未	庚子	壬申	辛丑	12日
丙子	丙午	乙亥	乙巳	甲戌	癸卯	癸酉	壬寅	壬申	辛丑	癸酉	壬寅	13日
丁丑	丁未	丙子	丙午	乙亥	甲辰	甲戌	癸卯	癸酉	壬寅	甲戌	癸卯	14日
戊寅	戊申	丁丑	丁未	丙子	乙巳	乙亥	甲辰	甲戌	癸卯	乙亥	甲辰	15日
己卯	己酉	戊寅	戊申	丁丑	丙午	丙子	乙巳	乙亥	甲辰	丙子	乙巳	16日
庚辰	庚戌	己卯	己酉	戊寅	丁未	丁丑	丙午	丙子	乙巳	丁丑	丙午	17日
辛巳	辛亥	庚辰	庚戌	己卯	戊申	戊寅	丁未	丁丑	丙午	戊寅	丁未	18日
壬午	壬子	辛巳	辛亥	庚辰	己酉	己卯	戊申	戊寅	丁未	己卯	戊申	19日
癸未	癸丑	壬午	壬子	辛巳	庚戌	庚辰	己酉	己卯	戊申	庚辰	己酉	20日
甲申	甲寅	癸未	癸丑	壬午	辛亥	辛巳	庚戌	庚辰	己酉	辛巳	庚戌	21日
乙酉	乙卯	甲申	甲寅	癸未	壬子	壬午	辛亥	辛巳	庚戌	壬午	辛亥	22日
丙戌	丙辰	乙酉	乙卯	甲申	癸丑	癸未	壬子	壬午	辛亥	癸未	壬子	23日
丁亥	丁巳	丙戌	丙辰	乙酉	甲寅	甲申	癸丑	癸未	壬子	甲申	癸丑	24日
戊子	戊午	丁亥	丁巳	丙戌	乙卯	乙酉	甲寅	甲申	癸丑	乙酉	甲寅	25日
己丑	己未	戊子	戊午	丁亥	丙辰	丙戌	乙卯	乙酉	甲寅	丙戌	乙卯	26日
庚寅	庚申	己丑	己未	戊子	丁巳	丁亥	丙辰	丙戌	乙卯	丁亥	丙辰	27日
辛卯	辛酉	庚寅	庚申	己丑	戊午	戊子	丁巳	丁亥	丙辰	戊子	丁巳	28日
壬辰	壬戌	辛卯	辛酉	庚寅	己未	己丑	戊午	戊子	丁巳		戊午	29日
癸巳	癸亥	壬辰	壬戌	辛卯	庚申	庚寅	己未	己丑	戊午		己未	30日
甲午		癸巳		壬辰	辛酉		庚申		己未		庚申	31日

2005年　　平成 17年　　乙酉

12月	11月	10月	9月	8月	7月	6月	5月	4月	3月	2月	16年甲申 1月	月干支
戊子	丁亥	丙戌	乙酉	甲申	癸未	壬午	辛巳	庚辰	己卯	戊寅	丁丑	
7日	7日	8日	7日	7日	7日	5日	5日	5日	5日	4日	5日	節入日
9:33	16:42	13:33	21:57	19:03	9:17	23:02	18:53	1:34	20:45	2:43	15:03	
己未	己丑	戊午	戊子	丁巳	丙戌	丙辰	乙酉	乙卯	甲申	丙辰	乙酉	1日
庚申	庚寅	己未	己丑	戊午	丁亥	丁巳	丙戌	丙辰	乙酉	丁巳	丙戌	2日
辛酉	辛卯	庚申	庚寅	己未	戊子	戊午	丁亥	丁巳	丙戌	戊午	丁亥	3日
壬戌	壬辰	辛酉	辛卯	庚申	己丑	己未	戊子	戊午	丁亥	己未	戊子	4日
癸亥	癸巳	壬戌	壬辰	辛酉	庚寅	庚申	己丑	己未	戊子	庚申	己丑	5日
甲子	甲午	癸亥	癸巳	壬戌	辛卯	辛酉	庚寅	庚申	己丑	辛酉	庚寅	6日
乙丑	乙未	甲子	甲午	癸亥	壬辰	壬戌	辛卯	辛酉	庚寅	壬戌	辛卯	7日
丙寅	丙申	乙丑	乙未	甲子	癸巳	癸亥	壬辰	壬戌	辛卯	癸亥	壬辰	8日
丁卯	丁酉	丙寅	丙申	乙丑	甲午	甲子	癸巳	癸亥	壬辰	甲子	癸巳	9日
戊辰	戊戌	丁卯	丁酉	丙寅	乙未	乙丑	甲午	甲子	癸巳	乙丑	甲午	10日
己巳	己亥	戊辰	戊戌	丁卯	丙申	丙寅	乙未	乙丑	甲午	丙寅	乙未	11日
庚午	庚子	己巳	己亥	戊辰	丁酉	丁卯	丙申	丙寅	乙未	丁卯	丙申	12日
辛未	辛丑	庚午	庚子	己巳	戊戌	戊辰	丁酉	丁卯	丙申	戊辰	丁酉	13日
壬申	壬寅	辛未	辛丑	庚午	己亥	己巳	戊戌	戊辰	丁酉	己巳	戊戌	14日
癸酉	癸卯	壬申	壬寅	辛未	庚子	庚午	己亥	己巳	戊戌	庚午	己亥	15日
甲戌	甲辰	癸酉	癸卯	壬申	辛丑	辛未	庚子	庚午	己亥	辛未	庚子	16日
乙亥	乙巳	甲戌	甲辰	癸酉	壬寅	壬申	辛丑	辛未	庚子	壬申	辛丑	17日
丙子	丙午	乙亥	乙巳	甲戌	癸卯	癸酉	壬寅	壬申	辛丑	癸酉	壬寅	18日
丁丑	丁未	丙子	丙午	乙亥	甲辰	甲戌	癸卯	癸酉	壬寅	甲戌	癸卯	19日
戊寅	戊申	丁丑	丁未	丙子	乙巳	乙亥	甲辰	甲戌	癸卯	乙亥	甲辰	20日
己卯	己酉	戊寅	戊申	丁丑	丙午	丙子	乙巳	乙亥	甲辰	丙子	乙巳	21日
庚辰	庚戌	己卯	己酉	戊寅	丁未	丁丑	丙午	丙子	乙巳	丁丑	丙午	22日
辛巳	辛亥	庚辰	庚戌	己卯	戊申	戊寅	丁未	丁丑	丙午	戊寅	丁未	23日
壬午	壬子	辛巳	辛亥	庚辰	己酉	己卯	戊申	戊寅	丁未	己卯	戊申	24日
癸未	癸丑	壬午	壬子	辛巳	庚戌	庚辰	己酉	己卯	戊申	庚辰	己酉	25日
甲申	甲寅	癸未	癸丑	壬午	辛亥	辛巳	庚戌	庚辰	己酉	辛巳	庚戌	26日
乙酉	乙卯	甲申	甲寅	癸未	壬子	壬午	辛亥	辛巳	庚戌	壬午	辛亥	27日
丙戌	丙辰	乙酉	乙卯	甲申	癸丑	癸未	壬子	壬午	辛亥	癸未	壬子	28日
丁亥	丁巳	丙戌	丙辰	乙酉	甲寅	甲申	癸丑	癸未	壬子		癸丑	29日
戊子	戊午	丁亥	丁巳	丙戌	乙卯	乙酉	甲寅	甲申	癸丑		甲寅	30日
己丑		戊子		丁亥	丙辰		乙卯		甲寅		乙卯	31日

2004年　平成 16年　甲申

12月	11月	10月	9月	8月	7月	6月	5月	4月	3月	2月	1月 (15年 癸未)	月干支
丙子	乙亥	甲戌	癸酉	壬申	辛未	庚午	己巳	戊辰	丁卯	丙寅	乙丑	月干支
7日 3:49	7日 10:59	8日 7:49	7日 16:13	7日 13:20	7日 3:31	5日 17:14	5日 13:02	4日 19:43	5日 14:56	4日 20:56	6日 9:19	節入日
甲寅	甲申	癸丑	癸未	壬子	辛巳	辛亥	庚辰	庚戌	己卯	庚戌	己卯	1日
乙卯	乙酉	甲寅	甲申	癸丑	壬午	壬子	辛巳	辛亥	庚辰	辛亥	庚辰	2日
丙辰	丙戌	乙卯	乙酉	甲寅	癸未	癸丑	壬午	壬子	辛巳	壬子	辛巳	3日
丁巳	丁亥	丙辰	丙戌	乙卯	甲申	甲寅	癸未	癸丑	壬午	癸丑	壬午	4日
戊午	戊子	丁巳	丁亥	丙辰	乙酉	乙卯	甲申	甲寅	癸未	甲寅	癸未	5日
己未	己丑	戊午	戊子	丁巳	丙戌	丙辰	乙酉	乙卯	甲申	乙卯	甲申	6日
庚申	庚寅	己未	己丑	戊午	丁亥	丁巳	丙戌	丙辰	乙酉	丙辰	乙酉	7日
辛酉	辛卯	庚申	庚寅	己未	戊子	戊午	丁亥	丁巳	丙戌	丁巳	丙戌	8日
壬戌	壬辰	辛酉	辛卯	庚申	己丑	己未	戊子	戊午	丁亥	戊午	丁亥	9日
癸亥	癸巳	壬戌	壬辰	辛酉	庚寅	庚申	己丑	己未	戊子	己未	戊子	10日
甲子	甲午	癸亥	癸巳	壬戌	辛卯	辛酉	庚寅	庚申	己丑	庚申	己丑	11日
乙丑	乙未	甲子	甲午	癸亥	壬辰	壬戌	辛卯	辛酉	庚寅	辛酉	庚寅	12日
丙寅	丙申	乙丑	乙未	甲子	癸巳	癸亥	壬辰	壬戌	辛卯	壬戌	辛卯	13日
丁卯	丁酉	丙寅	丙申	乙丑	甲午	甲子	癸巳	癸亥	壬辰	癸亥	壬辰	14日
戊辰	戊戌	丁卯	丁酉	丙寅	乙未	乙丑	甲午	甲子	癸巳	甲子	癸巳	15日
己巳	己亥	戊辰	戊戌	丁卯	丙申	丙寅	乙未	乙丑	甲午	乙丑	甲午	16日
庚午	庚子	己巳	己亥	戊辰	丁酉	丁卯	丙申	丙寅	乙未	丙寅	乙未	17日
辛未	辛丑	庚午	庚子	己巳	戊戌	戊辰	丁酉	丁卯	丙申	丁卯	丙申	18日
壬申	壬寅	辛未	辛丑	庚午	己亥	己巳	戊戌	戊辰	丁酉	戊辰	丁酉	19日
癸酉	癸卯	壬申	壬寅	辛未	庚子	庚午	己亥	己巳	戊戌	己巳	戊戌	20日
甲戌	甲辰	癸酉	癸卯	壬申	辛丑	辛未	庚子	庚午	己亥	庚午	己亥	21日
乙亥	乙巳	甲戌	甲辰	癸酉	壬寅	壬申	辛丑	辛未	庚子	辛未	庚子	22日
丙子	丙午	乙亥	乙巳	甲戌	癸卯	癸酉	壬寅	壬申	辛丑	壬申	辛丑	23日
丁丑	丁未	丙子	丙午	乙亥	甲辰	甲戌	癸卯	癸酉	壬寅	癸酉	壬寅	24日
戊寅	戊申	丁丑	丁未	丙子	乙巳	乙亥	甲辰	甲戌	癸卯	甲戌	癸卯	25日
己卯	己酉	戊寅	戊申	丁丑	丙午	丙子	乙巳	乙亥	甲辰	乙亥	甲辰	26日
庚辰	庚戌	己卯	己酉	戊寅	丁未	丁丑	丙午	丙子	乙巳	丙子	乙巳	27日
辛巳	辛亥	庚辰	庚戌	己卯	戊申	戊寅	丁未	丁丑	丙午	丁丑	丙午	28日
壬午	壬子	辛巳	辛亥	庚辰	己酉	己卯	戊申	戊寅	丁未		丁未	29日
癸未	癸丑	壬午	壬子	辛巳	庚戌	庚辰	己酉	己卯	戊申		戊申	30日
甲申		癸未		壬午	辛亥		庚戌		己酉		己酉	31日

2003年　平成 15年　癸未

	12月	11月	10月	9月	8月	7月	6月	5月	4月	3月	2月	1月	14年壬午
月干支	甲子	癸亥	壬戌	辛酉	庚申	己未	戊午	丁巳	丙辰	乙卯	甲寅	癸丑	
節入日	7日 22:05	8日 5:13	9日 2:01	8日 10:20	8日 7:24	7日 21:36	6日 11:20	6日 7:10	5日 13:52	6日 9:05	4日 15:05	6日 3:28	
1日	戊申	戊寅	丁未	丁丑	丙午	乙亥	乙巳	甲戌	甲辰	癸酉	乙巳	甲戌	
2日	己酉	己卯	戊申	戊寅	丁未	丙子	丙午	乙亥	乙巳	甲戌	丙午	乙亥	
3日	庚戌	庚辰	己酉	己卯	戊申	丁丑	丁未	丙子	丙午	乙亥	丁未	丙子	
4日	辛亥	辛巳	庚戌	庚辰	己酉	戊寅	戊申	丁丑	丁未	丙子	戊申	丁丑	
5日	壬子	壬午	辛亥	辛巳	庚戌	己卯	己酉	戊寅	戊申	丁丑	己酉	戊寅	
6日	癸丑	癸未	壬子	壬午	辛亥	庚辰	庚戌	己卯	己酉	戊寅	庚戌	己卯	
7日	甲寅	甲申	癸丑	癸未	壬子	辛巳	辛亥	庚辰	庚戌	己卯	辛亥	庚辰	
8日	乙卯	乙酉	甲寅	甲申	癸丑	壬午	壬子	辛巳	辛亥	庚辰	壬子	辛巳	
9日	丙辰	丙戌	乙卯	乙酉	甲寅	癸未	癸丑	壬午	壬子	辛巳	癸丑	壬午	
10日	丁巳	丁亥	丙辰	丙戌	乙卯	甲申	甲寅	癸未	癸丑	壬午	甲寅	癸未	
11日	戊午	戊子	丁巳	丁亥	丙辰	乙酉	乙卯	甲申	甲寅	癸未	乙卯	甲申	
12日	己未	己丑	戊午	戊子	丁巳	丙戌	丙辰	乙酉	乙卯	甲申	丙辰	乙酉	
13日	庚申	庚寅	己未	己丑	戊午	丁亥	丁巳	丙戌	丙辰	乙酉	丁巳	丙戌	
14日	辛酉	辛卯	庚申	庚寅	己未	戊子	戊午	丁亥	丁巳	丙戌	戊午	丁亥	
15日	壬戌	壬辰	辛酉	辛卯	庚申	己丑	己未	戊子	戊午	丁亥	己未	戊子	
16日	癸亥	癸巳	壬戌	壬辰	辛酉	庚寅	庚申	己丑	己未	戊子	庚申	己丑	
17日	甲子	甲午	癸亥	癸巳	壬戌	辛卯	辛酉	庚寅	庚申	己丑	辛酉	庚寅	
18日	乙丑	乙未	甲子	甲午	癸亥	壬辰	壬戌	辛卯	辛酉	庚寅	壬戌	辛卯	
19日	丙寅	丙申	乙丑	乙未	甲子	癸巳	癸亥	壬辰	壬戌	辛卯	癸亥	壬辰	
20日	丁卯	丁酉	丙寅	丙申	乙丑	甲午	甲子	癸巳	癸亥	壬辰	甲子	癸巳	
21日	戊辰	戊戌	丁卯	丁酉	丙寅	乙未	乙丑	甲午	甲子	癸巳	乙丑	甲午	
22日	己巳	己亥	戊辰	戊戌	丁卯	丙申	丙寅	乙未	乙丑	甲午	丙寅	乙未	
23日	庚午	庚子	己巳	己亥	戊辰	丁酉	丁卯	丙申	丙寅	乙未	丁卯	丙申	
24日	辛未	辛丑	庚午	庚子	己巳	戊戌	戊辰	丁酉	丁卯	丙申	戊辰	丁酉	
25日	壬申	壬寅	辛未	辛丑	庚午	己亥	己巳	戊戌	戊辰	丁酉	己巳	戊戌	
26日	癸酉	癸卯	壬申	壬寅	辛未	庚子	庚午	己亥	己巳	戊戌	庚午	己亥	
27日	甲戌	甲辰	癸酉	癸卯	壬申	辛丑	辛未	庚子	庚午	己亥	辛未	庚子	
28日	乙亥	乙巳	甲戌	甲辰	癸酉	壬寅	壬申	辛丑	辛未	庚子	壬申	辛丑	
29日	丙子	丙午	乙亥	乙巳	甲戌	癸卯	癸酉	壬寅	壬申	辛丑		壬寅	
30日	丁丑	丁未	丙子	丙午	乙亥	甲辰	甲戌	癸卯	癸酉	壬寅		癸卯	
31日	戊寅		丁丑		丙子	乙巳		甲辰		癸卯		甲辰	

2002年　　平成 14年　　壬午

12月	11月	10月	9月	8月	7月	6月	5月	4月	3月	2月	1月	月干支
壬子	辛亥	庚戌	己酉	戊申	丁未	丙午	乙巳	甲辰	癸卯	壬寅	辛丑	
7日	7日	8日	8日	8日	7日	6日	6日	5日	6日	4日	5日	節入日
16:14	23:22	20:09	4:31	1:39	15:56	5:45	1:37	8:18	3:28	9:24	21:43	

13年 辛巳

12月	11月	10月	9月	8月	7月	6月	5月	4月	3月	2月	1月	日
癸卯	癸酉	壬寅	壬申	辛丑	庚午	庚子	己巳	己亥	戊辰	庚子	己巳	1
甲辰	甲戌	癸卯	癸酉	壬寅	辛未	辛丑	庚午	庚子	己巳	辛丑	庚午	2
乙巳	乙亥	甲辰	甲戌	癸卯	壬申	壬寅	辛未	辛丑	庚午	壬寅	辛未	3
丙午	丙子	乙巳	乙亥	甲辰	癸酉	癸卯	壬申	壬寅	辛未	癸卯	壬申	4
丁未	丁丑	丙午	丙子	乙巳	甲戌	甲辰	癸酉	癸卯	壬申	甲辰	癸酉	5
戊申	戊寅	丁未	丁丑	丙午	乙亥	乙巳	甲戌	甲辰	癸酉	乙巳	甲戌	6
己酉	己卯	戊申	戊寅	丁未	丙子	丙午	乙亥	乙巳	甲戌	丙午	乙亥	7
庚戌	庚辰	己酉	己卯	戊申	丁丑	丁未	丙子	丙午	乙亥	丁未	丙子	8
辛亥	辛巳	庚戌	庚辰	己酉	戊寅	戊申	丁丑	丁未	丙子	戊申	丁丑	9
壬子	壬午	辛亥	辛巳	庚戌	己卯	己酉	戊寅	戊申	丁丑	己酉	戊寅	10
癸丑	癸未	壬子	壬午	辛亥	庚辰	庚戌	己卯	己酉	戊寅	庚戌	己卯	11
甲寅	甲申	癸丑	癸未	壬子	辛巳	辛亥	庚辰	庚戌	己卯	辛亥	庚辰	12
乙卯	乙酉	甲寅	甲申	癸丑	壬午	壬子	辛巳	辛亥	庚辰	壬子	辛巳	13
丙辰	丙戌	乙卯	乙酉	甲寅	癸未	癸丑	壬午	壬子	辛巳	癸丑	壬午	14
丁巳	丁亥	丙辰	丙戌	乙卯	甲申	甲寅	癸未	癸丑	壬午	甲寅	癸未	15
戊午	戊子	丁巳	丁亥	丙辰	乙酉	乙卯	甲申	甲寅	癸未	乙卯	甲申	16
己未	己丑	戊午	戊子	丁巳	丙戌	丙辰	乙酉	乙卯	甲申	丙辰	乙酉	17
庚申	庚寅	己未	己丑	戊午	丁亥	丁巳	丙戌	丙辰	乙酉	丁巳	丙戌	18
辛酉	辛卯	庚申	庚寅	己未	戊子	戊午	丁亥	丁巳	丙戌	戊午	丁亥	19
壬戌	壬辰	辛酉	辛卯	庚申	己丑	己未	戊子	戊午	丁亥	己未	戊子	20
癸亥	癸巳	壬戌	壬辰	辛酉	庚寅	庚申	己丑	己未	戊子	庚申	己丑	21
甲子	甲午	癸亥	癸巳	壬戌	辛卯	辛酉	庚寅	庚申	己丑	辛酉	庚寅	22
乙丑	乙未	甲子	甲午	癸亥	壬辰	壬戌	辛卯	辛酉	庚寅	壬戌	辛卯	23
丙寅	丙申	乙丑	乙未	甲子	癸巳	癸亥	壬辰	壬戌	辛卯	癸亥	壬辰	24
丁卯	丁酉	丙寅	丙申	乙丑	甲午	甲子	癸巳	癸亥	壬辰	甲子	癸巳	25
戊辰	戊戌	丁卯	丁酉	丙寅	乙未	乙丑	甲午	甲子	癸巳	乙丑	甲午	26
己巳	己亥	戊辰	戊戌	丁卯	丙申	丙寅	乙未	乙丑	甲午	丙寅	乙未	27
庚午	庚子	己巳	己亥	戊辰	丁酉	丁卯	丙申	丙寅	乙未	丁卯	丙申	28
辛未	辛丑	庚午	庚子	己巳	戊戌	戊辰	丁酉	丁卯	丙申		丁酉	29
壬申	壬寅	辛未	辛丑	庚午	己亥	己巳	戊戌	戊辰	丁酉		戊戌	30
癸酉		壬申		辛未	庚子		己亥		戊戌		己亥	31

2001年　平成 13年　辛巳

	12月	11月	10月	9月	8月	7月	6月	5月	4月	3月	2月	1月	月干支
	庚子	己亥	戊戌	丁酉	丙申	乙未	甲午	癸巳	壬辰	辛卯	庚寅	己丑	
	7日	7日	8日	7日	7日	7日	5日	5日	5日	5日	4日	5日	節入日
	10:29	17:37	14:25	22:46	19:52	10:07	23:54	19:45	2:24	21:32	3:29	15:49	
1	戊戌	戊辰	丁酉	丁卯	丙申	乙丑	乙未	甲子	甲午	癸亥	乙未	甲子	1日
2	己亥	己巳	戊戌	戊辰	丁酉	丙寅	丙申	乙丑	乙未	甲子	丙申	乙丑	2日
3	庚子	庚午	己亥	己巳	戊戌	丁卯	丁酉	丙寅	丙申	乙丑	丁酉	丙寅	3日
4	辛丑	辛未	庚子	庚午	己亥	戊辰	戊戌	丁卯	丁酉	丙寅	戊戌	丁卯	4日
5	壬寅	壬申	辛丑	辛未	庚子	己巳	己亥	戊辰	戊戌	丁卯	己亥	戊辰	5日
6	癸卯	癸酉	壬寅	壬申	辛丑	庚午	庚子	己巳	己亥	戊辰	庚子	己巳	6日
7	甲辰	甲戌	癸卯	癸酉	壬寅	辛未	辛丑	庚午	庚子	己巳	辛丑	庚午	7日
8	乙巳	乙亥	甲辰	甲戌	癸卯	壬申	壬寅	辛未	辛丑	庚午	壬寅	辛未	8日
9	丙午	丙子	乙巳	乙亥	甲辰	癸酉	癸卯	壬申	壬寅	辛未	癸卯	壬申	9日
10	丁未	丁丑	丙午	丙子	乙巳	甲戌	甲辰	癸酉	癸卯	壬申	甲辰	癸酉	10日
11	戊申	戊寅	丁未	丁丑	丙午	乙亥	乙巳	甲戌	甲辰	癸酉	乙巳	甲戌	11日
12	己酉	己卯	戊申	戊寅	丁未	丙子	丙午	乙亥	乙巳	甲戌	丙午	乙亥	12日
13	庚戌	庚辰	己酉	己卯	戊申	丁丑	丁未	丙子	丙午	乙亥	丁未	丙子	13日
14	辛亥	辛巳	庚戌	庚辰	己酉	戊寅	戊申	丁丑	丁未	丙子	戊申	丁丑	14日
15	壬子	壬午	辛亥	辛巳	庚戌	己卯	己酉	戊寅	戊申	丁丑	己酉	戊寅	15日
16	癸丑	癸未	壬子	壬午	辛亥	庚辰	庚戌	己卯	己酉	戊寅	庚戌	己卯	16日
17	甲寅	甲申	癸丑	癸未	壬子	辛巳	辛亥	庚辰	庚戌	己卯	辛亥	庚辰	17日
18	乙卯	乙酉	甲寅	甲申	癸丑	壬午	壬子	辛巳	辛亥	庚辰	壬子	辛巳	18日
19	丙辰	丙戌	乙卯	乙酉	甲寅	癸未	癸丑	壬午	壬子	辛巳	癸丑	壬午	19日
20	丁巳	丁亥	丙辰	丙戌	乙卯	甲申	甲寅	癸未	癸丑	壬午	甲寅	癸未	20日
21	戊午	戊子	丁巳	丁亥	丙辰	乙酉	乙卯	甲申	甲寅	癸未	乙卯	甲申	21日
22	己未	己丑	戊午	戊子	丁巳	丙戌	丙辰	乙酉	乙卯	甲申	丙辰	乙酉	22日
23	庚申	庚寅	己未	己丑	戊午	丁亥	丁巳	丙戌	丙辰	乙酉	丁巳	丙戌	23日
24	辛酉	辛卯	庚申	庚寅	己未	戊子	戊午	丁亥	丁巳	丙戌	戊午	丁亥	24日
25	壬戌	壬辰	辛酉	辛卯	庚申	己丑	己未	戊子	戊午	丁亥	己未	戊子	25日
26	癸亥	癸巳	壬戌	壬辰	辛酉	庚寅	庚申	己丑	己未	戊子	庚申	己丑	26日
27	甲子	甲午	癸亥	癸巳	壬戌	辛卯	辛酉	庚寅	庚申	己丑	辛酉	庚寅	27日
28	乙丑	乙未	甲子	甲午	癸亥	壬辰	壬戌	辛卯	辛酉	庚寅	壬戌	辛卯	28日
29	丙寅	丙申	乙丑	乙未	甲子	癸巳	癸亥	壬辰	壬戌	辛卯		壬辰	29日
30	丁卯	丁酉	丙寅	丙申	乙丑	甲午	甲子	癸巳	癸亥	壬辰		癸巳	30日
31	戊辰		丁卯		丙寅	乙未		甲午		癸巳		甲午	31日

12年 庚辰

2000年　平成 12年　庚辰

12月	11月	10月	9月	8月	7月	6月	5月	4月	3月	2月	11年 己卯 1月	月干支
戊子	丁亥	丙戌	乙酉	甲申	癸未	壬午	辛巳	庚辰	己卯	戊寅	丁丑	月干支
7日	7日	8日	7日	7日	7日	5日	5日	4日	5日	4日	6日	節入日
4:37	11:48	8:38	16:59	14:03	4:14	17:59	13:50	20:32	15:43	21:40	10:01	
癸巳	癸亥	壬辰	壬戌	辛卯	庚申	庚寅	己未	己丑	戊午	己丑	戊午	1日
甲午	甲子	癸巳	癸亥	壬辰	辛酉	辛卯	庚申	庚寅	己未	庚寅	己未	2日
乙未	乙丑	甲午	甲子	癸巳	壬戌	壬辰	辛酉	辛卯	庚申	辛卯	庚申	3日
丙申	丙寅	乙未	乙丑	甲午	癸亥	癸巳	壬戌	壬辰	辛酉	壬辰	辛酉	4日
丁酉	丁卯	丙申	丙寅	乙未	甲子	甲午	癸亥	癸巳	壬戌	癸巳	壬戌	5日
戊戌	戊辰	丁酉	丁卯	丙申	乙丑	乙未	甲子	甲午	癸亥	甲午	癸亥	6日
己亥	己巳	戊戌	戊辰	丁酉	丙寅	丙申	乙丑	乙未	甲子	乙未	甲子	7日
庚子	庚午	己亥	己巳	戊戌	丁卯	丁酉	丙寅	丙申	乙丑	丙申	乙丑	8日
辛丑	辛未	庚子	庚午	己亥	戊辰	戊戌	丁卯	丁酉	丙寅	丁酉	丙寅	9日
壬寅	壬申	辛丑	辛未	庚子	己巳	己亥	戊辰	戊戌	丁卯	戊戌	丁卯	10日
癸卯	癸酉	壬寅	壬申	辛丑	庚午	庚子	己巳	己亥	戊辰	己亥	戊辰	11日
甲辰	甲戌	癸卯	癸酉	壬寅	辛未	辛丑	庚午	庚子	己巳	庚子	己巳	12日
乙巳	乙亥	甲辰	甲戌	癸卯	壬申	壬寅	辛未	辛丑	庚午	辛丑	庚午	13日
丙午	丙子	乙巳	乙亥	甲辰	癸酉	癸卯	壬申	壬寅	辛未	壬寅	辛未	14日
丁未	丁丑	丙午	丙子	乙巳	甲戌	甲辰	癸酉	癸卯	壬申	癸卯	壬申	15日
戊申	戊寅	丁未	丁丑	丙午	乙亥	乙巳	甲戌	甲辰	癸酉	甲辰	癸酉	16日
己酉	己卯	戊申	戊寅	丁未	丙子	丙午	乙亥	乙巳	甲戌	乙巳	甲戌	17日
庚戌	庚辰	己酉	己卯	戊申	丁丑	丁未	丙子	丙午	乙亥	丙午	乙亥	18日
辛亥	辛巳	庚戌	庚辰	己酉	戊寅	戊申	丁丑	丁未	丙子	丁未	丙子	19日
壬子	壬午	辛亥	辛巳	庚戌	己卯	己酉	戊寅	戊申	丁丑	戊申	丁丑	20日
癸丑	癸未	壬子	壬午	辛亥	庚辰	庚戌	己卯	己酉	戊寅	己酉	戊寅	21日
甲寅	甲申	癸丑	癸未	壬子	辛巳	辛亥	庚辰	庚戌	己卯	庚戌	己卯	22日
乙卯	乙酉	甲寅	甲申	癸丑	壬午	壬子	辛巳	辛亥	庚辰	辛亥	庚辰	23日
丙辰	丙戌	乙卯	乙酉	甲寅	癸未	癸丑	壬午	壬子	辛巳	壬子	辛巳	24日
丁巳	丁亥	丙辰	丙戌	乙卯	甲申	甲寅	癸未	癸丑	壬午	癸丑	壬午	25日
戊午	戊子	丁巳	丁亥	丙辰	乙酉	乙卯	甲申	甲寅	癸未	甲寅	癸未	26日
己未	己丑	戊午	戊子	丁巳	丙戌	丙辰	乙酉	乙卯	甲申	乙卯	甲申	27日
庚申	庚寅	己未	己丑	戊午	丁亥	丁巳	丙戌	丙辰	乙酉	丙辰	乙酉	28日
辛酉	辛卯	庚申	庚寅	己未	戊子	戊午	丁亥	丁巳	丙戌	丁巳	丙戌	29日
壬戌	壬辰	辛酉	辛卯	庚申	己丑	己未	戊子	戊午	丁亥		丁亥	30日
癸亥		壬戌		辛酉	庚寅		己丑		戊子		戊子	31日

1999年　平成 11年　己卯

	12月	11月	10月	9月	8月	7月	6月	5月	4月	3月	2月	1月 10年 戊寅	
月干支	丙子	乙亥	甲戌	癸酉	壬申	辛未	庚午	己巳	戊辰	丁卯	丙寅	乙丑	
節入日	7日 22:47	8日 5:58	9日 2:48	8日 11:10	8日 8:14	7日 22:25	6日 12:09	6日 8:01	5日 14:45	6日 9:58	4日 15:57	6日 4:17	
1	丁亥	丁巳	丙戌	丙辰	乙酉	甲寅	甲申	癸丑	癸未	壬子	甲申	癸丑	1日
2	戊子	戊午	丁亥	丁巳	丙戌	乙卯	乙酉	甲寅	甲申	癸丑	乙酉	甲寅	2日
3	己丑	己未	戊子	戊午	丁亥	丙辰	丙戌	乙卯	乙酉	甲寅	丙戌	乙卯	3日
4	庚寅	庚申	己丑	己未	戊子	丁巳	丁亥	丙辰	丙戌	乙卯	丁亥	丙辰	4日
5	辛卯	辛酉	庚寅	庚申	己丑	戊午	戊子	丁巳	丁亥	丙辰	戊子	丁巳	5日
6	壬辰	壬戌	辛卯	辛酉	庚寅	己未	己丑	戊午	戊子	丁巳	己丑	戊午	6日
7	癸巳	癸亥	壬辰	壬戌	辛卯	庚申	庚寅	己未	己丑	戊午	庚寅	己未	7日
8	甲午	甲子	癸巳	癸亥	壬辰	辛酉	辛卯	庚申	庚寅	己未	辛卯	庚申	8日
9	乙未	乙丑	甲午	甲子	癸巳	壬戌	壬辰	辛酉	辛卯	庚申	壬辰	辛酉	9日
10	丙申	丙寅	乙未	乙丑	甲午	癸亥	癸巳	壬戌	壬辰	辛酉	癸巳	壬戌	10日
11	丁酉	丁卯	丙申	丙寅	乙未	甲子	甲午	癸亥	癸巳	壬戌	甲午	癸亥	11日
12	戊戌	戊辰	丁酉	丁卯	丙申	乙丑	乙未	甲子	甲午	癸亥	乙未	甲子	12日
13	己亥	己巳	戊戌	戊辰	丁酉	丙寅	丙申	乙丑	乙未	甲子	丙申	乙丑	13日
14	庚子	庚午	己亥	己巳	戊戌	丁卯	丁酉	丙寅	丙申	乙丑	丁酉	丙寅	14日
15	辛丑	辛未	庚子	庚午	己亥	戊辰	戊戌	丁卯	丁酉	丙寅	戊戌	丁卯	15日
16	壬寅	壬申	辛丑	辛未	庚子	己巳	己亥	戊辰	戊戌	丁卯	己亥	戊辰	16日
17	癸卯	癸酉	壬寅	壬申	辛丑	庚午	庚子	己巳	己亥	戊辰	庚子	己巳	17日
18	甲辰	甲戌	癸卯	癸酉	壬寅	辛未	辛丑	庚午	庚子	己巳	辛丑	庚午	18日
19	乙巳	乙亥	甲辰	甲戌	癸卯	壬申	壬寅	辛未	辛丑	庚午	壬寅	辛未	19日
20	丙午	丙子	乙巳	乙亥	甲辰	癸酉	癸卯	壬申	壬寅	辛未	癸卯	壬申	20日
21	丁未	丁丑	丙午	丙子	乙巳	甲戌	甲辰	癸酉	癸卯	壬申	甲辰	癸酉	21日
22	戊申	戊寅	丁未	丁丑	丙午	乙亥	乙巳	甲戌	甲辰	癸酉	乙巳	甲戌	22日
23	己酉	己卯	戊申	戊寅	丁未	丙子	丙午	乙亥	乙巳	甲戌	丙午	乙亥	23日
24	庚戌	庚辰	己酉	己卯	戊申	丁丑	丁未	丙子	丙午	乙亥	丁未	丙子	24日
25	辛亥	辛巳	庚戌	庚辰	己酉	戊寅	戊申	丁丑	丁未	丙子	戊申	丁丑	25日
26	壬子	壬午	辛亥	辛巳	庚戌	己卯	己酉	戊寅	戊申	丁丑	己酉	戊寅	26日
27	癸丑	癸未	壬子	壬午	辛亥	庚辰	庚戌	己卯	己酉	戊寅	庚戌	己卯	27日
28	甲寅	甲申	癸丑	癸未	壬子	辛巳	辛亥	庚辰	庚戌	己卯	辛亥	庚辰	28日
29	乙卯	乙酉	甲寅	甲申	癸丑	壬午	壬子	辛巳	辛亥	庚辰		辛巳	29日
30	丙辰	丙戌	乙卯	乙酉	甲寅	癸未	癸丑	壬午	壬子	辛巳		壬午	30日
31	丁巳		丙辰		乙卯	甲申		癸未		壬午		癸未	31日

1998年　平成 10年　戊寅

12月	11月	10月	9月	8月	7月	6月	5月	4月	3月	2月	1月 (9年 丁丑)	月干支
甲子	癸亥	壬戌	辛酉	庚申	己未	戊午	丁巳	丙辰	乙卯	甲寅	癸丑	
7日	8日	8日	8日	8日	7日	6日	6日	5日	6日	4日	5日	節入日
17:02	0:08	20:56	5:16	2:20	16:30	6:13	2:03	8:45	3:57	9:57	22:18	
壬午	壬子	辛巳	辛亥	庚辰	己酉	己卯	戊申	戊寅	丁未	己卯	戊申	1日
癸未	癸丑	壬午	壬子	辛巳	庚戌	庚辰	己酉	己卯	戊申	庚辰	己酉	2日
甲申	甲寅	癸未	癸丑	壬午	辛亥	辛巳	庚戌	庚辰	己酉	辛巳	庚戌	3日
乙酉	乙卯	甲申	甲寅	癸未	壬子	壬午	辛亥	辛巳	庚戌	壬午	辛亥	4日
丙戌	丙辰	乙酉	乙卯	甲申	癸丑	癸未	壬子	壬午	辛亥	癸未	壬子	5日
丁亥	丁巳	丙戌	丙辰	乙酉	甲寅	甲申	癸丑	癸未	壬子	甲申	癸丑	6日
戊子	戊午	丁亥	丁巳	丙戌	乙卯	乙酉	甲寅	甲申	癸丑	乙酉	甲寅	7日
己丑	己未	戊子	戊午	丁亥	丙辰	丙戌	乙卯	乙酉	甲寅	丙戌	乙卯	8日
庚寅	庚申	己丑	己未	戊子	丁巳	丁亥	丙辰	丙戌	乙卯	丁亥	丙辰	9日
辛卯	辛酉	庚寅	庚申	己丑	戊午	戊子	丁巳	丁亥	丙辰	戊子	丁巳	10日
壬辰	壬戌	辛卯	辛酉	庚寅	己未	己丑	戊午	戊子	丁巳	己丑	戊午	11日
癸巳	癸亥	壬辰	壬戌	辛卯	庚申	庚寅	己未	己丑	戊午	庚寅	己未	12日
甲午	甲子	癸巳	癸亥	壬辰	辛酉	辛卯	庚申	庚寅	己未	辛卯	庚申	13日
乙未	乙丑	甲午	甲子	癸巳	壬戌	壬辰	辛酉	辛卯	庚申	壬辰	辛酉	14日
丙申	丙寅	乙未	乙丑	甲午	癸亥	癸巳	壬戌	壬辰	辛酉	癸巳	壬戌	15日
丁酉	丁卯	丙申	丙寅	乙未	甲子	甲午	癸亥	癸巳	壬戌	甲午	癸亥	16日
戊戌	戊辰	丁酉	丁卯	丙申	乙丑	乙未	甲子	甲午	癸亥	乙未	甲子	17日
己亥	己巳	戊戌	戊辰	丁酉	丙寅	丙申	乙丑	乙未	甲子	丙申	乙丑	18日
庚子	庚午	己亥	己巳	戊戌	丁卯	丁酉	丙寅	丙申	乙丑	丁酉	丙寅	19日
辛丑	辛未	庚子	庚午	己亥	戊辰	戊戌	丁卯	丁酉	丙寅	戊戌	丁卯	20日
壬寅	壬申	辛丑	辛未	庚子	己巳	己亥	戊辰	戊戌	丁卯	己亥	戊辰	21日
癸卯	癸酉	壬寅	壬申	辛丑	庚午	庚子	己巳	己亥	戊辰	庚子	己巳	22日
甲辰	甲戌	癸卯	癸酉	壬寅	辛未	辛丑	庚午	庚子	己巳	辛丑	庚午	23日
乙巳	乙亥	甲辰	甲戌	癸卯	壬申	壬寅	辛未	辛丑	庚午	壬寅	辛未	24日
丙午	丙子	乙巳	乙亥	甲辰	癸酉	癸卯	壬申	壬寅	辛未	癸卯	壬申	25日
丁未	丁丑	丙午	丙子	乙巳	甲戌	甲辰	癸酉	癸卯	壬申	甲辰	癸酉	26日
戊申	戊寅	丁未	丁丑	丙午	乙亥	乙巳	甲戌	甲辰	癸酉	乙巳	甲戌	27日
己酉	己卯	戊申	戊寅	丁未	丙子	丙午	乙亥	乙巳	甲戌	丙午	乙亥	28日
庚戌	庚辰	己酉	己卯	戊申	丁丑	丁未	丙子	丙午	乙亥		丙子	29日
辛亥	辛巳	庚戌	庚辰	己酉	戊寅	戊申	丁丑	丁未	丙子		丁丑	30日
壬子		辛亥		庚戌	己卯		戊寅		丁丑		戊寅	31日

1997年　平成 9年　丁丑

12月	11月	10月	9月	8月	7月	6月	5月	4月	3月	2月	1月 (8年丙子)	月干支
壬子	辛亥	庚戌	己酉	戊申	丁未	丙午	乙巳	甲辰	癸卯	壬寅	辛丑	月干支
7日	7日	8日	7日	7日	7日	6日	5日	5日	5日	4日	5日	節入日
11:05	18:15	15:05	23:29	20:36	10:49	0:33	20:19	2:56	22:04	4:02	16:24	
丁丑	丁未	丙子	丙午	乙亥	甲辰	甲戌	癸卯	癸酉	壬寅	甲戌	癸卯	1日
戊寅	戊申	丁丑	丁未	丙子	乙巳	乙亥	甲辰	甲戌	癸卯	乙亥	甲辰	2日
己卯	己酉	戊寅	戊申	丁丑	丙午	丙子	乙巳	乙亥	甲辰	丙子	乙巳	3日
庚辰	庚戌	己卯	己酉	戊寅	丁未	丁丑	丙午	丙子	乙巳	丁丑	丙午	4日
辛巳	辛亥	庚辰	庚戌	己卯	戊申	戊寅	丁未	丁丑	丙午	戊寅	丁未	5日
壬午	壬子	辛巳	辛亥	庚辰	己酉	己卯	戊申	戊寅	丁未	己卯	戊申	6日
癸未	癸丑	壬午	壬子	辛巳	庚戌	庚辰	己酉	己卯	戊申	庚辰	己酉	7日
甲申	甲寅	癸未	癸丑	壬午	辛亥	辛巳	庚戌	庚辰	己酉	辛巳	庚戌	8日
乙酉	乙卯	甲申	甲寅	癸未	壬子	壬午	辛亥	辛巳	庚戌	壬午	辛亥	9日
丙戌	丙辰	乙酉	乙卯	甲申	癸丑	癸未	壬子	壬午	辛亥	癸未	壬子	10日
丁亥	丁巳	丙戌	丙辰	乙酉	甲寅	甲申	癸丑	癸未	壬子	甲申	癸丑	11日
戊子	戊午	丁亥	丁巳	丙戌	乙卯	乙酉	甲寅	甲申	癸丑	乙酉	甲寅	12日
己丑	己未	戊子	戊午	丁亥	丙辰	丙戌	乙卯	乙酉	甲寅	丙戌	乙卯	13日
庚寅	庚申	己丑	己未	戊子	丁巳	丁亥	丙辰	丙戌	乙卯	丁亥	丙辰	14日
辛卯	辛酉	庚寅	庚申	己丑	戊午	戊子	丁巳	丁亥	丙辰	戊子	丁巳	15日
壬辰	壬戌	辛卯	辛酉	庚寅	己未	己丑	戊午	戊子	丁巳	己丑	戊午	16日
癸巳	癸亥	壬辰	壬戌	辛卯	庚申	庚寅	己未	己丑	戊午	庚寅	己未	17日
甲午	甲子	癸巳	癸亥	壬辰	辛酉	辛卯	庚申	庚寅	己未	辛卯	庚申	18日
乙未	乙丑	甲午	甲子	癸巳	壬戌	壬辰	辛酉	辛卯	庚申	壬辰	辛酉	19日
丙申	丙寅	乙未	乙丑	甲午	癸亥	癸巳	壬戌	壬辰	辛酉	癸巳	壬戌	20日
丁酉	丁卯	丙申	丙寅	乙未	甲子	甲午	癸亥	癸巳	壬戌	甲午	癸亥	21日
戊戌	戊辰	丁酉	丁卯	丙申	乙丑	乙未	甲子	甲午	癸亥	乙未	甲子	22日
己亥	己巳	戊戌	戊辰	丁酉	丙寅	丙申	乙丑	乙未	甲子	丙申	乙丑	23日
庚子	庚午	己亥	己巳	戊戌	丁卯	丁酉	丙寅	丙申	乙丑	丁酉	丙寅	24日
辛丑	辛未	庚子	庚午	己亥	戊辰	戊戌	丁卯	丁酉	丙寅	戊戌	丁卯	25日
壬寅	壬申	辛丑	辛未	庚子	己巳	己亥	戊辰	戊戌	丁卯	己亥	戊辰	26日
癸卯	癸酉	壬寅	壬申	辛丑	庚午	庚子	己巳	己亥	戊辰	庚子	己巳	27日
甲辰	甲戌	癸卯	癸酉	壬寅	辛未	辛丑	庚午	庚子	己巳	辛丑	庚午	28日
乙巳	乙亥	甲辰	甲戌	癸卯	壬申	壬寅	辛未	辛丑	庚午		辛未	29日
丙午	丙子	乙巳	乙亥	甲辰	癸酉	癸卯	壬申	壬寅	辛未		壬申	30日
丁未		丙午		乙巳	甲戌		癸酉		壬申		癸酉	31日

1996年　平成 8年　丙子

12月	11月	10月	9月	8月	7月	6月	5月	4月	3月	2月	1月	月干支
庚子	己亥	戊戌	丁酉	丙申	乙未	甲午	癸巳	壬辰	辛卯	庚寅	己丑	
7日	7日	8日	7日	7日	7日	5日	5日	4日	5日	4日	6日	節入日
5:14	12:27	9:19	17:42	14:49	5:00	18:41	14:26	21:02	16:10	22:08	10:31	
壬申	壬寅	辛未	辛丑	庚午	己亥	己巳	戊戌	戊辰	丁酉	戊辰	丁酉	1日
癸酉	癸卯	壬申	壬寅	辛未	庚子	庚午	己亥	己巳	戊戌	己巳	戊戌	2日
甲戌	甲辰	癸酉	癸卯	壬申	辛丑	辛未	庚子	庚午	己亥	庚午	己亥	3日
乙亥	乙巳	甲戌	甲辰	癸酉	壬寅	壬申	辛丑	辛未	庚子	辛未	庚子	4日
丙子	丙午	乙亥	乙巳	甲戌	癸卯	癸酉	壬寅	壬申	辛丑	壬申	辛丑	5日
丁丑	丁未	丙子	丙午	乙亥	甲辰	甲戌	癸卯	癸酉	壬寅	癸酉	壬寅	6日
戊寅	戊申	丁丑	丁未	丙子	乙巳	乙亥	甲辰	甲戌	癸卯	甲戌	癸卯	7日
己卯	己酉	戊寅	戊申	丁丑	丙午	丙子	乙巳	乙亥	甲辰	乙亥	甲辰	8日
庚辰	庚戌	己卯	己酉	戊寅	丁未	丁丑	丙午	丙子	乙巳	丙子	乙巳	9日
辛巳	辛亥	庚辰	庚戌	己卯	戊申	戊寅	丁未	丁丑	丙午	丁丑	丙午	10日
壬午	壬子	辛巳	辛亥	庚辰	己酉	己卯	戊申	戊寅	丁未	戊寅	丁未	11日
癸未	癸丑	壬午	壬子	辛巳	庚戌	庚辰	己酉	己卯	戊申	己卯	戊申	12日
甲申	甲寅	癸未	癸丑	壬午	辛亥	辛巳	庚戌	庚辰	己酉	庚辰	己酉	13日
乙酉	乙卯	甲申	甲寅	癸未	壬子	壬午	辛亥	辛巳	庚戌	辛巳	庚戌	14日
丙戌	丙辰	乙酉	乙卯	甲申	癸丑	癸未	壬子	壬午	辛亥	壬午	辛亥	15日
丁亥	丁巳	丙戌	丙辰	乙酉	甲寅	甲申	癸丑	癸未	壬子	癸未	壬子	16日
戊子	戊午	丁亥	丁巳	丙戌	乙卯	乙酉	甲寅	甲申	癸丑	甲申	癸丑	17日
己丑	己未	戊子	戊午	丁亥	丙辰	丙戌	乙卯	乙酉	甲寅	乙酉	甲寅	18日
庚寅	庚申	己丑	己未	戊子	丁巳	丁亥	丙辰	丙戌	乙卯	丙戌	乙卯	19日
辛卯	辛酉	庚寅	庚申	己丑	戊午	戊子	丁巳	丁亥	丙辰	丁亥	丙辰	20日
壬辰	壬戌	辛卯	辛酉	庚寅	己未	己丑	戊午	戊子	丁巳	戊子	丁巳	21日
癸巳	癸亥	壬辰	壬戌	辛卯	庚申	庚寅	己未	己丑	戊午	己丑	戊午	22日
甲午	甲子	癸巳	癸亥	壬辰	辛酉	辛卯	庚申	庚寅	己未	庚寅	己未	23日
乙未	乙丑	甲午	甲子	癸巳	壬戌	壬辰	辛酉	辛卯	庚申	辛卯	庚申	24日
丙申	丙寅	乙未	乙丑	甲午	癸亥	癸巳	壬戌	壬辰	辛酉	壬辰	辛酉	25日
丁酉	丁卯	丙申	丙寅	乙未	甲子	甲午	癸亥	癸巳	壬戌	癸巳	壬戌	26日
戊戌	戊辰	丁酉	丁卯	丙申	乙丑	乙未	甲子	甲午	癸亥	甲午	癸亥	27日
己亥	己巳	戊戌	戊辰	丁酉	丙寅	丙申	乙丑	乙未	甲子	乙未	甲子	28日
庚子	庚午	己亥	己巳	戊戌	丁卯	丁酉	丙寅	丙申	乙丑		乙丑	29日
辛丑	辛未	庚子	庚午	己亥	戊辰	戊戌	丁卯	丁酉	丙寅		丙寅	30日
壬寅		辛丑		庚子	己巳		戊辰		丁卯		丁卯	31日

7年 乙亥

1995年　平成 7年　乙亥

12月	11月	10月	9月	8月	7月	6月	5月	4月	3月	2月	1月 (6年甲戌)	月干支
戊子	丁亥	丙戌	乙酉	甲申	癸未	壬午	辛巳	庚辰	己卯	戊寅	丁丑	節入日
7日 23:22	8日 6:36	9日 3:27	8日 11:49	8日 8:52	7日 23:01	6日 12:42	6日 8:30	5日 15:08	6日 10:16	4日 16:13	6日 4:34	
丙寅	丙申	乙丑	乙未	甲子	癸巳	癸亥	壬辰	壬戌	辛卯	癸亥	壬辰	1日
丁卯	丁酉	丙寅	丙申	乙丑	甲午	甲子	癸巳	癸亥	壬辰	甲子	癸巳	2日
戊辰	戊戌	丁卯	丁酉	丙寅	乙未	乙丑	甲午	甲子	癸巳	乙丑	甲午	3日
己巳	己亥	戊辰	戊戌	丁卯	丙申	丙寅	乙未	乙丑	甲午	丙寅	乙未	4日
庚午	庚子	己巳	己亥	戊辰	丁酉	丁卯	丙申	丙寅	乙未	丁卯	丙申	5日
辛未	辛丑	庚午	庚子	己巳	戊戌	戊辰	丁酉	丁卯	丙申	戊辰	丁酉	6日
壬申	壬寅	辛未	辛丑	庚午	己亥	己巳	戊戌	戊辰	丁酉	己巳	戊戌	7日
癸酉	癸卯	壬申	壬寅	辛未	庚子	庚午	己亥	己巳	戊戌	庚午	己亥	8日
甲戌	甲辰	癸酉	癸卯	壬申	辛丑	辛未	庚子	庚午	己亥	辛未	庚子	9日
乙亥	乙巳	甲戌	甲辰	癸酉	壬寅	壬申	辛丑	辛未	庚子	壬申	辛丑	10日
丙子	丙午	乙亥	乙巳	甲戌	癸卯	癸酉	壬寅	壬申	辛丑	癸酉	壬寅	11日
丁丑	丁未	丙子	丙午	乙亥	甲辰	甲戌	癸卯	癸酉	壬寅	甲戌	癸卯	12日
戊寅	戊申	丁丑	丁未	丙子	乙巳	乙亥	甲辰	甲戌	癸卯	乙亥	甲辰	13日
己卯	己酉	戊寅	戊申	丁丑	丙午	丙子	乙巳	乙亥	甲辰	丙子	乙巳	14日
庚辰	庚戌	己卯	己酉	戊寅	丁未	丁丑	丙午	丙子	乙巳	丁丑	丙午	15日
辛巳	辛亥	庚辰	庚戌	己卯	戊申	戊寅	丁未	丁丑	丙午	戊寅	丁未	16日
壬午	壬子	辛巳	辛亥	庚辰	己酉	己卯	戊申	戊寅	丁未	己卯	戊申	17日
癸未	癸丑	壬午	壬子	辛巳	庚戌	庚辰	己酉	己卯	戊申	庚辰	己酉	18日
甲申	甲寅	癸未	癸丑	壬午	辛亥	辛巳	庚戌	庚辰	己酉	辛巳	庚戌	19日
乙酉	乙卯	甲申	甲寅	癸未	壬子	壬午	辛亥	辛巳	庚戌	壬午	辛亥	20日
丙戌	丙辰	乙酉	乙卯	甲申	癸丑	癸未	壬子	壬午	辛亥	癸未	壬子	21日
丁亥	丁巳	丙戌	丙辰	乙酉	甲寅	甲申	癸丑	癸未	壬子	甲申	癸丑	22日
戊子	戊午	丁亥	丁巳	丙戌	乙卯	乙酉	甲寅	甲申	癸丑	乙酉	甲寅	23日
己丑	己未	戊子	戊午	丁亥	丙辰	丙戌	乙卯	乙酉	甲寅	丙戌	乙卯	24日
庚寅	庚申	己丑	己未	戊子	丁巳	丁亥	丙辰	丙戌	乙卯	丁亥	丙辰	25日
辛卯	辛酉	庚寅	庚申	己丑	戊午	戊子	丁巳	丁亥	丙辰	戊子	丁巳	26日
壬辰	壬戌	辛卯	辛酉	庚寅	己未	己丑	戊午	戊子	丁巳	己丑	戊午	27日
癸巳	癸亥	壬辰	壬戌	辛卯	庚申	庚寅	己未	己丑	戊午	庚寅	己未	28日
甲午	甲子	癸巳	癸亥	壬辰	辛酉	辛卯	庚申	庚寅	己未		庚申	29日
乙未	乙丑	甲午	甲子	癸巳	壬戌	壬辰	辛酉	辛卯	庚申		辛酉	30日
丙申		乙未		甲午	癸亥		壬戌		辛酉		壬戌	31日

1994年　平成 6年　甲戌

12月	11月	10月	9月	8月	7月	6月	5月	4月	3月	2月	1月 (5年 癸酉)	月干支
丙子	乙亥	甲戌	癸酉	壬申	辛未	庚午	己巳	戊辰	丁卯	丙寅	乙丑	
7日	8日	8日	8日	8日	7日	6日	6日	5日	6日	4日	5日	節入日
17:23	0:36	21:29	5:55	3:04	17:19	7:05	2:54	9:32	4:38	10:31	22:48	

12月	11月	10月	9月	8月	7月	6月	5月	4月	3月	2月	1月	日
辛酉	辛卯	庚申	庚寅	己未	戊子	戊午	丁亥	丁巳	丙戌	戊午	丁亥	1日
壬戌	壬辰	辛酉	辛卯	庚申	己丑	己未	戊子	戊午	丁亥	己未	戊子	2日
癸亥	癸巳	壬戌	壬辰	辛酉	庚寅	庚申	己丑	己未	戊子	庚申	己丑	3日
甲子	甲午	癸亥	癸巳	壬戌	辛卯	辛酉	庚寅	庚申	己丑	辛酉	庚寅	4日
乙丑	乙未	甲子	甲午	癸亥	壬辰	壬戌	辛卯	辛酉	庚寅	壬戌	辛卯	5日
丙寅	丙申	乙丑	乙未	甲子	癸巳	癸亥	壬辰	壬戌	辛卯	癸亥	壬辰	6日
丁卯	丁酉	丙寅	丙申	乙丑	甲午	甲子	癸巳	癸亥	壬辰	甲子	癸巳	7日
戊辰	戊戌	丁卯	丁酉	丙寅	乙未	乙丑	甲午	甲子	癸巳	乙丑	甲午	8日
己巳	己亥	戊辰	戊戌	丁卯	丙申	丙寅	乙未	乙丑	甲午	丙寅	乙未	9日
庚午	庚子	己巳	己亥	戊辰	丁酉	丁卯	丙申	丙寅	乙未	丁卯	丙申	10日
辛未	辛丑	庚午	庚子	己巳	戊戌	戊辰	丁酉	丁卯	丙申	戊辰	丁酉	11日
壬申	壬寅	辛未	辛丑	庚午	己亥	己巳	戊戌	戊辰	丁酉	己巳	戊戌	12日
癸酉	癸卯	壬申	壬寅	辛未	庚子	庚午	己亥	己巳	戊戌	庚午	己亥	13日
甲戌	甲辰	癸酉	癸卯	壬申	辛丑	辛未	庚子	庚午	己亥	辛未	庚子	14日
乙亥	乙巳	甲戌	甲辰	癸酉	壬寅	壬申	辛丑	辛未	庚子	壬申	辛丑	15日
丙子	丙午	乙亥	乙巳	甲戌	癸卯	癸酉	壬寅	壬申	辛丑	癸酉	壬寅	16日
丁丑	丁未	丙子	丙午	乙亥	甲辰	甲戌	癸卯	癸酉	壬寅	甲戌	癸卯	17日
戊寅	戊申	丁丑	丁未	丙子	乙巳	乙亥	甲辰	甲戌	癸卯	乙亥	甲辰	18日
己卯	己酉	戊寅	戊申	丁丑	丙午	丙子	乙巳	乙亥	甲辰	丙子	乙巳	19日
庚辰	庚戌	己卯	己酉	戊寅	丁未	丁丑	丙午	丙子	乙巳	丁丑	丙午	20日
辛巳	辛亥	庚辰	庚戌	己卯	戊申	戊寅	丁未	丁丑	丙午	戊寅	丁未	21日
壬午	壬子	辛巳	辛亥	庚辰	己酉	己卯	戊申	戊寅	丁未	己卯	戊申	22日
癸未	癸丑	壬午	壬子	辛巳	庚戌	庚辰	己酉	己卯	戊申	庚辰	己酉	23日
甲申	甲寅	癸未	癸丑	壬午	辛亥	辛巳	庚戌	庚辰	己酉	辛巳	庚戌	24日
乙酉	乙卯	甲申	甲寅	癸未	壬子	壬午	辛亥	辛巳	庚戌	壬午	辛亥	25日
丙戌	丙辰	乙酉	乙卯	甲申	癸丑	癸未	壬子	壬午	辛亥	癸未	壬子	26日
丁亥	丁巳	丙戌	丙辰	乙酉	甲寅	甲申	癸丑	癸未	壬子	甲申	癸丑	27日
戊子	戊午	丁亥	丁巳	丙戌	乙卯	乙酉	甲寅	甲申	癸丑	乙酉	甲寅	28日
己丑	己未	戊子	戊午	丁亥	丙辰	丙戌	乙卯	乙酉	甲寅		乙卯	29日
庚寅	庚申	己丑	己未	戊子	丁巳	丁亥	丙辰	丙戌	乙卯		丙辰	30日
辛卯		庚寅		己丑	戊午		丁巳		丙辰		丁巳	31日

1993年　平成 5年　癸酉

12月	11月	10月	9月	8月	7月	6月	5月	4月	3月	2月	4年 壬申 1月	月干支 節入日
甲子	癸亥	壬戌	辛酉	庚申	己未	戊午	丁巳	丙辰	乙卯	甲寅	癸丑	月干支
7日 11:34	7日 18:45	8日 15:40	8日 0:08	7日 21:18	7日 11:32	6日 1:15	5日 21:02	5日 3:37	5日 22:43	4日 4:37	5日 16:57	節入日
丙辰	丙戌	乙卯	乙酉	甲寅	癸未	癸丑	壬午	壬子	辛巳	癸丑	壬午	1日
丁巳	丁亥	丙辰	丙戌	乙卯	甲申	甲寅	癸未	癸丑	壬午	甲寅	癸未	2日
戊午	戊子	丁巳	丁亥	丙辰	乙酉	乙卯	甲申	甲寅	癸未	乙卯	甲申	3日
己未	己丑	戊午	戊子	丁巳	丙戌	丙辰	乙酉	乙卯	甲申	丙辰	乙酉	4日
庚申	庚寅	己未	己丑	戊午	丁亥	丁巳	丙戌	丙辰	乙酉	丁巳	丙戌	5日
辛酉	辛卯	庚申	庚寅	己未	戊子	戊午	丁亥	丁巳	丙戌	戊午	丁亥	6日
壬戌	壬辰	辛酉	辛卯	庚申	己丑	己未	戊子	戊午	丁亥	己未	戊子	7日
癸亥	癸巳	壬戌	壬辰	辛酉	庚寅	庚申	己丑	己未	戊子	庚申	己丑	8日
甲子	甲午	癸亥	癸巳	壬戌	辛卯	辛酉	庚寅	庚申	己丑	辛酉	庚寅	9日
乙丑	乙未	甲子	甲午	癸亥	壬辰	壬戌	辛卯	辛酉	庚寅	壬戌	辛卯	10日
丙寅	丙申	乙丑	乙未	甲子	癸巳	癸亥	壬辰	壬戌	辛卯	癸亥	壬辰	11日
丁卯	丁酉	丙寅	丙申	乙丑	甲午	甲子	癸巳	癸亥	壬辰	甲子	癸巳	12日
戊辰	戊戌	丁卯	丁酉	丙寅	乙未	乙丑	甲午	甲子	癸巳	乙丑	甲午	13日
己巳	己亥	戊辰	戊戌	丁卯	丙申	丙寅	乙未	乙丑	甲午	丙寅	乙未	14日
庚午	庚子	己巳	己亥	戊辰	丁酉	丁卯	丙申	丙寅	乙未	丁卯	丙申	15日
辛未	辛丑	庚午	庚子	己巳	戊戌	戊辰	丁酉	丁卯	丙申	戊辰	丁酉	16日
壬申	壬寅	辛未	辛丑	庚午	己亥	己巳	戊戌	戊辰	丁酉	己巳	戊戌	17日
癸酉	癸卯	壬申	壬寅	辛未	庚子	庚午	己亥	己巳	戊戌	庚午	己亥	18日
甲戌	甲辰	癸酉	癸卯	壬申	辛丑	辛未	庚子	庚午	己亥	辛未	庚子	19日
乙亥	乙巳	甲戌	甲辰	癸酉	壬寅	壬申	辛丑	辛未	庚子	壬申	辛丑	20日
丙子	丙午	乙亥	乙巳	甲戌	癸卯	癸酉	壬寅	壬申	辛丑	癸酉	壬寅	21日
丁丑	丁未	丙子	丙午	乙亥	甲辰	甲戌	癸卯	癸酉	壬寅	甲戌	癸卯	22日
戊寅	戊申	丁丑	丁未	丙子	乙巳	乙亥	甲辰	甲戌	癸卯	乙亥	甲辰	23日
己卯	己酉	戊寅	戊申	丁丑	丙午	丙子	乙巳	乙亥	甲辰	丙子	乙巳	24日
庚辰	庚戌	己卯	己酉	戊寅	丁未	丁丑	丙午	丙子	乙巳	丁丑	丙午	25日
辛巳	辛亥	庚辰	庚戌	己卯	戊申	戊寅	丁未	丁丑	丙午	戊寅	丁未	26日
壬午	壬子	辛巳	辛亥	庚辰	己酉	己卯	戊申	戊寅	丁未	己卯	戊申	27日
癸未	癸丑	壬午	壬子	辛巳	庚戌	庚辰	己酉	己卯	戊申	庚辰	己酉	28日
甲申	甲寅	癸未	癸丑	壬午	辛亥	辛巳	庚戌	庚辰	己酉		庚戌	29日
乙酉	乙卯	甲申	甲寅	癸未	壬子	壬午	辛亥	辛巳	庚戌		辛亥	30日
丙戌		乙酉		甲申	癸丑		壬子		辛亥		壬子	31日

1992年　　平成 4年　　壬申

12月	11月	10月	9月	8月	7月	6月	5月	4月	3月	2月	1月	月干支
壬子	辛亥	庚戌	己酉	戊申	丁未	丙午	乙巳	甲辰	癸卯	壬寅	辛丑	
7日	7日	8日	7日	7日	7日	5日	5日	4日	5日	4日	6日	節入日
5:44	12:57	9:52	18:18	15:27	5:40	19:22	15:09	21:45	16:52	22:48	11:09	
辛亥	辛巳	庚戌	庚辰	己酉	戊寅	戊申	丁丑	丁未	丙子	丁未	丙子	1日
壬子	壬午	辛亥	辛巳	庚戌	己卯	己酉	戊寅	戊申	丁丑	戊申	丁丑	2日
癸丑	癸未	壬子	壬午	辛亥	庚辰	庚戌	己卯	己酉	戊寅	己酉	戊寅	3日
甲寅	甲申	癸丑	癸未	壬子	辛巳	辛亥	庚辰	庚戌	己卯	庚戌	己卯	4日
乙卯	乙酉	甲寅	甲申	癸丑	壬午	壬子	辛巳	辛亥	庚辰	辛亥	庚辰	5日
丙辰	丙戌	乙卯	乙酉	甲寅	癸未	癸丑	壬午	壬子	辛巳	壬子	辛巳	6日
丁巳	丁亥	丙辰	丙戌	乙卯	甲申	甲寅	癸未	癸丑	壬午	癸丑	壬午	7日
戊午	戊子	丁巳	丁亥	丙辰	乙酉	乙卯	甲申	甲寅	癸未	甲寅	癸未	8日
己未	己丑	戊午	戊子	丁巳	丙戌	丙辰	乙酉	乙卯	甲申	乙卯	甲申	9日
庚申	庚寅	己未	己丑	戊午	丁亥	丁巳	丙戌	丙辰	乙酉	丙辰	乙酉	10日
辛酉	辛卯	庚申	庚寅	己未	戊子	戊午	丁亥	丁巳	丙戌	丁巳	丙戌	11日
壬戌	壬辰	辛酉	辛卯	庚申	己丑	己未	戊子	戊午	丁亥	戊午	丁亥	12日
癸亥	癸巳	壬戌	壬辰	辛酉	庚寅	庚申	己丑	己未	戊子	己未	戊子	13日
甲子	甲午	癸亥	癸巳	壬戌	辛卯	辛酉	庚寅	庚申	己丑	庚申	己丑	14日
乙丑	乙未	甲子	甲午	癸亥	壬辰	壬戌	辛卯	辛酉	庚寅	辛酉	庚寅	15日
丙寅	丙申	乙丑	乙未	甲子	癸巳	癸亥	壬辰	壬戌	辛卯	壬戌	辛卯	16日
丁卯	丁酉	丙寅	丙申	乙丑	甲午	甲子	癸巳	癸亥	壬辰	癸亥	壬辰	17日
戊辰	戊戌	丁卯	丁酉	丙寅	乙未	乙丑	甲午	甲子	癸巳	甲子	癸巳	18日
己巳	己亥	戊辰	戊戌	丁卯	丙申	丙寅	乙未	乙丑	甲午	乙丑	甲午	19日
庚午	庚子	己巳	己亥	戊辰	丁酉	丁卯	丙申	丙寅	乙未	丙寅	乙未	20日
辛未	辛丑	庚午	庚子	己巳	戊戌	戊辰	丁酉	丁卯	丙申	丁卯	丙申	21日
壬申	壬寅	辛未	辛丑	庚午	己亥	己巳	戊戌	戊辰	丁酉	戊辰	丁酉	22日
癸酉	癸卯	壬申	壬寅	辛未	庚子	庚午	己亥	己巳	戊戌	己巳	戊戌	23日
甲戌	甲辰	癸酉	癸卯	壬申	辛丑	辛未	庚子	庚午	己亥	庚午	己亥	24日
乙亥	乙巳	甲戌	甲辰	癸酉	壬寅	壬申	辛丑	辛未	庚子	辛未	庚子	25日
丙子	丙午	乙亥	乙巳	甲戌	癸卯	癸酉	壬寅	壬申	辛丑	壬申	辛丑	26日
丁丑	丁未	丙子	丙午	乙亥	甲辰	甲戌	癸卯	癸酉	壬寅	癸酉	壬寅	27日
戊寅	戊申	丁丑	丁未	丙子	乙巳	乙亥	甲辰	甲戌	癸卯	甲戌	癸卯	28日
己卯	己酉	戊寅	戊申	丁丑	丙午	丙子	乙巳	乙亥	甲辰	乙亥	甲辰	29日
庚辰	庚戌	己卯	己酉	戊寅	丁未	丁丑	丙午	丙子	乙巳		乙巳	30日
辛巳		庚辰		己卯	戊申		丁未		丙午		丙午	31日

1991年　　平成 3年　　辛未

	12月	11月	10月	9月	8月	7月	6月	5月	4月	3月	2月	1月 (2年 庚午)	節入日
月干支	庚子	己亥	戊戌	丁酉	丙申	乙未	甲午	癸巳	壬辰	辛卯	庚寅	己丑	
節入日	7日 23:56	8日 7:08	9日 4:01	8日 12:27	8日 9:37	7日 23:53	6日 13:38	6日 9:27	5日 16:05	6日 11:12	4日 17:08	6日 5:28	
1	乙巳	乙亥	甲辰	甲戌	癸卯	壬申	壬寅	辛未	辛丑	庚午	壬寅	辛未	1日
2	丙午	丙子	乙巳	乙亥	甲辰	癸酉	癸卯	壬申	壬寅	辛未	癸卯	壬申	2日
3	丁未	丁丑	丙午	丙子	乙巳	甲戌	甲辰	癸酉	癸卯	壬申	甲辰	癸酉	3日
4	戊申	戊寅	丁未	丁丑	丙午	乙亥	乙巳	甲戌	甲辰	癸酉	乙巳	甲戌	4日
5	己酉	己卯	戊申	戊寅	丁未	丙子	丙午	乙亥	乙巳	甲戌	丙午	乙亥	5日
6	庚戌	庚辰	己酉	己卯	戊申	丁丑	丁未	丙子	丙午	乙亥	丁未	丙子	6日
7	辛亥	辛巳	庚戌	庚辰	己酉	戊寅	戊申	丁丑	丁未	丙子	戊申	丁丑	7日
8	壬子	壬午	辛亥	辛巳	庚戌	己卯	己酉	戊寅	戊申	丁丑	己酉	戊寅	8日
9	癸丑	癸未	壬子	壬午	辛亥	庚辰	庚戌	己卯	己酉	戊寅	庚戌	己卯	9日
10	甲寅	甲申	癸丑	癸未	壬子	辛巳	辛亥	庚辰	庚戌	己卯	辛亥	庚辰	10日
11	乙卯	乙酉	甲寅	甲申	癸丑	壬午	壬子	辛巳	辛亥	庚辰	壬子	辛巳	11日
12	丙辰	丙戌	乙卯	乙酉	甲寅	癸未	癸丑	壬午	壬子	辛巳	癸丑	壬午	12日
13	丁巳	丁亥	丙辰	丙戌	乙卯	甲申	甲寅	癸未	癸丑	壬午	甲寅	癸未	13日
14	戊午	戊子	丁巳	丁亥	丙辰	乙酉	乙卯	甲申	甲寅	癸未	乙卯	甲申	14日
15	己未	己丑	戊午	戊子	丁巳	丙戌	丙辰	乙酉	乙卯	甲申	丙辰	乙酉	15日
16	庚申	庚寅	己未	己丑	戊午	丁亥	丁巳	丙戌	丙辰	乙酉	丁巳	丙戌	16日
17	辛酉	辛卯	庚申	庚寅	己未	戊子	戊午	丁亥	丁巳	丙戌	戊午	丁亥	17日
18	壬戌	壬辰	辛酉	辛卯	庚申	己丑	己未	戊子	戊午	丁亥	己未	戊子	18日
19	癸亥	癸巳	壬戌	壬辰	辛酉	庚寅	庚申	己丑	己未	戊子	庚申	己丑	19日
20	甲子	甲午	癸亥	癸巳	壬戌	辛卯	辛酉	庚寅	庚申	己丑	辛酉	庚寅	20日
21	乙丑	乙未	甲子	甲午	癸亥	壬辰	壬戌	辛卯	辛酉	庚寅	壬戌	辛卯	21日
22	丙寅	丙申	乙丑	乙未	甲子	癸巳	癸亥	壬辰	壬戌	辛卯	癸亥	壬辰	22日
23	丁卯	丁酉	丙寅	丙申	乙丑	甲午	甲子	癸巳	癸亥	壬辰	甲子	癸巳	23日
24	戊辰	戊戌	丁卯	丁酉	丙寅	乙未	乙丑	甲午	甲子	癸巳	乙丑	甲午	24日
25	己巳	己亥	戊辰	戊戌	丁卯	丙申	丙寅	乙未	乙丑	甲午	丙寅	乙未	25日
26	庚午	庚子	己巳	己亥	戊辰	丁酉	丁卯	丙申	丙寅	乙未	丁卯	丙申	26日
27	辛未	辛丑	庚午	庚子	己巳	戊戌	戊辰	丁酉	丁卯	丙申	戊辰	丁酉	27日
28	壬申	壬寅	辛未	辛丑	庚午	己亥	己巳	戊戌	戊辰	丁酉	己巳	戊戌	28日
29	癸酉	癸卯	壬申	壬寅	辛未	庚子	庚午	己亥	己巳	戊戌		己亥	29日
30	甲戌	甲辰	癸酉	癸卯	壬申	辛丑	辛未	庚子	庚午	己亥		庚子	30日
31	乙亥		甲戌		癸酉	壬寅		辛丑		庚子		辛丑	31日

1990年　平成 2年　庚午

	12月	11月	10月	9月	8月	7月	6月	5月	4月	3月	2月	1月	元年己巳
	戊子	丁亥	丙戌	乙酉	甲申	癸未	壬午	辛巳	庚辰	己卯	戊寅	丁丑	月干支
	7日	8日	8日	8日	8日	7日	6日	6日	5日	6日	4日	5日	節入日
	18:14	1:23	22:14	6:37	3:46	18:00	7:46	3:35	10:13	5:19	11:14	23:33	
1	庚子	庚午	己亥	己巳	戊戌	丁卯	丁酉	丙寅	丙申	乙丑	丁酉	丙寅	1日
	辛丑	辛未	庚子	庚午	己亥	戊辰	戊戌	丁卯	丁酉	丙寅	戊戌	丁卯	2日
	壬寅	壬申	辛丑	辛未	庚子	己巳	己亥	戊辰	戊戌	丁卯	己亥	戊辰	3日
	癸卯	癸酉	壬寅	壬申	辛丑	庚午	庚子	己巳	己亥	戊辰	庚子	己巳	4日
5	甲辰	甲戌	癸卯	癸酉	壬寅	辛未	辛丑	庚午	庚子	己巳	辛丑	庚午	5日
	乙巳	乙亥	甲辰	甲戌	癸卯	壬申	壬寅	辛未	辛丑	庚午	壬寅	辛未	6日
	丙午	丙子	乙巳	乙亥	甲辰	癸酉	癸卯	壬申	壬寅	辛未	癸卯	壬申	7日
	丁未	丁丑	丙午	丙子	乙巳	甲戌	甲辰	癸酉	癸卯	壬申	甲辰	癸酉	8日
	戊申	戊寅	丁未	丁丑	丙午	乙亥	乙巳	甲戌	甲辰	癸酉	乙巳	甲戌	9日
10	己酉	己卯	戊申	戊寅	丁未	丙子	丙午	乙亥	乙巳	甲戌	丙午	乙亥	10日
	庚戌	庚辰	己酉	己卯	戊申	丁丑	丁未	丙子	丙午	乙亥	丁未	丙子	11日
	辛亥	辛巳	庚戌	庚辰	己酉	戊寅	戊申	丁丑	丁未	丙子	戊申	丁丑	12日
	壬子	壬午	辛亥	辛巳	庚戌	己卯	己酉	戊寅	戊申	丁丑	己酉	戊寅	13日
	癸丑	癸未	壬子	壬午	辛亥	庚辰	庚戌	己卯	己酉	戊寅	庚戌	己卯	14日
15	甲寅	甲申	癸丑	癸未	壬子	辛巳	辛亥	庚辰	庚戌	己卯	辛亥	庚辰	15日
	乙卯	乙酉	甲寅	甲申	癸丑	壬午	壬子	辛巳	辛亥	庚辰	壬子	辛巳	16日
	丙辰	丙戌	乙卯	乙酉	甲寅	癸未	癸丑	壬午	壬子	辛巳	癸丑	壬午	17日
	丁巳	丁亥	丙辰	丙戌	乙卯	甲申	甲寅	癸未	癸丑	壬午	甲寅	癸未	18日
	戊午	戊子	丁巳	丁亥	丙辰	乙酉	乙卯	甲申	甲寅	癸未	乙卯	甲申	19日
20	己未	己丑	戊午	戊子	丁巳	丙戌	丙辰	乙酉	乙卯	甲申	丙辰	乙酉	20日
	庚申	庚寅	己未	己丑	戊午	丁亥	丁巳	丙戌	丙辰	乙酉	丁巳	丙戌	21日
	辛酉	辛卯	庚申	庚寅	己未	戊子	戊午	丁亥	丁巳	丙戌	戊午	丁亥	22日
	壬戌	壬辰	辛酉	辛卯	庚申	己丑	己未	戊子	戊午	丁亥	己未	戊子	23日
	癸亥	癸巳	壬戌	壬辰	辛酉	庚寅	庚申	己丑	己未	戊子	庚申	己丑	24日
25	甲子	甲午	癸亥	癸巳	壬戌	辛卯	辛酉	庚寅	庚申	己丑	辛酉	庚寅	25日
	乙丑	乙未	甲子	甲午	癸亥	壬辰	壬戌	辛卯	辛酉	庚寅	壬戌	辛卯	26日
	丙寅	丙申	乙丑	乙未	甲子	癸巳	癸亥	壬辰	壬戌	辛卯	癸亥	壬辰	27日
	丁卯	丁酉	丙寅	丙申	乙丑	甲午	甲子	癸巳	癸亥	壬辰	甲子	癸巳	28日
	戊辰	戊戌	丁卯	丁酉	丙寅	乙未	乙丑	甲午	甲子	癸巳		甲午	29日
30	己巳	己亥	戊辰	戊戌	丁卯	丙申	丙寅	乙未	乙丑	甲午		乙未	30日
	庚午		己巳		戊辰	丁酉		丙申		乙未		丙申	31日

1989年　平成 元年　己巳

	12月	11月	10月	9月	8月	7月	6月	5月	4月	3月	2月	63年戊辰 1月	
	丙子	乙亥	甲戌	癸酉	壬申	辛未	庚午	己巳	戊辰	丁卯	丙寅	乙丑	月干支
	7日	7日	8日	8日	7日	7日	6日	5日	5日	5日	4日	5日	節入日
	12:21	19:34	16:27	0:54	22:04	12:19	2:05	21:54	4:30	23:34	5:27	17:46	
1	乙未	乙丑	甲午	甲子	癸巳	壬戌	壬辰	辛酉	辛卯	庚申	壬辰	辛酉	1日
	丙申	丙寅	乙未	乙丑	甲午	癸亥	癸巳	壬戌	壬辰	辛酉	癸巳	壬戌	2日
	丁酉	丁卯	丙申	丙寅	乙未	甲子	甲午	癸亥	癸巳	壬戌	甲午	癸亥	3日
	戊戌	戊辰	丁酉	丁卯	丙申	乙丑	乙未	甲子	甲午	癸亥	乙未	甲子	4日
5	己亥	己巳	戊戌	戊辰	丁酉	丙寅	丙申	乙丑	乙未	甲子	丙申	乙丑	5日
	庚子	庚午	己亥	己巳	戊戌	丁卯	丁酉	丙寅	丙申	乙丑	丁酉	丙寅	6日
	辛丑	辛未	庚子	庚午	己亥	戊辰	戊戌	丁卯	丁酉	丙寅	戊戌	丁卯	7日
	壬寅	壬申	辛丑	辛未	庚子	己巳	己亥	戊辰	戊戌	丁卯	己亥	戊辰	8日
	癸卯	癸酉	壬寅	壬申	辛丑	庚午	庚子	己巳	己亥	戊辰	庚子	己巳	9日
10	甲辰	甲戌	癸卯	癸酉	壬寅	辛未	辛丑	庚午	庚子	己巳	辛丑	庚午	10日
	乙巳	乙亥	甲辰	甲戌	癸卯	壬申	壬寅	辛未	辛丑	庚午	壬寅	辛未	11日
	丙午	丙子	乙巳	乙亥	甲辰	癸酉	癸卯	壬申	壬寅	辛未	癸卯	壬申	12日
	丁未	丁丑	丙午	丙子	乙巳	甲戌	甲辰	癸酉	癸卯	壬申	甲辰	癸酉	13日
	戊申	戊寅	丁未	丁丑	丙午	乙亥	乙巳	甲戌	甲辰	癸酉	乙巳	甲戌	14日
15	己酉	己卯	戊申	戊寅	丁未	丙子	丙午	乙亥	乙巳	甲戌	丙午	乙亥	15日
	庚戌	庚辰	己酉	己卯	戊申	丁丑	丁未	丙子	丙午	乙亥	丁未	丙子	16日
	辛亥	辛巳	庚戌	庚辰	己酉	戊寅	戊申	丁丑	丁未	丙子	戊申	丁丑	17日
	壬子	壬午	辛亥	辛巳	庚戌	己卯	己酉	戊寅	戊申	丁丑	己酉	戊寅	18日
	癸丑	癸未	壬子	壬午	辛亥	庚辰	庚戌	己卯	己酉	戊寅	庚戌	己卯	19日
20	甲寅	甲申	癸丑	癸未	壬子	辛巳	辛亥	庚辰	庚戌	己卯	辛亥	庚辰	20日
	乙卯	乙酉	甲寅	甲申	癸丑	壬午	壬子	辛巳	辛亥	庚辰	壬子	辛巳	21日
	丙辰	丙戌	乙卯	乙酉	甲寅	癸未	癸丑	壬午	壬子	辛巳	癸丑	壬午	22日
	丁巳	丁亥	丙辰	丙戌	乙卯	甲申	甲寅	癸未	癸丑	壬午	甲寅	癸未	23日
	戊午	戊子	丁巳	丁亥	丙辰	乙酉	乙卯	甲申	甲寅	癸未	乙卯	甲申	24日
25	己未	己丑	戊午	戊子	丁巳	丙戌	丙辰	乙酉	乙卯	甲申	丙辰	乙酉	25日
	庚申	庚寅	己未	己丑	戊午	丁亥	丁巳	丙戌	丙辰	乙酉	丁巳	丙戌	26日
	辛酉	辛卯	庚申	庚寅	己未	戊子	戊午	丁亥	丁巳	丙戌	戊午	丁亥	27日
	壬戌	壬辰	辛酉	辛卯	庚申	己丑	己未	戊子	戊午	丁亥	己未	戊子	28日
	癸亥	癸巳	壬戌	壬辰	辛酉	庚寅	庚申	己丑	己未	戊子		己丑	29日
30	甲子	甲午	癸亥	癸巳	壬戌	辛卯	辛酉	庚寅	庚申	己丑		庚寅	30日
	乙丑		甲子		癸亥	壬辰		辛卯		庚寅		辛卯	31日

1988年　昭和 63年　戊辰

12月	11月	10月	9月	8月	7月	6月	5月	4月	3月	2月	1月	月干支
甲子	癸亥	壬戌	辛酉	庚申	己未	戊午	丁巳	丙辰	乙卯	甲寅	癸丑	
7日	7日	8日	7日	7日	7日	5日	5日	4日	5日	4日	6日	節入日
6:34	13:49	10:45	19:12	16:20	6:33	20:15	16:02	22:39	17:47	23:43	12:04	
庚寅	庚申	己丑	己未	戊子	丁巳	丁亥	丙辰	丙戌	乙卯	丙戌	乙卯	1日
辛卯	辛酉	庚寅	庚申	己丑	戊午	戊子	丁巳	丁亥	丙辰	丁亥	丙辰	2日
壬辰	壬戌	辛卯	辛酉	庚寅	己未	己丑	戊午	戊子	丁巳	戊子	丁巳	3日
癸巳	癸亥	壬辰	壬戌	辛卯	庚申	庚寅	己未	己丑	戊午	己丑	戊午	4日
甲午	甲子	癸巳	癸亥	壬辰	辛酉	辛卯	庚申	庚寅	己未	庚寅	己未	5日
乙未	乙丑	甲午	甲子	癸巳	壬戌	壬辰	辛酉	辛卯	庚申	辛卯	庚申	6日
丙申	丙寅	乙未	乙丑	甲午	癸亥	癸巳	壬戌	壬辰	辛酉	壬辰	辛酉	7日
丁酉	丁卯	丙申	丙寅	乙未	甲子	甲午	癸亥	癸巳	壬戌	癸巳	壬戌	8日
戊戌	戊辰	丁酉	丁卯	丙申	乙丑	乙未	甲子	甲午	癸亥	甲午	癸亥	9日
己亥	己巳	戊戌	戊辰	丁酉	丙寅	丙申	乙丑	乙未	甲子	乙未	甲子	10日
庚子	庚午	己亥	己巳	戊戌	丁卯	丁酉	丙寅	丙申	乙丑	丙申	乙丑	11日
辛丑	辛未	庚子	庚午	己亥	戊辰	戊戌	丁卯	丁酉	丙寅	丁酉	丙寅	12日
壬寅	壬申	辛丑	辛未	庚子	己巳	己亥	戊辰	戊戌	丁卯	戊戌	丁卯	13日
癸卯	癸酉	壬寅	壬申	辛丑	庚午	庚子	己巳	己亥	戊辰	己亥	戊辰	14日
甲辰	甲戌	癸卯	癸酉	壬寅	辛未	辛丑	庚午	庚子	己巳	庚子	己巳	15日
乙巳	乙亥	甲辰	甲戌	癸卯	壬申	壬寅	辛未	辛丑	庚午	辛丑	庚午	16日
丙午	丙子	乙巳	乙亥	甲辰	癸酉	癸卯	壬申	壬寅	辛未	壬寅	辛未	17日
丁未	丁丑	丙午	丙子	乙巳	甲戌	甲辰	癸酉	癸卯	壬申	癸卯	壬申	18日
戊申	戊寅	丁未	丁丑	丙午	乙亥	乙巳	甲戌	甲辰	癸酉	甲辰	癸酉	19日
己酉	己卯	戊申	戊寅	丁未	丙子	丙午	乙亥	乙巳	甲戌	乙巳	甲戌	20日
庚戌	庚辰	己酉	己卯	戊申	丁丑	丁未	丙子	丙午	乙亥	丙午	乙亥	21日
辛亥	辛巳	庚戌	庚辰	己酉	戊寅	戊申	丁丑	丁未	丙子	丁未	丙子	22日
壬子	壬午	辛亥	辛巳	庚戌	己卯	己酉	戊寅	戊申	丁丑	戊申	丁丑	23日
癸丑	癸未	壬子	壬午	辛亥	庚辰	庚戌	己卯	己酉	戊寅	己酉	戊寅	24日
甲寅	甲申	癸丑	癸未	壬子	辛巳	辛亥	庚辰	庚戌	己卯	庚戌	己卯	25日
乙卯	乙酉	甲寅	甲申	癸丑	壬午	壬子	辛巳	辛亥	庚辰	辛亥	庚辰	26日
丙辰	丙戌	乙卯	乙酉	甲寅	癸未	癸丑	壬午	壬子	辛巳	壬子	辛巳	27日
丁巳	丁亥	丙辰	丙戌	乙卯	甲申	甲寅	癸未	癸丑	壬午	癸丑	壬午	28日
戊午	戊子	丁巳	丁亥	丙辰	乙酉	乙卯	甲申	甲寅	癸未	甲寅	癸未	29日
己未	己丑	戊午	戊子	丁巳	丙戌	丙辰	乙酉	乙卯	甲申		甲申	30日
庚申		己未		戊午	丁亥		丙戌		乙酉		乙酉	31日

62年 丁卯

1987年　　昭和 62年　　丁卯

12月	11月	10月	9月	8月	7月	6月	5月	4月	3月	2月	1月	月干支
壬子	辛亥	庚戌	己酉	戊申	丁未	丙午	乙巳	甲辰	癸卯	壬寅	辛丑	
8日	8日	9日	8日	8日	8日	6日	6日	5日	6日	4日	6日	節入日
0:52	8:06	5:00	13:24	10:29	0:39	14:19	10:06	16:44	11:54	17:52	6:13	
甲申	甲寅	癸未	癸丑	壬午	辛亥	辛巳	庚戌	庚辰	己酉	辛巳	庚戌	1日
乙酉	乙卯	甲申	甲寅	癸未	壬子	壬午	辛亥	辛巳	庚戌	壬午	辛亥	2日
丙戌	丙辰	乙酉	乙卯	甲申	癸丑	癸未	壬子	壬午	辛亥	癸未	壬子	3日
丁亥	丁巳	丙戌	丙辰	乙酉	甲寅	甲申	癸丑	癸未	壬子	甲申	癸丑	4日
戊子	戊午	丁亥	丁巳	丙戌	乙卯	乙酉	甲寅	甲申	癸丑	乙酉	甲寅	5日
己丑	己未	戊子	戊午	丁亥	丙辰	丙戌	乙卯	乙酉	甲寅	丙戌	乙卯	6日
庚寅	庚申	己丑	己未	戊子	丁巳	丁亥	丙辰	丙戌	乙卯	丁亥	丙辰	7日
辛卯	辛酉	庚寅	庚申	己丑	戊午	戊子	丁巳	丁亥	丙辰	戊子	丁巳	8日
壬辰	壬戌	辛卯	辛酉	庚寅	己未	己丑	戊午	戊子	丁巳	己丑	戊午	9日
癸巳	癸亥	壬辰	壬戌	辛卯	庚申	庚寅	己未	己丑	戊午	庚寅	己未	10日
甲午	甲子	癸巳	癸亥	壬辰	辛酉	辛卯	庚申	庚寅	己未	辛卯	庚申	11日
乙未	乙丑	甲午	甲子	癸巳	壬戌	壬辰	辛酉	辛卯	庚申	壬辰	辛酉	12日
丙申	丙寅	乙未	乙丑	甲午	癸亥	癸巳	壬戌	壬辰	辛酉	癸巳	壬戌	13日
丁酉	丁卯	丙申	丙寅	乙未	甲子	甲午	癸亥	癸巳	壬戌	甲午	癸亥	14日
戊戌	戊辰	丁酉	丁卯	丙申	乙丑	乙未	甲子	甲午	癸亥	乙未	甲子	15日
己亥	己巳	戊戌	戊辰	丁酉	丙寅	丙申	乙丑	乙未	甲子	丙申	乙丑	16日
庚子	庚午	己亥	己巳	戊戌	丁卯	丁酉	丙寅	丙申	乙丑	丁酉	丙寅	17日
辛丑	辛未	庚子	庚午	己亥	戊辰	戊戌	丁卯	丁酉	丙寅	戊戌	丁卯	18日
壬寅	壬申	辛丑	辛未	庚子	己巳	己亥	戊辰	戊戌	丁卯	己亥	戊辰	19日
癸卯	癸酉	壬寅	壬申	辛丑	庚午	庚子	己巳	己亥	戊辰	庚子	己巳	20日
甲辰	甲戌	癸卯	癸酉	壬寅	辛未	辛丑	庚午	庚子	己巳	辛丑	庚午	21日
乙巳	乙亥	甲辰	甲戌	癸卯	壬申	壬寅	辛未	辛丑	庚午	壬寅	辛未	22日
丙午	丙子	乙巳	乙亥	甲辰	癸酉	癸卯	壬申	壬寅	辛未	癸卯	壬申	23日
丁未	丁丑	丙午	丙子	乙巳	甲戌	甲辰	癸酉	癸卯	壬申	甲辰	癸酉	24日
戊申	戊寅	丁未	丁丑	丙午	乙亥	乙巳	甲戌	甲辰	癸酉	乙巳	甲戌	25日
己酉	己卯	戊申	戊寅	丁未	丙子	丙午	乙亥	乙巳	甲戌	丙午	乙亥	26日
庚戌	庚辰	己酉	己卯	戊申	丁丑	丁未	丙子	丙午	乙亥	丁未	丙子	27日
辛亥	辛巳	庚戌	庚辰	己酉	戊寅	戊申	丁丑	丁未	丙子	戊申	丁丑	28日
壬子	壬午	辛亥	辛巳	庚戌	己卯	己酉	戊寅	戊申	丁丑		戊寅	29日
癸丑	癸未	壬子	壬午	辛亥	庚辰	庚戌	己卯	己酉	戊寅		己卯	30日
甲寅		癸丑		壬子	辛巳		庚辰		己卯		庚辰	31日

1986年　昭和 61年　丙寅

12月	11月	10月	9月	8月	7月	6月	5月	4月	3月	2月	60年乙丑 1月	
庚子	己亥	戊戌	丁酉	丙申	乙未	甲午	癸巳	壬辰	辛卯	庚寅	己丑	月干支
7日	8日	8日	8日	8日	7日	6日	6日	5日	6日	4日	6日	節入日
19:01	2:13	23:07	7:35	4:46	19:01	8:44	4:31	11:06	6:12	12:08	0:28	
己卯	己酉	戊寅	戊申	丁丑	丙午	丙子	乙巳	乙亥	甲辰	丙子	乙巳	1日
庚辰	庚戌	己卯	己酉	戊寅	丁未	丁丑	丙午	丙子	乙巳	丁丑	丙午	2日
辛巳	辛亥	庚辰	庚戌	己卯	戊申	戊寅	丁未	丁丑	丙午	戊寅	丁未	3日
壬午	壬子	辛巳	辛亥	庚辰	己酉	己卯	戊申	戊寅	丁未	己卯	戊申	4日
癸未	癸丑	壬午	壬子	辛巳	庚戌	庚辰	己酉	己卯	戊申	庚辰	己酉	5日
甲申	甲寅	癸未	癸丑	壬午	辛亥	辛巳	庚戌	庚辰	己酉	辛巳	庚戌	6日
乙酉	乙卯	甲申	甲寅	癸未	壬子	壬午	辛亥	辛巳	庚戌	壬午	辛亥	7日
丙戌	丙辰	乙酉	乙卯	甲申	癸丑	癸未	壬子	壬午	辛亥	癸未	壬子	8日
丁亥	丁巳	丙戌	丙辰	乙酉	甲寅	甲申	癸丑	癸未	壬子	甲申	癸丑	9日
戊子	戊午	丁亥	丁巳	丙戌	乙卯	乙酉	甲寅	甲申	癸丑	乙酉	甲寅	10日
己丑	己未	戊子	戊午	丁亥	丙辰	丙戌	乙卯	乙酉	甲寅	丙戌	乙卯	11日
庚寅	庚申	己丑	己未	戊子	丁巳	丁亥	丙辰	丙戌	乙卯	丁亥	丙辰	12日
辛卯	辛酉	庚寅	庚申	己丑	戊午	戊子	丁巳	丁亥	丙辰	戊子	丁巳	13日
壬辰	壬戌	辛卯	辛酉	庚寅	己未	己丑	戊午	戊子	丁巳	己丑	戊午	14日
癸巳	癸亥	壬辰	壬戌	辛卯	庚申	庚寅	己未	己丑	戊午	庚寅	己未	15日
甲午	甲子	癸巳	癸亥	壬辰	辛酉	辛卯	庚申	庚寅	己未	辛卯	庚申	16日
乙未	乙丑	甲午	甲子	癸巳	壬戌	壬辰	辛酉	辛卯	庚申	壬辰	辛酉	17日
丙申	丙寅	乙未	乙丑	甲午	癸亥	癸巳	壬戌	壬辰	辛酉	癸巳	壬戌	18日
丁酉	丁卯	丙申	丙寅	乙未	甲子	甲午	癸亥	癸巳	壬戌	甲午	癸亥	19日
戊戌	戊辰	丁酉	丁卯	丙申	乙丑	乙未	甲子	甲午	癸亥	乙未	甲子	20日
己亥	己巳	戊戌	戊辰	丁酉	丙寅	丙申	乙丑	乙未	甲子	丙申	乙丑	21日
庚子	庚午	己亥	己巳	戊戌	丁卯	丁酉	丙寅	丙申	乙丑	丁酉	丙寅	22日
辛丑	辛未	庚子	庚午	己亥	戊辰	戊戌	丁卯	丁酉	丙寅	戊戌	丁卯	23日
壬寅	壬申	辛丑	辛未	庚子	己巳	己亥	戊辰	戊戌	丁卯	己亥	戊辰	24日
癸卯	癸酉	壬寅	壬申	辛丑	庚午	庚子	己巳	己亥	戊辰	庚子	己巳	25日
甲辰	甲戌	癸卯	癸酉	壬寅	辛未	辛丑	庚午	庚子	己巳	辛丑	庚午	26日
乙巳	乙亥	甲辰	甲戌	癸卯	壬申	壬寅	辛未	辛丑	庚午	壬寅	辛未	27日
丙午	丙子	乙巳	乙亥	甲辰	癸酉	癸卯	壬申	壬寅	辛未	癸卯	壬申	28日
丁未	丁丑	丙午	丙子	乙巳	甲戌	甲辰	癸酉	癸卯	壬申		癸酉	29日
戊申	戊寅	丁未	丁丑	丙午	乙亥	乙巳	甲戌	甲辰	癸酉		甲戌	30日
己酉		戊申		丁未	丙子		乙亥		甲戌		乙亥	31日

1985年　　昭和 60年　　乙丑

										59年甲子	
12月	11月	10月	9月	8月	7月	6月	5月	4月	3月	2月	1月	月干支
戊 子	丁 亥	丙 戌	乙 酉	甲 申	癸 未	壬 午	辛 巳	庚 辰	己 卯	戊 寅	丁 丑	
7 日	7 日	8 日	8 日	7 日	7 日	6 日	5 日	5 日	6 日	4 日	5 日	節入日
13:16	20:29	17:25	1:53	23:04	13:19	3:00	22:43	5:14	0:16	6:12	18:35	
甲 戌	甲 辰	癸 酉	癸 卯	壬 申	辛 丑	辛 未	庚 子	庚 午	己 亥	辛 未	庚 子	1 日
乙 亥	乙 巳	甲 戌	甲 辰	癸 酉	壬 寅	壬 申	辛 丑	辛 未	庚 子	壬 申	辛 丑	2 日
丙 子	丙 午	乙 亥	乙 巳	甲 戌	癸 卯	癸 酉	壬 寅	壬 申	辛 丑	癸 酉	壬 寅	3 日
丁 丑	丁 未	丙 子	丙 午	乙 亥	甲 辰	甲 戌	癸 卯	癸 酉	壬 寅	甲 戌	癸 卯	4 日
戊 寅	戊 申	丁 丑	丁 未	丙 子	乙 巳	乙 亥	甲 辰	甲 戌	癸 卯	乙 亥	甲 辰	5 日
己 卯	己 酉	戊 寅	戊 申	丁 丑	丙 午	丙 子	乙 巳	乙 亥	甲 辰	丙 子	乙 巳	6 日
庚 辰	庚 戌	己 卯	己 酉	戊 寅	丁 未	丁 丑	丙 午	丙 子	乙 巳	丁 丑	丙 午	7 日
辛 巳	辛 亥	庚 辰	庚 戌	己 卯	戊 申	戊 寅	丁 未	丁 丑	丙 午	戊 寅	丁 未	8 日
壬 午	壬 子	辛 巳	辛 亥	庚 辰	己 酉	己 卯	戊 申	戊 寅	丁 未	己 卯	戊 申	9 日
癸 未	癸 丑	壬 午	壬 子	辛 巳	庚 戌	庚 辰	己 酉	己 卯	戊 申	庚 辰	己 酉	10 日
甲 申	甲 寅	癸 未	癸 丑	壬 午	辛 亥	辛 巳	庚 戌	庚 辰	己 酉	辛 巳	庚 戌	11 日
乙 酉	乙 卯	甲 申	甲 寅	癸 未	壬 子	壬 午	辛 亥	辛 巳	庚 戌	壬 午	辛 亥	12 日
丙 戌	丙 辰	乙 酉	乙 卯	甲 申	癸 丑	癸 未	壬 子	壬 午	辛 亥	癸 未	壬 子	13 日
丁 亥	丁 巳	丙 戌	丙 辰	乙 酉	甲 寅	甲 申	癸 丑	癸 未	壬 子	甲 申	癸 丑	14 日
戊 子	戊 午	丁 亥	丁 巳	丙 戌	乙 卯	乙 酉	甲 寅	甲 申	癸 丑	乙 酉	甲 寅	15 日
己 丑	己 未	戊 子	戊 午	丁 亥	丙 辰	丙 戌	乙 卯	乙 酉	甲 寅	丙 戌	乙 卯	16 日
庚 寅	庚 申	己 丑	己 未	戊 子	丁 巳	丁 亥	丙 辰	丙 戌	乙 卯	丁 亥	丙 辰	17 日
辛 卯	辛 酉	庚 寅	庚 申	己 丑	戊 午	戊 子	丁 巳	丁 亥	丙 辰	戊 子	丁 巳	18 日
壬 辰	壬 戌	辛 卯	辛 酉	庚 寅	己 未	己 丑	戊 午	戊 子	丁 巳	己 丑	戊 午	19 日
癸 巳	癸 亥	壬 辰	壬 戌	辛 卯	庚 申	庚 寅	己 未	己 丑	戊 午	庚 寅	己 未	20 日
甲 午	甲 子	癸 巳	癸 亥	壬 辰	辛 酉	辛 卯	庚 申	庚 寅	己 未	辛 卯	庚 申	21 日
乙 未	乙 丑	甲 午	甲 子	癸 巳	壬 戌	壬 辰	辛 酉	辛 卯	庚 申	壬 辰	辛 酉	22 日
丙 申	丙 寅	乙 未	乙 丑	甲 午	癸 亥	癸 巳	壬 戌	壬 辰	辛 酉	癸 巳	壬 戌	23 日
丁 酉	丁 卯	丙 申	丙 寅	乙 未	甲 子	甲 午	癸 亥	癸 巳	壬 戌	甲 午	癸 亥	24 日
戊 戌	戊 辰	丁 酉	丁 卯	丙 申	乙 丑	乙 未	甲 子	甲 午	癸 亥	乙 未	甲 子	25 日
己 亥	己 巳	戊 戌	戊 辰	丁 酉	丙 寅	丙 申	乙 丑	乙 未	甲 子	丙 申	乙 丑	26 日
庚 子	庚 午	己 亥	己 巳	戊 戌	丁 卯	丁 酉	丙 寅	丙 申	乙 丑	丁 酉	丙 寅	27 日
辛 丑	辛 未	庚 子	庚 午	己 亥	戊 辰	戊 戌	丁 卯	丁 酉	丙 寅	戊 戌	丁 卯	28 日
壬 寅	壬 申	辛 丑	辛 未	庚 子	己 巳	己 亥	戊 辰	戊 戌	丁 卯	戊 辰		29 日
癸 卯	癸 酉	壬 寅	壬 申	辛 丑	庚 午	庚 子	己 巳	己 亥	戊 辰		己 巳	30 日
甲 辰		癸 卯		壬 寅	辛 未		庚 午		己 巳		庚 午	31 日

1984年　昭和 59年　甲子

	12月	11月	10月	9月	8月	7月	6月	5月	4月	3月	2月	58年癸亥 1月	月干支
	丙子	乙亥	甲戌	癸酉	壬申	辛未	庚午	己巳	戊辰	丁卯	丙寅	乙丑	月干支
	7日	7日	8日	7日	7日	7日	5日	5日	4日	5日	5日	6日	節入日
	7:28	14:46	11:43	20:10	17:18	7:29	21:09	16:51	23:22	18:25	0:19	12:41	
1	己巳	己亥	戊辰	戊戌	丁卯	丙申	丙寅	乙未	乙丑	甲午	乙丑	甲午	1日
2	庚午	庚子	己巳	己亥	戊辰	丁酉	丁卯	丙申	丙寅	乙未	丙寅	乙未	2日
3	辛未	辛丑	庚午	庚子	己巳	戊戌	戊辰	丁酉	丁卯	丙申	丁卯	丙申	3日
4	壬申	壬寅	辛未	辛丑	庚午	己亥	己巳	戊戌	戊辰	丁酉	戊辰	丁酉	4日
5	癸酉	癸卯	壬申	壬寅	辛未	庚子	庚午	己亥	己巳	戊戌	己巳	戊戌	5日
6	甲戌	甲辰	癸酉	癸卯	壬申	辛丑	辛未	庚子	庚午	己亥	庚午	己亥	6日
7	乙亥	乙巳	甲戌	甲辰	癸酉	壬寅	壬申	辛丑	辛未	庚子	辛未	庚子	7日
8	丙子	丙午	乙亥	乙巳	甲戌	癸卯	癸酉	壬寅	壬申	辛丑	壬申	辛丑	8日
9	丁丑	丁未	丙子	丙午	乙亥	甲辰	甲戌	癸卯	癸酉	壬寅	癸酉	壬寅	9日
10	戊寅	戊申	丁丑	丁未	丙子	乙巳	乙亥	甲辰	甲戌	癸卯	甲戌	癸卯	10日
11	己卯	己酉	戊寅	戊申	丁丑	丙午	丙子	乙巳	乙亥	甲辰	乙亥	甲辰	11日
12	庚辰	庚戌	己卯	己酉	戊寅	丁未	丁丑	丙午	丙子	乙巳	丙子	乙巳	12日
13	辛巳	辛亥	庚辰	庚戌	己卯	戊申	戊寅	丁未	丁丑	丙午	丁丑	丙午	13日
14	壬午	壬子	辛巳	辛亥	庚辰	己酉	己卯	戊申	戊寅	丁未	戊寅	丁未	14日
15	癸未	癸丑	壬午	壬子	辛巳	庚戌	庚辰	己酉	己卯	戊申	己卯	戊申	15日
16	甲申	甲寅	癸未	癸丑	壬午	辛亥	辛巳	庚戌	庚辰	己酉	庚辰	己酉	16日
17	乙酉	乙卯	甲申	甲寅	癸未	壬子	壬午	辛亥	辛巳	庚戌	辛巳	庚戌	17日
18	丙戌	丙辰	乙酉	乙卯	甲申	癸丑	癸未	壬子	壬午	辛亥	壬午	辛亥	18日
19	丁亥	丁巳	丙戌	丙辰	乙酉	甲寅	甲申	癸丑	癸未	壬子	癸未	壬子	19日
20	戊子	戊午	丁亥	丁巳	丙戌	乙卯	乙酉	甲寅	甲申	癸丑	甲申	癸丑	20日
21	己丑	己未	戊子	戊午	丁亥	丙辰	丙戌	乙卯	乙酉	甲寅	乙酉	甲寅	21日
22	庚寅	庚申	己丑	己未	戊子	丁巳	丁亥	丙辰	丙戌	乙卯	丙戌	乙卯	22日
23	辛卯	辛酉	庚寅	庚申	己丑	戊午	戊子	丁巳	丁亥	丙辰	丁亥	丙辰	23日
24	壬辰	壬戌	辛卯	辛酉	庚寅	己未	己丑	戊午	戊子	丁巳	戊子	丁巳	24日
25	癸巳	癸亥	壬辰	壬戌	辛卯	庚申	庚寅	己未	己丑	戊午	己丑	戊午	25日
26	甲午	甲子	癸巳	癸亥	壬辰	辛酉	辛卯	庚申	庚寅	己未	庚寅	己未	26日
27	乙未	乙丑	甲午	甲子	癸巳	壬戌	壬辰	辛酉	辛卯	庚申	辛卯	庚申	27日
28	丙申	丙寅	乙未	乙丑	甲午	癸亥	癸巳	壬戌	壬辰	辛酉	壬辰	辛酉	28日
29	丁酉	丁卯	丙申	丙寅	乙未	甲子	甲午	癸亥	癸巳	壬戌	癸巳	壬戌	29日
30	戊戌	戊辰	丁酉	丁卯	丙申	乙丑	乙未	甲子	甲午	癸亥		癸亥	30日
31	己亥		戊戌		丁酉	丙寅		乙丑		甲子		甲子	31日

1983年　　昭和 58年　　癸亥

	12月	11月	10月	9月	8月	7月	6月	5月	4月	3月	2月	1月	57年 壬戌
	甲子	癸亥	壬戌	辛酉	庚申	己未	戊午	丁巳	丙辰	乙卯	甲寅	癸丑	月干支
	8日	8日	9日	8日	8日	8日	6日	6日	5日	6日	4日	6日	節入日
	1:34	8:53	5:51	14:20	11:30	1:43	15:26	11:11	17:44	12:47	18:40	6:59	
1	癸亥	癸巳	壬戌	壬辰	辛酉	庚寅	庚申	己丑	己未	戊子	庚申	己丑	1日
2	甲子	甲午	癸亥	癸巳	壬戌	辛卯	辛酉	庚寅	庚申	己丑	辛酉	庚寅	2日
3	乙丑	乙未	甲子	甲午	癸亥	壬辰	壬戌	辛卯	辛酉	庚寅	壬戌	辛卯	3日
4	丙寅	丙申	乙丑	乙未	甲子	癸巳	癸亥	壬辰	壬戌	辛卯	癸亥	壬辰	4日
5	丁卯	丁酉	丙寅	丙申	乙丑	甲午	甲子	癸巳	癸亥	壬辰	甲子	癸巳	5日
6	戊辰	戊戌	丁卯	丁酉	丙寅	乙未	乙丑	甲午	甲子	癸巳	乙丑	甲午	6日
7	己巳	己亥	戊辰	戊戌	丁卯	丙申	丙寅	乙未	乙丑	甲午	丙寅	乙未	7日
8	庚午	庚子	己巳	己亥	戊辰	丁酉	丁卯	丙申	丙寅	乙未	丁卯	丙申	8日
9	辛未	辛丑	庚午	庚子	己巳	戊戌	戊辰	丁酉	丁卯	丙申	戊辰	丁酉	9日
10	壬申	壬寅	辛未	辛丑	庚午	己亥	己巳	戊戌	戊辰	丁酉	己巳	戊戌	10日
11	癸酉	癸卯	壬申	壬寅	辛未	庚子	庚午	己亥	己巳	戊戌	庚午	己亥	11日
12	甲戌	甲辰	癸酉	癸卯	壬申	辛丑	辛未	庚子	庚午	己亥	辛未	庚子	12日
13	乙亥	乙巳	甲戌	甲辰	癸酉	壬寅	壬申	辛丑	辛未	庚子	壬申	辛丑	13日
14	丙子	丙午	乙亥	乙巳	甲戌	癸卯	癸酉	壬寅	壬申	辛丑	癸酉	壬寅	14日
15	丁丑	丁未	丙子	丙午	乙亥	甲辰	甲戌	癸卯	癸酉	壬寅	甲戌	癸卯	15日
16	戊寅	戊申	丁丑	丁未	丙子	乙巳	乙亥	甲辰	甲戌	癸卯	乙亥	甲辰	16日
17	己卯	己酉	戊寅	戊申	丁丑	丙午	丙子	乙巳	乙亥	甲辰	丙子	乙巳	17日
18	庚辰	庚戌	己卯	己酉	戊寅	丁未	丁丑	丙午	丙子	乙巳	丁丑	丙午	18日
19	辛巳	辛亥	庚辰	庚戌	己卯	戊申	戊寅	丁未	丁丑	丙午	戊寅	丁未	19日
20	壬午	壬子	辛巳	辛亥	庚辰	己酉	己卯	戊申	戊寅	丁未	己卯	戊申	20日
21	癸未	癸丑	壬午	壬子	辛巳	庚戌	庚辰	己酉	己卯	戊申	庚辰	己酉	21日
22	甲申	甲寅	癸未	癸丑	壬午	辛亥	辛巳	庚戌	庚辰	己酉	辛巳	庚戌	22日
23	乙酉	乙卯	甲申	甲寅	癸未	壬子	壬午	辛亥	辛巳	庚戌	壬午	辛亥	23日
24	丙戌	丙辰	乙酉	乙卯	甲申	癸丑	癸未	壬子	壬午	辛亥	癸未	壬子	24日
25	丁亥	丁巳	丙戌	丙辰	乙酉	甲寅	甲申	癸丑	癸未	壬子	甲申	癸丑	25日
26	戊子	戊午	丁亥	丁巳	丙戌	乙卯	乙酉	甲寅	甲申	癸丑	乙酉	甲寅	26日
27	己丑	己未	戊子	戊午	丁亥	丙辰	丙戌	乙卯	乙酉	甲寅	丙戌	乙卯	27日
28	庚寅	庚申	己丑	己未	戊子	丁巳	丁亥	丙辰	丙戌	乙卯	丁亥	丙辰	28日
29	辛卯	辛酉	庚寅	庚申	己丑	戊午	戊子	丁巳	丁亥	丙辰		丁巳	29日
30	壬辰	壬戌	辛卯	辛酉	庚寅	己未	己丑	戊午	戊子	丁巳		戊午	30日
31	癸巳		壬辰		辛卯	庚申		己未		戊午		己未	31日

1982年　昭和 57年　壬戌

12月	11月	10月	9月	8月	7月	6月	5月	4月	3月	2月	1月 (56年 辛酉)	月干支
壬子	辛亥	庚戌	己酉	戊申	丁未	丙午	乙巳	甲辰	癸卯	壬寅	辛丑	節入日
7日 19:48	8日 3:04	9日 0:02	8日 8:32	8日 5:42	7日 19:55	6日 9:36	6日 5:20	5日 11:53	6日 6:55	4日 12:46	6日 1:03	

12月	11月	10月	9月	8月	7月	6月	5月	4月	3月	2月	1月	日
戊午	戊子	丁巳	丁亥	丙辰	乙酉	乙卯	甲申	甲寅	癸未	乙卯	甲申	1日
己未	己丑	戊午	戊子	丁巳	丙戌	丙辰	乙酉	乙卯	甲申	丙辰	乙酉	2日
庚申	庚寅	己未	己丑	戊午	丁亥	丁巳	丙戌	丙辰	乙酉	丁巳	丙戌	3日
辛酉	辛卯	庚申	庚寅	己未	戊子	戊午	丁亥	丁巳	丙戌	戊午	丁亥	4日
壬戌	壬辰	辛酉	辛卯	庚申	己丑	己未	戊子	戊午	丁亥	己未	戊子	5日
癸亥	癸巳	壬戌	壬辰	辛酉	庚寅	庚申	己丑	己未	戊子	庚申	己丑	6日
甲子	甲午	癸亥	癸巳	壬戌	辛卯	辛酉	庚寅	庚申	己丑	辛酉	庚寅	7日
乙丑	乙未	甲子	甲午	癸亥	壬辰	壬戌	辛卯	辛酉	庚寅	壬戌	辛卯	8日
丙寅	丙申	乙丑	乙未	甲子	癸巳	癸亥	壬辰	壬戌	辛卯	癸亥	壬辰	9日
丁卯	丁酉	丙寅	丙申	乙丑	甲午	甲子	癸巳	癸亥	壬辰	甲子	癸巳	10日
戊辰	戊戌	丁卯	丁酉	丙寅	乙未	乙丑	甲午	甲子	癸巳	乙丑	甲午	11日
己巳	己亥	戊辰	戊戌	丁卯	丙申	丙寅	乙未	乙丑	甲午	丙寅	乙未	12日
庚午	庚子	己巳	己亥	戊辰	丁酉	丁卯	丙申	丙寅	乙未	丁卯	丙申	13日
辛未	辛丑	庚午	庚子	己巳	戊戌	戊辰	丁酉	丁卯	丙申	戊辰	丁酉	14日
壬申	壬寅	辛未	辛丑	庚午	己亥	己巳	戊戌	戊辰	丁酉	己巳	戊戌	15日
癸酉	癸卯	壬申	壬寅	辛未	庚子	庚午	己亥	己巳	戊戌	庚午	己亥	16日
甲戌	甲辰	癸酉	癸卯	壬申	辛丑	辛未	庚子	庚午	己亥	辛未	庚子	17日
乙亥	乙巳	甲戌	甲辰	癸酉	壬寅	壬申	辛丑	辛未	庚子	壬申	辛丑	18日
丙子	丙午	乙亥	乙巳	甲戌	癸卯	癸酉	壬寅	壬申	辛丑	癸酉	壬寅	19日
丁丑	丁未	丙子	丙午	乙亥	甲辰	甲戌	癸卯	癸酉	壬寅	甲戌	癸卯	20日
戊寅	戊申	丁丑	丁未	丙子	乙巳	乙亥	甲辰	甲戌	癸卯	乙亥	甲辰	21日
己卯	己酉	戊寅	戊申	丁丑	丙午	丙子	乙巳	乙亥	甲辰	丙子	乙巳	22日
庚辰	庚戌	己卯	己酉	戊寅	丁未	丁丑	丙午	丙子	乙巳	丁丑	丙午	23日
辛巳	辛亥	庚辰	庚戌	己卯	戊申	戊寅	丁未	丁丑	丙午	戊寅	丁未	24日
壬午	壬子	辛巳	辛亥	庚辰	己酉	己卯	戊申	戊寅	丁未	己卯	戊申	25日
癸未	癸丑	壬午	壬子	辛巳	庚戌	庚辰	己酉	己卯	戊申	庚辰	己酉	26日
甲申	甲寅	癸未	癸丑	壬午	辛亥	辛巳	庚戌	庚辰	己酉	辛巳	庚戌	27日
乙酉	乙卯	甲申	甲寅	癸未	壬子	壬午	辛亥	辛巳	庚戌	壬午	辛亥	28日
丙戌	丙辰	乙酉	乙卯	甲申	癸丑	癸未	壬子	壬午	辛亥		壬子	29日
丁亥	丁巳	丙戌	丙辰	乙酉	甲寅	甲申	癸丑	癸未	壬子		癸丑	30日
戊子		丁亥		丙戌	乙卯		甲寅		癸丑		甲寅	31日

1981年　　昭和 56年　　辛酉

12月	11月	10月	9月	8月	7月	6月	5月	4月	3月	2月	1月 (55年 庚申)	
庚子	己亥	戊戌	丁酉	丙申	乙未	甲午	癸巳	壬辰	辛卯	庚寅	己丑	月干支
7日	7日	8日	8日	7日	7日	6日	5日	5日	6日	4日	5日	節入日
13:52	21:09	18:10	2:43	23:57	14:12	3:53	23:35	6:05	1:05	6:56	19:13	
癸丑	癸未	壬子	壬午	辛亥	庚辰	庚戌	己卯	己酉	戊寅	庚戌	己卯	1日
甲寅	甲申	癸丑	癸未	壬子	辛巳	辛亥	庚辰	庚戌	己卯	辛亥	庚辰	2日
乙卯	乙酉	甲寅	甲申	癸丑	壬午	壬子	辛巳	辛亥	庚辰	壬子	辛巳	3日
丙辰	丙戌	乙卯	乙酉	甲寅	癸未	癸丑	壬午	壬子	辛巳	癸丑	壬午	4日
丁巳	丁亥	丙辰	丙戌	乙卯	甲申	甲寅	癸未	癸丑	壬午	甲寅	癸未	5日
戊午	戊子	丁巳	丁亥	丙辰	乙酉	乙卯	甲申	甲寅	癸未	乙卯	甲申	6日
己未	己丑	戊午	戊子	丁巳	丙戌	丙辰	乙酉	乙卯	甲申	丙辰	乙酉	7日
庚申	庚寅	己未	己丑	戊午	丁亥	丁巳	丙戌	丙辰	乙酉	丁巳	丙戌	8日
辛酉	辛卯	庚申	庚寅	己未	戊子	戊午	丁亥	丁巳	丙戌	戊午	丁亥	9日
壬戌	壬辰	辛酉	辛卯	庚申	己丑	己未	戊子	戊午	丁亥	己未	戊子	10日
癸亥	癸巳	壬戌	壬辰	辛酉	庚寅	庚申	己丑	己未	戊子	庚申	己丑	11日
甲子	甲午	癸亥	癸巳	壬戌	辛卯	辛酉	庚寅	庚申	己丑	辛酉	庚寅	12日
乙丑	乙未	甲子	甲午	癸亥	壬辰	壬戌	辛卯	辛酉	庚寅	壬戌	辛卯	13日
丙寅	丙申	乙丑	乙未	甲子	癸巳	癸亥	壬辰	壬戌	辛卯	癸亥	壬辰	14日
丁卯	丁酉	丙寅	丙申	乙丑	甲午	甲子	癸巳	癸亥	壬辰	甲子	癸巳	15日
戊辰	戊戌	丁卯	丁酉	丙寅	乙未	乙丑	甲午	甲子	癸巳	乙丑	甲午	16日
己巳	己亥	戊辰	戊戌	丁卯	丙申	丙寅	乙未	乙丑	甲午	丙寅	乙未	17日
庚午	庚子	己巳	己亥	戊辰	丁酉	丁卯	丙申	丙寅	乙未	丁卯	丙申	18日
辛未	辛丑	庚午	庚子	己巳	戊戌	戊辰	丁酉	丁卯	丙申	戊辰	丁酉	19日
壬申	壬寅	辛未	辛丑	庚午	己亥	己巳	戊戌	戊辰	丁酉	己巳	戊戌	20日
癸酉	癸卯	壬申	壬寅	辛未	庚子	庚午	己亥	己巳	戊戌	庚午	己亥	21日
甲戌	甲辰	癸酉	癸卯	壬申	辛丑	辛未	庚子	庚午	己亥	辛未	庚子	22日
乙亥	乙巳	甲戌	甲辰	癸酉	壬寅	壬申	辛丑	辛未	庚子	壬申	辛丑	23日
丙子	丙午	乙亥	乙巳	甲戌	癸卯	癸酉	壬寅	壬申	辛丑	癸酉	壬寅	24日
丁丑	丁未	丙子	丙午	乙亥	甲辰	甲戌	癸卯	癸酉	壬寅	甲戌	癸卯	25日
戊寅	戊申	丁丑	丁未	丙子	乙巳	乙亥	甲辰	甲戌	癸卯	乙亥	甲辰	26日
己卯	己酉	戊寅	戊申	丁丑	丙午	丙子	乙巳	乙亥	甲辰	丙子	乙巳	27日
庚辰	庚戌	己卯	己酉	戊寅	丁未	丁丑	丙午	丙子	乙巳	丁丑	丙午	28日
辛巳	辛亥	庚辰	庚戌	己卯	戊申	戊寅	丁未	丁丑	丙午		丁未	29日
壬午	壬子	辛巳	辛亥	庚辰	己酉	己卯	戊申	戊寅	丁未		戊申	30日
癸未		壬午		辛巳	庚戌		己酉		戊申		己酉	31日

1980年　昭和 55年　庚申

	12月	11月	10月	9月	8月	7月	6月	5月	4月	3月	2月	1月 54年己未	
	戊子	丁亥	丙戌	乙酉	甲申	癸未	壬午	辛巳	庚辰	己卯	戊寅	丁丑	月干支
	7日 8:02	7日 15:19	8日 12:20	7日 20:54	7日 18:09	7日 8:24	5日 22:04	5日 17:45	5日 0:15	5日 19:17	5日 1:10	6日 13:29	節入日
1	戊申	戊寅	丁未	丁丑	丙午	乙亥	乙巳	甲戌	甲辰	癸酉	甲辰	癸酉	1日
	己酉	己卯	戊申	戊寅	丁未	丙子	丙午	乙亥	乙巳	甲戌	乙巳	甲戌	2日
	庚戌	庚辰	己酉	己卯	戊申	丁丑	丁未	丙子	丙午	乙亥	丙午	乙亥	3日
	辛亥	辛巳	庚戌	庚辰	己酉	戊寅	戊申	丁丑	丁未	丙子	丁未	丙子	4日
5	壬子	壬午	辛亥	辛巳	庚戌	己卯	己酉	戊寅	戊申	丁丑	戊申	丁丑	5日
	癸丑	癸未	壬子	壬午	辛亥	庚辰	庚戌	己卯	己酉	戊寅	己酉	戊寅	6日
	甲寅	甲申	癸丑	癸未	壬子	辛巳	辛亥	庚辰	庚戌	己卯	庚戌	己卯	7日
	乙卯	乙酉	甲寅	甲申	癸丑	壬午	壬子	辛巳	辛亥	庚辰	辛亥	庚辰	8日
	丙辰	丙戌	乙卯	乙酉	甲寅	癸未	癸丑	壬午	壬子	辛巳	壬子	辛巳	9日
10	丁巳	丁亥	丙辰	丙戌	乙卯	甲申	甲寅	癸未	癸丑	壬午	癸丑	壬午	10日
	戊午	戊子	丁巳	丁亥	丙辰	乙酉	乙卯	甲申	甲寅	癸未	甲寅	癸未	11日
	己未	己丑	戊午	戊子	丁巳	丙戌	丙辰	乙酉	乙卯	甲申	乙卯	甲申	12日
	庚申	庚寅	己未	己丑	戊午	丁亥	丁巳	丙戌	丙辰	乙酉	丙辰	乙酉	13日
	辛酉	辛卯	庚申	庚寅	己未	戊子	戊午	丁亥	丁巳	丙戌	丁巳	丙戌	14日
15	壬戌	壬辰	辛酉	辛卯	庚申	己丑	己未	戊子	戊午	丁亥	戊午	丁亥	15日
	癸亥	癸巳	壬戌	壬辰	辛酉	庚寅	庚申	己丑	己未	戊子	己未	戊子	16日
	甲子	甲午	癸亥	癸巳	壬戌	辛卯	辛酉	庚寅	庚申	己丑	庚申	己丑	17日
	乙丑	乙未	甲子	甲午	癸亥	壬辰	壬戌	辛卯	辛酉	庚寅	辛酉	庚寅	18日
	丙寅	丙申	乙丑	乙未	甲子	癸巳	癸亥	壬辰	壬戌	辛卯	壬戌	辛卯	19日
20	丁卯	丁酉	丙寅	丙申	乙丑	甲午	甲子	癸巳	癸亥	壬辰	癸亥	壬辰	20日
	戊辰	戊戌	丁卯	丁酉	丙寅	乙未	乙丑	甲午	甲子	癸巳	甲子	癸巳	21日
	己巳	己亥	戊辰	戊戌	丁卯	丙申	丙寅	乙未	乙丑	甲午	乙丑	甲午	22日
	庚午	庚子	己巳	己亥	戊辰	丁酉	丁卯	丙申	丙寅	乙未	丙寅	乙未	23日
	辛未	辛丑	庚午	庚子	己巳	戊戌	戊辰	丁酉	丁卯	丙申	丁卯	丙申	24日
25	壬申	壬寅	辛未	辛丑	庚午	己亥	己巳	戊戌	戊辰	丁酉	戊辰	丁酉	25日
	癸酉	癸卯	壬申	壬寅	辛未	庚子	庚午	己亥	己巳	戊戌	己巳	戊戌	26日
	甲戌	甲辰	癸酉	癸卯	壬申	辛丑	辛未	庚子	庚午	己亥	庚午	己亥	27日
	乙亥	乙巳	甲戌	甲辰	癸酉	壬寅	壬申	辛丑	辛未	庚子	辛未	庚子	28日
	丙子	丙午	乙亥	乙巳	甲戌	癸卯	癸酉	壬寅	壬申	辛丑	壬申	辛丑	29日
30	丁丑	丁未	丙子	丙午	乙亥	甲辰	甲戌	癸卯	癸酉	壬寅		壬寅	30日
	戊寅		丁丑		丙子	乙巳		甲辰		癸卯		癸卯	31日

1979年　昭和 54年　己未

	12月	11月	10月	9月	8月	7月	6月	5月	4月	3月	2月	1月	53年戊午
	丙子	乙亥	甲戌	癸酉	壬申	辛未	庚午	己巳	戊辰	丁卯	丙寅	乙丑	月干支
	8日 2:18	8日 9:33	9日 6:30	8日 15:00	8日 12:11	8日 2:25	6日 16:05	6日 11:47	5日 18:18	6日 13:20	4日 19:13	6日 7:32	節入日
1	壬寅	壬申	辛丑	辛未	庚子	己巳	己亥	戊辰	戊戌	丁卯	己亥	戊辰	1日
2	癸卯	癸酉	壬寅	壬申	辛丑	庚午	庚子	己巳	己亥	戊辰	庚子	己巳	2日
3	甲辰	甲戌	癸卯	癸酉	壬寅	辛未	辛丑	庚午	庚子	己巳	辛丑	庚午	3日
4	乙巳	乙亥	甲辰	甲戌	癸卯	壬申	壬寅	辛未	辛丑	庚午	壬寅	辛未	4日
5	丙午	丙子	乙巳	乙亥	甲辰	癸酉	癸卯	壬申	壬寅	辛未	癸卯	壬申	5日
6	丁未	丁丑	丙午	丙子	乙巳	甲戌	甲辰	癸酉	癸卯	壬申	甲辰	癸酉	6日
7	戊申	戊寅	丁未	丁丑	丙午	乙亥	乙巳	甲戌	甲辰	癸酉	乙巳	甲戌	7日
8	己酉	己卯	戊申	戊寅	丁未	丙子	丙午	乙亥	乙巳	甲戌	丙午	乙亥	8日
9	庚戌	庚辰	己酉	己卯	戊申	丁丑	丁未	丙子	丙午	乙亥	丁未	丙子	9日
10	辛亥	辛巳	庚戌	庚辰	己酉	戊寅	戊申	丁丑	丁未	丙子	戊申	丁丑	10日
11	壬子	壬午	辛亥	辛巳	庚戌	己卯	己酉	戊寅	戊申	丁丑	己酉	戊寅	11日
12	癸丑	癸未	壬子	壬午	辛亥	庚辰	庚戌	己卯	己酉	戊寅	庚戌	己卯	12日
13	甲寅	甲申	癸丑	癸未	壬子	辛巳	辛亥	庚辰	庚戌	己卯	辛亥	庚辰	13日
14	乙卯	乙酉	甲寅	甲申	癸丑	壬午	壬子	辛巳	辛亥	庚辰	壬子	辛巳	14日
15	丙辰	丙戌	乙卯	乙酉	甲寅	癸未	癸丑	壬午	壬子	辛巳	癸丑	壬午	15日
16	丁巳	丁亥	丙辰	丙戌	乙卯	甲申	甲寅	癸未	癸丑	壬午	甲寅	癸未	16日
17	戊午	戊子	丁巳	丁亥	丙辰	乙酉	乙卯	甲申	甲寅	癸未	乙卯	甲申	17日
18	己未	己丑	戊午	戊子	丁巳	丙戌	丙辰	乙酉	乙卯	甲申	丙辰	乙酉	18日
19	庚申	庚寅	己未	己丑	戊午	丁亥	丁巳	丙戌	丙辰	乙酉	丁巳	丙戌	19日
20	辛酉	辛卯	庚申	庚寅	己未	戊子	戊午	丁亥	丁巳	丙戌	戊午	丁亥	20日
21	壬戌	壬辰	辛酉	辛卯	庚申	己丑	己未	戊子	戊午	丁亥	己未	戊子	21日
22	癸亥	癸巳	壬戌	壬辰	辛酉	庚寅	庚申	己丑	己未	戊子	庚申	己丑	22日
23	甲子	甲午	癸亥	癸巳	壬戌	辛卯	辛酉	庚寅	庚申	己丑	辛酉	庚寅	23日
24	乙丑	乙未	甲子	甲午	癸亥	壬辰	壬戌	辛卯	辛酉	庚寅	壬戌	辛卯	24日
25	丙寅	丙申	乙丑	乙未	甲子	癸巳	癸亥	壬辰	壬戌	辛卯	癸亥	壬辰	25日
26	丁卯	丁酉	丙寅	丙申	乙丑	甲午	甲子	癸巳	癸亥	壬辰	甲子	癸巳	26日
27	戊辰	戊戌	丁卯	丁酉	丙寅	乙未	乙丑	甲午	甲子	癸巳	乙丑	甲午	27日
28	己巳	己亥	戊辰	戊戌	丁卯	丙申	丙寅	乙未	乙丑	甲午	丙寅	乙未	28日
29	庚午	庚子	己巳	己亥	戊辰	丁酉	丁卯	丙申	丙寅	乙未		丙申	29日
30	辛未	辛丑	庚午	庚子	己巳	戊戌	戊辰	丁酉	丁卯	丙申		丁酉	30日
31	壬申		辛未		庚午	己亥		戊戌		丁酉		戊戌	31日

1978年　昭和 53年　戊午

	1月	2月	3月	4月	5月	6月	7月	8月	9月	10月	11月	12月	月干支
	癸丑	甲寅	乙卯	丙辰	丁巳	戊午	己未	庚申	辛酉	壬戌	癸亥	甲子	節入日
	6日	4日	6日	5日	6日	6日	7日	8日	8日	9日	8日	7日	
	1:44	13:27	7:38	12:37	6:09	10:22	20:37	6:18	9:03	0:31	3:34	20:20	
1日	癸亥	甲午	壬戌	癸巳	癸亥	甲午	甲子	乙未	丙寅	丙申	丁卯	丁酉	1日
2日	甲子	乙未	癸亥	甲午	甲子	乙未	乙丑	丙申	丁卯	丁酉	戊辰	戊戌	2日
3日	乙丑	丙申	甲子	乙未	乙丑	丙申	丙寅	丁酉	戊辰	戊戌	己巳	己亥	3日
4日	丙寅	丁酉	乙丑	丙申	丙寅	丁酉	丁卯	戊戌	己巳	己亥	庚午	庚子	4日
5日	丁卯	戊戌	丙寅	丁酉	丁卯	戊戌	戊辰	己亥	庚午	庚子	辛未	辛丑	5日
6日	戊辰	己亥	丁卯	戊戌	戊辰	己亥	己巳	庚子	辛未	辛丑	壬申	壬寅	6日
7日	己巳	庚子	戊辰	己亥	己巳	庚子	庚午	辛丑	壬申	壬寅	癸酉	癸卯	7日
8日	庚午	辛丑	己巳	庚子	庚午	辛丑	辛未	壬寅	癸酉	癸卯	甲戌	甲辰	8日
9日	辛未	壬寅	庚午	辛丑	辛未	壬寅	壬申	癸卯	甲戌	甲辰	乙亥	乙巳	9日
10日	壬申	癸卯	辛未	壬寅	壬申	癸卯	癸酉	甲辰	乙亥	乙巳	丙子	丙午	10日
11日	癸酉	甲辰	壬申	癸卯	癸酉	甲辰	甲戌	乙巳	丙子	丙午	丁丑	丁未	11日
12日	甲戌	乙巳	癸酉	甲辰	甲戌	乙巳	乙亥	丙午	丁丑	丁未	戊寅	戊申	12日
13日	乙亥	丙午	甲戌	乙巳	乙亥	丙午	丙子	丁未	戊寅	戊申	己卯	己酉	13日
14日	丙子	丁未	乙亥	丙午	丙子	丁未	丁丑	戊申	己卯	己酉	庚辰	庚戌	14日
15日	丁丑	戊申	丙子	丁未	丁丑	戊申	戊寅	己酉	庚辰	庚戌	辛巳	辛亥	15日
16日	戊寅	己酉	丁丑	戊申	戊寅	己酉	己卯	庚戌	辛巳	辛亥	壬午	壬子	16日
17日	己卯	庚戌	戊寅	己酉	己卯	庚戌	庚辰	辛亥	壬午	壬子	癸未	癸丑	17日
18日	庚辰	辛亥	己卯	庚戌	庚辰	辛亥	辛巳	壬子	癸未	癸丑	甲申	甲寅	18日
19日	辛巳	壬子	庚辰	辛亥	辛巳	壬子	壬午	癸丑	甲申	甲寅	乙酉	乙卯	19日
20日	壬午	癸丑	辛巳	壬子	壬午	癸丑	癸未	甲寅	乙酉	乙卯	丙戌	丙辰	20日
21日	癸未	甲寅	壬午	癸丑	癸未	甲寅	甲申	乙卯	丙戌	丙辰	丁亥	丁巳	21日
22日	甲申	乙卯	癸未	甲寅	甲申	乙卯	乙酉	丙辰	丁亥	丁巳	戊子	戊午	22日
23日	乙酉	丙辰	甲申	乙卯	乙酉	丙辰	丙戌	丁巳	戊子	戊午	己丑	己未	23日
24日	丙戌	丁巳	乙酉	丙辰	丙戌	丁巳	丁亥	戊午	己丑	己未	庚寅	庚申	24日
25日	丁亥	戊午	丙戌	丁巳	丁亥	戊午	戊子	己未	庚寅	庚申	辛卯	辛酉	25日
26日	戊子	己未	丁亥	戊午	戊子	己未	己丑	庚申	辛卯	辛酉	壬辰	壬戌	26日
27日	己丑	庚申	戊子	己未	己丑	庚申	庚寅	辛酉	壬辰	壬戌	癸巳	癸亥	27日
28日	庚寅	辛酉	己丑	庚申	庚寅	辛酉	辛卯	壬戌	癸巳	癸亥	甲午	甲子	28日
29日	辛卯		庚寅	辛酉	辛卯	壬戌	壬辰	癸亥	甲午	甲子	乙未	乙丑	29日
30日	壬辰		辛卯	壬戌	壬辰	癸亥	癸巳	甲子	乙未	乙丑	丙申	丙寅	30日
31日	癸巳		壬辰		癸巳		甲午	乙丑		丙寅		丁卯	31日

52年丁巳

1977年　　昭和 52年　　丁巳

12月	11月	10月	9月	8月	7月	6月	5月	4月	3月	2月	1月(51年丙辰)	
壬子	辛亥	庚戌	己酉	戊申	丁未	丙午	乙巳	甲辰	癸卯	壬寅	辛丑	月干支
7日 14:31	7日 21:46	8日 18:44	8日 3:16	8日 0:30	7日 14:48	6日 4:32	6日 0:16	5日 6:46	6日 1:44	4日 7:34	5日 19:52	節入日
壬辰	壬戌	辛卯	辛酉	庚寅	己未	己丑	戊午	戊子	丁巳	己丑	戊午	1日
癸巳	癸亥	壬辰	壬戌	辛卯	庚申	庚寅	己未	己丑	戊午	庚寅	己未	2日
甲午	甲子	癸巳	癸亥	壬辰	辛酉	辛卯	庚申	庚寅	己未	辛卯	庚申	3日
乙未	乙丑	甲午	甲子	癸巳	壬戌	壬辰	辛酉	辛卯	庚申	壬辰	辛酉	4日
丙申	丙寅	乙未	乙丑	甲午	癸亥	癸巳	壬戌	壬辰	辛酉	癸巳	壬戌	5日
丁酉	丁卯	丙申	丙寅	乙未	甲子	甲午	癸亥	癸巳	壬戌	甲午	癸亥	6日
戊戌	戊辰	丁酉	丁卯	丙申	乙丑	乙未	甲子	甲午	癸亥	乙未	甲子	7日
己亥	己巳	戊戌	戊辰	丁酉	丙寅	丙申	乙丑	乙未	甲子	丙申	乙丑	8日
庚子	庚午	己亥	己巳	戊戌	丁卯	丁酉	丙寅	丙申	乙丑	丁酉	丙寅	9日
辛丑	辛未	庚子	庚午	己亥	戊辰	戊戌	丁卯	丁酉	丙寅	戊戌	丁卯	10日
壬寅	壬申	辛丑	辛未	庚子	己巳	己亥	戊辰	戊戌	丁卯	己亥	戊辰	11日
癸卯	癸酉	壬寅	壬申	辛丑	庚午	庚子	己巳	己亥	戊辰	庚子	己巳	12日
甲辰	甲戌	癸卯	癸酉	壬寅	辛未	辛丑	庚午	庚子	己巳	辛丑	庚午	13日
乙巳	乙亥	甲辰	甲戌	癸卯	壬申	壬寅	辛未	辛丑	庚午	壬寅	辛未	14日
丙午	丙子	乙巳	乙亥	甲辰	癸酉	癸卯	壬申	壬寅	辛未	癸卯	壬申	15日
丁未	丁丑	丙午	丙子	乙巳	甲戌	甲辰	癸酉	癸卯	壬申	甲辰	癸酉	16日
戊申	戊寅	丁未	丁丑	丙午	乙亥	乙巳	甲戌	甲辰	癸酉	乙巳	甲戌	17日
己酉	己卯	戊申	戊寅	丁未	丙子	丙午	乙亥	乙巳	甲戌	丙午	乙亥	18日
庚戌	庚辰	己酉	己卯	戊申	丁丑	丁未	丙子	丙午	乙亥	丁未	丙子	19日
辛亥	辛巳	庚戌	庚辰	己酉	戊寅	戊申	丁丑	丁未	丙子	戊申	丁丑	20日
壬子	壬午	辛亥	辛巳	庚戌	己卯	己酉	戊寅	戊申	丁丑	己酉	戊寅	21日
癸丑	癸未	壬子	壬午	辛亥	庚辰	庚戌	己卯	己酉	戊寅	庚戌	己卯	22日
甲寅	甲申	癸丑	癸未	壬子	辛巳	辛亥	庚辰	庚戌	己卯	辛亥	庚辰	23日
乙卯	乙酉	甲寅	甲申	癸丑	壬午	壬子	辛巳	辛亥	庚辰	壬子	辛巳	24日
丙辰	丙戌	乙卯	乙酉	甲寅	癸未	癸丑	壬午	壬子	辛巳	癸丑	壬午	25日
丁巳	丁亥	丙辰	丙戌	乙卯	甲申	甲寅	癸未	癸丑	壬午	甲寅	癸未	26日
戊午	戊子	丁巳	丁亥	丙辰	乙酉	乙卯	甲申	甲寅	癸未	乙卯	甲申	27日
己未	己丑	戊午	戊子	丁巳	丙戌	丙辰	乙酉	乙卯	甲申	丙辰	乙酉	28日
庚申	庚寅	己未	己丑	戊午	丁亥	丁巳	丙戌	丙辰	乙酉		丙戌	29日
辛酉	辛卯	庚申	庚寅	己未	戊子	戊午	丁亥	丁巳	丙戌		丁亥	30日
壬戌		辛酉		庚申	己丑		戊子		丁亥		戊子	31日

1976年　昭和 51年　丙辰

12月	11月	10月	9月	8月	7月	6月	5月	4月	3月	2月	1月 50年乙卯	月干支
庚子	己亥	戊戌	丁酉	丙申	乙未	甲午	癸巳	壬辰	辛卯	庚寅	己丑	月干支
7日	7日	8日	7日	7日	7日	5日	5日	5日	5日	5日	6日	節入日
8:41	15:59	12:58	21:28	18:39	8:51	22:31	18:14	0:47	19:48	1:40	13:58	
丁亥	丁巳	丙戌	丙辰	乙酉	甲寅	甲申	癸丑	癸未	壬子	癸未	壬子	1日
戊子	戊午	丁亥	丁巳	丙戌	乙卯	乙酉	甲寅	甲申	癸丑	甲申	癸丑	2日
己丑	己未	戊子	戊午	丁亥	丙辰	丙戌	乙卯	乙酉	甲寅	乙酉	甲寅	3日
庚寅	庚申	己丑	己未	戊子	丁巳	丁亥	丙辰	丙戌	乙卯	丙戌	乙卯	4日
辛卯	辛酉	庚寅	庚申	己丑	戊午	戊子	丁巳	丁亥	丙辰	丁亥	丙辰	5日
壬辰	壬戌	辛卯	辛酉	庚寅	己未	己丑	戊午	戊子	丁巳	戊子	丁巳	6日
癸巳	癸亥	壬辰	壬戌	辛卯	庚申	庚寅	己未	己丑	戊午	己丑	戊午	7日
甲午	甲子	癸巳	癸亥	壬辰	辛酉	辛卯	庚申	庚寅	己未	庚寅	己未	8日
乙未	乙丑	甲午	甲子	癸巳	壬戌	壬辰	辛酉	辛卯	庚申	辛卯	庚申	9日
丙申	丙寅	乙未	乙丑	甲午	癸亥	癸巳	壬戌	壬辰	辛酉	壬辰	辛酉	10日
丁酉	丁卯	丙申	丙寅	乙未	甲子	甲午	癸亥	癸巳	壬戌	癸巳	壬戌	11日
戊戌	戊辰	丁酉	丁卯	丙申	乙丑	乙未	甲子	甲午	癸亥	甲午	癸亥	12日
己亥	己巳	戊戌	戊辰	丁酉	丙寅	丙申	乙丑	乙未	甲子	乙未	甲子	13日
庚子	庚午	己亥	己巳	戊戌	丁卯	丁酉	丙寅	丙申	乙丑	丙申	乙丑	14日
辛丑	辛未	庚子	庚午	己亥	戊辰	戊戌	丁卯	丁酉	丙寅	丁酉	丙寅	15日
壬寅	壬申	辛丑	辛未	庚子	己巳	己亥	戊辰	戊戌	丁卯	戊戌	丁卯	16日
癸卯	癸酉	壬寅	壬申	辛丑	庚午	庚子	己巳	己亥	戊辰	己亥	戊辰	17日
甲辰	甲戌	癸卯	癸酉	壬寅	辛未	辛丑	庚午	庚子	己巳	庚子	己巳	18日
乙巳	乙亥	甲辰	甲戌	癸卯	壬申	壬寅	辛未	辛丑	庚午	辛丑	庚午	19日
丙午	丙子	乙巳	乙亥	甲辰	癸酉	癸卯	壬申	壬寅	辛未	壬寅	辛未	20日
丁未	丁丑	丙午	丙子	乙巳	甲戌	甲辰	癸酉	癸卯	壬申	癸卯	壬申	21日
戊申	戊寅	丁未	丁丑	丙午	乙亥	乙巳	甲戌	甲辰	癸酉	甲辰	癸酉	22日
己酉	己卯	戊申	戊寅	丁未	丙子	丙午	乙亥	乙巳	甲戌	乙巳	甲戌	23日
庚戌	庚辰	己酉	己卯	戊申	丁丑	丁未	丙子	丙午	乙亥	丙午	乙亥	24日
辛亥	辛巳	庚戌	庚辰	己酉	戊寅	戊申	丁丑	丁未	丙子	丁未	丙子	25日
壬子	壬午	辛亥	辛巳	庚戌	己卯	己酉	戊寅	戊申	丁丑	戊申	丁丑	26日
癸丑	癸未	壬子	壬午	辛亥	庚辰	庚戌	己卯	己酉	戊寅	己酉	戊寅	27日
甲寅	甲申	癸丑	癸未	壬子	辛巳	辛亥	庚辰	庚戌	己卯	庚戌	己卯	28日
乙卯	乙酉	甲寅	甲申	癸丑	壬午	壬子	辛巳	辛亥	庚辰	辛亥	庚辰	29日
丙辰	丙戌	乙卯	乙酉	甲寅	癸未	癸丑	壬午	壬子	辛巳		辛巳	30日
丁巳		丙辰		乙卯	甲申		癸未		壬午		壬午	31日

1975年　昭和 50年　乙卯

	12月	11月	10月	9月	8月	7月	6月	5月	4月	3月	2月	1月	49年甲寅
月干支	戊子	丁亥	丙戌	乙酉	甲申	癸未	壬午	辛巳	庚辰	己卯	戊寅	丁丑	
節入日	8日 2:47	8日 10:03	9日 7:02	8日 15:33	8日 12:45	8日 2:59	6日 16:42	6日 12:27	5日 19:02	6日 14:08	4日 19:59	6日 8:18	
1日	辛巳	辛亥	庚辰	庚戌	己卯	戊申	戊寅	丁未	丁丑	丙午	戊寅	丁未	
2日	壬午	壬子	辛巳	辛亥	庚辰	己酉	己卯	戊申	戊寅	丁未	己卯	戊申	
3日	癸未	癸丑	壬午	壬子	辛巳	庚戌	庚辰	己酉	己卯	戊申	庚辰	己酉	
4日	甲申	甲寅	癸未	癸丑	壬午	辛亥	辛巳	庚戌	庚辰	己酉	辛巳	庚戌	
5日	乙酉	乙卯	甲申	甲寅	癸未	壬子	壬午	辛亥	辛巳	庚戌	壬午	辛亥	
6日	丙戌	丙辰	乙酉	乙卯	甲申	癸丑	癸未	壬子	壬午	辛亥	癸未	壬子	
7日	丁亥	丁巳	丙戌	丙辰	乙酉	甲寅	甲申	癸丑	癸未	壬子	甲申	癸丑	
8日	戊子	戊午	丁亥	丁巳	丙戌	乙卯	乙酉	甲寅	甲申	癸丑	乙酉	甲寅	
9日	己丑	己未	戊子	戊午	丁亥	丙辰	丙戌	乙卯	乙酉	甲寅	丙戌	乙卯	
10日	庚寅	庚申	己丑	己未	戊子	丁巳	丁亥	丙辰	丙戌	乙卯	丁亥	丙辰	
11日	辛卯	辛酉	庚寅	庚申	己丑	戊午	戊子	丁巳	丁亥	丙辰	戊子	丁巳	
12日	壬辰	壬戌	辛卯	辛酉	庚寅	己未	己丑	戊午	戊子	丁巳	己丑	戊午	
13日	癸巳	癸亥	壬辰	壬戌	辛卯	庚申	庚寅	己未	己丑	戊午	庚寅	己未	
14日	甲午	甲子	癸巳	癸亥	壬辰	辛酉	辛卯	庚申	庚寅	己未	辛卯	庚申	
15日	乙未	乙丑	甲午	甲子	癸巳	壬戌	壬辰	辛酉	辛卯	庚申	壬辰	辛酉	
16日	丙申	丙寅	乙未	乙丑	甲午	癸亥	癸巳	壬戌	壬辰	辛酉	癸巳	壬戌	
17日	丁酉	丁卯	丙申	丙寅	乙未	甲子	甲午	癸亥	癸巳	壬戌	甲午	癸亥	
18日	戊戌	戊辰	丁酉	丁卯	丙申	乙丑	乙未	甲子	甲午	癸亥	乙未	甲子	
19日	己亥	己巳	戊戌	戊辰	丁酉	丙寅	丙申	乙丑	乙未	甲子	丙申	乙丑	
20日	庚子	庚午	己亥	己巳	戊戌	丁卯	丁酉	丙寅	丙申	乙丑	丁酉	丙寅	
21日	辛丑	辛未	庚子	庚午	己亥	戊辰	戊戌	丁卯	丁酉	丙寅	戊戌	丁卯	
22日	壬寅	壬申	辛丑	辛未	庚子	己巳	己亥	戊辰	戊戌	丁卯	己亥	戊辰	
23日	癸卯	癸酉	壬寅	壬申	辛丑	庚午	庚子	己巳	己亥	戊辰	庚子	己巳	
24日	甲辰	甲戌	癸卯	癸酉	壬寅	辛未	辛丑	庚午	庚子	己巳	辛丑	庚午	
25日	乙巳	乙亥	甲辰	甲戌	癸卯	壬申	壬寅	辛未	辛丑	庚午	壬寅	辛未	
26日	丙午	丙子	乙巳	乙亥	甲辰	癸酉	癸卯	壬申	壬寅	辛未	癸卯	壬申	
27日	丁未	丁丑	丙午	丙子	乙巳	甲戌	甲辰	癸酉	癸卯	壬申	甲辰	癸酉	
28日	戊申	戊寅	丁未	丁丑	丙午	乙亥	乙巳	甲戌	甲辰	癸酉	乙巳	甲戌	
29日	己酉	己卯	戊申	戊寅	丁未	丙子	丙午	乙亥	乙巳	甲戌		乙亥	
30日	庚戌	庚辰	己酉	己卯	戊申	丁丑	丁未	丙子	丙午	乙亥		丙子	
31日	辛亥		庚戌		己酉	戊寅		丁丑		丙子		丁丑	

1974年　昭和 49年　甲寅

	12月	11月	10月	9月	8月	7月	6月	5月	4月	3月	2月	1月	48年癸丑
月干支	丙子	乙亥	甲戌	癸酉	壬申	辛未	庚午	己巳	戊辰	丁卯	丙寅	乙丑	
節入日	7日 21:05	8日 4:18	9日 1:15	8日 9:45	8日 6:57	7日 21:11	6日 10:52	6日 6:34	5日 13:05	6日 8:07	4日 14:00	6日 2:20	
1日	丙子	丙午	乙亥	乙巳	甲戌	癸卯	癸酉	壬寅	壬申	辛丑	癸酉	壬寅
2日	丁丑	丁未	丙子	丙午	乙亥	甲辰	甲戌	癸卯	癸酉	壬寅	甲戌	癸卯
3日	戊寅	戊申	丁丑	丁未	丙子	乙巳	乙亥	甲辰	甲戌	癸卯	乙亥	甲辰
4日	己卯	己酉	戊寅	戊申	丁丑	丙午	丙子	乙巳	乙亥	甲辰	丙子	乙巳
5日	庚辰	庚戌	己卯	己酉	戊寅	丁未	丁丑	丙午	丙子	乙巳	丁丑	丙午
6日	辛巳	辛亥	庚辰	庚戌	己卯	戊申	戊寅	丁未	丁丑	丙午	戊寅	丁未
7日	壬午	壬子	辛巳	辛亥	庚辰	己酉	己卯	戊申	戊寅	丁未	己卯	戊申
8日	癸未	癸丑	壬午	壬子	辛巳	庚戌	庚辰	己酉	己卯	戊申	庚辰	己酉
9日	甲申	甲寅	癸未	癸丑	壬午	辛亥	辛巳	庚戌	庚辰	己酉	辛巳	庚戌
10日	乙酉	乙卯	甲申	甲寅	癸未	壬子	壬午	辛亥	辛巳	庚戌	壬午	辛亥
11日	丙戌	丙辰	乙酉	乙卯	甲申	癸丑	癸未	壬子	壬午	辛亥	癸未	壬子
12日	丁亥	丁巳	丙戌	丙辰	乙酉	甲寅	甲申	癸丑	癸未	壬子	甲申	癸丑
13日	戊子	戊午	丁亥	丁巳	丙戌	乙卯	乙酉	甲寅	甲申	癸丑	乙酉	甲寅
14日	己丑	己未	戊子	戊午	丁亥	丙辰	丙戌	乙卯	乙酉	甲寅	丙戌	乙卯
15日	庚寅	庚申	己丑	己未	戊子	丁巳	丁亥	丙辰	丙戌	乙卯	丁亥	丙辰
16日	辛卯	辛酉	庚寅	庚申	己丑	戊午	戊子	丁巳	丁亥	丙辰	戊子	丁巳
17日	壬辰	壬戌	辛卯	辛酉	庚寅	己未	己丑	戊午	戊子	丁巳	己丑	戊午
18日	癸巳	癸亥	壬辰	壬戌	辛卯	庚申	庚寅	己未	己丑	戊午	庚寅	己未
19日	甲午	甲子	癸巳	癸亥	壬辰	辛酉	辛卯	庚申	庚寅	己未	辛卯	庚申
20日	乙未	乙丑	甲午	甲子	癸巳	壬戌	壬辰	辛酉	辛卯	庚申	壬辰	辛酉
21日	丙申	丙寅	乙未	乙丑	甲午	癸亥	癸巳	壬戌	壬辰	辛酉	癸巳	壬戌
22日	丁酉	丁卯	丙申	丙寅	乙未	甲子	甲午	癸亥	癸巳	壬戌	甲午	癸亥
23日	戊戌	戊辰	丁酉	丁卯	丙申	乙丑	乙未	甲子	甲午	癸亥	乙未	甲子
24日	己亥	己巳	戊戌	戊辰	丁酉	丙寅	丙申	乙丑	乙未	甲子	丙申	乙丑
25日	庚子	庚午	己亥	己巳	戊戌	丁卯	丁酉	丙寅	丙申	乙丑	丁酉	丙寅
26日	辛丑	辛未	庚子	庚午	己亥	戊辰	戊戌	丁卯	丁酉	丙寅	戊戌	丁卯
27日	壬寅	壬申	辛丑	辛未	庚子	己巳	己亥	戊辰	戊戌	丁卯	己亥	戊辰
28日	癸卯	癸酉	壬寅	壬申	辛丑	庚午	庚子	己巳	己亥	戊辰	庚子	己巳
29日	甲辰	甲戌	癸卯	癸酉	壬寅	辛未	辛丑	庚午	庚子	己巳		庚午
30日	乙巳	乙亥	甲辰	甲戌	癸卯	壬申	壬寅	辛未	辛丑	庚午		辛未
31日	丙午		乙巳		甲辰	癸酉		壬申		辛未		壬申

1973年　　昭和 48年　　癸丑

12月	11月	10月	9月	8月	7月	6月	5月	4月	3月	2月	1月 (47年壬子)	月干支
甲子	癸亥	壬戌	辛酉	庚申	己未	戊午	丁巳	丙辰	乙卯	甲寅	癸丑	月干支
7日 15:11	7日 22:28	8日 19:28	8日 4:00	8日 1:13	7日 15:27	6日 5:07	6日 0:46	5日 7:14	6日 2:13	4日 8:04	5日 20:26	節入日
辛未	辛丑	庚午	庚子	己巳	戊戌	戊辰	丁酉	丁卯	丙申	戊辰	丁酉	1日
壬申	壬寅	辛未	辛丑	庚午	己亥	己巳	戊戌	戊辰	丁酉	己巳	戊戌	2日
癸酉	癸卯	壬申	壬寅	辛未	庚子	庚午	己亥	己巳	戊戌	庚午	己亥	3日
甲戌	甲辰	癸酉	癸卯	壬申	辛丑	辛未	庚子	庚午	己亥	辛未	庚子	4日
乙亥	乙巳	甲戌	甲辰	癸酉	壬寅	壬申	辛丑	辛未	庚子	壬申	辛丑	5日
丙子	丙午	乙亥	乙巳	甲戌	癸卯	癸酉	壬寅	壬申	辛丑	癸酉	壬寅	6日
丁丑	丁未	丙子	丙午	乙亥	甲辰	甲戌	癸卯	癸酉	壬寅	甲戌	癸卯	7日
戊寅	戊申	丁丑	丁未	丙子	乙巳	乙亥	甲辰	甲戌	癸卯	乙亥	甲辰	8日
己卯	己酉	戊寅	戊申	丁丑	丙午	丙子	乙巳	乙亥	甲辰	丙子	乙巳	9日
庚辰	庚戌	己卯	己酉	戊寅	丁未	丁丑	丙午	丙子	乙巳	丁丑	丙午	10日
辛巳	辛亥	庚辰	庚戌	己卯	戊申	戊寅	丁未	丁丑	丙午	戊寅	丁未	11日
壬午	壬子	辛巳	辛亥	庚辰	己酉	己卯	戊申	戊寅	丁未	己卯	戊申	12日
癸未	癸丑	壬午	壬子	辛巳	庚戌	庚辰	己酉	己卯	戊申	庚辰	己酉	13日
甲申	甲寅	癸未	癸丑	壬午	辛亥	辛巳	庚戌	庚辰	己酉	辛巳	庚戌	14日
乙酉	乙卯	甲申	甲寅	癸未	壬子	壬午	辛亥	辛巳	庚戌	壬午	辛亥	15日
丙戌	丙辰	乙酉	乙卯	甲申	癸丑	癸未	壬子	壬午	辛亥	癸未	壬子	16日
丁亥	丁巳	丙戌	丙辰	乙酉	甲寅	甲申	癸丑	癸未	壬子	甲申	癸丑	17日
戊子	戊午	丁亥	丁巳	丙戌	乙卯	乙酉	甲寅	甲申	癸丑	乙酉	甲寅	18日
己丑	己未	戊子	戊午	丁亥	丙辰	丙戌	乙卯	乙酉	甲寅	丙戌	乙卯	19日
庚寅	庚申	己丑	己未	戊子	丁巳	丁亥	丙辰	丙戌	乙卯	丁亥	丙辰	20日
辛卯	辛酉	庚寅	庚申	己丑	戊午	戊子	丁巳	丁亥	丙辰	戊子	丁巳	21日
壬辰	壬戌	辛卯	辛酉	庚寅	己未	己丑	戊午	戊子	丁巳	己丑	戊午	22日
癸巳	癸亥	壬辰	壬戌	辛卯	庚申	庚寅	己未	己丑	戊午	庚寅	己未	23日
甲午	甲子	癸巳	癸亥	壬辰	辛酉	辛卯	庚申	庚寅	己未	辛卯	庚申	24日
乙未	乙丑	甲午	甲子	癸巳	壬戌	壬辰	辛酉	辛卯	庚申	壬辰	辛酉	25日
丙申	丙寅	乙未	乙丑	甲午	癸亥	癸巳	壬戌	壬辰	辛酉	癸巳	壬戌	26日
丁酉	丁卯	丙申	丙寅	乙未	甲子	甲午	癸亥	癸巳	壬戌	甲午	癸亥	27日
戊戌	戊辰	丁酉	丁卯	丙申	乙丑	乙未	甲子	甲午	癸亥	乙未	甲子	28日
己亥	己巳	戊戌	戊辰	丁酉	丙寅	丙申	乙丑	乙未	甲子		乙丑	29日
庚子	庚午	己亥	己巳	戊戌	丁卯	丁酉	丙寅	丙申	乙丑		丙寅	30日
辛丑		庚子		己亥	戊辰		丁卯		丙寅		丁卯	31日

1972年　　昭和 47年　　壬子

12月	11月	10月	9月	8月	7月	6月	5月	4月	3月	2月	46年辛亥 1月	
壬子	辛亥	庚戌	己酉	戊申	丁未	丙午	乙巳	甲辰	癸卯	壬寅	辛丑	月干支
7日	7日	8日	7日	7日	7日	5日	5日	5日	5日	5日	6日	節入日
9:19	16:40	13:42	22:15	19:29	9:43	23:22	19:01	1:29	20:28	2:20	14:42	
丙寅	丙申	乙丑	乙未	甲子	癸巳	癸亥	壬辰	壬戌	辛卯	壬戌	辛卯	1日
丁卯	丁酉	丙寅	丙申	乙丑	甲午	甲子	癸巳	癸亥	壬辰	癸亥	壬辰	2日
戊辰	戊戌	丁卯	丁酉	丙寅	乙未	乙丑	甲午	甲子	癸巳	甲子	癸巳	3日
己巳	己亥	戊辰	戊戌	丁卯	丙申	丙寅	乙未	乙丑	甲午	乙丑	甲午	4日
庚午	庚子	己巳	己亥	戊辰	丁酉	丁卯	丙申	丙寅	乙未	丙寅	乙未	5日
辛未	辛丑	庚午	庚子	己巳	戊戌	戊辰	丁酉	丁卯	丙申	丁卯	丙申	6日
壬申	壬寅	辛未	辛丑	庚午	己亥	己巳	戊戌	戊辰	丁酉	戊辰	丁酉	7日
癸酉	癸卯	壬申	壬寅	辛未	庚子	庚午	己亥	己巳	戊戌	己巳	戊戌	8日
甲戌	甲辰	癸酉	癸卯	壬申	辛丑	辛未	庚子	庚午	己亥	庚午	己亥	9日
乙亥	乙巳	甲戌	甲辰	癸酉	壬寅	壬申	辛丑	辛未	庚子	辛未	庚子	10日
丙子	丙午	乙亥	乙巳	甲戌	癸卯	癸酉	壬寅	壬申	辛丑	壬申	辛丑	11日
丁丑	丁未	丙子	丙午	乙亥	甲辰	甲戌	癸卯	癸酉	壬寅	癸酉	壬寅	12日
戊寅	戊申	丁丑	丁未	丙子	乙巳	乙亥	甲辰	甲戌	癸卯	甲戌	癸卯	13日
己卯	己酉	戊寅	戊申	丁丑	丙午	丙子	乙巳	乙亥	甲辰	乙亥	甲辰	14日
庚辰	庚戌	己卯	己酉	戊寅	丁未	丁丑	丙午	丙子	乙巳	丙子	乙巳	15日
辛巳	辛亥	庚辰	庚戌	己卯	戊申	戊寅	丁未	丁丑	丙午	丁丑	丙午	16日
壬午	壬子	辛巳	辛亥	庚辰	己酉	己卯	戊申	戊寅	丁未	戊寅	丁未	17日
癸未	癸丑	壬午	壬子	辛巳	庚戌	庚辰	己酉	己卯	戊申	己卯	戊申	18日
甲申	甲寅	癸未	癸丑	壬午	辛亥	辛巳	庚戌	庚辰	己酉	庚辰	己酉	19日
乙酉	乙卯	甲申	甲寅	癸未	壬子	壬午	辛亥	辛巳	庚戌	辛巳	庚戌	20日
丙戌	丙辰	乙酉	乙卯	甲申	癸丑	癸未	壬子	壬午	辛亥	壬午	辛亥	21日
丁亥	丁巳	丙戌	丙辰	乙酉	甲寅	甲申	癸丑	癸未	壬子	癸未	壬子	22日
戊子	戊午	丁亥	丁巳	丙戌	乙卯	乙酉	甲寅	甲申	癸丑	甲申	癸丑	23日
己丑	己未	戊子	戊午	丁亥	丙辰	丙戌	乙卯	乙酉	甲寅	乙酉	甲寅	24日
庚寅	庚申	己丑	己未	戊子	丁巳	丁亥	丙辰	丙戌	乙卯	丙戌	乙卯	25日
辛卯	辛酉	庚寅	庚申	己丑	戊午	戊子	丁巳	丁亥	丙辰	丁亥	丙辰	26日
壬辰	壬戌	辛卯	辛酉	庚寅	己未	己丑	戊午	戊子	丁巳	戊子	丁巳	27日
癸巳	癸亥	壬辰	壬戌	辛卯	庚申	庚寅	己未	己丑	戊午	己丑	戊午	28日
甲午	甲子	癸巳	癸亥	壬辰	辛酉	辛卯	庚申	庚寅	己未	庚寅	己未	29日
乙未	乙丑	甲午	甲子	癸巳	壬戌	壬辰	辛酉	辛卯	庚申		庚申	30日
丙申		乙未		甲午	癸亥		壬戌		辛酉		辛酉	31日

1971年　昭和 46年　辛亥

	12月	11月	10月	9月	8月	7月	6月	5月	4月	3月	2月	1月	45年庚戌
	庚子	己亥	戊戌	丁酉	丙申	乙未	甲午	癸巳	壬辰	辛卯	庚寅	己丑	月干支
	8日	8日	9日	8日	8日	8日	6日	6日	5日	6日	4日	6日	節入日
	3:36	10:57	7:59	16:30	13:40	3:51	17:29	13:08	19:36	14:35	20:26	8:45	
1	庚申	庚寅	己未	己丑	戊午	丁亥	丁巳	丙戌	丙辰	乙酉	丁巳	丙戌	1日
2	辛酉	辛卯	庚申	庚寅	己未	戊子	戊午	丁亥	丁巳	丙戌	戊午	丁亥	2日
3	壬戌	壬辰	辛酉	辛卯	庚申	己丑	己未	戊子	戊午	丁亥	己未	戊子	3日
4	癸亥	癸巳	壬戌	壬辰	辛酉	庚寅	庚申	己丑	己未	戊子	庚申	己丑	4日
5	甲子	甲午	癸亥	癸巳	壬戌	辛卯	辛酉	庚寅	庚申	己丑	辛酉	庚寅	5日
6	乙丑	乙未	甲子	甲午	癸亥	壬辰	壬戌	辛卯	辛酉	庚寅	壬戌	辛卯	6日
7	丙寅	丙申	乙丑	乙未	甲子	癸巳	癸亥	壬辰	壬戌	辛卯	癸亥	壬辰	7日
8	丁卯	丁酉	丙寅	丙申	乙丑	甲午	甲子	癸巳	癸亥	壬辰	甲子	癸巳	8日
9	戊辰	戊戌	丁卯	丁酉	丙寅	乙未	乙丑	甲午	甲子	癸巳	乙丑	甲午	9日
10	己巳	己亥	戊辰	戊戌	丁卯	丙申	丙寅	乙未	乙丑	甲午	丙寅	乙未	10日
11	庚午	庚子	己巳	己亥	戊辰	丁酉	丁卯	丙申	丙寅	乙未	丁卯	丙申	11日
12	辛未	辛丑	庚午	庚子	己巳	戊戌	戊辰	丁酉	丁卯	丙申	戊辰	丁酉	12日
13	壬申	壬寅	辛未	辛丑	庚午	己亥	己巳	戊戌	戊辰	丁酉	己巳	戊戌	13日
14	癸酉	癸卯	壬申	壬寅	辛未	庚子	庚午	己亥	己巳	戊戌	庚午	己亥	14日
15	甲戌	甲辰	癸酉	癸卯	壬申	辛丑	辛未	庚子	庚午	己亥	辛未	庚子	15日
16	乙亥	乙巳	甲戌	甲辰	癸酉	壬寅	壬申	辛丑	辛未	庚子	壬申	辛丑	16日
17	丙子	丙午	乙亥	乙巳	甲戌	癸卯	癸酉	壬寅	壬申	辛丑	癸酉	壬寅	17日
18	丁丑	丁未	丙子	丙午	乙亥	甲辰	甲戌	癸卯	癸酉	壬寅	甲戌	癸卯	18日
19	戊寅	戊申	丁丑	丁未	丙子	乙巳	乙亥	甲辰	甲戌	癸卯	乙亥	甲辰	19日
20	己卯	己酉	戊寅	戊申	丁丑	丙午	丙子	乙巳	乙亥	甲辰	丙子	乙巳	20日
21	庚辰	庚戌	己卯	己酉	戊寅	丁未	丁丑	丙午	丙子	乙巳	丁丑	丙午	21日
22	辛巳	辛亥	庚辰	庚戌	己卯	戊申	戊寅	丁未	丁丑	丙午	戊寅	丁未	22日
23	壬午	壬子	辛巳	辛亥	庚辰	己酉	己卯	戊申	戊寅	丁未	己卯	戊申	23日
24	癸未	癸丑	壬午	壬子	辛巳	庚戌	庚辰	己酉	己卯	戊申	庚辰	己酉	24日
25	甲申	甲寅	癸未	癸丑	壬午	辛亥	辛巳	庚戌	庚辰	己酉	辛巳	庚戌	25日
26	乙酉	乙卯	甲申	甲寅	癸未	壬子	壬午	辛亥	辛巳	庚戌	壬午	辛亥	26日
27	丙戌	丙辰	乙酉	乙卯	甲申	癸丑	癸未	壬子	壬午	辛亥	癸未	壬子	27日
28	丁亥	丁巳	丙戌	丙辰	乙酉	甲寅	甲申	癸丑	癸未	壬子	甲申	癸丑	28日
29	戊子	戊午	丁亥	丁巳	丙戌	乙卯	乙酉	甲寅	甲申	癸丑		甲寅	29日
30	己丑	己未	戊子	戊午	丁亥	丙辰	丙戌	乙卯	乙酉	甲寅		乙卯	30日
31	庚寅		己丑		戊子	丁巳		丙辰		乙卯		丙辰	31日

1970年　昭和 45年　庚戌

	12月	11月	10月	9月	8月	7月	6月	5月	4月	3月	2月	1月	
	戊子	丁亥	丙戌	乙酉	甲申	癸未	壬午	辛巳	庚辰	己卯	戊寅	丁丑	月干支
	7日	8日	9日	8日	8日	7日	6日	6日	5日	6日	4日	6日	節入日
	21:38	4:58	2:02	10:38	7:54	22:11	11:52	7:34	14:02	8:59	14:46	3:02	
1	乙卯	乙酉	甲寅	甲申	癸丑	壬午	壬子	辛巳	辛亥	庚辰	壬子	辛巳	1日
	丙辰	丙戌	乙卯	乙酉	甲寅	癸未	癸丑	壬午	壬子	辛巳	癸丑	壬午	2日
	丁巳	丁亥	丙辰	丙戌	乙卯	甲申	甲寅	癸未	癸丑	壬午	甲寅	癸未	3日
	戊午	戊子	丁巳	丁亥	丙辰	乙酉	乙卯	甲申	甲寅	癸未	乙卯	甲申	4日
5	己未	己丑	戊午	戊子	丁巳	丙戌	丙辰	乙酉	乙卯	甲申	丙辰	乙酉	5日
	庚申	庚寅	己未	己丑	戊午	丁亥	丁巳	丙戌	丙辰	乙酉	丁巳	丙戌	6日
	辛酉	辛卯	庚申	庚寅	己未	戊子	戊午	丁亥	丁巳	丙戌	戊午	丁亥	7日
	壬戌	壬辰	辛酉	辛卯	庚申	己丑	己未	戊子	戊午	丁亥	己未	戊子	8日
	癸亥	癸巳	壬戌	壬辰	辛酉	庚寅	庚申	己丑	己未	戊子	庚申	己丑	9日
10	甲子	甲午	癸亥	癸巳	壬戌	辛卯	辛酉	庚寅	庚申	己丑	辛酉	庚寅	10日
	乙丑	乙未	甲子	甲午	癸亥	壬辰	壬戌	辛卯	辛酉	庚寅	壬戌	辛卯	11日
	丙寅	丙申	乙丑	乙未	甲子	癸巳	癸亥	壬辰	壬戌	辛卯	癸亥	壬辰	12日
	丁卯	丁酉	丙寅	丙申	乙丑	甲午	甲子	癸巳	癸亥	壬辰	甲子	癸巳	13日
	戊辰	戊戌	丁卯	丁酉	丙寅	乙未	乙丑	甲午	甲子	癸巳	乙丑	甲午	14日
15	己巳	己亥	戊辰	戊戌	丁卯	丙申	丙寅	乙未	乙丑	甲午	丙寅	乙未	15日
	庚午	庚子	己巳	己亥	戊辰	丁酉	丁卯	丙申	丙寅	乙未	丁卯	丙申	16日
	辛未	辛丑	庚午	庚子	己巳	戊戌	戊辰	丁酉	丁卯	丙申	戊辰	丁酉	17日
	壬申	壬寅	辛未	辛丑	庚午	己亥	己巳	戊戌	戊辰	丁酉	己巳	戊戌	18日
	癸酉	癸卯	壬申	壬寅	辛未	庚子	庚午	己亥	己巳	戊戌	庚午	己亥	19日
20	甲戌	甲辰	癸酉	癸卯	壬申	辛丑	辛未	庚子	庚午	己亥	辛未	庚子	20日
	乙亥	乙巳	甲戌	甲辰	癸酉	壬寅	壬申	辛丑	辛未	庚子	壬申	辛丑	21日
	丙子	丙午	乙亥	乙巳	甲戌	癸卯	癸酉	壬寅	壬申	辛丑	癸酉	壬寅	22日
	丁丑	丁未	丙子	丙午	乙亥	甲辰	甲戌	癸卯	癸酉	壬寅	甲戌	癸卯	23日
	戊寅	戊申	丁丑	丁未	丙子	乙巳	乙亥	甲辰	甲戌	癸卯	乙亥	甲辰	24日
25	己卯	己酉	戊寅	戊申	丁丑	丙午	丙子	乙巳	乙亥	甲辰	丙子	乙巳	25日
	庚辰	庚戌	己卯	己酉	戊寅	丁未	丁丑	丙午	丙子	乙巳	丁丑	丙午	26日
	辛巳	辛亥	庚辰	庚戌	己卯	戊申	戊寅	丁未	丁丑	丙午	戊寅	丁未	27日
	壬午	壬子	辛巳	辛亥	庚辰	己酉	己卯	戊申	戊寅	丁未	己卯	戊申	28日
	癸未	癸丑	壬午	壬子	辛巳	庚戌	庚辰	己酉	己卯	戊申		己酉	29日
30	甲申	甲寅	癸未	癸丑	壬午	辛亥	辛巳	庚戌	庚辰	己酉		庚戌	30日
	乙酉		甲申		癸未	壬子		辛亥		庚戌		辛亥	31日

1969年　　昭和 44年　　己酉

12月	11月	10月	9月	8月	7月	6月	5月	4月	3月	2月	1月 (43年 戊申)	月干支
丙子	乙亥	甲戌	癸酉	壬申	辛未	庚午	己巳	戊辰	丁卯	丙寅	乙丑	月干支
7日	7日	8日	8日	8日	7日	6日	6日	5日	6日	4日	5日	節入日
15:52	23:12	20:17	4:56	2:14	16:32	6:12	1:50	8:15	3:11	8:59	21:17	
庚戌	庚辰	己酉	己卯	戊申	丁丑	丁未	丙子	丙午	乙亥	丁未	丙子	1日
辛亥	辛巳	庚戌	庚辰	己酉	戊寅	戊申	丁丑	丁未	丙子	戊申	丁丑	2日
壬子	壬午	辛亥	辛巳	庚戌	己卯	己酉	戊寅	戊申	丁丑	己酉	戊寅	3日
癸丑	癸未	壬子	壬午	辛亥	庚辰	庚戌	己卯	己酉	戊寅	庚戌	己卯	4日
甲寅	甲申	癸丑	癸未	壬子	辛巳	辛亥	庚辰	庚戌	己卯	辛亥	庚辰	5日
乙卯	乙酉	甲寅	甲申	癸丑	壬午	壬子	辛巳	辛亥	庚辰	壬子	辛巳	6日
丙辰	丙戌	乙卯	乙酉	甲寅	癸未	癸丑	壬午	壬子	辛巳	癸丑	壬午	7日
丁巳	丁亥	丙辰	丙戌	乙卯	甲申	甲寅	癸未	癸丑	壬午	甲寅	癸未	8日
戊午	戊子	丁巳	丁亥	丙辰	乙酉	乙卯	甲申	甲寅	癸未	乙卯	甲申	9日
己未	己丑	戊午	戊子	丁巳	丙戌	丙辰	乙酉	乙卯	甲申	丙辰	乙酉	10日
庚申	庚寅	己未	己丑	戊午	丁亥	丁巳	丙戌	丙辰	乙酉	丁巳	丙戌	11日
辛酉	辛卯	庚申	庚寅	己未	戊子	戊午	丁亥	丁巳	丙戌	戊午	丁亥	12日
壬戌	壬辰	辛酉	辛卯	庚申	己丑	己未	戊子	戊午	丁亥	己未	戊子	13日
癸亥	癸巳	壬戌	壬辰	辛酉	庚寅	庚申	己丑	己未	戊子	庚申	己丑	14日
甲子	甲午	癸亥	癸巳	壬戌	辛卯	辛酉	庚寅	庚申	己丑	辛酉	庚寅	15日
乙丑	乙未	甲子	甲午	癸亥	壬辰	壬戌	辛卯	辛酉	庚寅	壬戌	辛卯	16日
丙寅	丙申	乙丑	乙未	甲子	癸巳	癸亥	壬辰	壬戌	辛卯	癸亥	壬辰	17日
丁卯	丁酉	丙寅	丙申	乙丑	甲午	甲子	癸巳	癸亥	壬辰	甲子	癸巳	18日
戊辰	戊戌	丁卯	丁酉	丙寅	乙未	乙丑	甲午	甲子	癸巳	乙丑	甲午	19日
己巳	己亥	戊辰	戊戌	丁卯	丙申	丙寅	乙未	乙丑	甲午	丙寅	乙未	20日
庚午	庚子	己巳	己亥	戊辰	丁酉	丁卯	丙申	丙寅	乙未	丁卯	丙申	21日
辛未	辛丑	庚午	庚子	己巳	戊戌	戊辰	丁酉	丁卯	丙申	戊辰	丁酉	22日
壬申	壬寅	辛未	辛丑	庚午	己亥	己巳	戊戌	戊辰	丁酉	己巳	戊戌	23日
癸酉	癸卯	壬申	壬寅	辛未	庚子	庚午	己亥	己巳	戊戌	庚午	己亥	24日
甲戌	甲辰	癸酉	癸卯	壬申	辛丑	辛未	庚子	庚午	己亥	辛未	庚子	25日
乙亥	乙巳	甲戌	甲辰	癸酉	壬寅	壬申	辛丑	辛未	庚子	壬申	辛丑	26日
丙子	丙午	乙亥	乙巳	甲戌	癸卯	癸酉	壬寅	壬申	辛丑	癸酉	壬寅	27日
丁丑	丁未	丙子	丙午	乙亥	甲辰	甲戌	癸卯	癸酉	壬寅	甲戌	癸卯	28日
戊寅	戊申	丁丑	丁未	丙子	乙巳	乙亥	甲辰	甲戌	癸卯		甲辰	29日
己卯	己酉	戊寅	戊申	丁丑	丙午	丙子	乙巳	乙亥	甲辰		乙巳	30日
庚辰		己卯		戊寅	丁未		丙午		乙巳		丙午	31日

1968年　　昭和 43年　　戊申

12月	11月	10月	9月	8月	7月	6月	5月	4月	3月	2月	1月 (42年 丁未)	月干支
甲子	癸亥	壬戌	辛酉	庚申	己未	戊午	丁巳	丙辰	乙卯	甲寅	癸丑	
7日 10:09	7日 17:30	8日 14:35	7日 23:12	7日 20:27	7日 10:42	6日 0:19	5日 19:56	5日 2:21	5日 21:18	5日 3:08	6日 15:27	節入日
乙巳	乙亥	甲辰	甲戌	癸卯	壬申	壬寅	辛未	辛丑	庚午	辛丑	庚午	1日
丙午	丙子	乙巳	乙亥	甲辰	癸酉	癸卯	壬申	壬寅	辛未	壬寅	辛未	2日
丁未	丁丑	丙午	丙子	乙巳	甲戌	甲辰	癸酉	癸卯	壬申	癸卯	壬申	3日
戊申	戊寅	丁未	丁丑	丙午	乙亥	乙巳	甲戌	甲辰	癸酉	甲辰	癸酉	4日
己酉	己卯	戊申	戊寅	丁未	丙子	丙午	乙亥	乙巳	甲戌	乙巳	甲戌	5日
庚戌	庚辰	己酉	己卯	戊申	丁丑	丁未	丙子	丙午	乙亥	丙午	乙亥	6日
辛亥	辛巳	庚戌	庚辰	己酉	戊寅	戊申	丁丑	丁未	丙子	丁未	丙子	7日
壬子	壬午	辛亥	辛巳	庚戌	己卯	己酉	戊寅	戊申	丁丑	戊申	丁丑	8日
癸丑	癸未	壬子	壬午	辛亥	庚辰	庚戌	己卯	己酉	戊寅	己酉	戊寅	9日
甲寅	甲申	癸丑	癸未	壬子	辛巳	辛亥	庚辰	庚戌	己卯	庚戌	己卯	10日
乙卯	乙酉	甲寅	甲申	癸丑	壬午	壬子	辛巳	辛亥	庚辰	辛亥	庚辰	11日
丙辰	丙戌	乙卯	乙酉	甲寅	癸未	癸丑	壬午	壬子	辛巳	壬子	辛巳	12日
丁巳	丁亥	丙辰	丙戌	乙卯	甲申	甲寅	癸未	癸丑	壬午	癸丑	壬午	13日
戊午	戊子	丁巳	丁亥	丙辰	乙酉	乙卯	甲申	甲寅	癸未	甲寅	癸未	14日
己未	己丑	戊午	戊子	丁巳	丙戌	丙辰	乙酉	乙卯	甲申	乙卯	甲申	15日
庚申	庚寅	己未	己丑	戊午	丁亥	丁巳	丙戌	丙辰	乙酉	丙辰	乙酉	16日
辛酉	辛卯	庚申	庚寅	己未	戊子	戊午	丁亥	丁巳	丙戌	丁巳	丙戌	17日
壬戌	壬辰	辛酉	辛卯	庚申	己丑	己未	戊子	戊午	丁亥	戊午	丁亥	18日
癸亥	癸巳	壬戌	壬辰	辛酉	庚寅	庚申	己丑	己未	戊子	己未	戊子	19日
甲子	甲午	癸亥	癸巳	壬戌	辛卯	辛酉	庚寅	庚申	己丑	庚申	己丑	20日
乙丑	乙未	甲子	甲午	癸亥	壬辰	壬戌	辛卯	辛酉	庚寅	辛酉	庚寅	21日
丙寅	丙申	乙丑	乙未	甲子	癸巳	癸亥	壬辰	壬戌	辛卯	壬戌	辛卯	22日
丁卯	丁酉	丙寅	丙申	乙丑	甲午	甲子	癸巳	癸亥	壬辰	癸亥	壬辰	23日
戊辰	戊戌	丁卯	丁酉	丙寅	乙未	乙丑	甲午	甲子	癸巳	甲子	癸巳	24日
己巳	己亥	戊辰	戊戌	丁卯	丙申	丙寅	乙未	乙丑	甲午	乙丑	甲午	25日
庚午	庚子	己巳	己亥	戊辰	丁酉	丁卯	丙申	丙寅	乙未	丙寅	乙未	26日
辛未	辛丑	庚午	庚子	己巳	戊戌	戊辰	丁酉	丁卯	丙申	丁卯	丙申	27日
壬申	壬寅	辛未	辛丑	庚午	己亥	己巳	戊戌	戊辰	丁酉	戊辰	丁酉	28日
癸酉	癸卯	壬申	壬寅	辛未	庚子	庚午	己亥	己巳	戊戌	己巳	戊戌	29日
甲戌	甲辰	癸酉	癸卯	壬申	辛丑	辛未	庚子	庚午	己亥		己亥	30日
乙亥		甲戌		癸酉	壬寅		辛丑		庚子		庚子	31日

1967年　昭和 42年　丁未

	12月	11月	10月	9月	8月	7月	6月	5月	4月	3月	2月	1月	
	壬子	辛亥	庚戌	己酉	戊申	丁未	丙午	乙巳	甲辰	癸卯	壬寅	辛丑	月干支
	8日	8日	9日	8日	8日	8日	6日	6日	5日	6日	4日	6日	節入日
	4:18	11:38	8:41	17:18	14:35	4:53	18:36	14:17	20:45	15:42	21:31	9:49	
1	己亥	己巳	戊戌	戊辰	丁酉	丙寅	丙申	乙丑	乙未	甲子	丙申	乙丑	1日
2	庚子	庚午	己亥	己巳	戊戌	丁卯	丁酉	丙寅	丙申	乙丑	丁酉	丙寅	2日
3	辛丑	辛未	庚子	庚午	己亥	戊辰	戊戌	丁卯	丁酉	丙寅	戊戌	丁卯	3日
4	壬寅	壬申	辛丑	辛未	庚子	己巳	己亥	戊辰	戊戌	丁卯	己亥	戊辰	4日
5	癸卯	癸酉	壬寅	壬申	辛丑	庚午	庚子	己巳	己亥	戊辰	庚子	己巳	5日
6	甲辰	甲戌	癸卯	癸酉	壬寅	辛未	辛丑	庚午	庚子	己巳	辛丑	庚午	6日
7	乙巳	乙亥	甲辰	甲戌	癸卯	壬申	壬寅	辛未	辛丑	庚午	壬寅	辛未	7日
8	丙午	丙子	乙巳	乙亥	甲辰	癸酉	癸卯	壬申	壬寅	辛未	癸卯	壬申	8日
9	丁未	丁丑	丙午	丙子	乙巳	甲戌	甲辰	癸酉	癸卯	壬申	甲辰	癸酉	9日
10	戊申	戊寅	丁未	丁丑	丙午	乙亥	乙巳	甲戌	甲辰	癸酉	乙巳	甲戌	10日
11	己酉	己卯	戊申	戊寅	丁未	丙子	丙午	乙亥	乙巳	甲戌	丙午	乙亥	11日
12	庚戌	庚辰	己酉	己卯	戊申	丁丑	丁未	丙子	丙午	乙亥	丁未	丙子	12日
13	辛亥	辛巳	庚戌	庚辰	己酉	戊寅	戊申	丁丑	丁未	丙子	戊申	丁丑	13日
14	壬子	壬午	辛亥	辛巳	庚戌	己卯	己酉	戊寅	戊申	丁丑	己酉	戊寅	14日
15	癸丑	癸未	壬子	壬午	辛亥	庚辰	庚戌	己卯	己酉	戊寅	庚戌	己卯	15日
16	甲寅	甲申	癸丑	癸未	壬子	辛巳	辛亥	庚辰	庚戌	己卯	辛亥	庚辰	16日
17	乙卯	乙酉	甲寅	甲申	癸丑	壬午	壬子	辛巳	辛亥	庚辰	壬子	辛巳	17日
18	丙辰	丙戌	乙卯	乙酉	甲寅	癸未	癸丑	壬午	壬子	辛巳	癸丑	壬午	18日
19	丁巳	丁亥	丙辰	丙戌	乙卯	甲申	甲寅	癸未	癸丑	壬午	甲寅	癸未	19日
20	戊午	戊子	丁巳	丁亥	丙辰	乙酉	乙卯	甲申	甲寅	癸未	乙卯	甲申	20日
21	己未	己丑	戊午	戊子	丁巳	丙戌	丙辰	乙酉	乙卯	甲申	丙辰	乙酉	21日
22	庚申	庚寅	己未	己丑	戊午	丁亥	丁巳	丙戌	丙辰	乙酉	丁巳	丙戌	22日
23	辛酉	辛卯	庚申	庚寅	己未	戊子	戊午	丁亥	丁巳	丙戌	戊午	丁亥	23日
24	壬戌	壬辰	辛酉	辛卯	庚申	己丑	己未	戊子	戊午	丁亥	己未	戊子	24日
25	癸亥	癸巳	壬戌	壬辰	辛酉	庚寅	庚申	己丑	己未	戊子	庚申	己丑	25日
26	甲子	甲午	癸亥	癸巳	壬戌	辛卯	辛酉	庚寅	庚申	己丑	辛酉	庚寅	26日
27	乙丑	乙未	甲子	甲午	癸亥	壬辰	壬戌	辛卯	辛酉	庚寅	壬戌	辛卯	27日
28	丙寅	丙申	乙丑	乙未	甲子	癸巳	癸亥	壬辰	壬戌	辛卯	癸亥	壬辰	28日
29	丁卯	丁酉	丙寅	丙申	乙丑	甲午	甲子	癸巳	癸亥	壬辰		癸巳	29日
30	戊辰	戊戌	丁卯	丁酉	丙寅	乙未	乙丑	甲午	甲子	癸巳		甲午	30日
31	己巳		戊辰		丁卯	丙申		乙未		甲午		乙未	31日

41年 丙午

1966年　昭和 41年　丙午

	12月	11月	10月	9月	8月	7月	6月	5月	4月	3月	2月	1月	40年乙巳
月干支	庚子	己亥	戊戌	丁酉	丙申	乙未	甲午	癸巳	壬辰	辛卯	庚寅	己丑	
節入日	7日 22:38	8日 5:56	9日 2:57	8日 11:32	8日 8:49	7日 23:07	6日 12:50	6日 8:30	5日 14:57	6日 9:52	4日 15:38	6日 3:55	
1日	甲午	甲子	癸巳	癸亥	壬辰	辛酉	辛卯	庚申	庚寅	己未	辛卯	庚申	
2日	乙未	乙丑	甲午	甲子	癸巳	壬戌	壬辰	辛酉	辛卯	庚申	壬辰	辛酉	
3日	丙申	丙寅	乙未	乙丑	甲午	癸亥	癸巳	壬戌	壬辰	辛酉	癸巳	壬戌	
4日	丁酉	丁卯	丙申	丙寅	乙未	甲子	甲午	癸亥	癸巳	壬戌	甲午	癸亥	
5日	戊戌	戊辰	丁酉	丁卯	丙申	乙丑	乙未	甲子	甲午	癸亥	乙未	甲子	
6日	己亥	己巳	戊戌	戊辰	丁酉	丙寅	丙申	乙丑	乙未	甲子	丙申	乙丑	
7日	庚子	庚午	己亥	己巳	戊戌	丁卯	丁酉	丙寅	丙申	乙丑	丁酉	丙寅	
8日	辛丑	辛未	庚子	庚午	己亥	戊辰	戊戌	丁卯	丁酉	丙寅	戊戌	丁卯	
9日	壬寅	壬申	辛丑	辛未	庚子	己巳	己亥	戊辰	戊戌	丁卯	己亥	戊辰	
10日	癸卯	癸酉	壬寅	壬申	辛丑	庚午	庚子	己巳	己亥	戊辰	庚子	己巳	
11日	甲辰	甲戌	癸卯	癸酉	壬寅	辛未	辛丑	庚午	庚子	己巳	辛丑	庚午	
12日	乙巳	乙亥	甲辰	甲戌	癸卯	壬申	壬寅	辛未	辛丑	庚午	壬寅	辛未	
13日	丙午	丙子	乙巳	乙亥	甲辰	癸酉	癸卯	壬申	壬寅	辛未	癸卯	壬申	
14日	丁未	丁丑	丙午	丙子	乙巳	甲戌	甲辰	癸酉	癸卯	壬申	甲辰	癸酉	
15日	戊申	戊寅	丁未	丁丑	丙午	乙亥	乙巳	甲戌	甲辰	癸酉	乙巳	甲戌	
16日	己酉	己卯	戊申	戊寅	丁未	丙子	丙午	乙亥	乙巳	甲戌	丙午	乙亥	
17日	庚戌	庚辰	己酉	己卯	戊申	丁丑	丁未	丙子	丙午	乙亥	丁未	丙子	
18日	辛亥	辛巳	庚戌	庚辰	己酉	戊寅	戊申	丁丑	丁未	丙子	戊申	丁丑	
19日	壬子	壬午	辛亥	辛巳	庚戌	己卯	己酉	戊寅	戊申	丁丑	己酉	戊寅	
20日	癸丑	癸未	壬子	壬午	辛亥	庚辰	庚戌	己卯	己酉	戊寅	庚戌	己卯	
21日	甲寅	甲申	癸丑	癸未	壬子	辛巳	辛亥	庚辰	庚戌	己卯	辛亥	庚辰	
22日	乙卯	乙酉	甲寅	甲申	癸丑	壬午	壬子	辛巳	辛亥	庚辰	壬子	辛巳	
23日	丙辰	丙戌	乙卯	乙酉	甲寅	癸未	癸丑	壬午	壬子	辛巳	癸丑	壬午	
24日	丁巳	丁亥	丙辰	丙戌	乙卯	甲申	甲寅	癸未	癸丑	壬午	甲寅	癸未	
25日	戊午	戊子	丁巳	丁亥	丙辰	乙酉	乙卯	甲申	甲寅	癸未	乙卯	甲申	
26日	己未	己丑	戊午	戊子	丁巳	丙戌	丙辰	乙酉	乙卯	甲申	丙辰	乙酉	
27日	庚申	庚寅	己未	己丑	戊午	丁亥	丁巳	丙戌	丙辰	乙酉	丁巳	丙戌	
28日	辛酉	辛卯	庚申	庚寅	己未	戊子	戊午	丁亥	丁巳	丙戌	戊午	丁亥	
29日	壬戌	壬辰	辛酉	辛卯	庚申	己丑	己未	戊子	戊午	丁亥		戊子	
30日	癸亥	癸巳	壬戌	壬辰	辛酉	庚寅	庚申	己丑	己未	戊子		己丑	
31日	甲子		癸亥		壬戌	辛卯		庚寅		己丑		庚寅	

1965年　　昭和 40年　　乙巳

12月	11月	10月	9月	8月	7月	6月	5月	4月	3月	2月	39年甲辰 1月	月干支
戊子	丁亥	丙戌	乙酉	甲申	癸未	壬午	辛巳	庚辰	己卯	戊寅	丁丑	
7日	8日	8日	8日	8日	7日	6日	6日	5日	6日	4日	5日	節入日
16:46	0:07	21:11	5:48	3:05	17:21	7:02	2:41	9:07	4:01	9:46	22:02	
己丑	己未	戊子	戊午	丁亥	丙辰	丙戌	乙卯	乙酉	甲寅	丙戌	乙卯	1日
庚寅	庚申	己丑	己未	戊子	丁巳	丁亥	丙辰	丙戌	乙卯	丁亥	丙辰	2日
辛卯	辛酉	庚寅	庚申	己丑	戊午	戊子	丁巳	丁亥	丙辰	戊子	丁巳	3日
壬辰	壬戌	辛卯	辛酉	庚寅	己未	己丑	戊午	戊子	丁巳	己丑	戊午	4日
癸巳	癸亥	壬辰	壬戌	辛卯	庚申	庚寅	己未	己丑	戊午	庚寅	己未	5日
甲午	甲子	癸巳	癸亥	壬辰	辛酉	辛卯	庚申	庚寅	己未	辛卯	庚申	6日
乙未	乙丑	甲午	甲子	癸巳	壬戌	壬辰	辛酉	辛卯	庚申	壬辰	辛酉	7日
丙申	丙寅	乙未	乙丑	甲午	癸亥	癸巳	壬戌	壬辰	辛酉	癸巳	壬戌	8日
丁酉	丁卯	丙申	丙寅	乙未	甲子	甲午	癸亥	癸巳	壬戌	甲午	癸亥	9日
戊戌	戊辰	丁酉	丁卯	丙申	乙丑	乙未	甲子	甲午	癸亥	乙未	甲子	10日
己亥	己巳	戊戌	戊辰	丁酉	丙寅	丙申	乙丑	乙未	甲子	丙申	乙丑	11日
庚子	庚午	己亥	己巳	戊戌	丁卯	丁酉	丙寅	丙申	乙丑	丁酉	丙寅	12日
辛丑	辛未	庚子	庚午	己亥	戊辰	戊戌	丁卯	丁酉	丙寅	戊戌	丁卯	13日
壬寅	壬申	辛丑	辛未	庚子	己巳	己亥	戊辰	戊戌	丁卯	己亥	戊辰	14日
癸卯	癸酉	壬寅	壬申	辛丑	庚午	庚子	己巳	己亥	戊辰	庚子	己巳	15日
甲辰	甲戌	癸卯	癸酉	壬寅	辛未	辛丑	庚午	庚子	己巳	辛丑	庚午	16日
乙巳	乙亥	甲辰	甲戌	癸卯	壬申	壬寅	辛未	辛丑	庚午	壬寅	辛未	17日
丙午	丙子	乙巳	乙亥	甲辰	癸酉	癸卯	壬申	壬寅	辛未	癸卯	壬申	18日
丁未	丁丑	丙午	丙子	乙巳	甲戌	甲辰	癸酉	癸卯	壬申	甲辰	癸酉	19日
戊申	戊寅	丁未	丁丑	丙午	乙亥	乙巳	甲戌	甲辰	癸酉	乙巳	甲戌	20日
己酉	己卯	戊申	戊寅	丁未	丙子	丙午	乙亥	乙巳	甲戌	丙午	乙亥	21日
庚戌	庚辰	己酉	己卯	戊申	丁丑	丁未	丙子	丙午	乙亥	丁未	丙子	22日
辛亥	辛巳	庚戌	庚辰	己酉	戊寅	戊申	丁丑	丁未	丙子	戊申	丁丑	23日
壬子	壬午	辛亥	辛巳	庚戌	己卯	己酉	戊寅	戊申	丁丑	己酉	戊寅	24日
癸丑	癸未	壬子	壬午	辛亥	庚辰	庚戌	己卯	己酉	戊寅	庚戌	己卯	25日
甲寅	甲申	癸丑	癸未	壬子	辛巳	辛亥	庚辰	庚戌	己卯	辛亥	庚辰	26日
乙卯	乙酉	甲寅	甲申	癸丑	壬午	壬子	辛巳	辛亥	庚辰	壬子	辛巳	27日
丙辰	丙戌	乙卯	乙酉	甲寅	癸未	癸丑	壬午	壬子	辛巳	癸丑	壬午	28日
丁巳	丁亥	丙辰	丙戌	乙卯	甲申	甲寅	癸未	癸丑	壬午		癸未	29日
戊午	戊子	丁巳	丁亥	丙辰	乙酉	乙卯	甲申	甲寅	癸未		甲申	30日
己未		戊午		丁巳	丙戌		乙酉		甲申		乙酉	31日

1964年　昭和 39年　甲辰

	12月	11月	10月	9月	8月	7月	6月	5月	4月	3月	2月	1月 (38年癸卯)	
月干支	丙子	乙亥	甲戌	癸酉	壬申	辛未	庚午	己巳	戊辰	丁卯	丙寅	乙丑	月干支
節入日	7日 10:53	7日 18:15	8日 15:22	7日 23:59	7日 21:16	7日 11:32	6日 1:12	5日 20:51	5日 3:18	5日 22:16	5日 4:05	6日 16:23	節入日
1	甲申	甲寅	癸未	癸丑	壬午	辛亥	辛巳	庚戌	庚辰	己酉	庚辰	己酉	1日
2	乙酉	乙卯	甲申	甲寅	癸未	壬子	壬午	辛亥	辛巳	庚戌	辛巳	庚戌	2日
3	丙戌	丙辰	乙酉	乙卯	甲申	癸丑	癸未	壬子	壬午	辛亥	壬午	辛亥	3日
4	丁亥	丁巳	丙戌	丙辰	乙酉	甲寅	甲申	癸丑	癸未	壬子	癸未	壬子	4日
5	戊子	戊午	丁亥	丁巳	丙戌	乙卯	乙酉	甲寅	甲申	癸丑	甲申	癸丑	5日
6	己丑	己未	戊子	戊午	丁亥	丙辰	丙戌	乙卯	乙酉	甲寅	乙酉	甲寅	6日
7	庚寅	庚申	己丑	己未	戊子	丁巳	丁亥	丙辰	丙戌	乙卯	丙戌	乙卯	7日
8	辛卯	辛酉	庚寅	庚申	己丑	戊午	戊子	丁巳	丁亥	丙辰	丁亥	丙辰	8日
9	壬辰	壬戌	辛卯	辛酉	庚寅	己未	己丑	戊午	戊子	丁巳	戊子	丁巳	9日
10	癸巳	癸亥	壬辰	壬戌	辛卯	庚申	庚寅	己未	己丑	戊午	己丑	戊午	10日
11	甲午	甲子	癸巳	癸亥	壬辰	辛酉	辛卯	庚申	庚寅	己未	庚寅	己未	11日
12	乙未	乙丑	甲午	甲子	癸巳	壬戌	壬辰	辛酉	辛卯	庚申	辛卯	庚申	12日
13	丙申	丙寅	乙未	乙丑	甲午	癸亥	癸巳	壬戌	壬辰	辛酉	壬辰	辛酉	13日
14	丁酉	丁卯	丙申	丙寅	乙未	甲子	甲午	癸亥	癸巳	壬戌	癸巳	壬戌	14日
15	戊戌	戊辰	丁酉	丁卯	丙申	乙丑	乙未	甲子	甲午	癸亥	甲午	癸亥	15日
16	己亥	己巳	戊戌	戊辰	丁酉	丙寅	丙申	乙丑	乙未	甲子	乙未	甲子	16日
17	庚子	庚午	己亥	己巳	戊戌	丁卯	丁酉	丙寅	丙申	乙丑	丙申	乙丑	17日
18	辛丑	辛未	庚子	庚午	己亥	戊辰	戊戌	丁卯	丁酉	丙寅	丁酉	丙寅	18日
19	壬寅	壬申	辛丑	辛未	庚子	己巳	己亥	戊辰	戊戌	丁卯	戊戌	丁卯	19日
20	癸卯	癸酉	壬寅	壬申	辛丑	庚午	庚子	己巳	己亥	戊辰	己亥	戊辰	20日
21	甲辰	甲戌	癸卯	癸酉	壬寅	辛未	辛丑	庚午	庚子	己巳	庚子	己巳	21日
22	乙巳	乙亥	甲辰	甲戌	癸卯	壬申	壬寅	辛未	辛丑	庚午	辛丑	庚午	22日
23	丙午	丙子	乙巳	乙亥	甲辰	癸酉	癸卯	壬申	壬寅	辛未	壬寅	辛未	23日
24	丁未	丁丑	丙午	丙子	乙巳	甲戌	甲辰	癸酉	癸卯	壬申	癸卯	壬申	24日
25	戊申	戊寅	丁未	丁丑	丙午	乙亥	乙巳	甲戌	甲辰	癸酉	甲辰	癸酉	25日
26	己酉	己卯	戊申	戊寅	丁未	丙子	丙午	乙亥	乙巳	甲戌	乙巳	甲戌	26日
27	庚戌	庚辰	己酉	己卯	戊申	丁丑	丁未	丙子	丙午	乙亥	丙午	乙亥	27日
28	辛亥	辛巳	庚戌	庚辰	己酉	戊寅	戊申	丁丑	丁未	丙子	丁未	丙子	28日
29	壬子	壬午	辛亥	辛巳	庚戌	己卯	己酉	戊寅	戊申	丁丑	戊申	丁丑	29日
30	癸丑	癸未	壬子	壬午	辛亥	庚辰	庚戌	己卯	己酉	戊寅		戊寅	30日
31	甲寅		癸丑		壬子	辛巳		庚辰		己卯		己卯	31日

1963年　昭和 38年　癸卯

12月	11月	10月	9月	8月	7月	6月	5月	4月	3月	2月	1月 (37年 壬寅)	月干支
甲子	癸亥	壬戌	辛酉	庚申	己未	戊午	丁巳	丙辰	乙卯	甲寅	癸丑	月干支
8日	8日	9日	8日	8日	8日	6日	6日	5日	6日	4日	6日	節入日
5:13	12:33	9:36	18:12	15:25	5:38	19:14	14:52	21:19	16:17	22:08	10:27	

12月	11月	10月	9月	8月	7月	6月	5月	4月	3月	2月	1月	日
戊寅	戊申	丁丑	丁未	丙子	乙巳	乙亥	甲辰	甲戌	癸卯	乙亥	甲辰	1日
己卯	己酉	戊寅	戊申	丁丑	丙午	丙子	乙巳	乙亥	甲辰	丙子	乙巳	2日
庚辰	庚戌	己卯	己酉	戊寅	丁未	丁丑	丙午	丙子	乙巳	丁丑	丙午	3日
辛巳	辛亥	庚辰	庚戌	己卯	戊申	戊寅	丁未	丁丑	丙午	戊寅	丁未	4日
壬午	壬子	辛巳	辛亥	庚辰	己酉	己卯	戊申	戊寅	丁未	己卯	戊申	5日
癸未	癸丑	壬午	壬子	辛巳	庚戌	庚辰	己酉	己卯	戊申	庚辰	己酉	6日
甲申	甲寅	癸未	癸丑	壬午	辛亥	辛巳	庚戌	庚辰	己酉	辛巳	庚戌	7日
乙酉	乙卯	甲申	甲寅	癸未	壬子	壬午	辛亥	辛巳	庚戌	壬午	辛亥	8日
丙戌	丙辰	乙酉	乙卯	甲申	癸丑	癸未	壬子	壬午	辛亥	癸未	壬子	9日
丁亥	丁巳	丙戌	丙辰	乙酉	甲寅	甲申	癸丑	癸未	壬子	甲申	癸丑	10日
戊子	戊午	丁亥	丁巳	丙戌	乙卯	乙酉	甲寅	甲申	癸丑	乙酉	甲寅	11日
己丑	己未	戊子	戊午	丁亥	丙辰	丙戌	乙卯	乙酉	甲寅	丙戌	乙卯	12日
庚寅	庚申	己丑	己未	戊子	丁巳	丁亥	丙辰	丙戌	乙卯	丁亥	丙辰	13日
辛卯	辛酉	庚寅	庚申	己丑	戊午	戊子	丁巳	丁亥	丙辰	戊子	丁巳	14日
壬辰	壬戌	辛卯	辛酉	庚寅	己未	己丑	戊午	戊子	丁巳	己丑	戊午	15日
癸巳	癸亥	壬辰	壬戌	辛卯	庚申	庚寅	己未	己丑	戊午	庚寅	己未	16日
甲午	甲子	癸巳	癸亥	壬辰	辛酉	辛卯	庚申	庚寅	己未	辛卯	庚申	17日
乙未	乙丑	甲午	甲子	癸巳	壬戌	壬辰	辛酉	辛卯	庚申	壬辰	辛酉	18日
丙申	丙寅	乙未	乙丑	甲午	癸亥	癸巳	壬戌	壬辰	辛酉	癸巳	壬戌	19日
丁酉	丁卯	丙申	丙寅	乙未	甲子	甲午	癸亥	癸巳	壬戌	甲午	癸亥	20日
戊戌	戊辰	丁酉	丁卯	丙申	乙丑	乙未	甲子	甲午	癸亥	乙未	甲子	21日
己亥	己巳	戊戌	戊辰	丁酉	丙寅	丙申	乙丑	乙未	甲子	丙申	乙丑	22日
庚子	庚午	己亥	己巳	戊戌	丁卯	丁酉	丙寅	丙申	乙丑	丁酉	丙寅	23日
辛丑	辛未	庚子	庚午	己亥	戊辰	戊戌	丁卯	丁酉	丙寅	戊戌	丁卯	24日
壬寅	壬申	辛丑	辛未	庚子	己巳	己亥	戊辰	戊戌	丁卯	己亥	戊辰	25日
癸卯	癸酉	壬寅	壬申	辛丑	庚午	庚子	己巳	己亥	戊辰	庚子	己巳	26日
甲辰	甲戌	癸卯	癸酉	壬寅	辛未	辛丑	庚午	庚子	己巳	辛丑	庚午	27日
乙巳	乙亥	甲辰	甲戌	癸卯	壬申	壬寅	辛未	辛丑	庚午	壬寅	辛未	28日
丙午	丙子	乙巳	乙亥	甲辰	癸酉	癸卯	壬申	壬寅	辛未		壬申	29日
丁未	丁丑	丙午	丙子	乙巳	甲戌	甲辰	癸酉	癸卯	壬申		癸酉	30日
戊申		丁未		丙午	乙亥		甲戌		癸酉		甲戌	31日

1962年　昭和 37年　壬寅

12月	11月	10月	9月	8月	7月	6月	5月	4月	3月	2月	1月	月干支
壬子	辛亥	庚戌	己酉	戊申	丁未	丙午	乙巳	甲辰	癸卯	壬寅	辛丑	
7日	8日	9日	8日	8日	7日	6日	6日	5日	6日	4日	6日	節入日
23:17	6:35	3:38	12:15	9:34	23:51	13:31	9:09	15:34	10:30	16:18	4:35	
癸酉	癸卯	壬申	壬寅	辛未	庚子	庚午	己亥	己巳	戊戌	庚午	己亥	1日
甲戌	甲辰	癸酉	癸卯	壬申	辛丑	辛未	庚子	庚午	己亥	辛未	庚子	2日
乙亥	乙巳	甲戌	甲辰	癸酉	壬寅	壬申	辛丑	辛未	庚子	壬申	辛丑	3日
丙子	丙午	乙亥	乙巳	甲戌	癸卯	癸酉	壬寅	壬申	辛丑	癸酉	壬寅	4日
丁丑	丁未	丙子	丙午	乙亥	甲辰	甲戌	癸卯	癸酉	壬寅	甲戌	癸卯	5日
戊寅	戊申	丁丑	丁未	丙子	乙巳	乙亥	甲辰	甲戌	癸卯	乙亥	甲辰	6日
己卯	己酉	戊寅	戊申	丁丑	丙午	丙子	乙巳	乙亥	甲辰	丙子	乙巳	7日
庚辰	庚戌	己卯	己酉	戊寅	丁未	丁丑	丙午	丙子	乙巳	丁丑	丙午	8日
辛巳	辛亥	庚辰	庚戌	己卯	戊申	戊寅	丁未	丁丑	丙午	戊寅	丁未	9日
壬午	壬子	辛巳	辛亥	庚辰	己酉	己卯	戊申	戊寅	丁未	己卯	戊申	10日
癸未	癸丑	壬午	壬子	辛巳	庚戌	庚辰	己酉	己卯	戊申	庚辰	己酉	11日
甲申	甲寅	癸未	癸丑	壬午	辛亥	辛巳	庚戌	庚辰	己酉	辛巳	庚戌	12日
乙酉	乙卯	甲申	甲寅	癸未	壬子	壬午	辛亥	辛巳	庚戌	壬午	辛亥	13日
丙戌	丙辰	乙酉	乙卯	甲申	癸丑	癸未	壬子	壬午	辛亥	癸未	壬子	14日
丁亥	丁巳	丙戌	丙辰	乙酉	甲寅	甲申	癸丑	癸未	壬子	甲申	癸丑	15日
戊子	戊午	丁亥	丁巳	丙戌	乙卯	乙酉	甲寅	甲申	癸丑	乙酉	甲寅	16日
己丑	己未	戊子	戊午	丁亥	丙辰	丙戌	乙卯	乙酉	甲寅	丙戌	乙卯	17日
庚寅	庚申	己丑	己未	戊子	丁巳	丁亥	丙辰	丙戌	乙卯	丁亥	丙辰	18日
辛卯	辛酉	庚寅	庚申	己丑	戊午	戊子	丁巳	丁亥	丙辰	戊子	丁巳	19日
壬辰	壬戌	辛卯	辛酉	庚寅	己未	己丑	戊午	戊子	丁巳	己丑	戊午	20日
癸巳	癸亥	壬辰	壬戌	辛卯	庚申	庚寅	己未	己丑	戊午	庚寅	己未	21日
甲午	甲子	癸巳	癸亥	壬辰	辛酉	辛卯	庚申	庚寅	己未	辛卯	庚申	22日
乙未	乙丑	甲午	甲子	癸巳	壬戌	壬辰	辛酉	辛卯	庚申	壬辰	辛酉	23日
丙申	丙寅	乙未	乙丑	甲午	癸亥	癸巳	壬戌	壬辰	辛酉	癸巳	壬戌	24日
丁酉	丁卯	丙申	丙寅	乙未	甲子	甲午	癸亥	癸巳	壬戌	甲午	癸亥	25日
戊戌	戊辰	丁酉	丁卯	丙申	乙丑	乙未	甲子	甲午	癸亥	乙未	甲子	26日
己亥	己巳	戊戌	戊辰	丁酉	丙寅	丙申	乙丑	乙未	甲子	丙申	乙丑	27日
庚子	庚午	己亥	己巳	戊戌	丁卯	丁酉	丙寅	丙申	乙丑	丁酉	丙寅	28日
辛丑	辛未	庚子	庚午	己亥	戊辰	戊戌	丁卯	丁酉	丙寅		丁卯	29日
壬寅	壬申	辛丑	辛未	庚子	己巳	己亥	戊辰	戊戌	丁卯		戊辰	30日
癸卯		壬寅		辛丑	庚午		己巳		戊辰		己巳	31日

1961年　昭和 36年　辛丑

12月	11月	10月	9月	8月	7月	6月	5月	4月	3月	2月	35年庚子 1月	月干支
庚子	己亥	戊戌	丁酉	丙申	乙未	甲午	癸巳	壬辰	辛卯	庚寅	己丑	月干支
7日	8日	8日	8日	8日	7日	6日	6日	5日	6日	4日	5日	節入日
17:26	0:46	21:51	6:29	3:48	18:07	7:46	3:21	9:42	4:35	10:23	22:43	

	12月	11月	10月	9月	8月	7月	6月	5月	4月	3月	2月	1月	
1	戊辰	戊戌	丁卯	丁酉	丙寅	乙未	乙丑	甲午	甲子	癸巳	乙丑	甲午	1日
	己巳	己亥	戊辰	戊戌	丁卯	丙申	丙寅	乙未	乙丑	甲午	丙寅	乙未	2日
	庚午	庚子	己巳	己亥	戊辰	丁酉	丁卯	丙申	丙寅	乙未	丁卯	丙申	3日
	辛未	辛丑	庚午	庚子	己巳	戊戌	戊辰	丁酉	丁卯	丙申	戊辰	丁酉	4日
5	壬申	壬寅	辛未	辛丑	庚午	己亥	己巳	戊戌	戊辰	丁酉	己巳	戊戌	5日
	癸酉	癸卯	壬申	壬寅	辛未	庚子	庚午	己亥	己巳	戊戌	庚午	己亥	6日
	甲戌	甲辰	癸酉	癸卯	壬申	辛丑	辛未	庚子	庚午	己亥	辛未	庚子	7日
	乙亥	乙巳	甲戌	甲辰	癸酉	壬寅	壬申	辛丑	辛未	庚子	壬申	辛丑	8日
	丙子	丙午	乙亥	乙巳	甲戌	癸卯	癸酉	壬寅	壬申	辛丑	癸酉	壬寅	9日
10	丁丑	丁未	丙子	丙午	乙亥	甲辰	甲戌	癸卯	癸酉	壬寅	甲戌	癸卯	10日
	戊寅	戊申	丁丑	丁未	丙子	乙巳	乙亥	甲辰	甲戌	癸卯	乙亥	甲辰	11日
	己卯	己酉	戊寅	戊申	丁丑	丙午	丙子	乙巳	乙亥	甲辰	丙子	乙巳	12日
	庚辰	庚戌	己卯	己酉	戊寅	丁未	丁丑	丙午	丙子	乙巳	丁丑	丙午	13日
	辛巳	辛亥	庚辰	庚戌	己卯	戊申	戊寅	丁未	丁丑	丙午	戊寅	丁未	14日
15	壬午	壬子	辛巳	辛亥	庚辰	己酉	己卯	戊申	戊寅	丁未	己卯	戊申	15日
	癸未	癸丑	壬午	壬子	辛巳	庚戌	庚辰	己酉	己卯	戊申	庚辰	己酉	16日
	甲申	甲寅	癸未	癸丑	壬午	辛亥	辛巳	庚戌	庚辰	己酉	辛巳	庚戌	17日
	乙酉	乙卯	甲申	甲寅	癸未	壬子	壬午	辛亥	辛巳	庚戌	壬午	辛亥	18日
	丙戌	丙辰	乙酉	乙卯	甲申	癸丑	癸未	壬子	壬午	辛亥	癸未	壬子	19日
20	丁亥	丁巳	丙戌	丙辰	乙酉	甲寅	甲申	癸丑	癸未	壬子	甲申	癸丑	20日
	戊子	戊午	丁亥	丁巳	丙戌	乙卯	乙酉	甲寅	甲申	癸丑	乙酉	甲寅	21日
	己丑	己未	戊子	戊午	丁亥	丙辰	丙戌	乙卯	乙酉	甲寅	丙戌	乙卯	22日
	庚寅	庚申	己丑	己未	戊子	丁巳	丁亥	丙辰	丙戌	乙卯	丁亥	丙辰	23日
	辛卯	辛酉	庚寅	庚申	己丑	戊午	戊子	丁巳	丁亥	丙辰	戊子	丁巳	24日
25	壬辰	壬戌	辛卯	辛酉	庚寅	己未	己丑	戊午	戊子	丁巳	己丑	戊午	25日
	癸巳	癸亥	壬辰	壬戌	辛卯	庚申	庚寅	己未	己丑	戊午	庚寅	己未	26日
	甲午	甲子	癸巳	癸亥	壬辰	辛酉	辛卯	庚申	庚寅	己未	辛卯	庚申	27日
	乙未	乙丑	甲午	甲子	癸巳	壬戌	壬辰	辛酉	辛卯	庚申	壬辰	辛酉	28日
	丙申	丙寅	乙未	乙丑	甲午	癸亥	癸巳	壬戌	壬辰	辛酉		壬戌	29日
30	丁酉	丁卯	丙申	丙寅	乙未	甲子	甲午	癸亥	癸巳	壬戌		癸亥	30日
	戊戌		丁酉		丙申	乙丑		甲子		癸亥		甲子	31日

1960年　昭和 35年　庚子

12月	11月	10月	9月	8月	7月	6月	5月	4月	3月	2月	34年己亥 1月	月干支
戊子	丁亥	丙戌	乙酉	甲申	癸未	壬午	辛巳	庚辰	己卯	戊寅	丁丑	節入日
7日 11:38	7日 19:02	8日 16:09	8日 0:46	7日 22:00	7日 12:13	6日 1:48	5日 21:23	5日 3:44	5日 22:36	5日 4:23	6日 16:43	
癸亥	癸巳	壬戌	壬辰	辛酉	庚寅	庚申	己丑	己未	戊子	己未	戊子	1日
甲子	甲午	癸亥	癸巳	壬戌	辛卯	辛酉	庚寅	庚申	己丑	庚申	己丑	2日
乙丑	乙未	甲子	甲午	癸亥	壬辰	壬戌	辛卯	辛酉	庚寅	辛酉	庚寅	3日
丙寅	丙申	乙丑	乙未	甲子	癸巳	癸亥	壬辰	壬戌	辛卯	壬戌	辛卯	4日
丁卯	丁酉	丙寅	丙申	乙丑	甲午	甲子	癸巳	癸亥	壬辰	癸亥	壬辰	5日
戊辰	戊戌	丁卯	丁酉	丙寅	乙未	乙丑	甲午	甲子	癸巳	甲子	癸巳	6日
己巳	己亥	戊辰	戊戌	丁卯	丙申	丙寅	乙未	乙丑	甲午	乙丑	甲午	7日
庚午	庚子	己巳	己亥	戊辰	丁酉	丁卯	丙申	丙寅	乙未	丙寅	乙未	8日
辛未	辛丑	庚午	庚子	己巳	戊戌	戊辰	丁酉	丁卯	丙申	丁卯	丙申	9日
壬申	壬寅	辛未	辛丑	庚午	己亥	己巳	戊戌	戊辰	丁酉	戊辰	丁酉	10日
癸酉	癸卯	壬申	壬寅	辛未	庚子	庚午	己亥	己巳	戊戌	己巳	戊戌	11日
甲戌	甲辰	癸酉	癸卯	壬申	辛丑	辛未	庚子	庚午	己亥	庚午	己亥	12日
乙亥	乙巳	甲戌	甲辰	癸酉	壬寅	壬申	辛丑	辛未	庚子	辛未	庚子	13日
丙子	丙午	乙亥	乙巳	甲戌	癸卯	癸酉	壬寅	壬申	辛丑	壬申	辛丑	14日
丁丑	丁未	丙子	丙午	乙亥	甲辰	甲戌	癸卯	癸酉	壬寅	癸酉	壬寅	15日
戊寅	戊申	丁丑	丁未	丙子	乙巳	乙亥	甲辰	甲戌	癸卯	甲戌	癸卯	16日
己卯	己酉	戊寅	戊申	丁丑	丙午	丙子	乙巳	乙亥	甲辰	乙亥	甲辰	17日
庚辰	庚戌	己卯	己酉	戊寅	丁未	丁丑	丙午	丙子	乙巳	丙子	乙巳	18日
辛巳	辛亥	庚辰	庚戌	己卯	戊申	戊寅	丁未	丁丑	丙午	丁丑	丙午	19日
壬午	壬子	辛巳	辛亥	庚辰	己酉	己卯	戊申	戊寅	丁未	戊寅	丁未	20日
癸未	癸丑	壬午	壬子	辛巳	庚戌	庚辰	己酉	己卯	戊申	己卯	戊申	21日
甲申	甲寅	癸未	癸丑	壬午	辛亥	辛巳	庚戌	庚辰	己酉	庚辰	己酉	22日
乙酉	乙卯	甲申	甲寅	癸未	壬子	壬午	辛亥	辛巳	庚戌	辛巳	庚戌	23日
丙戌	丙辰	乙酉	乙卯	甲申	癸丑	癸未	壬子	壬午	辛亥	壬午	辛亥	24日
丁亥	丁巳	丙戌	丙辰	乙酉	甲寅	甲申	癸丑	癸未	壬子	癸未	壬子	25日
戊子	戊午	丁亥	丁巳	丙戌	乙卯	乙酉	甲寅	甲申	癸丑	甲申	癸丑	26日
己丑	己未	戊子	戊午	丁亥	丙辰	丙戌	乙卯	乙酉	甲寅	乙酉	甲寅	27日
庚寅	庚申	己丑	己未	戊子	丁巳	丁亥	丙辰	丙戌	乙卯	丙戌	乙卯	28日
辛卯	辛酉	庚寅	庚申	己丑	戊午	戊子	丁巳	丁亥	丙辰	丁亥	丙辰	29日
壬辰	壬戌	辛卯	辛酉	庚寅	己未	己丑	戊午	戊子	丁巳		丁巳	30日
癸巳		壬辰		辛卯	庚申		己未		戊午		戊午	31日

1959年　昭和 34年　己亥

12月	11月	10月	9月	8月	7月	6月	5月	4月	3月	2月	1月	33年 戊戌
丙子	乙亥	甲戌	癸酉	壬申	辛未	庚午	己巳	戊辰	丁卯	丙寅	乙丑	月干支
8日	8日	9日	8日	8日	8日	6日	6日	5日	6日	4日	6日	節入日
5:38	13:03	10:11	18:49	16:05	6:20	20:01	15:39	22:04	16:57	22:43	10:59	
丁巳	丁亥	丙辰	丙戌	乙卯	甲申	甲寅	癸未	癸丑	壬午	甲寅	癸未	1日
戊午	戊子	丁巳	丁亥	丙辰	乙酉	乙卯	甲申	甲寅	癸未	乙卯	甲申	2日
己未	己丑	戊午	戊子	丁巳	丙戌	丙辰	乙酉	乙卯	甲申	丙辰	乙酉	3日
庚申	庚寅	己未	己丑	戊午	丁亥	丁巳	丙戌	丙辰	乙酉	丁巳	丙戌	4日
辛酉	辛卯	庚申	庚寅	己未	戊子	戊午	丁亥	丁巳	丙戌	戊午	丁亥	5日
壬戌	壬辰	辛酉	辛卯	庚申	己丑	己未	戊子	戊午	丁亥	己未	戊子	6日
癸亥	癸巳	壬戌	壬辰	辛酉	庚寅	庚申	己丑	己未	戊子	庚申	己丑	7日
甲子	甲午	癸亥	癸巳	壬戌	辛卯	辛酉	庚寅	庚申	己丑	辛酉	庚寅	8日
乙丑	乙未	甲子	甲午	癸亥	壬辰	壬戌	辛卯	辛酉	庚寅	壬戌	辛卯	9日
丙寅	丙申	乙丑	乙未	甲子	癸巳	癸亥	壬辰	壬戌	辛卯	癸亥	壬辰	10日
丁卯	丁酉	丙寅	丙申	乙丑	甲午	甲子	癸巳	癸亥	壬辰	甲子	癸巳	11日
戊辰	戊戌	丁卯	丁酉	丙寅	乙未	乙丑	甲午	甲子	癸巳	乙丑	甲午	12日
己巳	己亥	戊辰	戊戌	丁卯	丙申	丙寅	乙未	乙丑	甲午	丙寅	乙未	13日
庚午	庚子	己巳	己亥	戊辰	丁酉	丁卯	丙申	丙寅	乙未	丁卯	丙申	14日
辛未	辛丑	庚午	庚子	己巳	戊戌	戊辰	丁酉	丁卯	丙申	戊辰	丁酉	15日
壬申	壬寅	辛未	辛丑	庚午	己亥	己巳	戊戌	戊辰	丁酉	己巳	戊戌	16日
癸酉	癸卯	壬申	壬寅	辛未	庚子	庚午	己亥	己巳	戊戌	庚午	己亥	17日
甲戌	甲辰	癸酉	癸卯	壬申	辛丑	辛未	庚子	庚午	己亥	辛未	庚子	18日
乙亥	乙巳	甲戌	甲辰	癸酉	壬寅	壬申	辛丑	辛未	庚子	壬申	辛丑	19日
丙子	丙午	乙亥	乙巳	甲戌	癸卯	癸酉	壬寅	壬申	辛丑	癸酉	壬寅	20日
丁丑	丁未	丙子	丙午	乙亥	甲辰	甲戌	癸卯	癸酉	壬寅	甲戌	癸卯	21日
戊寅	戊申	丁丑	丁未	丙子	乙巳	乙亥	甲辰	甲戌	癸卯	乙亥	甲辰	22日
己卯	己酉	戊寅	戊申	丁丑	丙午	丙子	乙巳	乙亥	甲辰	丙子	乙巳	23日
庚辰	庚戌	己卯	己酉	戊寅	丁未	丁丑	丙午	丙子	乙巳	丁丑	丙午	24日
辛巳	辛亥	庚辰	庚戌	己卯	戊申	戊寅	丁未	丁丑	丙午	戊寅	丁未	25日
壬午	壬子	辛巳	辛亥	庚辰	己酉	己卯	戊申	戊寅	丁未	己卯	戊申	26日
癸未	癸丑	壬午	壬子	辛巳	庚戌	庚辰	己酉	己卯	戊申	庚辰	己酉	27日
甲申	甲寅	癸未	癸丑	壬午	辛亥	辛巳	庚戌	庚辰	己酉	辛巳	庚戌	28日
乙酉	乙卯	甲申	甲寅	癸未	壬子	壬午	辛亥	辛巳	庚戌		辛亥	29日
丙戌	丙辰	乙酉	乙卯	甲申	癸丑	癸未	壬子	壬午	辛亥		壬子	30日
丁亥		丙戌		乙酉	甲寅		癸丑		壬子		癸丑	31日

1958年　昭和 33年　戊戌

12月	11月	10月	9月	8月	7月	6月	5月	4月	3月	2月	32年 丁酉 1月	月干支
甲子	癸亥	壬戌	辛酉	庚申	己未	戊午	丁巳	丙辰	乙卯	甲寅	癸丑	月干支
7日 23:50	8日 7:13	9日 4:20	8日 13:00	8日 10:18	8日 0:34	6日 14:13	6日 9:50	5日 16:13	6日 11:06	4日 16:50	6日 5:05	節入日
壬子	壬午	辛亥	辛巳	庚戌	己卯	己酉	戊寅	戊申	丁丑	己酉	戊寅	1日
癸丑	癸未	壬子	壬午	辛亥	庚辰	庚戌	己卯	己酉	戊寅	庚戌	己卯	2日
甲寅	甲申	癸丑	癸未	壬子	辛巳	辛亥	庚辰	庚戌	己卯	辛亥	庚辰	3日
乙卯	乙酉	甲寅	甲申	癸丑	壬午	壬子	辛巳	辛亥	庚辰	壬子	辛巳	4日
丙辰	丙戌	乙卯	乙酉	甲寅	癸未	癸丑	壬午	壬子	辛巳	癸丑	壬午	5日
丁巳	丁亥	丙辰	丙戌	乙卯	甲申	甲寅	癸未	癸丑	壬午	甲寅	癸未	6日
戊午	戊子	丁巳	丁亥	丙辰	乙酉	乙卯	甲申	甲寅	癸未	乙卯	甲申	7日
己未	己丑	戊午	戊子	丁巳	丙戌	丙辰	乙酉	乙卯	甲申	丙辰	乙酉	8日
庚申	庚寅	己未	己丑	戊午	丁亥	丁巳	丙戌	丙辰	乙酉	丁巳	丙戌	9日
辛酉	辛卯	庚申	庚寅	己未	戊子	戊午	丁亥	丁巳	丙戌	戊午	丁亥	10日
壬戌	壬辰	辛酉	辛卯	庚申	己丑	己未	戊子	戊午	丁亥	己未	戊子	11日
癸亥	癸巳	壬戌	壬辰	辛酉	庚寅	庚申	己丑	己未	戊子	庚申	己丑	12日
甲子	甲午	癸亥	癸巳	壬戌	辛卯	辛酉	庚寅	庚申	己丑	辛酉	庚寅	13日
乙丑	乙未	甲子	甲午	癸亥	壬辰	壬戌	辛卯	辛酉	庚寅	壬戌	辛卯	14日
丙寅	丙申	乙丑	乙未	甲子	癸巳	癸亥	壬辰	壬戌	辛卯	癸亥	壬辰	15日
丁卯	丁酉	丙寅	丙申	乙丑	甲午	甲子	癸巳	癸亥	壬辰	甲子	癸巳	16日
戊辰	戊戌	丁卯	丁酉	丙寅	乙未	乙丑	甲午	甲子	癸巳	乙丑	甲午	17日
己巳	己亥	戊辰	戊戌	丁卯	丙申	丙寅	乙未	乙丑	甲午	丙寅	乙未	18日
庚午	庚子	己巳	己亥	戊辰	丁酉	丁卯	丙申	丙寅	乙未	丁卯	丙申	19日
辛未	辛丑	庚午	庚子	己巳	戊戌	戊辰	丁酉	丁卯	丙申	戊辰	丁酉	20日
壬申	壬寅	辛未	辛丑	庚午	己亥	己巳	戊戌	戊辰	丁酉	己巳	戊戌	21日
癸酉	癸卯	壬申	壬寅	辛未	庚子	庚午	己亥	己巳	戊戌	庚午	己亥	22日
甲戌	甲辰	癸酉	癸卯	壬申	辛丑	辛未	庚子	庚午	己亥	辛未	庚子	23日
乙亥	乙巳	甲戌	甲辰	癸酉	壬寅	壬申	辛丑	辛未	庚子	壬申	辛丑	24日
丙子	丙午	乙亥	乙巳	甲戌	癸卯	癸酉	壬寅	壬申	辛丑	癸酉	壬寅	25日
丁丑	丁未	丙子	丙午	乙亥	甲辰	甲戌	癸卯	癸酉	壬寅	甲戌	癸卯	26日
戊寅	戊申	丁丑	丁未	丙子	乙巳	乙亥	甲辰	甲戌	癸卯	乙亥	甲辰	27日
己卯	己酉	戊寅	戊申	丁丑	丙午	丙子	乙巳	乙亥	甲辰	丙子	乙巳	28日
庚辰	庚戌	己卯	己酉	戊寅	丁未	丁丑	丙午	丙子	乙巳		丙午	29日
辛巳	辛亥	庚辰	庚戌	己卯	戊申	戊寅	丁未	丁丑	丙午		丁未	30日
壬午		辛巳		庚辰	己酉		戊申		丁未		戊申	31日

1957年　　昭和 32年　　丁酉

	12月	11月	10月	9月	8月	7月	6月	5月	4月	3月	2月	1月 (31年 丙申)	月干支
	壬子	辛亥	庚戌	己酉	戊申	丁未	丙午	乙巳	甲辰	癸卯	壬寅	辛丑	節入日
	7日	8日	8日	8日	8日	7日	6日	6日	5日	6日	4日	5日	
	17:57	1:21	22:31	7:13	4:33	18:49	8:25	3:59	10:19	5:11	10:55	23:11	
1	丁未	丁丑	丙午	丙子	乙巳	甲戌	甲辰	癸酉	癸卯	壬申	甲辰	癸酉	1日
	戊申	戊寅	丁未	丁丑	丙午	乙亥	乙巳	甲戌	甲辰	癸酉	乙巳	甲戌	2日
	己酉	己卯	戊申	戊寅	丁未	丙子	丙午	乙亥	乙巳	甲戌	丙午	乙亥	3日
	庚戌	庚辰	己酉	己卯	戊申	丁丑	丁未	丙子	丙午	乙亥	丁未	丙子	4日
5	辛亥	辛巳	庚戌	庚辰	己酉	戊寅	戊申	丁丑	丁未	丙子	戊申	丁丑	5日
	壬子	壬午	辛亥	辛巳	庚戌	己卯	己酉	戊寅	戊申	丁丑	己酉	戊寅	6日
	癸丑	癸未	壬子	壬午	辛亥	庚辰	庚戌	己卯	己酉	戊寅	庚戌	己卯	7日
	甲寅	甲申	癸丑	癸未	壬子	辛巳	辛亥	庚辰	庚戌	己卯	辛亥	庚辰	8日
	乙卯	乙酉	甲寅	甲申	癸丑	壬午	壬子	辛巳	辛亥	庚辰	壬子	辛巳	9日
10	丙辰	丙戌	乙卯	乙酉	甲寅	癸未	癸丑	壬午	壬子	辛巳	癸丑	壬午	10日
	丁巳	丁亥	丙辰	丙戌	乙卯	甲申	甲寅	癸未	癸丑	壬午	甲寅	癸未	11日
	戊午	戊子	丁巳	丁亥	丙辰	乙酉	乙卯	甲申	甲寅	癸未	乙卯	甲申	12日
	己未	己丑	戊午	戊子	丁巳	丙戌	丙辰	乙酉	乙卯	甲申	丙辰	乙酉	13日
	庚申	庚寅	己未	己丑	戊午	丁亥	丁巳	丙戌	丙辰	乙酉	丁巳	丙戌	14日
15	辛酉	辛卯	庚申	庚寅	己未	戊子	戊午	丁亥	丁巳	丙戌	戊午	丁亥	15日
	壬戌	壬辰	辛酉	辛卯	庚申	己丑	己未	戊子	戊午	丁亥	己未	戊子	16日
	癸亥	癸巳	壬戌	壬辰	辛酉	庚寅	庚申	己丑	己未	戊子	庚申	己丑	17日
	甲子	甲午	癸亥	癸巳	壬戌	辛卯	辛酉	庚寅	庚申	己丑	辛酉	庚寅	18日
	乙丑	乙未	甲子	甲午	癸亥	壬辰	壬戌	辛卯	辛酉	庚寅	壬戌	辛卯	19日
20	丙寅	丙申	乙丑	乙未	甲子	癸巳	癸亥	壬辰	壬戌	辛卯	癸亥	壬辰	20日
	丁卯	丁酉	丙寅	丙申	乙丑	甲午	甲子	癸巳	癸亥	壬辰	甲子	癸巳	21日
	戊辰	戊戌	丁卯	丁酉	丙寅	乙未	乙丑	甲午	甲子	癸巳	乙丑	甲午	22日
	己巳	己亥	戊辰	戊戌	丁卯	丙申	丙寅	乙未	乙丑	甲午	丙寅	乙未	23日
	庚午	庚子	己巳	己亥	戊辰	丁酉	丁卯	丙申	丙寅	乙未	丁卯	丙申	24日
25	辛未	辛丑	庚午	庚子	己巳	戊戌	戊辰	丁酉	丁卯	丙申	戊辰	丁酉	25日
	壬申	壬寅	辛未	辛丑	庚午	己亥	己巳	戊戌	戊辰	丁酉		戊戌	26日
	癸酉	癸卯	壬申	壬寅	辛未	庚子	庚午	己亥	己巳	戊戌	庚午	己亥	27日
	甲戌	甲辰	癸酉	癸卯	壬申	辛丑	辛未	庚子	庚午	己亥	辛未	庚子	28日
	乙亥	乙巳	甲戌	甲辰	癸酉	壬寅	壬申	辛丑	辛未	庚子		辛丑	29日
30	丙子	丙午	乙亥	乙巳	甲戌	癸卯	癸酉	壬寅	壬申	辛丑		壬寅	30日
	丁丑		丙子		乙亥	甲辰		癸卯		壬寅		癸卯	31日

1956年　昭和 31年　丙申

12月	11月	10月	9月	8月	7月	6月	5月	4月	3月	2月	30年乙未 1月	月干支
庚子	己亥	戊戌	丁酉	丙申	乙未	甲午	癸巳	壬辰	辛卯	庚寅	己丑	
7日	7日	8日	8日	7日	7日	6日	5日	5日	5日	5日	6日	節入日
12:03	19:27	16:37	1:20	22:41	12:59	2:36	22:10	4:32	23:25	5:13	17:31	
壬寅	壬申	辛丑	辛未	庚子	己巳	己亥	戊辰	戊戌	丁卯	戊戌	丁卯	1日
癸卯	癸酉	壬寅	壬申	辛丑	庚午	庚子	己巳	己亥	戊辰	己亥	戊辰	2日
甲辰	甲戌	癸卯	癸酉	壬寅	辛未	辛丑	庚午	庚子	己巳	庚子	己巳	3日
乙巳	乙亥	甲辰	甲戌	癸卯	壬申	壬寅	辛未	辛丑	庚午	辛丑	庚午	4日
丙午	丙子	乙巳	乙亥	甲辰	癸酉	癸卯	壬申	壬寅	辛未	壬寅	辛未	5日
丁未	丁丑	丙午	丙子	乙巳	甲戌	甲辰	癸酉	癸卯	壬申	癸卯	壬申	6日
戊申	戊寅	丁未	丁丑	丙午	乙亥	乙巳	甲戌	甲辰	癸酉	甲辰	癸酉	7日
己酉	己卯	戊申	戊寅	丁未	丙子	丙午	乙亥	乙巳	甲戌	乙巳	甲戌	8日
庚戌	庚辰	己酉	己卯	戊申	丁丑	丁未	丙子	丙午	乙亥	丙午	乙亥	9日
辛亥	辛巳	庚戌	庚辰	己酉	戊寅	戊申	丁丑	丁未	丙子	丁未	丙子	10日
壬子	壬午	辛亥	辛巳	庚戌	己卯	己酉	戊寅	戊申	丁丑	戊申	丁丑	11日
癸丑	癸未	壬子	壬午	辛亥	庚辰	庚戌	己卯	己酉	戊寅	己酉	戊寅	12日
甲寅	甲申	癸丑	癸未	壬子	辛巳	辛亥	庚辰	庚戌	己卯	庚戌	己卯	13日
乙卯	乙酉	甲寅	甲申	癸丑	壬午	壬子	辛巳	辛亥	庚辰	辛亥	庚辰	14日
丙辰	丙戌	乙卯	乙酉	甲寅	癸未	癸丑	壬午	壬子	辛巳	壬子	辛巳	15日
丁巳	丁亥	丙辰	丙戌	乙卯	甲申	甲寅	癸未	癸丑	壬午	癸丑	壬午	16日
戊午	戊子	丁巳	丁亥	丙辰	乙酉	乙卯	甲申	甲寅	癸未	甲寅	癸未	17日
己未	己丑	戊午	戊子	丁巳	丙戌	丙辰	乙酉	乙卯	甲申	乙卯	甲申	18日
庚申	庚寅	己未	己丑	戊午	丁亥	丁巳	丙戌	丙辰	乙酉	丙辰	乙酉	19日
辛酉	辛卯	庚申	庚寅	己未	戊子	戊午	丁亥	丁巳	丙戌	丁巳	丙戌	20日
壬戌	壬辰	辛酉	辛卯	庚申	己丑	己未	戊子	戊午	丁亥	戊午	丁亥	21日
癸亥	癸巳	壬戌	壬辰	辛酉	庚寅	庚申	己丑	己未	戊子	己未	戊子	22日
甲子	甲午	癸亥	癸巳	壬戌	辛卯	辛酉	庚寅	庚申	己丑	庚申	己丑	23日
乙丑	乙未	甲子	甲午	癸亥	壬辰	壬戌	辛卯	辛酉	庚寅	辛酉	庚寅	24日
丙寅	丙申	乙丑	乙未	甲子	癸巳	癸亥	壬辰	壬戌	辛卯	壬戌	辛卯	25日
丁卯	丁酉	丙寅	丙申	乙丑	甲午	甲子	癸巳	癸亥	壬辰	癸亥	壬辰	26日
戊辰	戊戌	丁卯	丁酉	丙寅	乙未	乙丑	甲午	甲子	癸巳	甲子	癸巳	27日
己巳	己亥	戊辰	戊戌	丁卯	丙申	丙寅	乙未	乙丑	甲午	乙丑	甲午	28日
庚午	庚子	己巳	己亥	戊辰	丁酉	丁卯	丙申	丙寅	乙未		乙未	29日
辛未	辛丑	庚午	庚子	己巳	戊戌	戊辰	丁酉	丁卯	丙申		丙申	30日
壬申		辛未		庚午	己亥		戊戌		丁酉		丁酉	31日

1955年　昭和 30年　乙未

	12月	11月	10月	9月	8月	7月	6月	5月	4月	3月	2月	1月	29年甲午
	戊子	丁亥	丙戌	乙酉	甲申	癸未	壬午	辛巳	庚辰	己卯	戊寅	丁丑	月干支
	8日	8日	9日	8日	8日	8日	6日	6日	5日	6日	4日	6日	節入日
	6:24	13:46	10:53	19:32	16:51	7:06	20:44	16:18	22:39	17:32	23:18	11:37	
1	丙申	丙寅	乙未	乙丑	甲午	癸亥	癸巳	壬戌	壬辰	辛酉	癸巳	壬戌	1日
	丁酉	丁卯	丙申	丙寅	乙未	甲子	甲午	癸亥	癸巳	壬戌	甲午	癸亥	2日
	戊戌	戊辰	丁酉	丁卯	丙申	乙丑	乙未	甲子	甲午	癸亥	乙未	甲子	3日
	己亥	己巳	戊戌	戊辰	丁酉	丙寅	丙申	乙丑	乙未	甲子	丙申	乙丑	4日
5	庚子	庚午	己亥	己巳	戊戌	丁卯	丁酉	丙寅	丙申	乙丑	丁酉	丙寅	5日
	辛丑	辛未	庚子	庚午	己亥	戊辰	戊戌	丁卯	丁酉	丙寅	戊戌	丁卯	6日
	壬寅	壬申	辛丑	辛未	庚子	己巳	己亥	戊辰	戊戌	丁卯	己亥	戊辰	7日
	癸卯	癸酉	壬寅	壬申	辛丑	庚午	庚子	己巳	己亥	戊辰	庚子	己巳	8日
	甲辰	甲戌	癸卯	癸酉	壬寅	辛未	辛丑	庚午	庚子	己巳	辛丑	庚午	9日
10	乙巳	乙亥	甲辰	甲戌	癸卯	壬申	壬寅	辛未	辛丑	庚午	壬寅	辛未	10日
	丙午	丙子	乙巳	乙亥	甲辰	癸酉	癸卯	壬申	壬寅	辛未	癸卯	壬申	11日
	丁未	丁丑	丙午	丙子	乙巳	甲戌	甲辰	癸酉	癸卯	壬申	甲辰	癸酉	12日
	戊申	戊寅	丁未	丁丑	丙午	乙亥	乙巳	甲戌	甲辰	癸酉	乙巳	甲戌	13日
	己酉	己卯	戊申	戊寅	丁未	丙子	丙午	乙亥	乙巳	甲戌	丙午	乙亥	14日
15	庚戌	庚辰	己酉	己卯	戊申	丁丑	丁未	丙子	丙午	乙亥	丁未	丙子	15日
	辛亥	辛巳	庚戌	庚辰	己酉	戊寅	戊申	丁丑	丁未	丙子	戊申	丁丑	16日
	壬子	壬午	辛亥	辛巳	庚戌	己卯	己酉	戊寅	戊申	丁丑	己酉	戊寅	17日
	癸丑	癸未	壬子	壬午	辛亥	庚辰	庚戌	己卯	己酉	戊寅	庚戌	己卯	18日
	甲寅	甲申	癸丑	癸未	壬子	辛巳	辛亥	庚辰	庚戌	己卯	辛亥	庚辰	19日
20	乙卯	乙酉	甲寅	甲申	癸丑	壬午	壬子	辛巳	辛亥	庚辰	壬子	辛巳	20日
	丙辰	丙戌	乙卯	乙酉	甲寅	癸未	癸丑	壬午	壬子	辛巳	癸丑	壬午	21日
	丁巳	丁亥	丙辰	丙戌	乙卯	甲申	甲寅	癸未	癸丑	壬午	甲寅	癸未	22日
	戊午	戊子	丁巳	丁亥	丙辰	乙酉	乙卯	甲申	甲寅	癸未	乙卯	甲申	23日
	己未	己丑	戊午	戊子	丁巳	丙戌	丙辰	乙酉	乙卯	甲申	丙辰	乙酉	24日
25	庚申	庚寅	己未	己丑	戊午	丁亥	丁巳	丙戌	丙辰	乙酉	丁巳	丙戌	25日
	辛酉	辛卯	庚申	庚寅	己未	戊子	戊午	丁亥	丁巳	丙戌	戊午	丁亥	26日
	壬戌	壬辰	辛酉	辛卯	庚申	己丑	己未	戊子	戊午	丁亥	己未	戊子	27日
	癸亥	癸巳	壬戌	壬辰	辛酉	庚寅	庚申	己丑	己未	戊子	庚申	己丑	28日
	甲子	甲午	癸亥	癸巳	壬戌	辛卯	辛酉	庚寅	庚申	己丑		庚寅	29日
30	乙丑	乙未	甲子	甲午	癸亥	壬辰	壬戌	辛卯	辛酉	庚寅		辛卯	30日
	丙寅		乙丑		甲子	癸巳		壬辰		辛卯		壬辰	31日

1954年　昭和29年　甲午

	12月	11月	10月	9月	8月	7月	6月	5月	4月	3月	2月	28年癸巳 1月	月干支
	丙子	乙亥	甲戌	癸酉	壬申	辛未	庚午	己巳	戊辰	丁卯	丙寅	乙丑	節入日
	8日	8日	9日	8日	8日	8日	6日	6日	5日	6日	4日	6日	
	0:29	7:51	4:58	13:38	11:00	1:20	15:01	10:39	17:00	11:49	17:31	5:46	
1	辛卯	辛酉	庚寅	庚申	己丑	戊午	戊子	丁巳	丁亥	丙辰	戊子	丁巳	1日
2	壬辰	壬戌	辛卯	辛酉	庚寅	己未	己丑	戊午	戊子	丁巳	己丑	戊午	2日
3	癸巳	癸亥	壬辰	壬戌	辛卯	庚申	庚寅	己未	己丑	戊午	庚寅	己未	3日
4	甲午	甲子	癸巳	癸亥	壬辰	辛酉	辛卯	庚申	庚寅	己未	辛卯	庚申	4日
5	乙未	乙丑	甲午	甲子	癸巳	壬戌	壬辰	辛酉	辛卯	庚申	壬辰	辛酉	5日
6	丙申	丙寅	乙未	乙丑	甲午	癸亥	癸巳	壬戌	壬辰	辛酉	癸巳	壬戌	6日
7	丁酉	丁卯	丙申	丙寅	乙未	甲子	甲午	癸亥	癸巳	壬戌	甲午	癸亥	7日
8	戊戌	戊辰	丁酉	丁卯	丙申	乙丑	乙未	甲子	甲午	癸亥	乙未	甲子	8日
9	己亥	己巳	戊戌	戊辰	丁酉	丙寅	丙申	乙丑	乙未	甲子	丙申	乙丑	9日
10	庚子	庚午	己亥	己巳	戊戌	丁卯	丁酉	丙寅	丙申	乙丑	丁酉	丙寅	10日
11	辛丑	辛未	庚子	庚午	己亥	戊辰	戊戌	丁卯	丁酉	丙寅	戊戌	丁卯	11日
12	壬寅	壬申	辛丑	辛未	庚子	己巳	己亥	戊辰	戊戌	丁卯	己亥	戊辰	12日
13	癸卯	癸酉	壬寅	壬申	辛丑	庚午	庚子	己巳	己亥	戊辰	庚子	己巳	13日
14	甲辰	甲戌	癸卯	癸酉	壬寅	辛未	辛丑	庚午	庚子	己巳	辛丑	庚午	14日
15	乙巳	乙亥	甲辰	甲戌	癸卯	壬申	壬寅	辛未	辛丑	庚午	壬寅	辛未	15日
16	丙午	丙子	乙巳	乙亥	甲辰	癸酉	癸卯	壬申	壬寅	辛未	癸卯	壬申	16日
17	丁未	丁丑	丙午	丙子	乙巳	甲戌	甲辰	癸酉	癸卯	壬申	甲辰	癸酉	17日
18	戊申	戊寅	丁未	丁丑	丙午	乙亥	乙巳	甲戌	甲辰	癸酉	乙巳	甲戌	18日
19	己酉	己卯	戊申	戊寅	丁未	丙子	丙午	乙亥	乙巳	甲戌	丙午	乙亥	19日
20	庚戌	庚辰	己酉	己卯	戊申	丁丑	丁未	丙子	丙午	乙亥	丁未	丙子	20日
21	辛亥	辛巳	庚戌	庚辰	己酉	戊寅	戊申	丁丑	丁未	丙子	戊申	丁丑	21日
22	壬子	壬午	辛亥	辛巳	庚戌	己卯	己酉	戊寅	戊申	丁丑	己酉	戊寅	22日
23	癸丑	癸未	壬子	壬午	辛亥	庚辰	庚戌	己卯	己酉	戊寅	庚戌	己卯	23日
24	甲寅	甲申	癸丑	癸未	壬子	辛巳	辛亥	庚辰	庚戌	己卯	辛亥	庚辰	24日
25	乙卯	乙酉	甲寅	甲申	癸丑	壬午	壬子	辛巳	辛亥	庚辰	壬子	辛巳	25日
26	丙辰	丙戌	乙卯	乙酉	甲寅	癸未	癸丑	壬午	壬子	辛巳	癸丑	壬午	26日
27	丁巳	丁亥	丙辰	丙戌	乙卯	甲申	甲寅	癸未	癸丑	壬午	甲寅	癸未	27日
28	戊午	戊子	丁巳	丁亥	丙辰	乙酉	乙卯	甲申	甲寅	癸未	乙卯	甲申	28日
29	己未	己丑	戊午	戊子	丁巳	丙戌	丙辰	乙酉	乙卯	甲申		乙酉	29日
30	庚申	庚寅	己未	己丑	戊午	丁亥	丁巳	丙戌	丙辰	乙酉		丙戌	30日
31	辛酉		庚申		己未	戊子		丁亥		丙戌		丁亥	31日

1953年　　昭和 28年　　癸巳

	1月	2月	3月	4月	5月	6月	7月	8月	9月	10月	11月	12月	
27年壬辰	癸丑	甲寅	乙卯	丙辰	丁巳	戊午	己未	庚申	辛酉	壬戌	癸亥	甲子	月干支
	6日	4日	6日	5日	6日	6日	7日	8日	8日	8日	8日	7日	節入日
	0:03	11:47	6:03	11:13	4:53	9:17	19:35	5:15	7:53	23:11	2:02	18:38	
1	壬子	癸未	辛亥	壬午	壬子	癸未	癸丑	甲申	乙卯	乙酉	丙辰	丙戌	1日
2	癸丑	甲申	壬子	癸未	癸丑	甲申	甲寅	乙酉	丙辰	丙戌	丁巳	丁亥	2日
3	甲寅	乙酉	癸丑	甲申	甲寅	乙酉	乙卯	丙戌	丁巳	丁亥	戊午	戊子	3日
4	乙卯	丙戌	甲寅	乙酉	乙卯	丙戌	丙辰	丁亥	戊午	戊子	己未	己丑	4日
5	丙辰	丁亥	乙卯	丙戌	丙辰	丁亥	丁巳	戊子	己未	己丑	庚申	庚寅	5日
6	丁巳	戊子	丙辰	丁亥	丁巳	戊子	戊午	己丑	庚申	庚寅	辛酉	辛卯	6日
7	戊午	己丑	丁巳	戊子	戊午	己丑	己未	庚寅	辛酉	辛卯	壬戌	壬辰	7日
8	己未	庚寅	戊午	己丑	己未	庚寅	庚申	辛卯	壬戌	壬辰	癸亥	癸巳	8日
9	庚申	辛卯	己未	庚寅	庚申	辛卯	辛酉	壬辰	癸亥	癸巳	甲子	甲午	9日
10	辛酉	壬辰	庚申	辛卯	辛酉	壬辰	壬戌	癸巳	甲子	甲午	乙丑	乙未	10日
11	壬戌	癸巳	辛酉	壬辰	壬戌	癸巳	癸亥	甲午	乙丑	乙未	丙寅	丙申	11日
12	癸亥	甲午	壬戌	癸巳	癸亥	甲午	甲子	乙未	丙寅	丙申	丁卯	丁酉	12日
13	甲子	乙未	癸亥	甲午	甲子	乙未	乙丑	丙申	丁卯	丁酉	戊辰	戊戌	13日
14	乙丑	丙申	甲子	乙未	乙丑	丙申	丙寅	丁酉	戊辰	戊戌	己巳	己亥	14日
15	丙寅	丁酉	乙丑	丙申	丙寅	丁酉	丁卯	戊戌	己巳	己亥	庚午	庚子	15日
16	丁卯	戊戌	丙寅	丁酉	丁卯	戊戌	戊辰	己亥	庚午	庚子	辛未	辛丑	16日
17	戊辰	己亥	丁卯	戊戌	戊辰	己亥	己巳	庚子	辛未	辛丑	壬申	壬寅	17日
18	己巳	庚子	戊辰	己亥	己巳	庚子	庚午	辛丑	壬申	壬寅	癸酉	癸卯	18日
19	庚午	辛丑	己巳	庚子	庚午	辛丑	辛未	壬寅	癸酉	癸卯	甲戌	甲辰	19日
20	辛未	壬寅	庚午	辛丑	辛未	壬寅	壬申	癸卯	甲戌	甲辰	乙亥	乙巳	20日
21	壬申	癸卯	辛未	壬寅	壬申	癸卯	癸酉	甲辰	乙亥	乙巳	丙子	丙午	21日
22	癸酉	甲辰	壬申	癸卯	癸酉	甲辰	甲戌	乙巳	丙子	丙午	丁丑	丁未	22日
23	甲戌	乙巳	癸酉	甲辰	甲戌	乙巳	乙亥	丙午	丁丑	丁未	戊寅	戊申	23日
24	乙亥	丙午	甲戌	乙巳	乙亥	丙午	丙子	丁未	戊寅	戊申	己卯	己酉	24日
25	丙子	丁未	乙亥	丙午	丙子	丁未	丁丑	戊申	己卯	己酉	庚辰	庚戌	25日
26	丁丑	戊申	丙子	丁未	丁丑	戊申	戊寅	己酉	庚辰	庚戌	辛巳	辛亥	26日
27	戊寅	己酉	丁丑	戊申	戊寅	己酉	己卯	庚戌	辛巳	辛亥	壬午	壬子	27日
28	己卯	庚戌	戊寅	己酉	己卯	庚戌	庚辰	辛亥	壬午	壬子	癸未	癸丑	28日
29	庚辰		己卯	庚戌	庚辰	辛亥	辛巳	壬子	癸未	癸丑	甲申	甲寅	29日
30	辛巳		庚辰	辛亥	辛巳	壬子	壬午	癸丑	甲申	甲寅	乙酉	乙卯	30日
31	壬午		辛巳		壬午		癸未	甲寅		乙卯		丙辰	31日

1952年　　昭和 27年　　壬辰

12月	11月	10月	9月	8月	7月	6月	5月	4月	3月	2月	1月 (26年辛卯)	
壬子	辛亥	庚戌	己酉	戊申	丁未	丙午	乙巳	甲辰	癸卯	壬寅	辛丑	月干支
7日	7日	8日	8日	7日	7日	6日	5日	5日	6日	5日	6日	節入日
12:56	20:22	17:33	2:14	23:32	13:45	3:21	22:54	5:16	0:08	5:54	18:10	
辛巳	辛亥	庚辰	庚戌	己卯	戊申	戊寅	丁未	丁丑	丙午	丁丑	丙午	1日
壬午	壬子	辛巳	辛亥	庚辰	己酉	己卯	戊申	戊寅	丁未	戊寅	丁未	2日
癸未	癸丑	壬午	壬子	辛巳	庚戌	庚辰	己酉	己卯	戊申	己卯	戊申	3日
甲申	甲寅	癸未	癸丑	壬午	辛亥	辛巳	庚戌	庚辰	己酉	庚辰	己酉	4日
乙酉	乙卯	甲申	甲寅	癸未	壬子	壬午	辛亥	辛巳	庚戌	辛巳	庚戌	5日
丙戌	丙辰	乙酉	乙卯	甲申	癸丑	癸未	壬子	壬午	辛亥	壬午	辛亥	6日
丁亥	丁巳	丙戌	丙辰	乙酉	甲寅	甲申	癸丑	癸未	壬子	癸未	壬子	7日
戊子	戊午	丁亥	丁巳	丙戌	乙卯	乙酉	甲寅	甲申	癸丑	甲申	癸丑	8日
己丑	己未	戊子	戊午	丁亥	丙辰	丙戌	乙卯	乙酉	甲寅	乙酉	甲寅	9日
庚寅	庚申	己丑	己未	戊子	丁巳	丁亥	丙辰	丙戌	乙卯	丙戌	乙卯	10日
辛卯	辛酉	庚寅	庚申	己丑	戊午	戊子	丁巳	丁亥	丙辰	丁亥	丙辰	11日
壬辰	壬戌	辛卯	辛酉	庚寅	己未	己丑	戊午	戊子	丁巳	戊子	丁巳	12日
癸巳	癸亥	壬辰	壬戌	辛卯	庚申	庚寅	己未	己丑	戊午	己丑	戊午	13日
甲午	甲子	癸巳	癸亥	壬辰	辛酉	辛卯	庚申	庚寅	己未	庚寅	己未	14日
乙未	乙丑	甲午	甲子	癸巳	壬戌	壬辰	辛酉	辛卯	庚申	辛卯	庚申	15日
丙申	丙寅	乙未	乙丑	甲午	癸亥	癸巳	壬戌	壬辰	辛酉	壬辰	辛酉	16日
丁酉	丁卯	丙申	丙寅	乙未	甲子	甲午	癸亥	癸巳	壬戌	癸巳	壬戌	17日
戊戌	戊辰	丁酉	丁卯	丙申	乙丑	乙未	甲子	甲午	癸亥	甲午	癸亥	18日
己亥	己巳	戊戌	戊辰	丁酉	丙寅	丙申	乙丑	乙未	甲子	乙未	甲子	19日
庚子	庚午	己亥	己巳	戊戌	丁卯	丁酉	丙寅	丙申	乙丑	丙申	乙丑	20日
辛丑	辛未	庚子	庚午	己亥	戊辰	戊戌	丁卯	丁酉	丙寅	丁酉	丙寅	21日
壬寅	壬申	辛丑	辛未	庚子	己巳	己亥	戊辰	戊戌	丁卯	戊戌	丁卯	22日
癸卯	癸酉	壬寅	壬申	辛丑	庚午	庚子	己巳	己亥	戊辰	己亥	戊辰	23日
甲辰	甲戌	癸卯	癸酉	壬寅	辛未	辛丑	庚午	庚子	己巳	庚子	己巳	24日
乙巳	乙亥	甲辰	甲戌	癸卯	壬申	壬寅	辛未	辛丑	庚午	辛丑	庚午	25日
丙午	丙子	乙巳	乙亥	甲辰	癸酉	癸卯	壬申	壬寅	辛未	壬寅	辛未	26日
丁未	丁丑	丙午	丙子	乙巳	甲戌	甲辰	癸酉	癸卯	壬申	癸卯	壬申	27日
戊申	戊寅	丁未	丁丑	丙午	乙亥	乙巳	甲戌	甲辰	癸酉	甲辰	癸酉	28日
己酉	己卯	戊申	戊寅	丁未	丙子	丙午	乙亥	乙巳	甲戌		甲戌	29日
庚戌	庚辰	己酉	己卯	戊申	丁丑	丁未	丙子	丙午	乙亥		乙亥	30日
辛亥		庚戌		己酉	戊寅		丁丑		丙子		丙子	31日

1951年　昭和 26年　辛卯

	12月	11月	10月	9月	8月	7月	6月	5月	4月	3月	2月	1月	25年庚寅
月干支	庚子	己亥	戊戌	丁酉	丙申	乙未	甲午	癸巳	壬辰	辛卯	庚寅	己丑	
節入日	8日 7:03	8日 14:27	9日 11:37	8日 20:19	8日 17:38	8日 7:54	6日 21:33	6日 17:10	5日 23:33	6日 18:27	5日 0:14	6日 12:31	
1日	乙亥	乙巳	甲戌	甲辰	癸酉	壬寅	壬申	辛丑	辛未	庚子	壬申	辛丑	
2日	丙子	丙午	乙亥	乙巳	甲戌	癸卯	癸酉	壬寅	壬申	辛丑	癸酉	壬寅	
3日	丁丑	丁未	丙子	丙午	乙亥	甲辰	甲戌	癸卯	癸酉	壬寅	甲戌	癸卯	
4日	戊寅	戊申	丁丑	丁未	丙子	乙巳	乙亥	甲辰	甲戌	癸卯	乙亥	甲辰	
5日	己卯	己酉	戊寅	戊申	丁丑	丙午	丙子	乙巳	乙亥	甲辰	丙子	乙巳	
6日	庚辰	庚戌	己卯	己酉	戊寅	丁未	丁丑	丙午	丙子	乙巳	丁丑	丙午	
7日	辛巳	辛亥	庚辰	庚戌	己卯	戊申	戊寅	丁未	丁丑	丙午	戊寅	丁未	
8日	壬午	壬子	辛巳	辛亥	庚辰	己酉	己卯	戊申	戊寅	丁未	己卯	戊申	
9日	癸未	癸丑	壬午	壬子	辛巳	庚戌	庚辰	己酉	己卯	戊申	庚辰	己酉	
10日	甲申	甲寅	癸未	癸丑	壬午	辛亥	辛巳	庚戌	庚辰	己酉	辛巳	庚戌	
11日	乙酉	乙卯	甲申	甲寅	癸未	壬子	壬午	辛亥	辛巳	庚戌	壬午	辛亥	
12日	丙戌	丙辰	乙酉	乙卯	甲申	癸丑	癸未	壬子	壬午	辛亥	癸未	壬子	
13日	丁亥	丁巳	丙戌	丙辰	乙酉	甲寅	甲申	癸丑	癸未	壬子	甲申	癸丑	
14日	戊子	戊午	丁亥	丁巳	丙戌	乙卯	乙酉	甲寅	甲申	癸丑	乙酉	甲寅	
15日	己丑	己未	戊子	戊午	丁亥	丙辰	丙戌	乙卯	乙酉	甲寅	丙戌	乙卯	
16日	庚寅	庚申	己丑	己未	戊子	丁巳	丁亥	丙辰	丙戌	乙卯	丁亥	丙辰	
17日	辛卯	辛酉	庚寅	庚申	己丑	戊午	戊子	丁巳	丁亥	丙辰	戊子	丁巳	
18日	壬辰	壬戌	辛卯	辛酉	庚寅	己未	己丑	戊午	戊子	丁巳	己丑	戊午	
19日	癸巳	癸亥	壬辰	壬戌	辛卯	庚申	庚寅	己未	己丑	戊午	庚寅	己未	
20日	甲午	甲子	癸巳	癸亥	壬辰	辛酉	辛卯	庚申	庚寅	己未	辛卯	庚申	
21日	乙未	乙丑	甲午	甲子	癸巳	壬戌	壬辰	辛酉	辛卯	庚申	壬辰	辛酉	
22日	丙申	丙寅	乙未	乙丑	甲午	癸亥	癸巳	壬戌	壬辰	辛酉	癸巳	壬戌	
23日	丁酉	丁卯	丙申	丙寅	乙未	甲子	甲午	癸亥	癸巳	壬戌	甲午	癸亥	
24日	戊戌	戊辰	丁酉	丁卯	丙申	乙丑	乙未	甲子	甲午	癸亥	乙未	甲子	
25日	己亥	己巳	戊戌	戊辰	丁酉	丙寅	丙申	乙丑	乙未	甲子	丙申	乙丑	
26日	庚子	庚午	己亥	己巳	戊戌	丁卯	丁酉	丙寅	丙申	乙丑	丁酉	丙寅	
27日	辛丑	辛未	庚子	庚午	己亥	戊辰	戊戌	丁卯	丁酉	丙寅	戊戌	丁卯	
28日	壬寅	壬申	辛丑	辛未	庚子	己巳	己亥	戊辰	戊戌	丁卯	己亥	戊辰	
29日	癸卯	癸酉	壬寅	壬申	辛丑	庚午	庚子	己巳	己亥	戊辰		己巳	
30日	甲辰	甲戌	癸卯	癸酉	壬寅	辛未	辛丑	庚午	庚子	己巳		庚午	
31日	乙巳		甲辰		癸卯	壬申		辛未		庚午		辛未	

1950年　昭和 25年　庚寅

	12月	11月	10月	9月	8月	7月	6月	5月	4月	3月	2月	1月	月干支
	戊子	丁亥	丙戌	乙酉	甲申	癸未	壬午	辛巳	庚辰	己卯	戊寅	丁丑	
	8日	8日	9日	8日	8日	8日	6日	6日	5日	6日	4日	6日	節入日
	1:22	8:44	5:52	14:34	11:56	2:14	15:51	11:25	17:45	12:36	18:21	6:40	
1	庚午	庚子	己巳	己亥	戊辰	丁酉	丁卯	丙申	丙寅	乙未	丁卯	丙申	1日
2	辛未	辛丑	庚午	庚子	己巳	戊戌	戊辰	丁酉	丁卯	丙申	戊辰	丁酉	2日
3	壬申	壬寅	辛未	辛丑	庚午	己亥	己巳	戊戌	戊辰	丁酉	己巳	戊戌	3日
4	癸酉	癸卯	壬申	壬寅	辛未	庚子	庚午	己亥	己巳	戊戌	庚午	己亥	4日
5	甲戌	甲辰	癸酉	癸卯	壬申	辛丑	辛未	庚子	庚午	己亥	辛未	庚子	5日
6	乙亥	乙巳	甲戌	甲辰	癸酉	壬寅	壬申	辛丑	辛未	庚子	壬申	辛丑	6日
7	丙子	丙午	乙亥	乙巳	甲戌	癸卯	癸酉	壬寅	壬申	辛丑	癸酉	壬寅	7日
8	丁丑	丁未	丙子	丙午	乙亥	甲辰	甲戌	癸卯	癸酉	壬寅	甲戌	癸卯	8日
9	戊寅	戊申	丁丑	丁未	丙子	乙巳	乙亥	甲辰	甲戌	癸卯	乙亥	甲辰	9日
10	己卯	己酉	戊寅	戊申	丁丑	丙午	丙子	乙巳	乙亥	甲辰	丙子	乙巳	10日
11	庚辰	庚戌	己卯	己酉	戊寅	丁未	丁丑	丙午	丙子	乙巳	丁丑	丙午	11日
12	辛巳	辛亥	庚辰	庚戌	己卯	戊申	戊寅	丁未	丁丑	丙午	戊寅	丁未	12日
13	壬午	壬子	辛巳	辛亥	庚辰	己酉	己卯	戊申	戊寅	丁未	己卯	戊申	13日
14	癸未	癸丑	壬午	壬子	辛巳	庚戌	庚辰	己酉	己卯	戊申	庚辰	己酉	14日
15	甲申	甲寅	癸未	癸丑	壬午	辛亥	辛巳	庚戌	庚辰	己酉	辛巳	庚戌	15日
16	乙酉	乙卯	甲申	甲寅	癸未	壬子	壬午	辛亥	辛巳	庚戌	壬午	辛亥	16日
17	丙戌	丙辰	乙酉	乙卯	甲申	癸丑	癸未	壬子	壬午	辛亥	癸未	壬子	17日
18	丁亥	丁巳	丙戌	丙辰	乙酉	甲寅	甲申	癸丑	癸未	壬子	甲申	癸丑	18日
19	戊子	戊午	丁亥	丁巳	丙戌	乙卯	乙酉	甲寅	甲申	癸丑	乙酉	甲寅	19日
20	己丑	己未	戊子	戊午	丁亥	丙辰	丙戌	乙卯	乙酉	甲寅	丙戌	乙卯	20日
21	庚寅	庚申	己丑	己未	戊子	丁巳	丁亥	丙辰	丙戌	乙卯	丁亥	丙辰	21日
22	辛卯	辛酉	庚寅	庚申	己丑	戊午	戊子	丁巳	丁亥	丙辰	戊子	丁巳	22日
23	壬辰	壬戌	辛卯	辛酉	庚寅	己未	己丑	戊午	戊子	丁巳	己丑	戊午	23日
24	癸巳	癸亥	壬辰	壬戌	辛卯	庚申	庚寅	己未	己丑	戊午	庚寅	己未	24日
25	甲午	甲子	癸巳	癸亥	壬辰	辛酉	辛卯	庚申	庚寅	己未	辛卯	庚申	25日
26	乙未	乙丑	甲午	甲子	癸巳	壬戌	壬辰	辛酉	辛卯	庚申	壬辰	辛酉	26日
27	丙申	丙寅	乙未	乙丑	甲午	癸亥	癸巳	壬戌	壬辰	辛酉	癸巳	壬戌	27日
28	丁酉	丁卯	丙申	丙寅	乙未	甲子	甲午	癸亥	癸巳	壬戌	甲午	癸亥	28日
29	戊戌	戊辰	丁酉	丁卯	丙申	乙丑	乙未	甲子	甲午	癸亥		甲子	29日
30	己亥	己巳	戊戌	戊辰	丁酉	丙寅	丙申	乙丑	乙未	甲子		乙丑	30日
31	庚子		己亥		戊戌	丁卯		丙寅		乙丑		丙寅	31日

24年 己丑

1949年　昭和 24年　己丑

	12月	11月	10月	9月	8月	7月	6月	5月	4月	3月	2月	1月 (23年 戊子)	
	丙子	乙亥	甲戌	癸酉	壬申	辛未	庚午	己巳	戊辰	丁卯	丙寅	乙丑	月干支
	7日	8日	9日	8日	8日	7日	6日	6日	5日	6日	4日	6日	節入日
	19:34	3:01	0:12	8:55	6:16	20:32	10:07	5:37	11:52	6:40	12:24	0:42	
1	乙丑	乙未	甲子	甲午	癸亥	壬辰	壬戌	辛卯	辛酉	庚寅	壬戌	辛卯	1日
	丙寅	丙申	乙丑	乙未	甲子	癸巳	癸亥	壬辰	壬戌	辛卯	癸亥	壬辰	2日
	丁卯	丁酉	丙寅	丙申	乙丑	甲午	甲子	癸巳	癸亥	壬辰	甲子	癸巳	3日
	戊辰	戊戌	丁卯	丁酉	丙寅	乙未	乙丑	甲午	甲子	癸巳	乙丑	甲午	4日
5	己巳	己亥	戊辰	戊戌	丁卯	丙申	丙寅	乙未	乙丑	甲午	丙寅	乙未	5日
	庚午	庚子	己巳	己亥	戊辰	丁酉	丁卯	丙申	丙寅	乙未	丁卯	丙申	6日
	辛未	辛丑	庚午	庚子	己巳	戊戌	戊辰	丁酉	丁卯	丙申	戊辰	丁酉	7日
	壬申	壬寅	辛未	辛丑	庚午	己亥	己巳	戊戌	戊辰	丁酉	己巳	戊戌	8日
	癸酉	癸卯	壬申	壬寅	辛未	庚子	庚午	己亥	己巳	戊戌	庚午	己亥	9日
10	甲戌	甲辰	癸酉	癸卯	壬申	辛丑	辛未	庚子	庚午	己亥	辛未	庚子	10日
	乙亥	乙巳	甲戌	甲辰	癸酉	壬寅	壬申	辛丑	辛未	庚子	壬申	辛丑	11日
	丙子	丙午	乙亥	乙巳	甲戌	癸卯	癸酉	壬寅	壬申	辛丑	癸酉	壬寅	12日
	丁丑	丁未	丙子	丙午	乙亥	甲辰	甲戌	癸卯	癸酉	壬寅	甲戌	癸卯	13日
	戊寅	戊申	丁丑	丁未	丙子	乙巳	乙亥	甲辰	甲戌	癸卯	乙亥	甲辰	14日
15	己卯	己酉	戊寅	戊申	丁丑	丙午	丙子	乙巳	乙亥	甲辰	丙子	乙巳	15日
	庚辰	庚戌	己卯	己酉	戊寅	丁未	丁丑	丙午	丙子	乙巳	丁丑	丙午	16日
	辛巳	辛亥	庚辰	庚戌	己卯	戊申	戊寅	丁未	丁丑	丙午	戊寅	丁未	17日
	壬午	壬子	辛巳	辛亥	庚辰	己酉	己卯	戊申	戊寅	丁未	己卯	戊申	18日
	癸未	癸丑	壬午	壬子	辛巳	庚戌	庚辰	己酉	己卯	戊申	庚辰	己酉	19日
20	甲申	甲寅	癸未	癸丑	壬午	辛亥	辛巳	庚戌	庚辰	己酉	辛巳	庚戌	20日
	乙酉	乙卯	甲申	甲寅	癸未	壬子	壬午	辛亥	辛巳	庚戌	壬午	辛亥	21日
	丙戌	丙辰	乙酉	乙卯	甲申	癸丑	癸未	壬子	壬午	辛亥	癸未	壬子	22日
	丁亥	丁巳	丙戌	丙辰	乙酉	甲寅	甲申	癸丑	癸未	壬子	甲申	癸丑	23日
	戊子	戊午	丁亥	丁巳	丙戌	乙卯	乙酉	甲寅	甲申	癸丑	乙酉	甲寅	24日
25	己丑	己未	戊子	戊午	丁亥	丙辰	丙戌	乙卯	乙酉	甲寅	丙戌	乙卯	25日
	庚寅	庚申	己丑	己未	戊子	丁巳	丁亥	丙辰	丙戌	乙卯	丁亥	丙辰	26日
	辛卯	辛酉	庚寅	庚申	己丑	戊午	戊子	丁巳	丁亥	丙辰	戊子	丁巳	27日
	壬辰	壬戌	辛卯	辛酉	庚寅	己未	己丑	戊午	戊子	丁巳	己丑	戊午	28日
	癸巳	癸亥	壬辰	壬戌	辛卯	庚申	庚寅	己未	己丑	戊午		己未	29日
30	甲午	甲子	癸巳	癸亥	壬辰	辛酉	辛卯	庚申	庚寅	己未		庚申	30日
	乙未		甲午		癸巳	壬戌		辛酉		庚申		辛酉	31日

1948年　昭和 23年　戊子

12月	11月	10月	9月	8月	7月	6月	5月	4月	3月	2月	1月	月干支
甲子	癸亥	壬戌	辛酉	庚申	己未	戊午	丁巳	丙辰	乙卯	甲寅	癸丑	
7日 13:38	7日 21:07	8日 18:21	8日 3:06	8日 0:27	7日 14:44	6日 4:21	5日 23:53	5日 6:10	6日 0:58	5日 6:43	6日 19:01	節入日
庚申	庚寅	己未	己丑	戊午	丁亥	丁巳	丙戌	丙辰	乙酉	丙辰	乙酉	1日
辛酉	辛卯	庚申	庚寅	己未	戊子	戊午	丁亥	丁巳	丙戌	丁巳	丙戌	2日
壬戌	壬辰	辛酉	辛卯	庚申	己丑	己未	戊子	戊午	丁亥	戊午	丁亥	3日
癸亥	癸巳	壬戌	壬辰	辛酉	庚寅	庚申	己丑	己未	戊子	己未	戊子	4日
甲子	甲午	癸亥	癸巳	壬戌	辛卯	辛酉	庚寅	庚申	己丑	庚申	己丑	5日
乙丑	乙未	甲子	甲午	癸亥	壬辰	壬戌	辛卯	辛酉	庚寅	辛酉	庚寅	6日
丙寅	丙申	乙丑	乙未	甲子	癸巳	癸亥	壬辰	壬戌	辛卯	壬戌	辛卯	7日
丁卯	丁酉	丙寅	丙申	乙丑	甲午	甲子	癸巳	癸亥	壬辰	癸亥	壬辰	8日
戊辰	戊戌	丁卯	丁酉	丙寅	乙未	乙丑	甲午	甲子	癸巳	甲子	癸巳	9日
己巳	己亥	戊辰	戊戌	丁卯	丙申	丙寅	乙未	乙丑	甲午	乙丑	甲午	10日
庚午	庚子	己巳	己亥	戊辰	丁酉	丁卯	丙申	丙寅	乙未	丙寅	乙未	11日
辛未	辛丑	庚午	庚子	己巳	戊戌	戊辰	丁酉	丁卯	丙申	丁卯	丙申	12日
壬申	壬寅	辛未	辛丑	庚午	己亥	己巳	戊戌	戊辰	丁酉	戊辰	丁酉	13日
癸酉	癸卯	壬申	壬寅	辛未	庚子	庚午	己亥	己巳	戊戌	己巳	戊戌	14日
甲戌	甲辰	癸酉	癸卯	壬申	辛丑	辛未	庚子	庚午	己亥	庚午	己亥	15日
乙亥	乙巳	甲戌	甲辰	癸酉	壬寅	壬申	辛丑	辛未	庚子	辛未	庚子	16日
丙子	丙午	乙亥	乙巳	甲戌	癸卯	癸酉	壬寅	壬申	辛丑	壬申	辛丑	17日
丁丑	丁未	丙子	丙午	乙亥	甲辰	甲戌	癸卯	癸酉	壬寅	癸酉	壬寅	18日
戊寅	戊申	丁丑	丁未	丙子	乙巳	乙亥	甲辰	甲戌	癸卯	甲戌	癸卯	19日
己卯	己酉	戊寅	戊申	丁丑	丙午	丙子	乙巳	乙亥	甲辰	乙亥	甲辰	20日
庚辰	庚戌	己卯	己酉	戊寅	丁未	丁丑	丙午	丙子	乙巳	丙子	乙巳	21日
辛巳	辛亥	庚辰	庚戌	己卯	戊申	戊寅	丁未	丁丑	丙午	丁丑	丙午	22日
壬午	壬子	辛巳	辛亥	庚辰	己酉	己卯	戊申	戊寅	丁未	戊寅	丁未	23日
癸未	癸丑	壬午	壬子	辛巳	庚戌	庚辰	己酉	己卯	戊申	己卯	戊申	24日
甲申	甲寅	癸未	癸丑	壬午	辛亥	辛巳	庚戌	庚辰	己酉	庚辰	己酉	25日
乙酉	乙卯	甲申	甲寅	癸未	壬子	壬午	辛亥	辛巳	庚戌	辛巳	庚戌	26日
丙戌	丙辰	乙酉	乙卯	甲申	癸丑	癸未	壬子	壬午	辛亥	壬午	辛亥	27日
丁亥	丁巳	丙戌	丙辰	乙酉	甲寅	甲申	癸丑	癸未	壬子	癸未	壬子	28日
戊子	戊午	丁亥	丁巳	丙戌	乙卯	乙酉	甲寅	甲申	癸丑	甲申	癸丑	29日
己丑	己未	戊子	戊午	丁亥	丙辰	丙戌	乙卯	乙酉	甲寅		甲寅	30日
庚寅		己丑		戊子	丁巳		丙辰		乙卯		乙卯	31日

22年 丁亥

1947年　　昭和 22年　　丁亥

	12月	11月	10月	9月	8月	7月	6月	5月	4月	3月	2月	21年丙戌 1月	
	壬子	辛亥	庚戌	己酉	戊申	丁未	丙午	乙巳	甲辰	癸卯	壬寅	辛丑	月干支
	8日	8日	9日	8日	8日	8日	6日	6日	6日	6日	5日	6日	節入日
	7:57	15:25	12:38	21:22	18:41	8:56	22:32	18:03	0:21	19:08	0:51	13:07	
1	甲寅	甲申	癸丑	癸未	壬子	辛巳	辛亥	庚辰	庚戌	己卯	辛亥	庚辰	1日
	乙卯	乙酉	甲寅	甲申	癸丑	壬午	壬子	辛巳	辛亥	庚辰	壬子	辛巳	2日
	丙辰	丙戌	乙卯	乙酉	甲寅	癸未	癸丑	壬午	壬子	辛巳	癸丑	壬午	3日
	丁巳	丁亥	丙辰	丙戌	乙卯	甲申	甲寅	癸未	癸丑	壬午	甲寅	癸未	4日
5	戊午	戊子	丁巳	丁亥	丙辰	乙酉	乙卯	甲申	甲寅	癸未	乙卯	甲申	5日
	己未	己丑	戊午	戊子	丁巳	丙戌	丙辰	乙酉	乙卯	甲申	丙辰	乙酉	6日
	庚申	庚寅	己未	己丑	戊午	丁亥	丁巳	丙戌	丙辰	乙酉	丁巳	丙戌	7日
	辛酉	辛卯	庚申	庚寅	己未	戊子	戊午	丁亥	丁巳	丙戌	戊午	丁亥	8日
	壬戌	壬辰	辛酉	辛卯	庚申	己丑	己未	戊子	戊午	丁亥	己未	戊子	9日
10	癸亥	癸巳	壬戌	壬辰	辛酉	庚寅	庚申	己丑	己未	戊子	庚申	己丑	10日
	甲子	甲午	癸亥	癸巳	壬戌	辛卯	辛酉	庚寅	庚申	己丑	辛酉	庚寅	11日
	乙丑	乙未	甲子	甲午	癸亥	壬辰	壬戌	辛卯	辛酉	庚寅	壬戌	辛卯	12日
	丙寅	丙申	乙丑	乙未	甲子	癸巳	癸亥	壬辰	壬戌	辛卯	癸亥	壬辰	13日
	丁卯	丁酉	丙寅	丙申	乙丑	甲午	甲子	癸巳	癸亥	壬辰	甲子	癸巳	14日
15	戊辰	戊戌	丁卯	丁酉	丙寅	乙未	乙丑	甲午	甲子	癸巳	乙丑	甲午	15日
	己巳	己亥	戊辰	戊戌	丁卯	丙申	丙寅	乙未	乙丑	甲午	丙寅	乙未	16日
	庚午	庚子	己巳	己亥	戊辰	丁酉	丁卯	丙申	丙寅	乙未	丁卯	丙申	17日
	辛未	辛丑	庚午	庚子	己巳	戊戌	戊辰	丁酉	丁卯	丙申	戊辰	丁酉	18日
	壬申	壬寅	辛未	辛丑	庚午	己亥	己巳	戊戌	戊辰	丁酉	己巳	戊戌	19日
20	癸酉	癸卯	壬申	壬寅	辛未	庚子	庚午	己亥	己巳	戊戌	庚午	己亥	20日
	甲戌	甲辰	癸酉	癸卯	壬申	辛丑	辛未	庚子	庚午	己亥	辛未	庚子	21日
	乙亥	乙巳	甲戌	甲辰	癸酉	壬寅	壬申	辛丑	辛未	庚子	壬申	辛丑	22日
	丙子	丙午	乙亥	乙巳	甲戌	癸卯	癸酉	壬寅	壬申	辛丑	癸酉	壬寅	23日
	丁丑	丁未	丙子	丙午	乙亥	甲辰	甲戌	癸卯	癸酉	壬寅	甲戌	癸卯	24日
25	戊寅	戊申	丁丑	丁未	丙子	乙巳	乙亥	甲辰	甲戌	癸卯	乙亥	甲辰	25日
	己卯	己酉	戊寅	戊申	丁丑	丙午	丙子	乙巳	乙亥	甲辰	丙子	乙巳	26日
	庚辰	庚戌	己卯	己酉	戊寅	丁未	丁丑	丙午	丙子	乙巳	丁丑	丙午	27日
	辛巳	辛亥	庚辰	庚戌	己卯	戊申	戊寅	丁未	丁丑	丙午	戊寅	丁未	28日
	壬午	壬子	辛巳	辛亥	庚辰	己酉	己卯	戊申	戊寅	丁未		戊申	29日
30	癸未	癸丑	壬午	壬子	辛巳	庚戌	庚辰	己酉	己卯	戊申		己酉	30日
	甲申		癸未		壬午	辛亥		庚戌		己酉		庚戌	31日

1946年　　昭和 21年　　丙戌

12月	11月	10月	9月	8月	7月	6月	5月	4月	3月	2月	20年 乙酉 1月	月干支
庚子	己亥	戊戌	丁酉	丙申	乙未	甲午	癸巳	壬辰	辛卯	庚寅	己丑	
8日	8日	9日	8日	8日	8日	6日	6日	5日	6日	4日	6日	節入日
2:01	9:28	6:41	15:28	12:52	3:11	16:49	12:22	18:39	13:25	19:04	7:17	
己酉	己卯	戊申	戊寅	丁未	丙子	丙午	乙亥	乙巳	甲戌	丙午	乙酉	1日
庚戌	庚辰	己酉	己卯	戊申	丁丑	丁未	丙子	丙午	乙亥	丁未	丙戌	2日
辛亥	辛巳	庚戌	庚辰	己酉	戊寅	戊申	丁丑	丁未	丙子	戊申	丁亥	3日
壬子	壬午	辛亥	辛巳	庚戌	己卯	己酉	戊寅	戊申	丁丑	己酉	戊子	4日
癸丑	癸未	壬子	壬午	辛亥	庚辰	庚戌	己卯	己酉	戊寅	庚戌	己丑	5日
甲寅	甲申	癸丑	癸未	壬子	辛巳	辛亥	庚辰	庚戌	己卯	辛亥	庚寅	6日
乙卯	乙酉	甲寅	甲申	癸丑	壬午	壬子	辛巳	辛亥	庚辰	壬子	辛卯	7日
丙辰	丙戌	乙卯	乙酉	甲寅	癸未	癸丑	壬午	壬子	辛巳	癸丑	壬辰	8日
丁巳	丁亥	丙辰	丙戌	乙卯	甲申	甲寅	癸未	癸丑	壬午	甲寅	癸巳	9日
戊午	戊子	丁巳	丁亥	丙辰	乙酉	乙卯	甲申	甲寅	癸未	乙卯	甲午	10日
己未	己丑	戊午	戊子	丁巳	丙戌	丙辰	乙酉	乙卯	甲申	丙辰	乙未	11日
庚申	庚寅	己未	己丑	戊午	丁亥	丁巳	丙戌	丙辰	乙酉	丁巳	丙申	12日
辛酉	辛卯	庚申	庚寅	己未	戊子	戊午	丁亥	丁巳	丙戌	戊午	丁酉	13日
壬戌	壬辰	辛酉	辛卯	庚申	己丑	己未	戊子	戊午	丁亥	己未	戊戌	14日
癸亥	癸巳	壬戌	壬辰	辛酉	庚寅	庚申	己丑	己未	戊子	庚申	己亥	15日
甲子	甲午	癸亥	癸巳	壬戌	辛卯	辛酉	庚寅	庚申	己丑	辛酉	庚子	16日
乙丑	乙未	甲子	甲午	癸亥	壬辰	壬戌	辛卯	辛酉	庚寅	壬戌	辛丑	17日
丙寅	丙申	乙丑	乙未	甲子	癸巳	癸亥	壬辰	壬戌	辛卯	癸亥	壬寅	18日
丁卯	丁酉	丙寅	丙申	乙丑	甲午	甲子	癸巳	癸亥	壬辰	甲子	癸卯	19日
戊辰	戊戌	丁卯	丁酉	丙寅	乙未	乙丑	甲午	甲子	癸巳	乙丑	甲辰	20日
己巳	己亥	戊辰	戊戌	丁卯	丙申	丙寅	乙未	乙丑	甲午	丙寅	乙巳	21日
庚午	庚子	己巳	己亥	戊辰	丁酉	丁卯	丙申	丙寅	乙未	丁卯	丙午	22日
辛未	辛丑	庚午	庚子	己巳	戊戌	戊辰	丁酉	丁卯	丙申	戊辰	丁未	23日
壬申	壬寅	辛未	辛丑	庚午	己亥	己巳	戊戌	戊辰	丁酉	己巳	戊申	24日
癸酉	癸卯	壬申	壬寅	辛未	庚子	庚午	己亥	己巳	戊戌	庚午	己酉	25日
甲戌	甲辰	癸酉	癸卯	壬申	辛丑	辛未	庚子	庚午	己亥	辛未	庚戌	26日
乙亥	乙巳	甲戌	甲辰	癸酉	壬寅	壬申	辛丑	辛未	庚子	壬申	辛亥	27日
丙子	丙午	乙亥	乙巳	甲戌	癸卯	癸酉	壬寅	壬申	辛丑	癸酉	壬子	28日
丁丑	丁未	丙子	丙午	乙亥	甲辰	甲戌	癸卯	癸酉	壬寅		癸丑	29日
戊寅	戊申	丁丑	丁未	丙子	乙巳	乙亥	甲辰	甲戌	癸卯		甲寅	30日
己卯		戊寅		丁丑	丙午		乙巳		甲辰		乙卯	31日

1945年　昭和 20年　乙酉

	12月	11月	10月	9月	8月	7月	6月	5月	4月	3月	2月	1月	19年甲申
月干支	戊子	丁亥	丙戌	乙酉	甲申	癸未	壬午	辛巳	庚辰	己卯	戊寅	丁丑	
節入日	7日 20:08	8日 3:35	9日 0:50	8日 9:39	8日 7:06	7日 21:27	6日 11:06	6日 6:37	5日 12:52	6日 7:38	4日 13:20	6日 1:35	
1日	甲辰	甲戌	癸卯	癸酉	壬寅	辛未	辛丑	庚午	庚子	己巳	辛丑	庚午	1日
2日	乙巳	乙亥	甲辰	甲戌	癸卯	壬申	壬寅	辛未	辛丑	庚午	壬寅	辛未	2日
3日	丙午	丙子	乙巳	乙亥	甲辰	癸酉	癸卯	壬申	壬寅	辛未	癸卯	壬申	3日
4日	丁未	丁丑	丙午	丙子	乙巳	甲戌	甲辰	癸酉	癸卯	壬申	甲辰	癸酉	4日
5日	戊申	戊寅	丁未	丁丑	丙午	乙亥	乙巳	甲戌	甲辰	癸酉	乙巳	甲戌	5日
6日	己酉	己卯	戊申	戊寅	丁未	丙子	丙午	乙亥	乙巳	甲戌	丙午	乙亥	6日
7日	庚戌	庚辰	己酉	己卯	戊申	丁丑	丁未	丙子	丙午	乙亥	丁未	丙子	7日
8日	辛亥	辛巳	庚戌	庚辰	己酉	戊寅	戊申	丁丑	丁未	丙子	戊申	丁丑	8日
9日	壬子	壬午	辛亥	辛巳	庚戌	己卯	己酉	戊寅	戊申	丁丑	己酉	戊寅	9日
10日	癸丑	癸未	壬子	壬午	辛亥	庚辰	庚戌	己卯	己酉	戊寅	庚戌	己卯	10日
11日	甲寅	甲申	癸丑	癸未	壬子	辛巳	辛亥	庚辰	庚戌	己卯	辛亥	庚辰	11日
12日	乙卯	乙酉	甲寅	甲申	癸丑	壬午	壬子	辛巳	辛亥	庚辰	壬子	辛巳	12日
13日	丙辰	丙戌	乙卯	乙酉	甲寅	癸未	癸丑	壬午	壬子	辛巳	癸丑	壬午	13日
14日	丁巳	丁亥	丙辰	丙戌	乙卯	甲申	甲寅	癸未	癸丑	壬午	甲寅	癸未	14日
15日	戊午	戊子	丁巳	丁亥	丙辰	乙酉	乙卯	甲申	甲寅	癸未	乙卯	甲申	15日
16日	己未	己丑	戊午	戊子	丁巳	丙戌	丙辰	乙酉	乙卯	甲申	丙辰	乙酉	16日
17日	庚申	庚寅	己未	己丑	戊午	丁亥	丁巳	丙戌	丙辰	乙酉	丁巳	丙戌	17日
18日	辛酉	辛卯	庚申	庚寅	己未	戊子	戊午	丁亥	丁巳	丙戌	戊午	丁亥	18日
19日	壬戌	壬辰	辛酉	辛卯	庚申	己丑	己未	戊子	戊午	丁亥	己未	戊子	19日
20日	癸亥	癸巳	壬戌	壬辰	辛酉	庚寅	庚申	己丑	己未	戊子	庚申	己丑	20日
21日	甲子	甲午	癸亥	癸巳	壬戌	辛卯	辛酉	庚寅	庚申	己丑	辛酉	庚寅	21日
22日	乙丑	乙未	甲子	甲午	癸亥	壬辰	壬戌	辛卯	辛酉	庚寅	壬戌	辛卯	22日
23日	丙寅	丙申	乙丑	乙未	甲子	癸巳	癸亥	壬辰	壬戌	辛卯	癸亥	壬辰	23日
24日	丁卯	丁酉	丙寅	丙申	乙丑	甲午	甲子	癸巳	癸亥	壬辰	甲子	癸巳	24日
25日	戊辰	戊戌	丁卯	丁酉	丙寅	乙未	乙丑	甲午	甲子	癸巳	乙丑	甲午	25日
26日	己巳	己亥	戊辰	戊戌	丁卯	丙申	丙寅	乙未	乙丑	甲午	丙寅	乙未	26日
27日	庚午	庚子	己巳	己亥	戊辰	丁酉	丁卯	丙申	丙寅	乙未	丁卯	丙申	27日
28日	辛未	辛丑	庚午	庚子	己巳	戊戌	戊辰	丁酉	丁卯	丙申	戊辰	丁酉	28日
29日	壬申	壬寅	辛未	辛丑	庚午	己亥	己巳	戊戌	戊辰	丁酉		戊戌	29日
30日	癸酉	癸卯	壬申	壬寅	辛未	庚子	庚午	己亥	己巳	戊戌		己亥	30日
31日	甲戌		癸酉		壬申	辛丑		庚子		己亥		庚子	31日

1944年　昭和 19年　甲申

12月	11月	10月	9月	8月	7月	6月	5月	4月	3月	2月	1月	18年癸未
丙子	乙亥	甲戌	癸酉	壬申	辛未	庚午	己巳	戊辰	丁卯	丙寅	乙丑	月干支
7日	7日	8日	8日	8日	7日	6日	6日	5日	6日	5日	6日	節入日
14:28	21:55	19:09	3:56	1:19	15:36	5:11	0:40	6:54	1:41	7:24	19:40	
己亥	己巳	戊戌	戊辰	丁酉	丙寅	丙申	乙丑	乙未	甲子	乙未	甲子	1日
庚子	庚午	己亥	己巳	戊戌	丁卯	丁酉	丙寅	丙申	乙丑	丙申	乙丑	2日
辛丑	辛未	庚子	庚午	己亥	戊辰	戊戌	丁卯	丁酉	丙寅	丁酉	丙寅	3日
壬寅	壬申	辛丑	辛未	庚子	己巳	己亥	戊辰	戊戌	丁卯	戊戌	丁卯	4日
癸卯	癸酉	壬寅	壬申	辛丑	庚午	庚子	己巳	己亥	戊辰	己亥	戊辰	5日
甲辰	甲戌	癸卯	癸酉	壬寅	辛未	辛丑	庚午	庚子	己巳	庚子	己巳	6日
乙巳	乙亥	甲辰	甲戌	癸卯	壬申	壬寅	辛未	辛丑	庚午	辛丑	庚午	7日
丙午	丙子	乙巳	乙亥	甲辰	癸酉	癸卯	壬申	壬寅	辛未	壬寅	辛未	8日
丁未	丁丑	丙午	丙子	乙巳	甲戌	甲辰	癸酉	癸卯	壬申	癸卯	壬申	9日
戊申	戊寅	丁未	丁丑	丙午	乙亥	乙巳	甲戌	甲辰	癸酉	甲辰	癸酉	10日
己酉	己卯	戊申	戊寅	丁未	丙子	丙午	乙亥	乙巳	甲戌	乙巳	甲戌	11日
庚戌	庚辰	己酉	己卯	戊申	丁丑	丁未	丙子	丙午	乙亥	丙午	乙亥	12日
辛亥	辛巳	庚戌	庚辰	己酉	戊寅	戊申	丁丑	丁未	丙子	丁未	丙子	13日
壬子	壬午	辛亥	辛巳	庚戌	己卯	己酉	戊寅	戊申	丁丑	戊申	丁丑	14日
癸丑	癸未	壬子	壬午	辛亥	庚辰	庚戌	己卯	己酉	戊寅	己酉	戊寅	15日
甲寅	甲申	癸丑	癸未	壬子	辛巳	辛亥	庚辰	庚戌	己卯	庚戌	己卯	16日
乙卯	乙酉	甲寅	甲申	癸丑	壬午	壬子	辛巳	辛亥	庚辰	辛亥	庚辰	17日
丙辰	丙戌	乙卯	乙酉	甲寅	癸未	癸丑	壬午	壬子	辛巳	壬子	辛巳	18日
丁巳	丁亥	丙辰	丙戌	乙卯	甲申	甲寅	癸未	癸丑	壬午	癸丑	壬午	19日
戊午	戊子	丁巳	丁亥	丙辰	乙酉	乙卯	甲申	甲寅	癸未	甲寅	癸未	20日
己未	己丑	戊午	戊子	丁巳	丙戌	丙辰	乙酉	乙卯	甲申	乙卯	甲申	21日
庚申	庚寅	己未	己丑	戊午	丁亥	丁巳	丙戌	丙辰	乙酉	丙辰	乙酉	22日
辛酉	辛卯	庚申	庚寅	己未	戊子	戊午	丁亥	丁巳	丙戌	丁巳	丙戌	23日
壬戌	壬辰	辛酉	辛卯	庚申	己丑	己未	戊子	戊午	丁亥	戊午	丁亥	24日
癸亥	癸巳	壬戌	壬辰	辛酉	庚寅	庚申	己丑	己未	戊子	己未	戊子	25日
甲子	甲午	癸亥	癸巳	壬戌	辛卯	辛酉	庚寅	庚申	己丑	庚申	己丑	26日
乙丑	乙未	甲子	甲午	癸亥	壬辰	壬戌	辛卯	辛酉	庚寅	辛酉	庚寅	27日
丙寅	丙申	乙丑	乙未	甲子	癸巳	癸亥	壬辰	壬戌	辛卯	壬戌	辛卯	28日
丁卯	丁酉	丙寅	丙申	乙丑	甲午	甲子	癸巳	癸亥	壬辰		壬辰	29日
戊辰	戊戌	丁卯	丁酉	丙寅	乙未	乙丑	甲午	甲子	癸巳		癸巳	30日
己巳		戊辰		丁卯	丙申		乙未		甲午		甲午	31日

1943年　昭和18年　癸未

	12月	11月	10月	9月	8月	7月	6月	5月	4月	3月	2月	17年壬午 1月	
	甲子	癸亥	壬戌	辛酉	庚申	己未	戊午	丁巳	丙辰	乙卯	甲寅	癸丑	月干支
	8日	8日	9日	8日	8日	8日	6日	6日	6日	6日	5日	6日	節入日
	8:33	15:59	13:11	21:56	19:19	9:39	23:19	18:54	1:12	19:59	1:41	13:55	
1	癸巳	癸亥	壬辰	壬戌	辛卯	庚申	庚寅	己未	己丑	戊午	庚寅	己未	1日
2	甲午	甲子	癸巳	癸亥	壬辰	辛酉	辛卯	庚申	庚寅	己未	辛卯	庚申	2日
3	乙未	乙丑	甲午	甲子	癸巳	壬戌	壬辰	辛酉	辛卯	庚申	壬辰	辛酉	3日
4	丙申	丙寅	乙未	乙丑	甲午	癸亥	癸巳	壬戌	壬辰	辛酉	癸巳	壬戌	4日
5	丁酉	丁卯	丙申	丙寅	乙未	甲子	甲午	癸亥	癸巳	壬戌	甲午	癸亥	5日
6	戊戌	戊辰	丁酉	丁卯	丙申	乙丑	乙未	甲子	甲午	癸亥	乙未	甲子	6日
7	己亥	己巳	戊戌	戊辰	丁酉	丙寅	丙申	乙丑	乙未	甲子	丙申	乙丑	7日
8	庚子	庚午	己亥	己巳	戊戌	丁卯	丁酉	丙寅	丙申	乙丑	丁酉	丙寅	8日
9	辛丑	辛未	庚子	庚午	己亥	戊辰	戊戌	丁卯	丁酉	丙寅	戊戌	丁卯	9日
10	壬寅	壬申	辛丑	辛未	庚子	己巳	己亥	戊辰	戊戌	丁卯	己亥	戊辰	10日
11	癸卯	癸酉	壬寅	壬申	辛丑	庚午	庚子	己巳	己亥	戊辰	庚子	己巳	11日
12	甲辰	甲戌	癸卯	癸酉	壬寅	辛未	辛丑	庚午	庚子	己巳	辛丑	庚午	12日
13	乙巳	乙亥	甲辰	甲戌	癸卯	壬申	壬寅	辛未	辛丑	庚午	壬寅	辛未	13日
14	丙午	丙子	乙巳	乙亥	甲辰	癸酉	癸卯	壬申	壬寅	辛未	癸卯	壬申	14日
15	丁未	丁丑	丙午	丙子	乙巳	甲戌	甲辰	癸酉	癸卯	壬申	甲辰	癸酉	15日
16	戊申	戊寅	丁未	丁丑	丙午	乙亥	乙巳	甲戌	甲辰	癸酉	乙巳	甲戌	16日
17	己酉	己卯	戊申	戊寅	丁未	丙子	丙午	乙亥	乙巳	甲戌	丙午	乙亥	17日
18	庚戌	庚辰	己酉	己卯	戊申	丁丑	丁未	丙子	丙午	乙亥	丁未	丙子	18日
19	辛亥	辛巳	庚戌	庚辰	己酉	戊寅	戊申	丁丑	丁未	丙子	戊申	丁丑	19日
20	壬子	壬午	辛亥	辛巳	庚戌	己卯	己酉	戊寅	戊申	丁丑	己酉	戊寅	20日
21	癸丑	癸未	壬子	壬午	辛亥	庚辰	庚戌	己卯	己酉	戊寅	庚戌	己卯	21日
22	甲寅	甲申	癸丑	癸未	壬子	辛巳	辛亥	庚辰	庚戌	己卯	辛亥	庚辰	22日
23	乙卯	乙酉	甲寅	甲申	癸丑	壬午	壬子	辛巳	辛亥	庚辰	壬子	辛巳	23日
24	丙辰	丙戌	乙卯	乙酉	甲寅	癸未	癸丑	壬午	壬子	辛巳	癸丑	壬午	24日
25	丁巳	丁亥	丙辰	丙戌	乙卯	甲申	甲寅	癸未	癸丑	壬午	甲寅	癸未	25日
26	戊午	戊子	丁巳	丁亥	丙辰	乙酉	乙卯	甲申	甲寅	癸未	乙卯	甲申	26日
27	己未	己丑	戊午	戊子	丁巳	丙戌	丙辰	乙酉	乙卯	甲申	丙辰	乙酉	27日
28	庚申	庚寅	己未	己丑	戊午	丁亥	丁巳	丙戌	丙辰	乙酉	丁巳	丙戌	28日
29	辛酉	辛卯	庚申	庚寅	己未	戊子	戊午	丁亥	丁巳	丙戌		丁亥	29日
30	壬戌	壬辰	辛酉	辛卯	庚申	己丑	己未	戊子	戊午	丁亥		戊子	30日
31	癸亥		壬戌		辛酉	庚寅		己丑		戊子		己丑	31日

1942年　昭和17年　壬午

12月	11月	10月	9月	8月	7月	6月	5月	4月	3月	2月	1月	16年辛巳
壬子	辛亥	庚戌	己酉	戊申	丁未	丙午	乙巳	甲辰	癸卯	壬寅	辛丑	月干支
8日	8日	9日	8日	8日	8日	6日	6日	5日	6日	4日	6日	節入日
2:47	10:12	7:22	16:07	13:31	3:52	17:33	13:07	19:24	14:10	19:49	8:03	
戊子	戊午	丁亥	丁巳	丙戌	乙卯	乙酉	甲寅	甲申	癸丑	乙酉	甲寅	1日
己丑	己未	戊子	戊午	丁亥	丙辰	丙戌	乙卯	乙酉	甲寅	丙戌	乙卯	2日
庚寅	庚申	己丑	己未	戊子	丁巳	丁亥	丙辰	丙戌	乙卯	丁亥	丙辰	3日
辛卯	辛酉	庚寅	庚申	己丑	戊午	戊子	丁巳	丁亥	丙辰	戊子	丁巳	4日
壬辰	壬戌	辛卯	辛酉	庚寅	己未	己丑	戊午	戊子	丁巳	己丑	戊午	5日
癸巳	癸亥	壬辰	壬戌	辛卯	庚申	庚寅	己未	己丑	戊午	庚寅	己未	6日
甲午	甲子	癸巳	癸亥	壬辰	辛酉	辛卯	庚申	庚寅	己未	辛卯	庚申	7日
乙未	乙丑	甲午	甲子	癸巳	壬戌	壬辰	辛酉	辛卯	庚申	壬辰	辛酉	8日
丙申	丙寅	乙未	乙丑	甲午	癸亥	癸巳	壬戌	壬辰	辛酉	癸巳	壬戌	9日
丁酉	丁卯	丙申	丙寅	乙未	甲子	甲午	癸亥	癸巳	壬戌	甲午	癸亥	10日
戊戌	戊辰	丁酉	丁卯	丙申	乙丑	乙未	甲子	甲午	癸亥	乙未	甲子	11日
己亥	己巳	戊戌	戊辰	丁酉	丙寅	丙申	乙丑	乙未	甲子	丙申	乙丑	12日
庚子	庚午	己亥	己巳	戊戌	丁卯	丁酉	丙寅	丙申	乙丑	丁酉	丙寅	13日
辛丑	辛未	庚子	庚午	己亥	戊辰	戊戌	丁卯	丁酉	丙寅	戊戌	丁卯	14日
壬寅	壬申	辛丑	辛未	庚子	己巳	己亥	戊辰	戊戌	丁卯	己亥	戊辰	15日
癸卯	癸酉	壬寅	壬申	辛丑	庚午	庚子	己巳	己亥	戊辰	庚子	己巳	16日
甲辰	甲戌	癸卯	癸酉	壬寅	辛未	辛丑	庚午	庚子	己巳	辛丑	庚午	17日
乙巳	乙亥	甲辰	甲戌	癸卯	壬申	壬寅	辛未	辛丑	庚午	壬寅	辛未	18日
丙午	丙子	乙巳	乙亥	甲辰	癸酉	癸卯	壬申	壬寅	辛未	癸卯	壬申	19日
丁未	丁丑	丙午	丙子	乙巳	甲戌	甲辰	癸酉	癸卯	壬申	甲辰	癸酉	20日
戊申	戊寅	丁未	丁丑	丙午	乙亥	乙巳	甲戌	甲辰	癸酉	乙巳	甲戌	21日
己酉	己卯	戊申	戊寅	丁未	丙子	丙午	乙亥	乙巳	甲戌	丙午	乙亥	22日
庚戌	庚辰	己酉	己卯	戊申	丁丑	丁未	丙子	丙午	乙亥	丁未	丙子	23日
辛亥	辛巳	庚戌	庚辰	己酉	戊寅	戊申	丁丑	丁未	丙子	戊申	丁丑	24日
壬子	壬午	辛亥	辛巳	庚戌	己卯	己酉	戊寅	戊申	丁丑	己酉	戊寅	25日
癸丑	癸未	壬子	壬午	辛亥	庚辰	庚戌	己卯	己酉	戊寅	庚戌	己卯	26日
甲寅	甲申	癸丑	癸未	壬子	辛巳	辛亥	庚辰	庚戌	己卯	辛亥	庚辰	27日
乙卯	乙酉	甲寅	甲申	癸丑	壬午	壬子	辛巳	辛亥	庚辰	壬子	辛巳	28日
丙辰	丙戌	乙卯	乙酉	甲寅	癸未	癸丑	壬午	壬子	辛巳		壬午	29日
丁巳	丁亥	丙辰	丙戌	乙卯	甲申	甲寅	癸未	癸丑	壬午		癸未	30日
戊午		丁巳		丙辰	乙酉		甲申		癸未		甲申	31日

1941年　昭和16年　辛巳

12月	11月	10月	9月	8月	7月	6月	5月	4月	3月	2月	1月	月干支
庚子	己亥	戊戌	丁酉	丙申	乙未	甲午	癸巳	壬辰	辛卯	庚寅	己丑 (15年庚辰)	
7日	8日	9日	8日	8日	7日	6日	6日	5日	6日	4日	6日	節入日
20:57	4:25	1:39	10:24	7:46	22:03	11:40	7:10	13:25	8:11	13:50	2:05	
癸未	癸丑	壬午	壬子	辛巳	庚戌	庚辰	己酉	己卯	戊申	庚辰	己酉	1日
甲申	甲寅	癸未	癸丑	壬午	辛亥	辛巳	庚戌	庚辰	己酉	辛巳	庚戌	2日
乙酉	乙卯	甲申	甲寅	癸未	壬子	壬午	辛亥	辛巳	庚戌	壬午	辛亥	3日
丙戌	丙辰	乙酉	乙卯	甲申	癸丑	癸未	壬子	壬午	辛亥	癸未	壬子	4日
丁亥	丁巳	丙戌	丙辰	乙酉	甲寅	甲申	癸丑	癸未	壬子	甲申	癸丑	5日
戊子	戊午	丁亥	丁巳	丙戌	乙卯	乙酉	甲寅	甲申	癸丑	乙酉	甲寅	6日
己丑	己未	戊子	戊午	丁亥	丙辰	丙戌	乙卯	乙酉	甲寅	丙戌	乙卯	7日
庚寅	庚申	己丑	己未	戊子	丁巳	丁亥	丙辰	丙戌	乙卯	丁亥	丙辰	8日
辛卯	辛酉	庚寅	庚申	己丑	戊午	戊子	丁巳	丁亥	丙辰	戊子	丁巳	9日
壬辰	壬戌	辛卯	辛酉	庚寅	己未	己丑	戊午	戊子	丁巳	己丑	戊午	10日
癸巳	癸亥	壬辰	壬戌	辛卯	庚申	庚寅	己未	己丑	戊午	庚寅	己未	11日
甲午	甲子	癸巳	癸亥	壬辰	辛酉	辛卯	庚申	庚寅	己未	辛卯	庚申	12日
乙未	乙丑	甲午	甲子	癸巳	壬戌	壬辰	辛酉	辛卯	庚申	壬辰	辛酉	13日
丙申	丙寅	乙未	乙丑	甲午	癸亥	癸巳	壬戌	壬辰	辛酉	癸巳	壬戌	14日
丁酉	丁卯	丙申	丙寅	乙未	甲子	甲午	癸亥	癸巳	壬戌	甲午	癸亥	15日
戊戌	戊辰	丁酉	丁卯	丙申	乙丑	乙未	甲子	甲午	癸亥	乙未	甲子	16日
己亥	己巳	戊戌	戊辰	丁酉	丙寅	丙申	乙丑	乙未	甲子	丙申	乙丑	17日
庚子	庚午	己亥	己巳	戊戌	丁卯	丁酉	丙寅	丙申	乙丑	丁酉	丙寅	18日
辛丑	辛未	庚子	庚午	己亥	戊辰	戊戌	丁卯	丁酉	丙寅	戊戌	丁卯	19日
壬寅	壬申	辛丑	辛未	庚子	己巳	己亥	戊辰	戊戌	丁卯	己亥	戊辰	20日
癸卯	癸酉	壬寅	壬申	辛丑	庚午	庚子	己巳	己亥	戊辰	庚子	己巳	21日
甲辰	甲戌	癸卯	癸酉	壬寅	辛未	辛丑	庚午	庚子	己巳	辛丑	庚午	22日
乙巳	乙亥	甲辰	甲戌	癸卯	壬申	壬寅	辛未	辛丑	庚午	壬寅	辛未	23日
丙午	丙子	乙巳	乙亥	甲辰	癸酉	癸卯	壬申	壬寅	辛未	癸卯	壬申	24日
丁未	丁丑	丙午	丙子	乙巳	甲戌	甲辰	癸酉	癸卯	壬申	甲辰	癸酉	25日
戊申	戊寅	丁未	丁丑	丙午	乙亥	乙巳	甲戌	甲辰	癸酉	乙巳	甲戌	26日
己酉	己卯	戊申	戊寅	丁未	丙子	丙午	乙亥	乙巳	甲戌	丙午	乙亥	27日
庚戌	庚辰	己酉	己卯	戊申	丁丑	丁未	丙子	丙午	乙亥	丁未	丙子	28日
辛亥	辛巳	庚戌	庚辰	己酉	戊寅	戊申	丁丑	丁未	丙子		丁丑	29日
壬子	壬午	辛亥	辛巳	庚戌	己卯	己酉	戊寅	戊申	丁丑		戊寅	30日
癸丑		壬子		辛亥	庚辰		己卯		戊寅		己卯	31日

1940年　　昭和 15年　　庚辰

	12月	11月	10月	9月	8月	7月	6月	5月	4月	3月	2月	1月 14年己卯	
	戊子	丁亥	丙戌	乙酉	甲申	癸未	壬午	辛巳	庚辰	己卯	戊寅	丁丑	月干支
	7日 14:59	7日 22:27	8日 19:43	8日 4:30	8日 1:52	7日 16:08	6日 5:44	6日 1:17	5日 7:35	6日 2:24	5日 8:08	6日 20:24	節入日
1	戊寅	戊申	丁丑	丁未	丙子	乙巳	乙亥	甲辰	甲戌	癸卯	甲戌	癸卯	1日
2	己卯	己酉	戊寅	戊申	丁丑	丙午	丙子	乙巳	乙亥	甲辰	乙亥	甲辰	2日
3	庚辰	庚戌	己卯	己酉	戊寅	丁未	丁丑	丙午	丙子	乙巳	丙子	乙巳	3日
4	辛巳	辛亥	庚辰	庚戌	己卯	戊申	戊寅	丁未	丁丑	丙午	丁丑	丙午	4日
5	壬午	壬子	辛巳	辛亥	庚辰	己酉	己卯	戊申	戊寅	丁未	戊寅	丁未	5日
6	癸未	癸丑	壬午	壬子	辛巳	庚戌	庚辰	己酉	己卯	戊申	己卯	戊申	6日
7	甲申	甲寅	癸未	癸丑	壬午	辛亥	辛巳	庚戌	庚辰	己酉	庚辰	己酉	7日
8	乙酉	乙卯	甲申	甲寅	癸未	壬子	壬午	辛亥	辛巳	庚戌	辛巳	庚戌	8日
9	丙戌	丙辰	乙酉	乙卯	甲申	癸丑	癸未	壬子	壬午	辛亥	壬午	辛亥	9日
10	丁亥	丁巳	丙戌	丙辰	乙酉	甲寅	甲申	癸丑	癸未	壬子	癸未	壬子	10日
11	戊子	戊午	丁亥	丁巳	丙戌	乙卯	乙酉	甲寅	甲申	癸丑	甲申	癸丑	11日
12	己丑	己未	戊子	戊午	丁亥	丙辰	丙戌	乙卯	乙酉	甲寅	乙酉	甲寅	12日
13	庚寅	庚申	己丑	己未	戊子	丁巳	丁亥	丙辰	丙戌	乙卯	丙戌	乙卯	13日
14	辛卯	辛酉	庚寅	庚申	己丑	戊午	戊子	丁巳	丁亥	丙辰	丁亥	丙辰	14日
15	壬辰	壬戌	辛卯	辛酉	庚寅	己未	己丑	戊午	戊子	丁巳	戊子	丁巳	15日
16	癸巳	癸亥	壬辰	壬戌	辛卯	庚申	庚寅	己未	己丑	戊午	己丑	戊午	16日
17	甲午	甲子	癸巳	癸亥	壬辰	辛酉	辛卯	庚申	庚寅	己未	庚寅	己未	17日
18	乙未	乙丑	甲午	甲子	癸巳	壬戌	壬辰	辛酉	辛卯	庚申	辛卯	庚申	18日
19	丙申	丙寅	乙未	乙丑	甲午	癸亥	癸巳	壬戌	壬辰	辛酉	壬辰	辛酉	19日
20	丁酉	丁卯	丙申	丙寅	乙未	甲子	甲午	癸亥	癸巳	壬戌	癸巳	壬戌	20日
21	戊戌	戊辰	丁酉	丁卯	丙申	乙丑	乙未	甲子	甲午	癸亥	甲午	癸亥	21日
22	己亥	己巳	戊戌	戊辰	丁酉	丙寅	丙申	乙丑	乙未	甲子	乙未	甲子	22日
23	庚子	庚午	己亥	己巳	戊戌	丁卯	丁酉	丙寅	丙申	乙丑	丙申	乙丑	23日
24	辛丑	辛未	庚子	庚午	己亥	戊辰	戊戌	丁卯	丁酉	丙寅	丁酉	丙寅	24日
25	壬寅	壬申	辛丑	辛未	庚子	己巳	己亥	戊辰	戊戌	丁卯	戊戌	丁卯	25日
26	癸卯	癸酉	壬寅	壬申	辛丑	庚午	庚子	己巳	己亥	戊辰	己亥	戊辰	26日
27	甲辰	甲戌	癸卯	癸酉	壬寅	辛未	辛丑	庚午	庚子	己巳	庚子	己巳	27日
28	乙巳	乙亥	甲辰	甲戌	癸卯	壬申	壬寅	辛未	辛丑	庚午	辛丑	庚午	28日
29	丙午	丙子	乙巳	乙亥	甲辰	癸酉	癸卯	壬申	壬寅	辛未	壬寅	辛未	29日
30	丁未	丁丑	丙午	丙子	乙巳	甲戌	甲辰	癸酉	癸卯	壬申		壬申	30日
31	戊申		丁未		丙午	乙亥		甲戌		癸酉		癸酉	31日

1939年　昭和 14年　己卯

	1月	2月	3月	4月	5月	6月	7月	8月	9月	10月	11月	12月
月干支	乙丑	丙寅	丁卯	戊辰	己巳	庚午	辛未	壬申	癸酉	甲戌	乙亥	丙子
節入日	6日 14:28	5日 2:11	6日 20:27	6日 1:38	6日 19:21	6日 23:52	8日 10:19	8日 20:04	8日 22:42	9日 13:57	8日 16:44	8日 9:18
1日	戊戌	己巳	丁酉	戊辰	戊戌	己巳	己亥	庚午	辛丑	辛未	壬寅	壬申
2日	己亥	庚午	戊戌	己巳	己亥	庚午	庚子	辛未	壬寅	壬申	癸卯	癸酉
3日	庚子	辛未	己亥	庚午	庚子	辛未	辛丑	壬申	癸卯	癸酉	甲辰	甲戌
4日	辛丑	壬申	庚子	辛未	辛丑	壬申	壬寅	癸酉	甲辰	甲戌	乙巳	乙亥
5日	壬寅	癸酉	辛丑	壬申	壬寅	癸酉	癸卯	甲戌	乙巳	乙亥	丙午	丙子
6日	癸卯	甲戌	壬寅	癸酉	癸卯	甲戌	甲辰	乙亥	丙午	丙子	丁未	丁丑
7日	甲辰	乙亥	癸卯	甲戌	甲辰	乙亥	乙巳	丙子	丁未	丁丑	戊申	戊寅
8日	乙巳	丙子	甲辰	乙亥	乙巳	丙子	丙午	丁丑	戊申	戊寅	己酉	己卯
9日	丙午	丁丑	乙巳	丙子	丙午	丁丑	丁未	戊寅	己酉	己卯	庚戌	庚辰
10日	丁未	戊寅	丙午	丁丑	丁未	戊寅	戊申	己卯	庚戌	庚辰	辛亥	辛巳
11日	戊申	己卯	丁未	戊寅	戊申	己卯	己酉	庚辰	辛亥	辛巳	壬子	壬午
12日	己酉	庚辰	戊申	己卯	己酉	庚辰	庚戌	辛巳	壬子	壬午	癸丑	癸未
13日	庚戌	辛巳	己酉	庚辰	庚戌	辛巳	辛亥	壬午	癸丑	癸未	甲寅	甲申
14日	辛亥	壬午	庚戌	辛巳	辛亥	壬午	壬子	癸未	甲寅	甲申	乙卯	乙酉
15日	壬子	癸未	辛亥	壬午	壬子	癸未	癸丑	甲申	乙卯	乙酉	丙辰	丙戌
16日	癸丑	甲申	壬子	癸未	癸丑	甲申	甲寅	乙酉	丙辰	丙戌	丁巳	丁亥
17日	甲寅	乙酉	癸丑	甲申	甲寅	乙酉	乙卯	丙戌	丁巳	丁亥	戊午	戊子
18日	乙卯	丙戌	甲寅	乙酉	乙卯	丙戌	丙辰	丁亥	戊午	戊子	己未	己丑
19日	丙辰	丁亥	乙卯	丙戌	丙辰	丁亥	丁巳	戊子	己未	己丑	庚申	庚寅
20日	丁巳	戊子	丙辰	丁亥	丁巳	戊子	戊午	己丑	庚申	庚寅	辛酉	辛卯
21日	戊午	己丑	丁巳	戊子	戊午	己丑	己未	庚寅	辛酉	辛卯	壬戌	壬辰
22日	己未	庚寅	戊午	己丑	己未	庚寅	庚申	辛卯	壬戌	壬辰	癸亥	癸巳
23日	庚申	辛卯	己未	庚寅	庚申	辛卯	辛酉	壬辰	癸亥	癸巳	甲子	甲午
24日	辛酉	壬辰	庚申	辛卯	辛酉	壬辰	壬戌	癸巳	甲子	甲午	乙丑	乙未
25日	壬戌	癸巳	辛酉	壬辰	壬戌	癸巳	癸亥	甲午	乙丑	乙未	丙寅	丙申
26日	癸亥	甲午	壬戌	癸巳	癸亥	甲午	甲子	乙未	丙寅	丙申	丁卯	丁酉
27日	甲子	乙未	癸亥	甲午	甲子	乙未	乙丑	丙申	丁卯	丁酉	戊辰	戊戌
28日	乙丑	丙申	甲子	乙未	乙丑	丙申	丙寅	丁酉	戊辰	戊戌	己巳	己亥
29日	丙寅		乙丑	丙申	丙寅	丁酉	丁卯	戊戌	己巳	己亥	庚午	庚子
30日	丁卯		丙寅	丁酉	丁卯	戊戌	戊辰	己亥	庚午	庚子	辛未	辛丑
31日	戊辰		丁卯		戊辰		己巳	庚子		辛丑		壬寅

1938年　　昭和 13年　　戊寅

12月	11月	10月	9月	8月	7月	6月	5月	4月	3月	2月	1月	12年丁丑
甲子	癸亥	壬戌	辛酉	庚申	己未	戊午	丁巳	丙辰	乙卯	甲寅	癸丑	月干支
8日	8日	9日	8日	8日	8日	6日	6日	5日	6日	4日	6日	節入日
3:23	10:49	8:02	16:49	14:13	4:32	18:07	13:35	19:49	14:34	20:15	8:32	
丁卯	丁酉	丙寅	丙申	乙丑	甲午	甲子	癸巳	癸亥	壬辰	甲子	癸巳	1日
戊辰	戊戌	丁卯	丁酉	丙寅	乙未	乙丑	甲午	甲子	癸巳	乙丑	甲午	2日
己巳	己亥	戊辰	戊戌	丁卯	丙申	丙寅	乙未	乙丑	甲午	丙寅	乙未	3日
庚午	庚子	己巳	己亥	戊辰	丁酉	丁卯	丙申	丙寅	乙未	丁卯	丙申	4日
辛未	辛丑	庚午	庚子	己巳	戊戌	戊辰	丁酉	丁卯	丙申	戊辰	丁酉	5日
壬申	壬寅	辛未	辛丑	庚午	己亥	己巳	戊戌	戊辰	丁酉	己巳	戊戌	6日
癸酉	癸卯	壬申	壬寅	辛未	庚子	庚午	己亥	己巳	戊戌	庚午	己亥	7日
甲戌	甲辰	癸酉	癸卯	壬申	辛丑	辛未	庚子	庚午	己亥	辛未	庚子	8日
乙亥	乙巳	甲戌	甲辰	癸酉	壬寅	壬申	辛丑	辛未	庚子	壬申	辛丑	9日
丙子	丙午	乙亥	乙巳	甲戌	癸卯	癸酉	壬寅	壬申	辛丑	癸酉	壬寅	10日
丁丑	丁未	丙子	丙午	乙亥	甲辰	甲戌	癸卯	癸酉	壬寅	甲戌	癸卯	11日
戊寅	戊申	丁丑	丁未	丙子	乙巳	乙亥	甲辰	甲戌	癸卯	乙亥	甲辰	12日
己卯	己酉	戊寅	戊申	丁丑	丙午	丙子	乙巳	乙亥	甲辰	丙子	乙巳	13日
庚辰	庚戌	己卯	己酉	戊寅	丁未	丁丑	丙午	丙子	乙巳	丁丑	丙午	14日
辛巳	辛亥	庚辰	庚戌	己卯	戊申	戊寅	丁未	丁丑	丙午	戊寅	丁未	15日
壬午	壬子	辛巳	辛亥	庚辰	己酉	己卯	戊申	戊寅	丁未	己卯	戊申	16日
癸未	癸丑	壬午	壬子	辛巳	庚戌	庚辰	己酉	己卯	戊申	庚辰	己酉	17日
甲申	甲寅	癸未	癸丑	壬午	辛亥	辛巳	庚戌	庚辰	己酉	辛巳	庚戌	18日
乙酉	乙卯	甲申	甲寅	癸未	壬子	壬午	辛亥	辛巳	庚戌	壬午	辛亥	19日
丙戌	丙辰	乙酉	乙卯	甲申	癸丑	癸未	壬子	壬午	辛亥	癸未	壬子	20日
丁亥	丁巳	丙戌	丙辰	乙酉	甲寅	甲申	癸丑	癸未	壬子	甲申	癸丑	21日
戊子	戊午	丁亥	丁巳	丙戌	乙卯	乙酉	甲寅	甲申	癸丑	乙酉	甲寅	22日
己丑	己未	戊子	戊午	丁亥	丙辰	丙戌	乙卯	乙酉	甲寅	丙戌	乙卯	23日
庚寅	庚申	己丑	己未	戊子	丁巳	丁亥	丙辰	丙戌	乙卯	丁亥	丙辰	24日
辛卯	辛酉	庚寅	庚申	己丑	戊午	戊子	丁巳	丁亥	丙辰	戊子	丁巳	25日
壬辰	壬戌	辛卯	辛酉	庚寅	己未	己丑	戊午	戊子	丁巳	己丑	戊午	26日
癸巳	癸亥	壬辰	壬戌	辛卯	庚申	庚寅	己未	己丑	戊午	庚寅	己未	27日
甲午	甲子	癸巳	癸亥	壬辰	辛酉	辛卯	庚申	庚寅	己未	辛卯	庚申	28日
乙未	乙丑	甲午	甲子	癸巳	壬戌	壬辰	辛酉	辛卯	庚申		辛酉	29日
丙申	丙寅	乙未	乙丑	甲午	癸亥	癸巳	壬戌	壬辰	辛酉		壬戌	30日
丁酉		丙申		乙未	甲子		癸亥		壬戌		癸亥	31日

1937年　　昭和 12年　　丁丑

12月	11月	10月	9月	8月	7月	6月	5月	4月	3月	2月	1月 (11年丙子)	月干支
壬子	辛亥	庚戌	己酉	戊申	丁未	丙午	乙巳	甲辰	癸卯	壬寅	辛丑	月干支
7日	8日	9日	8日	8日	7日	6日	6日	5日	6日	4日	6日	節入日
21:27	4:56	2:11	11:00	8:26	22:46	12:23	7:51	14:02	8:45	14:26	2:44	

12月	11月	10月	9月	8月	7月	6月	5月	4月	3月	2月	1月	日
壬戌	壬辰	辛酉	辛卯	庚申	己丑	己未	戊子	戊午	丁亥	己未	戊子	1日
癸亥	癸巳	壬戌	壬辰	辛酉	庚寅	庚申	己丑	己未	戊子	庚申	己丑	2日
甲子	甲午	癸亥	癸巳	壬戌	辛卯	辛酉	庚寅	庚申	己丑	辛酉	庚寅	3日
乙丑	乙未	甲子	甲午	癸亥	壬辰	壬戌	辛卯	辛酉	庚寅	壬戌	辛卯	4日
丙寅	丙申	乙丑	乙未	甲子	癸巳	癸亥	壬辰	壬戌	辛卯	癸亥	壬辰	5日
丁卯	丁酉	丙寅	丙申	乙丑	甲午	甲子	癸巳	癸亥	壬辰	甲子	癸巳	6日
戊辰	戊戌	丁卯	丁酉	丙寅	乙未	乙丑	甲午	甲子	癸巳	乙丑	甲午	7日
己巳	己亥	戊辰	戊戌	丁卯	丙申	丙寅	乙未	乙丑	甲午	丙寅	乙未	8日
庚午	庚子	己巳	己亥	戊辰	丁酉	丁卯	丙申	丙寅	乙未	丁卯	丙申	9日
辛未	辛丑	庚午	庚子	己巳	戊戌	戊辰	丁酉	丁卯	丙申	戊辰	丁酉	10日
壬申	壬寅	辛未	辛丑	庚午	己亥	己巳	戊戌	戊辰	丁酉	己巳	戊戌	11日
癸酉	癸卯	壬申	壬寅	辛未	庚子	庚午	己亥	己巳	戊戌	庚午	己亥	12日
甲戌	甲辰	癸酉	癸卯	壬申	辛丑	辛未	庚子	庚午	己亥	辛未	庚子	13日
乙亥	乙巳	甲戌	甲辰	癸酉	壬寅	壬申	辛丑	辛未	庚子	壬申	辛丑	14日
丙子	丙午	乙亥	乙巳	甲戌	癸卯	癸酉	壬寅	壬申	辛丑	癸酉	壬寅	15日
丁丑	丁未	丙子	丙午	乙亥	甲辰	甲戌	癸卯	癸酉	壬寅	甲戌	癸卯	16日
戊寅	戊申	丁丑	丁未	丙子	乙巳	乙亥	甲辰	甲戌	癸卯	乙亥	甲辰	17日
己卯	己酉	戊寅	戊申	丁丑	丙午	丙子	乙巳	乙亥	甲辰	丙子	乙巳	18日
庚辰	庚戌	己卯	己酉	戊寅	丁未	丁丑	丙午	丙子	乙巳	丁丑	丙午	19日
辛巳	辛亥	庚辰	庚戌	己卯	戊申	戊寅	丁未	丁丑	丙午	戊寅	丁未	20日
壬午	壬子	辛巳	辛亥	庚辰	己酉	己卯	戊申	戊寅	丁未	己卯	戊申	21日
癸未	癸丑	壬午	壬子	辛巳	庚戌	庚辰	己酉	己卯	戊申	庚辰	己酉	22日
甲申	甲寅	癸未	癸丑	壬午	辛亥	辛巳	庚戌	庚辰	己酉	辛巳	庚戌	23日
乙酉	乙卯	甲申	甲寅	癸未	壬子	壬午	辛亥	辛巳	庚戌	壬午	辛亥	24日
丙戌	丙辰	乙酉	乙卯	甲申	癸丑	癸未	壬子	壬午	辛亥	癸未	壬子	25日
丁亥	丁巳	丙戌	丙辰	乙酉	甲寅	甲申	癸丑	癸未	壬子	甲申	癸丑	26日
戊子	戊午	丁亥	丁巳	丙戌	乙卯	乙酉	甲寅	甲申	癸丑	乙酉	甲寅	27日
己丑	己未	戊子	戊午	丁亥	丙辰	丙戌	乙卯	乙酉	甲寅	丙戌	乙卯	28日
庚寅	庚申	己丑	己未	戊子	丁巳	丁亥	丙辰	丙戌	乙卯		丙辰	29日
辛卯	辛酉	庚寅	庚申	己丑	戊午	戊子	丁巳	丁亥	丙辰		丁巳	30日
壬辰		辛卯		庚寅	己未		戊午		丁巳		戊午	31日

1936年　昭和 11年　丙子

										10年乙亥	
12月	11月	10月	9月	8月	7月	6月	5月	4月	3月	2月	1月	月干支
庚子	己亥	戊戌	丁酉	丙申	乙未	甲午	癸巳	壬辰	辛卯	庚寅	己丑	
7日	7日	8日	8日	8日	7日	6日	6日	5日	6日	5日	6日	節入日
15:43	23:15	20:33	5:21	2:44	16:59	6:31	1:57	8:07	2:50	8:30	20:47	
丁巳	丁亥	丙辰	丙戌	乙卯	甲申	甲寅	癸未	癸丑	壬午	癸丑	壬午	1日
戊午	戊子	丁巳	丁亥	丙辰	乙酉	乙卯	甲申	甲寅	癸未	甲寅	癸未	2日
己未	己丑	戊午	戊子	丁巳	丙戌	丙辰	乙酉	乙卯	甲申	乙卯	甲申	3日
庚申	庚寅	己未	己丑	戊午	丁亥	丁巳	丙戌	丙辰	乙酉	丙辰	乙酉	4日
辛酉	辛卯	庚申	庚寅	己未	戊子	戊午	丁亥	丁巳	丙戌	丁巳	丙戌	5日
壬戌	壬辰	辛酉	辛卯	庚申	己丑	己未	戊子	戊午	丁亥	戊午	丁亥	6日
癸亥	癸巳	壬戌	壬辰	辛酉	庚寅	庚申	己丑	己未	戊子	己未	戊子	7日
甲子	甲午	癸亥	癸巳	壬戌	辛卯	辛酉	庚寅	庚申	己丑	庚申	己丑	8日
乙丑	乙未	甲子	甲午	癸亥	壬辰	壬戌	辛卯	辛酉	庚寅	辛酉	庚寅	9日
丙寅	丙申	乙丑	乙未	甲子	癸巳	癸亥	壬辰	壬戌	辛卯	壬戌	辛卯	10日
丁卯	丁酉	丙寅	丙申	乙丑	甲午	甲子	癸巳	癸亥	壬辰	癸亥	壬辰	11日
戊辰	戊戌	丁卯	丁酉	丙寅	乙未	乙丑	甲午	甲子	癸巳	甲子	癸巳	12日
己巳	己亥	戊辰	戊戌	丁卯	丙申	丙寅	乙未	乙丑	甲午	乙丑	甲午	13日
庚午	庚子	己巳	己亥	戊辰	丁酉	丁卯	丙申	丙寅	乙未	丙寅	乙未	14日
辛未	辛丑	庚午	庚子	己巳	戊戌	戊辰	丁酉	丁卯	丙申	丁卯	丙申	15日
壬申	壬寅	辛未	辛丑	庚午	己亥	己巳	戊戌	戊辰	丁酉	戊辰	丁酉	16日
癸酉	癸卯	壬申	壬寅	辛未	庚子	庚午	己亥	己巳	戊戌	己巳	戊戌	17日
甲戌	甲辰	癸酉	癸卯	壬申	辛丑	辛未	庚子	庚午	己亥	庚午	己亥	18日
乙亥	乙巳	甲戌	甲辰	癸酉	壬寅	壬申	辛丑	辛未	庚子	辛未	庚子	19日
丙子	丙午	乙亥	乙巳	甲戌	癸卯	癸酉	壬寅	壬申	辛丑	壬申	辛丑	20日
丁丑	丁未	丙子	丙午	乙亥	甲辰	甲戌	癸卯	癸酉	壬寅	癸酉	壬寅	21日
戊寅	戊申	丁丑	丁未	丙子	乙巳	乙亥	甲辰	甲戌	癸卯	甲戌	癸卯	22日
己卯	己酉	戊寅	戊申	丁丑	丙午	丙子	乙巳	乙亥	甲辰	乙亥	甲辰	23日
庚辰	庚戌	己卯	己酉	戊寅	丁未	丁丑	丙午	丙子	乙巳	丙子	乙巳	24日
辛巳	辛亥	庚辰	庚戌	己卯	戊申	戊寅	丁未	丁丑	丙午	丁丑	丙午	25日
壬午	壬子	辛巳	辛亥	庚辰	己酉	己卯	戊申	戊寅	丁未	戊寅	丁未	26日
癸未	癸丑	壬午	壬子	辛巳	庚戌	庚辰	己酉	己卯	戊申	己卯	戊申	27日
甲申	甲寅	癸未	癸丑	壬午	辛亥	辛巳	庚戌	庚辰	己酉	庚辰	己酉	28日
乙酉	乙卯	甲申	甲寅	癸未	壬子	壬午	辛亥	辛巳	庚戌	辛巳	庚戌	29日
丙戌	丙辰	乙酉	乙卯	甲申	癸丑	癸未	壬子	壬午	辛亥		辛亥	30日
丁亥		丙戌		乙酉	甲寅		癸丑		壬子		壬子	31日

1935年　昭和 10年　乙亥

	12月	11月	10月	9月	8月	7月	6月	5月	4月	3月	2月	1月	9年 甲戌
月干支	戊子	丁亥	丙戌	乙酉	甲申	癸未	壬午	辛巳	庚辰	己卯	戊寅	丁丑	
節入日	8日 9:45	8日 17:18	9日 14:36	8日 23:25	8日 20:48	8日 11:06	7日 0:42	6日 20:12	6日 2:27	6日 21:11	5日 2:49	6日 15:03	
1	辛亥	辛巳	庚戌	庚辰	己酉	戊寅	戊申	丁丑	丁未	丙子	戊申	丁丑	1
2	壬子	壬午	辛亥	辛巳	庚戌	己卯	己酉	戊寅	戊申	丁丑	己酉	戊寅	2
3	癸丑	癸未	壬子	壬午	辛亥	庚辰	庚戌	己卯	己酉	戊寅	庚戌	己卯	3
4	甲寅	甲申	癸丑	癸未	壬子	辛巳	辛亥	庚辰	庚戌	己卯	辛亥	庚辰	4
5	乙卯	乙酉	甲寅	甲申	癸丑	壬午	壬子	辛巳	辛亥	庚辰	壬子	辛巳	5
6	丙辰	丙戌	乙卯	乙酉	甲寅	癸未	癸丑	壬午	壬子	辛巳	癸丑	壬午	6
7	丁巳	丁亥	丙辰	丙戌	乙卯	甲申	甲寅	癸未	癸丑	壬午	甲寅	癸未	7
8	戊午	戊子	丁巳	丁亥	丙辰	乙酉	乙卯	甲申	甲寅	癸未	乙卯	甲申	8
9	己未	己丑	戊午	戊子	丁巳	丙戌	丙辰	乙酉	乙卯	甲申	丙辰	乙酉	9
10	庚申	庚寅	己未	己丑	戊午	丁亥	丁巳	丙戌	丙辰	乙酉	丁巳	丙戌	10
11	辛酉	辛卯	庚申	庚寅	己未	戊子	戊午	丁亥	丁巳	丙戌	戊午	丁亥	11
12	壬戌	壬辰	辛酉	辛卯	庚申	己丑	己未	戊子	戊午	丁亥	己未	戊子	12
13	癸亥	癸巳	壬戌	壬辰	辛酉	庚寅	庚申	己丑	己未	戊子	庚申	己丑	13
14	甲子	甲午	癸亥	癸巳	壬戌	辛卯	辛酉	庚寅	庚申	己丑	辛酉	庚寅	14
15	乙丑	乙未	甲子	甲午	癸亥	壬辰	壬戌	辛卯	辛酉	庚寅	壬戌	辛卯	15
16	丙寅	丙申	乙丑	乙未	甲子	癸巳	癸亥	壬辰	壬戌	辛卯	癸亥	壬辰	16
17	丁卯	丁酉	丙寅	丙申	乙丑	甲午	甲子	癸巳	癸亥	壬辰	甲子	癸巳	17
18	戊辰	戊戌	丁卯	丁酉	丙寅	乙未	乙丑	甲午	甲子	癸巳	乙丑	甲午	18
19	己巳	己亥	戊辰	戊戌	丁卯	丙申	丙寅	乙未	乙丑	甲午	丙寅	乙未	19
20	庚午	庚子	己巳	己亥	戊辰	丁酉	丁卯	丙申	丙寅	乙未	丁卯	丙申	20
21	辛未	辛丑	庚午	庚子	己巳	戊戌	戊辰	丁酉	丁卯	丙申	戊辰	丁酉	21
22	壬申	壬寅	辛未	辛丑	庚午	己亥	己巳	戊戌	戊辰	丁酉	己巳	戊戌	22
23	癸酉	癸卯	壬申	壬寅	辛未	庚子	庚午	己亥	己巳	戊戌	庚午	己亥	23
24	甲戌	甲辰	癸酉	癸卯	壬申	辛丑	辛未	庚子	庚午	己亥	辛未	庚子	24
25	乙亥	乙巳	甲戌	甲辰	癸酉	壬寅	壬申	辛丑	辛未	庚子	壬申	辛丑	25
26	丙子	丙午	乙亥	乙巳	甲戌	癸卯	癸酉	壬寅	壬申	辛丑	癸酉	壬寅	26
27	丁丑	丁未	丙子	丙午	乙亥	甲辰	甲戌	癸卯	癸酉	壬寅	甲戌	癸卯	27
28	戊寅	戊申	丁丑	丁未	丙子	乙巳	乙亥	甲辰	甲戌	癸卯	乙亥	甲辰	28
29	己卯	己酉	戊寅	戊申	丁丑	丙午	丙子	乙巳	乙亥	甲辰		乙巳	29
30	庚辰	庚戌	己卯	己酉	戊寅	丁未	丁丑	丙午	丙子	乙巳		丙午	30
31	辛巳		庚辰		己卯	戊申		丁未		丙午		丁未	31

1934年　昭和 9年　甲戌

12月	11月	10月	9月	8月	7月	6月	5月	4月	3月	2月	1月	月干支
丙子	乙亥	甲戌	癸酉	壬申	辛未	庚午	己巳	戊辰	丁卯	丙寅	乙丑	
8日	8日	9日	8日	8日	8日	6日	6日	5日	6日	4日	6日	節入日
3:57	11:27	8:46	17:37	15:04	5:25	19:02	14:31	20:44	15:27	21:04	9:17	

(8年 癸酉 — 1月欄上部)

	12月	11月	10月	9月	8月	7月	6月	5月	4月	3月	2月	1月	
1	丙午	丙子	乙巳	乙亥	甲辰	癸酉	癸卯	壬申	壬寅	辛未	癸卯	壬申	1日
	丁未	丁丑	丙午	丙子	乙巳	甲戌	甲辰	癸酉	癸卯	壬申	甲辰	癸酉	2日
	戊申	戊寅	丁未	丁丑	丙午	乙亥	乙巳	甲戌	甲辰	癸酉	乙巳	甲戌	3日
	己酉	己卯	戊申	戊寅	丁未	丙子	丙午	乙亥	乙巳	甲戌	丙午	乙亥	4日
5	庚戌	庚辰	己酉	己卯	戊申	丁丑	丁未	丙子	丙午	乙亥	丁未	丙子	5日
	辛亥	辛巳	庚戌	庚辰	己酉	戊寅	戊申	丁丑	丁未	丙子	戊申	丁丑	6日
	壬子	壬午	辛亥	辛巳	庚戌	己卯	己酉	戊寅	戊申	丁丑	己酉	戊寅	7日
	癸丑	癸未	壬子	壬午	辛亥	庚辰	庚戌	己卯	己酉	戊寅	庚戌	己卯	8日
	甲寅	甲申	癸丑	癸未	壬子	辛巳	辛亥	庚辰	庚戌	己卯	辛亥	庚辰	9日
10	乙卯	乙酉	甲寅	甲申	癸丑	壬午	壬子	辛巳	辛亥	庚辰	壬子	辛巳	10日
	丙辰	丙戌	乙卯	乙酉	甲寅	癸未	癸丑	壬午	壬子	辛巳	癸丑	壬午	11日
	丁巳	丁亥	丙辰	丙戌	乙卯	甲申	甲寅	癸未	癸丑	壬午	甲寅	癸未	12日
	戊午	戊子	丁巳	丁亥	丙辰	乙酉	乙卯	甲申	甲寅	癸未	乙卯	甲申	13日
	己未	己丑	戊午	戊子	丁巳	丙戌	丙辰	乙酉	乙卯	甲申	丙辰	乙酉	14日
15	庚申	庚寅	己未	己丑	戊午	丁亥	丁巳	丙戌	丙辰	乙酉	丁巳	丙戌	15日
	辛酉	辛卯	庚申	庚寅	己未	戊子	戊午	丁亥	丁巳	丙戌	戊午	丁亥	16日
	壬戌	壬辰	辛酉	辛卯	庚申	己丑	己未	戊子	戊午	丁亥	己未	戊子	17日
	癸亥	癸巳	壬戌	壬辰	辛酉	庚寅	庚申	己丑	己未	戊子	庚申	己丑	18日
	甲子	甲午	癸亥	癸巳	壬戌	辛卯	辛酉	庚寅	庚申	己丑	辛酉	庚寅	19日
20	乙丑	乙未	甲子	甲午	癸亥	壬辰	壬戌	辛卯	辛酉	庚寅	壬戌	辛卯	20日
	丙寅	丙申	乙丑	乙未	甲子	癸巳	癸亥	壬辰	壬戌	辛卯	癸亥	壬辰	21日
	丁卯	丁酉	丙寅	丙申	乙丑	甲午	甲子	癸巳	癸亥	壬辰	甲子	癸巳	22日
	戊辰	戊戌	丁卯	丁酉	丙寅	乙未	乙丑	甲午	甲子	癸巳	乙丑	甲午	23日
	己巳	己亥	戊辰	戊戌	丁卯	丙申	丙寅	乙未	乙丑	甲午	丙寅	乙未	24日
25	庚午	庚子	己巳	己亥	戊辰	丁酉	丁卯	丙申	丙寅	乙未	丁卯	丙申	25日
	辛未	辛丑	庚午	庚子	己巳	戊戌	戊辰	丁酉	丁卯	丙申	戊辰	丁酉	26日
	壬申	壬寅	辛未	辛丑	庚午	己亥	己巳	戊戌	戊辰	丁酉	己巳	戊戌	27日
	癸酉	癸卯	壬申	壬寅	辛未	庚子	庚午	己亥	己巳	戊戌	庚午	己亥	28日
	甲戌	甲辰	癸酉	癸卯	壬申	辛丑	辛未	庚子	庚午	己亥		庚子	29日
30	乙亥	乙巳	甲戌	甲辰	癸酉	壬寅	壬申	辛丑	辛未	庚子		辛丑	30日
	丙子		乙亥		甲戌	癸卯		壬寅		辛丑		壬寅	31日

1933年　昭和 8年　癸酉

											7年壬申
12月	11月	10月	9月	8月	7月	6月	5月	4月	3月	2月	1月
甲子	癸亥	壬戌	辛酉	庚申	己未	戊午	丁巳	丙辰	乙卯	甲寅	癸丑	月干支
7日	8日	9日	8日	8日	7日	6日	6日	5日	6日	4日	6日	節入日
22:12	5:43	3:04	11:59	9:26	23:45	13:18	8:43	14:51	9:32	15:09	3:23	

	12月	11月	10月	9月	8月	7月	6月	5月	4月	3月	2月	1月	
1	辛丑	辛未	庚子	庚午	己亥	戊辰	戊戌	丁卯	丁酉	丙寅	戊戌	丁卯	1日
	壬寅	壬申	辛丑	辛未	庚子	己巳	己亥	戊辰	戊戌	丁卯	己亥	戊辰	2日
	癸卯	癸酉	壬寅	壬申	辛丑	庚午	庚子	己巳	己亥	戊辰	庚子	己巳	3日
	甲辰	甲戌	癸卯	癸酉	壬寅	辛未	辛丑	庚午	庚子	己巳	辛丑	庚午	4日
5	乙巳	乙亥	甲辰	甲戌	癸卯	壬申	壬寅	辛未	辛丑	庚午	壬寅	辛未	5日
	丙午	丙子	乙巳	乙亥	甲辰	癸酉	癸卯	壬申	壬寅	辛未	癸卯	壬申	6日
	丁未	丁丑	丙午	丙子	乙巳	甲戌	甲辰	癸酉	癸卯	壬申	甲辰	癸酉	7日
	戊申	戊寅	丁未	丁丑	丙午	乙亥	乙巳	甲戌	甲辰	癸酉	乙巳	甲戌	8日
	己酉	己卯	戊申	戊寅	丁未	丙子	丙午	乙亥	乙巳	甲戌	丙午	乙亥	9日
10	庚戌	庚辰	己酉	己卯	戊申	丁丑	丁未	丙子	丙午	乙亥	丁未	丙子	10日
	辛亥	辛巳	庚戌	庚辰	己酉	戊寅	戊申	丁丑	丁未	丙子	戊申	丁丑	11日
	壬子	壬午	辛亥	辛巳	庚戌	己卯	己酉	戊寅	戊申	丁丑	己酉	戊寅	12日
	癸丑	癸未	壬子	壬午	辛亥	庚辰	庚戌	己卯	己酉	戊寅	庚戌	己卯	13日
	甲寅	甲申	癸丑	癸未	壬子	辛巳	辛亥	庚辰	庚戌	己卯	辛亥	庚辰	14日
15	乙卯	乙酉	甲寅	甲申	癸丑	壬午	壬子	辛巳	辛亥	庚辰	壬子	辛巳	15日
	丙辰	丙戌	乙卯	乙酉	甲寅	癸未	癸丑	壬午	壬子	辛巳	癸丑	壬午	16日
	丁巳	丁亥	丙辰	丙戌	乙卯	甲申	甲寅	癸未	癸丑	壬午	甲寅	癸未	17日
	戊午	戊子	丁巳	丁亥	丙辰	乙酉	乙卯	甲申	甲寅	癸未	乙卯	甲申	18日
	己未	己丑	戊午	戊子	丁巳	丙戌	丙辰	乙酉	乙卯	甲申		乙酉	19日
20	庚申	庚寅	己未	己丑	戊午	丁亥	丁巳	丙戌	丙辰	乙酉	丁巳	丙戌	20日
	辛酉	辛卯	庚申	庚寅	己未	戊子	戊午	丁亥	丁巳	丙戌	戊午	丁亥	21日
	壬戌	壬辰	辛酉	辛卯	庚申	己丑	己未	戊子	戊午	丁亥	己未	戊子	22日
	癸亥	癸巳	壬戌	壬辰	辛酉	庚寅	庚申	己丑	己未	戊子	庚申	己丑	23日
	甲子	甲午	癸亥	癸巳	壬戌	辛卯	辛酉	庚寅	庚申	己丑	辛酉	庚寅	24日
25	乙丑	乙未	甲子	甲午	癸亥	壬辰	壬戌	辛卯	辛酉	庚寅	壬戌	辛卯	25日
	丙寅	丙申	乙丑	乙未	甲子	癸巳	癸亥	壬辰	壬戌	辛卯	癸亥	壬辰	26日
	丁卯	丁酉	丙寅	丙申	乙丑	甲午	甲子	癸巳	癸亥	壬辰	甲子	癸巳	27日
	戊辰	戊戌	丁卯	丁酉	丙寅	乙未	乙丑	甲午	甲子	癸巳	乙丑	甲午	28日
	己巳	己亥	戊辰	戊戌	丁卯	丙申	丙寅	乙未	乙丑	甲午		乙未	29日
30	庚午	庚子	己巳	己亥	戊辰	丁酉	丁卯	丙申	丙寅	乙未		丙申	30日
	辛未		庚午		己巳	戊戌		丁酉		丙申		丁酉	31日

1932年　昭和 7年　壬申

	12月	11月	10月	9月	8月	7月	6月	5月	4月	3月	2月	1月	月干支
	壬子	辛亥	庚戌	己酉	戊申	丁未	丙午	乙巳	甲辰	癸卯	壬寅	辛丑	
	7日	7日	8日	8日	8日	7日	6日	6日	5日	6日	5日	6日	節入日
	16:19	23:50	21:10	6:03	3:32	17:53	7:28	2:55	9:07	3:50	9:30	21:46	
1	丙申	丙寅	乙未	乙丑	甲午	癸亥	癸巳	壬戌	壬辰	辛酉	壬辰	辛酉	1日
	丁酉	丁卯	丙申	丙寅	乙未	甲子	甲午	癸亥	癸巳	壬戌	癸巳	壬戌	2日
	戊戌	戊辰	丁酉	丁卯	丙申	乙丑	乙未	甲子	甲午	癸亥	甲午	癸亥	3日
	己亥	己巳	戊戌	戊辰	丁酉	丙寅	丙申	乙丑	乙未	甲子	乙未	甲子	4日
5	庚子	庚午	己亥	己巳	戊戌	丁卯	丁酉	丙寅	丙申	乙丑	丙申	乙丑	5日
	辛丑	辛未	庚子	庚午	己亥	戊辰	戊戌	丁卯	丁酉	丙寅	丁酉	丙寅	6日
	壬寅	壬申	辛丑	辛未	庚子	己巳	己亥	戊辰	戊戌	丁卯	戊戌	丁卯	7日
	癸卯	癸酉	壬寅	壬申	辛丑	庚午	庚子	己巳	己亥	戊辰	己亥	戊辰	8日
	甲辰	甲戌	癸卯	癸酉	壬寅	辛未	辛丑	庚午	庚子	己巳	庚子	己巳	9日
10	乙巳	乙亥	甲辰	甲戌	癸卯	壬申	壬寅	辛未	辛丑	庚午	辛丑	庚午	10日
	丙午	丙子	乙巳	乙亥	甲辰	癸酉	癸卯	壬申	壬寅	辛未	壬寅	辛未	11日
	丁未	丁丑	丙午	丙子	乙巳	甲戌	甲辰	癸酉	癸卯	壬申	癸卯	壬申	12日
	戊申	戊寅	丁未	丁丑	丙午	乙亥	乙巳	甲戌	甲辰	癸酉	甲辰	癸酉	13日
	己酉	己卯	戊申	戊寅	丁未	丙子	丙午	乙亥	乙巳	甲戌	乙巳	甲戌	14日
15	庚戌	庚辰	己酉	己卯	戊申	丁丑	丁未	丙子	丙午	乙亥	丙午	乙亥	15日
	辛亥	辛巳	庚戌	庚辰	己酉	戊寅	戊申	丁丑	丁未	丙子	丁未	丙子	16日
	壬子	壬午	辛亥	辛巳	庚戌	己卯	己酉	戊寅	戊申	丁丑	戊申	丁丑	17日
	癸丑	癸未	壬子	壬午	辛亥	庚辰	庚戌	己卯	己酉	戊寅	己酉	戊寅	18日
	甲寅	甲申	癸丑	癸未	壬子	辛巳	辛亥	庚辰	庚戌	己卯	庚戌	己卯	19日
20	乙卯	乙酉	甲寅	甲申	癸丑	壬午	壬子	辛巳	辛亥	庚辰	辛亥	庚辰	20日
	丙辰	丙戌	乙卯	乙酉	甲寅	癸未	癸丑	壬午	壬子	辛巳	壬子	辛巳	21日
	丁巳	丁亥	丙辰	丙戌	乙卯	甲申	甲寅	癸未	癸丑	壬午	癸丑	壬午	22日
	戊午	戊子	丁巳	丁亥	丙辰	乙酉	乙卯	甲申	甲寅	癸未	甲寅	癸未	23日
	己未	己丑	戊午	戊子	丁巳	丙戌	丙辰	乙酉	乙卯	甲申	乙卯	甲申	24日
25	庚申	庚寅	己未	己丑	戊午	丁亥	丁巳	丙戌	丙辰	乙酉	丙辰	乙酉	25日
	辛酉	辛卯	庚申	庚寅	己未	戊子	戊午	丁亥	丁巳	丙戌	丁巳	丙戌	26日
	壬戌	壬辰	辛酉	辛卯	庚申	己丑	己未	戊子	戊午	丁亥	戊午	丁亥	27日
	癸亥	癸巳	壬戌	壬辰	辛酉	庚寅	庚申	己丑	己未	戊子	己未	戊子	28日
	甲子	甲午	癸亥	癸巳	壬戌	辛卯	辛酉	庚寅	庚申	己丑	庚申	己丑	29日
30	乙丑	乙未	甲子	甲午	癸亥	壬辰	壬戌	辛卯	辛酉	庚寅		庚寅	30日
	丙寅		乙丑		甲子	癸巳		壬辰		辛卯		辛卯	31日

6年 辛未

1931年　　昭和 6年　　辛未

	12月	11月	10月	9月	8月	7月	6月	5月	4月	3月	2月	1月 (5年 庚午)	
	庚子	己亥	戊戌	丁酉	丙申	乙未	甲午	癸巳	壬辰	辛卯	庚寅	己丑	月干支
	8日	8日	9日	9日	8日	8日	7日	6日	6日	6日	5日	6日	節入日
	10:41	18:10	15:27	0:18	21:45	12:06	1:42	21:10	3:21	22:03	3:41	15:56	
1	庚寅	庚申	己丑	己未	戊子	丁巳	丁亥	丙辰	丙戌	乙卯	丁亥	丙辰	1日
	辛卯	辛酉	庚寅	庚申	己丑	戊午	戊子	丁巳	丁亥	丙辰	戊子	丁巳	2日
	壬辰	壬戌	辛卯	辛酉	庚寅	己未	己丑	戊午	戊子	丁巳	己丑	戊午	3日
	癸巳	癸亥	壬辰	壬戌	辛卯	庚申	庚寅	己未	己丑	戊午	庚寅	己未	4日
5	甲午	甲子	癸巳	癸亥	壬辰	辛酉	辛卯	庚申	庚寅	己未	辛卯	庚申	5日
	乙未	乙丑	甲午	甲子	癸巳	壬戌	壬辰	辛酉	辛卯	庚申	壬辰	辛酉	6日
	丙申	丙寅	乙未	乙丑	甲午	癸亥	癸巳	壬戌	壬辰	辛酉	癸巳	壬戌	7日
	丁酉	丁卯	丙申	丙寅	乙未	甲子	甲午	癸亥	癸巳	壬戌	甲午	癸亥	8日
	戊戌	戊辰	丁酉	丁卯	丙申	乙丑	乙未	甲子	甲午	癸亥	乙未	甲子	9日
10	己亥	己巳	戊戌	戊辰	丁酉	丙寅	丙申	乙丑	乙未	甲子	丙申	乙丑	10日
	庚子	庚午	己亥	己巳	戊戌	丁卯	丁酉	丙寅	丙申	乙丑	丁酉	丙寅	11日
	辛丑	辛未	庚子	庚午	己亥	戊辰	戊戌	丁卯	丁酉	丙寅	戊戌	丁卯	12日
	壬寅	壬申	辛丑	辛未	庚子	己巳	己亥	戊辰	戊戌	丁卯	己亥	戊辰	13日
	癸卯	癸酉	壬寅	壬申	辛丑	庚午	庚子	己巳	己亥	戊辰	庚子	己巳	14日
15	甲辰	甲戌	癸卯	癸酉	壬寅	辛未	辛丑	庚午	庚子	己巳	辛丑	庚午	15日
	乙巳	乙亥	甲辰	甲戌	癸卯	壬申	壬寅	辛未	辛丑	庚午	壬寅	辛未	16日
	丙午	丙子	乙巳	乙亥	甲辰	癸酉	癸卯	壬申	壬寅	辛未	癸卯	壬申	17日
	丁未	丁丑	丙午	丙子	乙巳	甲戌	甲辰	癸酉	癸卯	壬申	甲辰	癸酉	18日
	戊申	戊寅	丁未	丁丑	丙午	乙亥	乙巳	甲戌	甲辰	癸酉	乙巳	甲戌	19日
20	己酉	己卯	戊申	戊寅	丁未	丙子	丙午	乙亥	乙巳	甲戌	丙午	乙亥	20日
	庚戌	庚辰	己酉	己卯	戊申	丁丑	丁未	丙子	丙午	乙亥	丁未	丙子	21日
	辛亥	辛巳	庚戌	庚辰	己酉	戊寅	戊申	丁丑	丁未	丙子	戊申	丁丑	22日
	壬子	壬午	辛亥	辛巳	庚戌	己卯	己酉	戊寅	戊申	丁丑	己酉	戊寅	23日
	癸丑	癸未	壬子	壬午	辛亥	庚辰	庚戌	己卯	己酉	戊寅	庚戌	己卯	24日
25	甲寅	甲申	癸丑	癸未	壬子	辛巳	辛亥	庚辰	庚戌	己卯	辛亥	庚辰	25日
	乙卯	乙酉	甲寅	甲申	癸丑	壬午	壬子	辛巳	辛亥	庚辰	壬子	辛巳	26日
	丙辰	丙戌	乙卯	乙酉	甲寅	癸未	癸丑	壬午	壬子	辛巳	癸丑	壬午	27日
	丁巳	丁亥	丙辰	丙戌	乙卯	甲申	甲寅	癸未	癸丑	壬午	甲寅	癸未	28日
	戊午	戊子	丁巳	丁亥	丙辰	乙酉	乙卯	甲申	甲寅	癸未		甲申	29日
30	己未	己丑	戊午	戊子	丁巳	丙戌	丙辰	乙酉	乙卯	甲申		乙酉	30日
	庚申		己未		戊午	丁亥		丙戌		乙酉		丙戌	31日

1930年　　昭和 5年　　庚午

4年
己巳

12月	11月	10月	9月	8月	7月	6月	5月	4月	3月	2月	1月	月干支
戊 子	丁 亥	丙 戌	乙 酉	甲 申	癸 未	壬 午	辛 巳	庚 辰	己 卯	戊 寅	丁 丑	月干支
8 日	8 日	9 日	8 日	8 日	8 日	6 日	6 日	5 日	6 日	4 日	6 日	節入日
4:51	12:21	9:38	18:29	15:58	6:20	19:58	15:28	21:38	16:17	21:52	10:03	
乙 酉	乙 卯	甲 申	甲 寅	癸 未	壬 子	壬 午	辛 亥	辛 巳	庚 戌	壬 午	辛 亥	1 日
丙 戌	丙 辰	乙 酉	乙 卯	甲 申	癸 丑	癸 未	壬 子	壬 午	辛 亥	癸 未	壬 子	2 日
丁 亥	丁 巳	丙 戌	丙 辰	乙 酉	甲 寅	甲 申	癸 丑	癸 未	壬 子	甲 申	癸 丑	3 日
戊 子	戊 午	丁 亥	丁 巳	丙 戌	乙 卯	乙 酉	甲 寅	甲 申	癸 丑	乙 酉	甲 寅	4 日
己 丑	己 未	戊 子	戊 午	丁 亥	丙 辰	丙 戌	乙 卯	乙 酉	甲 寅	丙 戌	乙 卯	5 日
庚 寅	庚 申	己 丑	己 未	戊 子	丁 巳	丁 亥	丙 辰	丙 戌	乙 卯	丁 亥	丙 辰	6 日
辛 卯	辛 酉	庚 寅	庚 申	己 丑	戊 午	戊 子	丁 巳	丁 亥	丙 辰	戊 子	丁 巳	7 日
壬 辰	壬 戌	辛 卯	辛 酉	庚 寅	己 未	己 丑	戊 午	戊 子	丁 巳	己 丑	戊 午	8 日
癸 巳	癸 亥	壬 辰	壬 戌	辛 卯	庚 申	庚 寅	己 未	己 丑	戊 午	庚 寅	己 未	9 日
甲 午	甲 子	癸 巳	癸 亥	壬 辰	辛 酉	辛 卯	庚 申	庚 寅	己 未	辛 卯	庚 申	10 日
乙 未	乙 丑	甲 午	甲 子	癸 巳	壬 戌	壬 辰	辛 酉	辛 卯	庚 申	壬 辰	辛 酉	11 日
丙 申	丙 寅	乙 未	乙 丑	甲 午	癸 亥	癸 巳	壬 戌	壬 辰	辛 酉	癸 巳	壬 戌	12 日
丁 酉	丁 卯	丙 申	丙 寅	乙 未	甲 子	甲 午	癸 亥	癸 巳	壬 戌	甲 午	癸 亥	13 日
戊 戌	戊 辰	丁 酉	丁 卯	丙 申	乙 丑	乙 未	甲 子	甲 午	癸 亥	乙 未	甲 子	14 日
己 亥	己 巳	戊 戌	戊 辰	丁 酉	丙 寅	丙 申	乙 丑	乙 未	甲 子	丙 申	乙 丑	15 日
庚 子	庚 午	己 亥	己 巳	戊 戌	丁 卯	丁 酉	丙 寅	丙 申	乙 丑	丁 酉	丙 寅	16 日
辛 丑	辛 未	庚 子	庚 午	己 亥	戊 辰	戊 戌	丁 卯	丁 酉	丙 寅	戊 戌	丁 卯	17 日
壬 寅	壬 申	辛 丑	辛 未	庚 子	己 巳	己 亥	戊 辰	戊 戌	丁 卯	己 亥	戊 辰	18 日
癸 卯	癸 酉	壬 寅	壬 申	辛 丑	庚 午	庚 子	己 巳	己 亥	戊 辰	庚 子	己 巳	19 日
甲 辰	甲 戌	癸 卯	癸 酉	壬 寅	辛 未	辛 丑	庚 午	庚 子	己 巳	辛 丑	庚 午	20 日
乙 巳	乙 亥	甲 辰	甲 戌	癸 卯	壬 申	壬 寅	辛 未	辛 丑	庚 午	壬 寅	辛 未	21 日
丙 午	丙 子	乙 巳	乙 亥	甲 辰	癸 酉	癸 卯	壬 申	壬 寅	辛 未	癸 卯	壬 申	22 日
丁 未	丁 丑	丙 午	丙 子	乙 巳	甲 戌	甲 辰	癸 酉	癸 卯	壬 申	甲 辰	癸 酉	23 日
戊 申	戊 寅	丁 未	丁 丑	丙 午	乙 亥	乙 巳	甲 戌	甲 辰	癸 酉	乙 巳	甲 戌	24 日
己 酉	己 卯	戊 申	戊 寅	丁 未	丙 子	丙 午	乙 亥	乙 巳	甲 戌	丙 午	乙 亥	25 日
庚 戌	庚 辰	己 酉	己 卯	戊 申	丁 丑	丁 未	丙 子	丙 午	乙 亥	丁 未	丙 子	26 日
辛 亥	辛 巳	庚 戌	庚 辰	己 酉	戊 寅	戊 申	丁 丑	丁 未	丙 子	戊 申	丁 丑	27 日
壬 子	壬 午	辛 亥	辛 巳	庚 戌	己 卯	己 酉	戊 寅	戊 申	丁 丑	己 酉	戊 寅	28 日
癸 丑	癸 未	壬 子	壬 午	辛 亥	庚 辰	庚 戌	己 卯	己 酉	戊 寅		己 卯	29 日
甲 寅	甲 申	癸 丑	癸 未	壬 子	辛 巳	辛 亥	庚 辰	庚 戌	己 卯		庚 辰	30 日
乙 卯		甲 寅		癸 丑	壬 午		辛 巳		庚 辰		辛 巳	31 日

1929年　　昭和 4年　　己巳

	1月	2月	3月	4月	5月	6月	7月	8月	9月	10月	11月	12月	3年戊辰
月干支	乙丑	丙寅	丁卯	戊辰	己巳	庚午	辛未	壬申	癸酉	甲戌	乙亥	丙子	
節入日	6日 4:23	4日 16:09	6日 10:32	5日 15:52	6日 9:41	6日 14:11	8日 0:32	8日 10:09	8日 12:40	9日 3:48	8日 6:28	7日 22:57	
1日	丙午	丁丑	乙巳	丙子	丙午	丁丑	丁未	戊寅	己酉	己卯	庚戌	庚辰	
2日	丁未	戊寅	丙午	丁丑	丁未	戊寅	戊申	己卯	庚戌	庚辰	辛亥	辛巳	
3日	戊申	己卯	丁未	戊寅	戊申	己卯	己酉	庚辰	辛亥	辛巳	壬子	壬午	
4日	己酉	庚辰	戊申	己卯	己酉	庚辰	庚戌	辛巳	壬子	壬午	癸丑	癸未	
5日	庚戌	辛巳	己酉	庚辰	庚戌	辛巳	辛亥	壬午	癸丑	癸未	甲寅	甲申	
6日	辛亥	壬午	庚戌	辛巳	辛亥	壬午	壬子	癸未	甲寅	甲申	乙卯	乙酉	
7日	壬子	癸未	辛亥	壬午	壬子	癸未	癸丑	甲申	乙卯	乙酉	丙辰	丙戌	
8日	癸丑	甲申	壬子	癸未	癸丑	甲申	甲寅	乙酉	丙辰	丙戌	丁巳	丁亥	
9日	甲寅	乙酉	癸丑	甲申	甲寅	乙酉	乙卯	丙戌	丁巳	丁亥	戊午	戊子	
10日	乙卯	丙戌	甲寅	乙酉	乙卯	丙戌	丙辰	丁亥	戊午	戊子	己未	己丑	
11日	丙辰	丁亥	乙卯	丙戌	丙辰	丁亥	丁巳	戊子	己未	己丑	庚申	庚寅	
12日	丁巳	戊子	丙辰	丁亥	丁巳	戊子	戊午	己丑	庚申	庚寅	辛酉	辛卯	
13日	戊午	己丑	丁巳	戊子	戊午	己丑	己未	庚寅	辛酉	辛卯	壬戌	壬辰	
14日	己未	庚寅	戊午	己丑	己未	庚寅	庚申	辛卯	壬戌	壬辰	癸亥	癸巳	
15日	庚申	辛卯	己未	庚寅	庚申	辛卯	辛酉	壬辰	癸亥	癸巳	甲子	甲午	
16日	辛酉	壬辰	庚申	辛卯	辛酉	壬辰	壬戌	癸巳	甲子	甲午	乙丑	乙未	
17日	壬戌	癸巳	辛酉	壬辰	壬戌	癸巳	癸亥	甲午	乙丑	乙未	丙寅	丙申	
18日	癸亥	甲午	壬戌	癸巳	癸亥	甲午	甲子	乙未	丙寅	丙申	丁卯	丁酉	
19日	甲子	乙未	癸亥	甲午	甲子	乙未	乙丑	丙申	丁卯	丁酉	戊辰	戊戌	
20日	乙丑	丙申	甲子	乙未	乙丑	丙申	丙寅	丁酉	戊辰	戊戌	己巳	己亥	
21日	丙寅	丁酉	乙丑	丙申	丙寅	丁酉	丁卯	戊戌	己巳	己亥	庚午	庚子	
22日	丁卯	戊戌	丙寅	丁酉	丁卯	戊戌	戊辰	己亥	庚午	庚子	辛未	辛丑	
23日	戊辰	己亥	丁卯	戊戌	戊辰	己亥	己巳	庚子	辛未	辛丑	壬申	壬寅	
24日	己巳	庚子	戊辰	己亥	己巳	庚子	庚午	辛丑	壬申	壬寅	癸酉	癸卯	
25日	庚午	辛丑	己巳	庚子	庚午	辛丑	辛未	壬寅	癸酉	癸卯	甲戌	甲辰	
26日	辛未	壬寅	庚午	辛丑	辛未	壬寅	壬申	癸卯	甲戌	甲辰	乙亥	乙巳	
27日	壬申	癸卯	辛未	壬寅	壬申	癸卯	癸酉	甲辰	乙亥	乙巳	丙子	丙午	
28日	癸酉	甲辰	壬申	癸卯	癸酉	甲辰	甲戌	乙巳	丙子	丙午	丁丑	丁未	
29日	甲戌		癸酉	甲辰	甲戌	乙巳	乙亥	丙午	丁丑	丁未	戊寅	戊申	
30日	乙亥		甲戌	乙巳	乙亥	丙午	丙子	丁未	戊寅	戊申	己卯	己酉	
31日	丙子		乙亥		丙子		丁丑	戊申		己卯		庚戌	

1928年　　昭和 3年　　戊辰

12月	11月	10月	9月	8月	7月	6月	5月	4月	3月	2月	1月 (2年 丁卯)	月干支
甲子	癸亥	壬戌	辛酉	庚申	己未	戊午	丁巳	丙辰	乙卯	甲寅	癸丑	月干支
7日 17:18	8日 0:50	8日 22:11	8日 7:02	8日 4:28	7日 18:45	6日 8:18	6日 3:44	5日 9:55	6日 4:38	5日 10:17	6日 22:32	節入日
乙亥	乙巳	甲戌	甲辰	癸酉	壬寅	壬申	辛丑	辛未	庚子	辛未	庚子	1日
丙子	丙午	乙亥	乙巳	甲戌	癸卯	癸酉	壬寅	壬申	辛丑	壬申	辛丑	2日
丁丑	丁未	丙子	丙午	乙亥	甲辰	甲戌	癸卯	癸酉	壬寅	癸酉	壬寅	3日
戊寅	戊申	丁丑	丁未	丙子	乙巳	乙亥	甲辰	甲戌	癸卯	甲戌	癸卯	4日
己卯	己酉	戊寅	戊申	丁丑	丙午	丙子	乙巳	乙亥	甲辰	乙亥	甲辰	5日
庚辰	庚戌	己卯	己酉	戊寅	丁未	丁丑	丙午	丙子	乙巳	丙子	乙巳	6日
辛巳	辛亥	庚辰	庚戌	己卯	戊申	戊寅	丁未	丁丑	丙午	丁丑	丙午	7日
壬午	壬子	辛巳	辛亥	庚辰	己酉	己卯	戊申	戊寅	丁未	戊寅	丁未	8日
癸未	癸丑	壬午	壬子	辛巳	庚戌	庚辰	己酉	己卯	戊申	己卯	戊申	9日
甲申	甲寅	癸未	癸丑	壬午	辛亥	辛巳	庚戌	庚辰	己酉	庚辰	己酉	10日
乙酉	乙卯	甲申	甲寅	癸未	壬子	壬午	辛亥	辛巳	庚戌	辛巳	庚戌	11日
丙戌	丙辰	乙酉	乙卯	甲申	癸丑	癸未	壬子	壬午	辛亥	壬午	辛亥	12日
丁亥	丁巳	丙戌	丙辰	乙酉	甲寅	甲申	癸丑	癸未	壬子	癸未	壬子	13日
戊子	戊午	丁亥	丁巳	丙戌	乙卯	乙酉	甲寅	甲申	癸丑	甲申	癸丑	14日
己丑	己未	戊子	戊午	丁亥	丙辰	丙戌	乙卯	乙酉	甲寅	乙酉	甲寅	15日
庚寅	庚申	己丑	己未	戊子	丁巳	丁亥	丙辰	丙戌	乙卯	丙戌	乙卯	16日
辛卯	辛酉	庚寅	庚申	己丑	戊午	戊子	丁巳	丁亥	丙辰	丁亥	丙辰	17日
壬辰	壬戌	辛卯	辛酉	庚寅	己未	己丑	戊午	戊子	丁巳	戊子	丁巳	18日
癸巳	癸亥	壬辰	壬戌	辛卯	庚申	庚寅	己未	己丑	戊午	己丑	戊午	19日
甲午	甲子	癸巳	癸亥	壬辰	辛酉	辛卯	庚申	庚寅	己未	庚寅	己未	20日
乙未	乙丑	甲午	甲子	癸巳	壬戌	壬辰	辛酉	辛卯	庚申	辛卯	庚申	21日
丙申	丙寅	乙未	乙丑	甲午	癸亥	癸巳	壬戌	壬辰	辛酉	壬辰	辛酉	22日
丁酉	丁卯	丙申	丙寅	乙未	甲子	甲午	癸亥	癸巳	壬戌	癸巳	壬戌	23日
戊戌	戊辰	丁酉	丁卯	丙申	乙丑	乙未	甲子	甲午	癸亥	甲午	癸亥	24日
己亥	己巳	戊戌	戊辰	丁酉	丙寅	丙申	乙丑	乙未	甲子	乙未	甲子	25日
庚子	庚午	己亥	己巳	戊戌	丁卯	丁酉	丙寅	丙申	乙丑	丙申	乙丑	26日
辛丑	辛未	庚子	庚午	己亥	戊辰	戊戌	丁卯	丁酉	丙寅	丁酉	丙寅	27日
壬寅	壬申	辛丑	辛未	庚子	己巳	己亥	戊辰	戊戌	丁卯	戊戌	丁卯	28日
癸卯	癸酉	壬寅	壬申	辛丑	庚午	庚子	己巳	己亥	戊辰		戊辰	29日
甲辰	甲戌	癸卯	癸酉	壬寅	辛未	辛丑	庚午	庚子	己巳		己巳	30日
乙巳		甲辰		癸卯	壬申		辛未		庚午		庚午	31日

■十二運表（性格の星を出す）

日柱天干 \ 地支	寅	卯	辰	巳	午	未	申	酉	戌	亥	子	丑
甲	建禄	帝旺	衰	病	死	墓	絶	胎	養	長生	沐浴	冠帯
乙	帝旺	建禄	冠帯	沐浴	長生	養	胎	絶	墓	死	病	衰
丙	長生	沐浴	冠帯	建禄	帝旺	衰	病	死	墓	絶	胎	養
丁	死	病	衰	帝旺	建禄	冠帯	沐浴	長生	養	胎	絶	墓
戊	長生	沐浴	冠帯	建禄	帝旺	衰	病	死	墓	絶	胎	養
己	死	病	衰	帝旺	建禄	冠帯	沐浴	長生	養	胎	絶	墓
庚	絶	胎	養	長生	沐浴	冠帯	建禄	帝旺	衰	病	死	墓
辛	胎	絶	墓	死	病	衰	帝旺	建禄	冠帯	沐浴	長生	養
壬	病	死	墓	絶	胎	養	長生	沐浴	冠帯	建禄	帝旺	衰
癸	沐浴	長生	養	胎	絶	墓	死	病	衰	帝旺	建禄	冠帯

■十干を五行にした表

十干	五行
甲	木
乙	木
丙	火
丁	火
戊	土
己	土
庚	金
辛	金
壬	水
癸	水

■十二支を五行にした表

十二支	五行
亥	水
子	水
丑	土
寅	木
卯	木
辰	土
巳	火
午	火
未	土
申	金
酉	金
戌	土

■生まれた時間干支表

生まれ時間 \ 生まれた日の干	甲	乙	丙	丁	戊	己	庚	辛	壬	癸
AM0時～AM0時59分	甲子	丙子	戊子	庚子	壬子	甲子	丙子	戊子	庚子	壬子
AM1時～AM2時59分	乙丑	丁丑	己丑	辛丑	癸丑	乙丑	丁丑	己丑	辛丑	癸丑
AM3時～AM4時59分	丙寅	戊寅	庚寅	壬寅	甲寅	丙寅	戊寅	庚寅	壬寅	甲寅
AM5時～AM6時59分	丁卯	己卯	辛卯	癸卯	乙卯	丁卯	己卯	辛卯	癸卯	乙卯
AM7時～AM8時59分	戊辰	庚辰	壬辰	甲辰	丙辰	戊辰	庚辰	壬辰	甲辰	丙辰
AM9時～AM10時59分	己巳	辛巳	癸巳	乙巳	丁巳	己巳	辛巳	癸巳	乙巳	丁巳
AM11時～PM12時59分	庚午	壬午	甲午	丙午	戊午	庚午	壬午	甲午	丙午	戊午
PM1時～PM2時59分	辛未	癸未	乙未	丁未	己未	辛未	癸未	乙未	丁未	己未
PM3時～PM4時59分	壬申	甲申	丙申	戊申	庚申	壬申	甲申	丙申	戊申	庚申
PM5時～PM6時59分	癸酉	乙酉	丁酉	己酉	辛酉	癸酉	乙酉	丁酉	己酉	辛酉
PM7時～PM8時59分	甲戌	丙戌	戊戌	庚戌	壬戌	甲戌	丙戌	戊戌	庚戌	壬戌
PM9時～PM10時59分	乙亥	丁亥	己亥	辛亥	癸亥	乙亥	丁亥	己亥	辛亥	癸亥
PM11時～PM11時59分	丙子	戊子	庚子	壬子	甲子	丙子	戊子	庚子	壬子	甲子

「眞医」陰陽五行四柱推命学
万年暦